Piccola Biblioteca Oscar

Dello stesso autore

nella collezione Oscar
L'ombra di Mao
Il secolo cinese
La speranza indiana

nella collezione Strade blu
Centomila punture di spillo

FEDERICO RAMPINI

L'IMPERO DI CINDIA

*Cina, India e dintorni: la superpotenza asiatica
da tre miliardi e mezzo di persone*

OSCAR MONDADORI

© 2006 Arnoldo Mondadori Editore S.p.A., Milano

I edizione Strade blu aprile 2006
I edizione Piccola Biblioteca Oscar aprile 2007

ISBN 978-88-04-56640-3

Questo volume è stato stampato
presso Mondadori Printing S.p.A.
Stabilimento NSM - Cles (TN)
Stampato in Italia. Printed in Italy

Anno 2009 - Ristampa   5 6 7

Indice

3   Introduzione

Parte prima
LA NUOVA INDIA

19   I   Il decollo di una potenza tecnologica
           Le vacche di New Delhi, 19 – Silicon Valley a Bangalore, 25 – Quelli di Agrate Brianza, 29

33   II   L'induismo vendicato dagli archeologi
           Bombay, Al Capone e l'Islam, 35 – La tolleranza laica e i suoi nemici, 39 – Il miracolo del voto, 44 – Il verdetto del Nobel Amartya Sen, 47

52   III   Il laboratorio del nostro futuro
           «Il destino del mondo si gioca qui», 52 – L'assedio all'Europa, 58 – Lo yoga sfida la Coca, 64

66   IV   Calcutta rincorre Shanghai
           Budda rosso, il Deng Xiaoping del Bengala, 66 – Come ti seduco Davos, 72

77   V   Una magnifica anomalia
           A Jaipur fra sari e minigonna, 77 – Il marchio delle caste, 82

Parte seconda
CINA, IL RULLO COMPRESSORE

91 VI Strategie di conquista globale

Le genuflessioni dei Vip d'Occidente, 92 – La strana guerra del tessile, 94 – Tutti gli occhi sullo yuan, 97 – La Cina fa credito o il mondo a rovescio, 101 – La costosa vittoria di Airbus, 105 – Uomo bianco non snobbare l'auto gialla, 108 – Se Hollywood emigra a Shanghai, 111 – Oltraggio all'euro e fine di un no-global, 114 – Al mercato dei cervelli, 117 – Donne al comando, e su «Playboy», 120

128 VII I dannati del miracolo

Eroe proletario, 128 – Yao Ming e la sfida Adidas-Nike, 130 – Le mani per 50 milioni di scarpe, 133 – Fabbriche-lager, il salario del dolore, 136 – La coscienza delle multinazionali, 140 – Dieci milioni di bambini al lavoro, 145 – Il caso Walt Disney, 148

153 VIII La grande fuga del «made in Italy»

Una gita speciale da Bergamo, 155 – A Nanchino una Fiat piccola piccola, 159 – I divani Natuzzi a Shanghai, 161 – I nostri nuovi emigranti, 168 – Italian way of life, made in Usa, 171 – Quando portavamo Viareggio a Tianjin, 174 – Grande Muraglia batte Colosseo, 178 – La città dei pittori di *Gioconde*, 180 – Pirati per le vie di Pechino, 185 – Chi guadagna dal protezionismo, 188

191 IX Germi globali

La mela di Biancaneve, 191 – La madre di tutte le pollerie, 195 – Ospedali come Wall Street, 200 – Dietro le quinte di Arcadia, 203 – Collasso urbano, 205

210 X Nazionalismo postcomunista

A chi serve Confucio, 210 – In piazza contro Tokyo, 215 – Con Putin alle grandi manovre, 219 – A noi la luna, 222 – L'ultima riabilitazione, Gengis Khan, 224

Parte terza
LE PERIFERIE DELL'IMPERO CELESTE

231 XI Cronache della repressione

Il villaggio ribelle, 231 – Strage di Stato, 235 – Sciopero in redazione, 237 – Morte di Wu, giornalista, 239 – Auguri di buon anno, 241 – Incubo arancione, 243 – L'onore perduto di Yahoo (e Microsoft e Google), 246 – Wikipedia, enciclopedia vaporizzata, 249 – Il silenziatore a Bush, 252 – Cattolici, 256 – Olimpiadi 2008, 259

262 XII Figli di un dio minore

Nella terra dei Miao, 262 – Non uno di meno, 267 – La dannazione degli Uiguri, 272

Parte quarta
GIAPPONE, LE FERITE APERTE

281 XIII Il peso della storia

I sopravvissuti di Hiroshima, 281 – La guerra senza fine, 287

292 XIV Tokyo-Pechino, faglia sismica

Lo scandalo dei manuali scolastici, 292 – La storia rivista dalle multinazionali, 296 – Due musei a tre ore di volo, 298

305 XV Nuova destra e postmoderni

La rivincita del poeta samurai, 305 – Riscossa industriale e paure, 310 – La geisha della discordia, 316 – Harajuku Girls, 320

327 *Conclusione*
Più drago o più elefante?

Identità e memoria: la Città Proibita e il sari, 327 – Scene da un matrimonio, 336 – Democrazia-dittatura, il confine mobile, 343 – Il mistero del funerale cinese, 355 – La parabola dell'antico ammiraglio, 358

365 *Indice dei nomi*

L'impero di Cindia

A mio fratello Alessandro

Introduzione

Sono tre miliardi e mezzo. Sono più giovani di noi, lavorano più di noi, studiano più di noi. Hanno più risparmi e più capitali di noi da investire. Hanno schiere di premi Nobel della scienza. Guadagnano stipendi con uno zero in meno dei nostri. Hanno arsenali nucleari ed eserciti di poveri. Sono Cina, India e dintorni. Cindia non indica solo l'aggregato delle due nazioni più popolose del pianeta: è il nuovo centro del mondo, dove si decide il futuro dell'umanità. Tutto il meglio e tutto il peggio dipende da loro. Le speranze di progresso così come i rischi di catastrofi, il riscatto dalla miseria e la guerra all'inquinamento, la libertà o la repressione, la salvezza o l'orrore: la partita del XXI secolo si gioca qui.

Tra il 2005 e il 2006, mentre ancora molti occidentali si ostinavano a vedere la Cina soltanto come la patria della pirateria, della contraffazione e dello sfruttamento minorile, altri eventi avrebbero dovuto attirare l'attenzione di tutti noi. La Cina ha superato Gran Bretagna, Francia e Italia nella classifica delle nazioni più industrializzate. Ha scavalcato gli Stati Uniti come prima esportatrice mondiale di prodotti tecnologici, dai telefonini ai computer. Ha accumulato riserve valutarie che sfiorano i 1000 miliardi di dollari, diventando il vero banchiere degli americani, con una capacità di credito in grado di ricattare Washington. La Cina ha mandato un astronauta in orbita per preparare lo sbarco sulla luna, e così ha fatto anche un salto di qualità nella sua tecnologia missilistica.

Il re dell'Arabia Saudita si è recato in pellegrinaggio a Pechino – suo secondo cliente dopo gli Stati Uniti – per omaggiare la nuova superpotenza che si sta accaparrando giacimenti petroliferi su tutti i continenti. Dall'Iran alla Libia, dal Canada all'Australia, la diplomazia cinese sta silenziosamente accerchiando l'Europa e gli Stati Uniti per garantirsi l'accesso alle risorse naturali e alle materie prime strategiche. Il Venezuela antistatunitense di Hugo Chávez ha perfino chiesto ai cinesi assistenza militare in cambio di petrolio.

A riprova della sua spettacolare efficienza, Pechino sarà l'unica città nella storia delle Olimpiadi ad aver terminato le grandi opere in cantiere con due anni di anticipo sulla scadenza. Si appresta a celebrare i Giochi del 2008 come la consacrazione universale dei suoi trionfi in campo economico, tecnologico, diplomatico, una vetrina per milioni di visitatori stranieri che scopriranno in quell'occasione la nuova Cina. Larry Summers, ex ministro del Tesoro di Clinton e oggi rettore dell'Università di Harvard, ha definito l'ingresso della Cina nell'economia globale come «il terzo evento più importante nella storia dell'umanità dopo il Rinascimento italiano e la Rivoluzione industriale inglese dell'Ottocento».

Se il boom cinese ha preso la sua rincorsa dall'inizio degli anni Ottanta, è di recente che l'India si è imposta di prepotenza come «l'altro» miracolo. Le riforme economiche di New Delhi hanno iniziato a liberare le energie del paese nel 1991 e da allora le dimensioni dell'economia indiana sono più che raddoppiate. George Bush, nel suo discorso sullo Stato dell'Unione nel gennaio 2006, ha messo insieme i due giganti asiatici: «In una economia mondiale dinamica, i nostri concorrenti sono Cina e India».

A partire dal 2004 la Cina e l'India sono diventate le mete predilette degli investimenti delle multinazionali: la Cina ha superato gli Stati Uniti come destinazione di capitali produttivi, l'India li ha tallonati al terzo posto. Con i capitali arrivano i posti di lavoro, Cindia è la calamita che attrae il grande flusso delle delocalizzazioni dai vecchi paesi ricchi.

L'exploit indiano è così giovane che molti occidentali ancora non se ne sono resi conto. Certe scoperte fanno sobbalzare di sorpresa. Per esempio, i salari indiani nel settore privato hanno registrato nel 2005 un aumento più forte che in qualsiasi altro paese del mondo (pur rimanendo assai competitivi).

La maggioranza degli italiani ha sentito pronunciare il nome Tata solo quando la Fiat ha annunciato un accordo di cooperazione con la marca automobilistica indiana nel settembre 2005. In realtà la famiglia Tata, il cui capostipite nell'Ottocento fu un sacerdote della minoranza etnica Parsi (i seguaci dell'antica religione di Zoroastro), è una dinastia industriale più antica e più ricca della famiglia Agnelli. In Borsa la filiale della Tata che fabbrica automobili vale nel 2006 più della General Motors.

L'impero Tata contraddice gli stereotipi secondo cui le industrie dei paesi emergenti guadagnano quote di mercato solo grazie ai bassi salari. La Tata Consultancy Services ha laboratori di design ultramoderni che sfornano progetti per conto di Toyota, Honda, Ford, spazia nell'aeronautica lavorando per la Dassault e, in una joint venture a tre con la Microsoft e il governo cinese, ha creato un colosso mondiale del software informatico. Quando la General Motors ha licenziato 30.000 dipendenti negli Stati Uniti, come prima mossa per rilanciarsi ha dato in appalto i suoi servizi informatici alla Wipro di Bangalore, India, che già svolgeva lo stesso lavoro per l'Ibm.

Uno shock clamoroso per gli europei è avvenuto nel gennaio 2006 quando un'altra dinastia del capitalismo indiano, la famiglia Mittal, che controlla il più grosso gruppo siderurgico mondiale, ha lanciato un'Opa ostile sulla europea Arcelor: il panico ha invaso governi e sindacati a Parigi, Bruxelles e Lussemburgo all'idea di veder finire tutto l'acciaio franco-belgo-lussemburghese in mani indiane.

Come la Cina, l'India si rivela però non solo un produttore concorrente, bensì anche un grande mercato in espansione per tutti i servizi e i beni di consumo: dal 1996 il numero dei viaggiatori sulle sue compagnie aeree si è sestuplicato, le vendite di auto sono raddoppiate, i telefonini crescono dell'80 per cento all'anno, 45 milioni di famiglie indiane sono abbonate alla cable-Tv.

Un miliardo e 300 milioni di cinesi. Un miliardo e 100 milioni di indiani. Il dragone e l'elefante. E dietro di loro c'è il resto dell'Asia, trainato da queste due locomotive, coinvolto nello stesso formidabile decollo. Le nazioni più ricche – 130 milioni di giapponesi, 50 milioni di sudcoreani, 23 milioni a Taiwan, la tecnopoli di Singapore – hanno appreso a utilizzare i costi di produzione cinesi e indiani per rimanere competitive nelle tecnologie avanzate.

Le tigri del Sudest asiatico come Indonesia (240 milioni), Filippine (88 milioni) e Malaysia (24 milioni) partecipano allo sviluppo come fornitrici di energia, materie prime, manodopera. I paesi della ex penisola indocinese (quasi 200 milioni fra Vietnam, Thailandia, Cambogia) diventano satelliti che ruotano attorno ai due colossi, studiano e copiano i modelli di Pechino o New Delhi.

Trecento milioni di musulmani fra Pakistan e Bangladesh sperano di agganciare il treno della crescita indiana. In totale, Cindia e satelliti con 3,5 miliardi di esseri umani sono cinque volte la popolazione dell'intero continente europeo inclusa la Russia, otto volte l'Unione europea allargata a 25 membri, tredici volte gli abitanti degli Stati Uniti. Più di metà dell'umanità è concentrata in quest'area, ed è questa la metà che cresce. Cresce sia demograficamente sia economicamente. Tra le due crescite – popolazione e ricchezza – c'è un legame chiaro.

Nell'economia globale, la liberalizzazione del commercio, la velocità di comunicazione, la diffusione istantanea delle nuove tecnologie, rendono l'immenso bacino di manodopera asiatica vicinissimo ai mercati dei paesi ricchi. Vicino perché capace di produrre quello che vogliamo noi, come lo vogliamo noi, e consegnarcelo a velocità record e prezzi imbattibili. La dimensione demografica garantisce che questo straordinario decollo durerà a lungo.

Ogni contadino cinese o indiano che lascia le campagne per andare in città a lavorare in una fabbrica vede la sua produttività (il suo contributo al Pil nazionale) moltiplicarsi per sette. Ci sono ancora 800 milioni di abitanti delle zone rurali in Cina, 700 milioni in India. È di questa ampiezza il serbatoio di esseri umani che hanno ancora la possibilità di fare il balzo, l'aumento di produttività del 700 per cento. È questa la grande massa protagonista del XXI secolo. È questa la ragione per cui gli Stati

Uniti sanno di non poter evitare il sorpasso della Cina, seguita dall'India.

Uno studio della Bank of Korea assegna all'Asia, fra trent'anni, il 42 per cento del Pil mondiale, agli Stati Uniti il 23 per cento, all'Europa il 16 per cento. Perfino Henry Kissinger, l'ex segretario di Stato americano la cui cultura geopolitica si è formata studiando Metternich e il Congresso di Vienna del 1815, ha previsto che nel XXI secolo l'Asia sarà il centro del mondo, mentre l'America e l'Europa scivoleranno alla periferia. Per certi versi sarà un ritorno al passato: nel Settecento negli stessi due paesi si concentrava la metà della ricchezza mondiale, il 33 per cento in Cina e il 16 per cento in India.

Il dragone e l'elefante si apprestano a riconquistare il posto che appartenne a loro per millenni: le due civiltà più antiche, le più ricche, le più avanzate durante gran parte della storia dell'umanità. Dietro il fenomeno Cindia c'è molto più di una vicenda economica. Riemergono contemporaneamente, dopo una parentesi di decadenza, due universi che hanno un passato di 5000 anni, una profondità storica sconosciuta perfino agli europei. Due nazioni che hanno a lungo primeggiato nella scienza e nella tecnica, che hanno dato al mondo alcuni dei più sublimi tesori dell'arte, dove sono nate grandi religioni e importanti filosofie laiche. Non sono solo attori della competizione globale. Sono popoli con culture forti e orgogliose che si confrontano con noi. È un'altra ricchezza che ci portano, valori, stili di vita, estetiche e sensibilità originali.

L'India è la madre di tutte le nostre lingue, la culla di divinità e poesie e musiche primordiali, il museo di bellezze monumentali che non ha mai dimenticato, il crogiuolo dove da tempi immemorabili si sono incrociate razze, influenze e culture.

La Cina fu una superpotenza tecnico-scientifica superiore all'Occidente per molti secoli; oggi, insieme a quella vocazione, riscopre Budda e il taoismo, Confucio e le raffinate tradizioni imperiali. Ambedue le nazioni nell'era contemporanea sono state contaminate dalla modernità occidentale, si sono in parte americanizzate. Ma solo in parte. Restano portatrici di una magnifica diversità, anzi di due diversità irriducibili.

Oggi, fra loro, vi è una differenza radicale che ne fa due modelli alternativi. L'India è la più vasta democrazia esistente al mondo, un esempio di pluralismo e di tolleranza unico per quelle dimensioni. Ha un sistema politico-istituzionale capace di tenere assieme nella libertà un subcontinente popolato da una miriade di gruppi etnici con differenze di lingue e di religioni, oltre che immensi dislivelli socioeconomici. Se si guarda ai numeri è l'India – non il Medio Oriente né l'Europa – il più grande laboratorio dove si sperimenta giorno per giorno una convivenza tra l'Islam e le altre religioni, sotto uno Stato di diritto e all'insegna della laicità. Il boom economico dell'India può aumentare il fascino del suo modello ed «esportare» nei paesi emergenti quei valori liberaldemocratici di cui noi occidentali ci crediamo gli unici depositari.

Anche la Cina sprigiona un suo fascino irresistibile, di altro segno: è il più imponente modello di uno Stato autoritario, funzionale e modernizzatore; in pochi decenni ha traghettato dalla miseria al benessere 300 milioni di persone, mantenendo in mezzo a questa transizione epocale l'ordine e la stabilità; si è conquistata uno status di superpotenza che incute rispetto al mondo intero.

Cina o India? Oppure Cindia? Il confronto è appena iniziato e già ci si deve interrogare sulla sua natura e sul suo sbocco. Sarà concorrenza, rivalità? O invece prevarranno le ragioni della complementarità e magari vedremo nascere un'invincibile alleanza tra questi due titani? La questione ha un interesse cruciale. Anzitutto perché dall'esito di questo confronto dipenderanno il colore politico dominante e i valori ispiratori del mondo asiatico, cioè il nuovo centro del pianeta.

Chi conquisterà la leadership dell'Asia, a lungo andare, avrà un'egemonia mondiale. Il vecchio Occidente è già oggi molto meno importante di quanto sembri a Roma, Londra o New York: già nel 2005, per la prima volta, i paesi emergenti hanno prodotto più della metà della ricchezza mondiale. Cindia è un peso massimo che si sta riprendendo pezzi di potere, riduce i margini di manovra dei governi americani ed europei. Al tempo stesso questi paesi continuano a essere abitati da sconfinati eserciti di poveri.

In Cindia, su 2,4 miliardi di persone un miliardo e mezzo vivono al di sotto della soglia della povertà, definita dalla Banca mondiale a due dollari di reddito al giorno. Per tutti i poveri della terra – inclusa l'America latina e l'Africa – è fondamentale quello che sta accadendo in Cindia: da lì è iniziato un fenomeno di crescita così potente che può spostare durevolmente i confini della miseria. Ma vincerà la ricetta cinese, quella indiana, o un misto fra le due? E con quali conseguenze per il resto del mondo? Per capirlo, bisogna mettere a fuoco le analogie e le differenze tra il dragone e l'elefante.

Molte sorprese le riserva il campione più recente e meno conosciuto dei due, cioè l'India. Lo sviluppo indiano infatti avviene secondo una traiettoria originale, diversa da quella cinese e da ogni altro «miracolo» fin qui conosciuto. È un paese che in una generazione tenta il balzo dal sottosviluppo alla società postindustriale, sperimenta scorciatoie sbalorditive. Nel 2001, ricorda lo studioso indiano Pankaj Mishra, quando George Bush cedette alle pressioni della destra religiosa e tagliò i fondi alla ricerca sulle cellule staminali, la sua decisione fu accolta con gioia in India. Il magazine «India Today» parlò di una «nuova manna» per gli scienziati e le imprese indiane: «L'opportunità di guadagnare una lunghezza di anticipo sugli americani». Quella scommessa è sul punto di essere vinta.

Secondo il Global Biotechnology Report della Ernst & Young, l'India è già una potenza mondiale nelle biotecnologie con 11.000 scienziati al lavoro in questo settore. Nei prossimi dieci anni la sua industria biogenetica è destinata a decuplicare le sue dimensioni aggiungendo un milione di nuovi posti di lavoro qualificati. Motorola, Hewlett-Packard, Cisco Systems, Google e tutti i giganti della tecnologia statunitense ormai si affidano alle loro squadre di ricercatori indiani per creare le nuove generazioni di software. La Boeing fa disegnare da società di ingegneria indiane pezzi di aeroplani. La città di Bangalore, nell'India meridionale, è il centro di una nuova Silicon Valley.

La delocalizzazione dei servizi in India non conosce più limiti, anche grazie alla diffusa conoscenza dell'inglese: quando chiamate una società di autonoleggio per affittare una vettura a Los Angeles, o una catena di hotel internazionali per prenotare una camera, o il servizio di assistenza del vostro computer, spesso dall'altra parte del filo – senza che voi lo sappiate – vi risponde un impiegato o un'impiegata indiani.

L'economista americano Clyde Prestowitz è rimasto impressionato dai corsi di «neutralizzazione dell'accento» che vengono impartiti alle giovani indiane, perché possano assistere telefonicamente un cliente del Kansas imitandone alla perfezione l'accento. «Ho conosciuto» racconta il columnist del «New York Times» Thomas Friedman «imprenditori indiani che vogliono preparare la mia dichiarazione dei redditi a Bangalore, esaminare le mie radiografie mediche a Bangalore, rintracciare il mio bagaglio perduto da Bangalore.»

L'outsourcing esplora frontiere sempre più ardite: ormai perfino i chirurghi statunitensi si vedono rubare pazienti dai loro colleghi indiani, in grado di offrire operazioni di alto livello a una frazione del costo occidentale. Un lussuoso e moderno ospedale di Madras offre per 4000 dollari la stessa operazione di cardiochirurgia che negli Stati Uniti ne costa 30.000. I grandi studi legali statunitensi delocalizzano in India non solo le mansioni più semplici, come la contabilità e le buste paga: ormai ci sono giovani avvocati indiani bravissimi a redigere un contratto standard o una pratica di brevetto tecnologico secondo la legge americana. Tariffa: 70 dollari l'ora anziché 300 come negli Stati Uniti.

Nel 2006 una vignetta satirica pubblicata da un giornale americano descrive una bambina corrucciata di fronte al padre che le dice: «No, non puoi delocalizzare i tuoi compiti in India». In realtà quella vignetta è superata. A New York, di fronte al costo esorbitante delle ripetizioni di matematica, i genitori di molti studenti si sono abbonati a un servizio che offre l'assistenza dall'India via Internet ai ragazzi in difficoltà con l'algebra. Gli indiani sono dei geni in matematica e il servizio costa 25 dollari l'ora invece dei 100 di un professore statunitense.

Secondo le stime della Cia, a metà di questo secolo l'India sarà la terza economia più grande del pianeta davanti a Giappone e Germania. Il settimanale americano «Business Week» ha osservato: «Mai prima d'ora nella storia l'ascesa di due nazioni dal sottosviluppo è stata osservata da tutto il resto del mondo con una tale mescolanza di paura, opportunismo, ammirazione.

Nel dopoguerra avevamo visto i miracoli economici del Giappone e della Corea del Sud. Ma nessuno di quei paesi era abbastanza popoloso da poter trainare la crescita mondiale o da poter imporre nuove regole del gioco in tutti i mestieri industriali». La peculiarità dell'India è nel salto formidabile che l'ha portata a competere direttamente nei servizi hi-tech più qualificati, dal software informatico al design ingegneristico alle biotecnologie.

«Il mix di ingredienti concentrato in Cindia» secondo «Business Week» «tra manodopera a buon mercato, mercati di consumo sterminati, e politiche economiche favorevoli al capitalismo privato, è di una forza irresistibile.» Cindia oggi resta il territorio di una popolazione immensa, pronta a competere nei lavori più umili e faticosi con salari molto bassi. Ma accanto a operai e manovali possiede anche un esercito di forza lavoro qualificata e addestrata ai mestieri scientifici di dimensioni irraggiungibili per l'Occidente: in Cindia si laureano ogni anno 6 milioni di giovani, di cui mezzo milione di ingegneri e informatici, contro i 60.000 che escono dalle università statunitensi (una parte dei quali sono neolaureati indiani e cinesi pronti a tornare a casa loro); i ricercatori asiatici in medicina e biologia saranno più di un milione e mezzo entro tre anni, cioè il doppio che in America.

Il fondatore della Microsoft, Bill Gates, parlando davanti ai governatori degli Stati Uniti ha detto: «Sono terrorizzato per la nostra forza lavoro di domani. Nella gara internazionale per avere il maggior numero di lavoratori nelle industrie della conoscenza, l'America perde terreno mentre avanzano Cina e India». In parte questo squilibrio è una conseguenza diretta delle proporzioni demografiche: la selezione dei migliori in Cindia si opera su un universo di candidati molto più ampio che da noi; inoltre nei paesi emergenti il livello di motivazione, di disciplina e di accanimento è superiore al nostro; per conquistare le migliori opportunità professionali nella nuova divisione internazionale del lavoro, i giovani cinesi e indiani sono disposti a fare sforzi e a sopportare sacrifici insostenibili per i giovani europei e americani già nati nel benessere.

Un piccolo esempio della differenza di spirito: mentre sui giornali americani una delle pagine più popolari è quella con le strisce dei fumetti, un quotidiano di Calcutta ha fatto colpo tra le nuove generazioni introducendo una rubrica di equazioni matematiche da risolvere. Gli exploit degli asiatici nella formazione di alto livello hanno un significato preciso. È semplicemente finita l'era in cui l'uomo bianco – una piccola minoranza sul pianeta – poteva vivere di rendita sulla sua superiorità scientifica e tecnologica, industriale e militare. Le multinazionali hi-tech europee, dalla casa farmaceutica svizzera Novartis all'azienda francese di telecomunicazioni Alcatel, in India e in Cina investono non solo per costruire fabbriche e assumere operai, ma anche per creare laboratori di punta che danno lavoro ai giovani ricercatori locali.

Su terreni chiave come i negoziati globali in seno all'Organizzazione del commercio mondiale (World Trade Organization, Wto), India e Cina hanno già formato un'alleanza efficace insieme con Brasile e Messico, un fronte che ha sconfitto più volte gli interessi americani ed europei. È un saggio di quello che l'intesa tra cinesi e indiani può significare per noi. Nel 2006, molto pragmaticamente, cinesi e indiani hanno decretato una tregua nella loro «corsa al petrolio»: si sono accordati per andare insieme a caccia di nuovi giacimenti e nuove compagnie petrolifere da acquistare in giro per il mondo, soprattutto presso quei regimi che sono infrequentabili per gli occidentali.

Nell'aprile 2005 le due leadership si sono incontrate con la visita del premier Wen Jiabao al suo collega Manmohan Singh. È stato il primo abbraccio politico ad alto livello tra il dragone e l'elefante, come lo ha enfatizzato la stampa ufficiale di Pechino. Per rendere omaggio alla specializzazione hi-tech dei suoi vicini, Wen Jiabao ha cominciato la visita non nella capitale politica New Delhi, ma nella capitale del software Bangalore. Da lì il premier cinese ha lanciato uno slogan che non molto tempo prima sarebbe sembrato velleitario: «Insieme possiamo fare del XXI secolo l'era della leadership tecnologica asiatica». I mass media indiani danno grande risalto all'esperimento di «zone franche» che il premier Manmohan Singh vuole varare per liberare da lacci e lacciuoli le grandi imprese: un riferimento alla prima apertura cinese al capitalismo, un quarto di secolo fa sotto Deng Xiaoping. Ironia della sorte, non passa giorno senza che i governanti indiani invochino l'esempio della Cina comunista per convincere i propri elettori ad accettare politiche più liberiste, le privatizzazioni, la deregulation, la flessibilità del lavoro. Bill Gates ha osservato: «Tutti mi chiedono che ne sarà della sfida tra Cina e India. Io mio preoccupo di più della nostra sfida contro Cina più India».

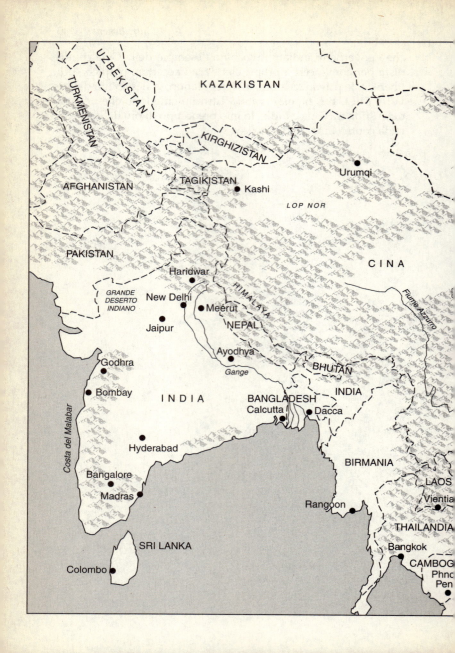

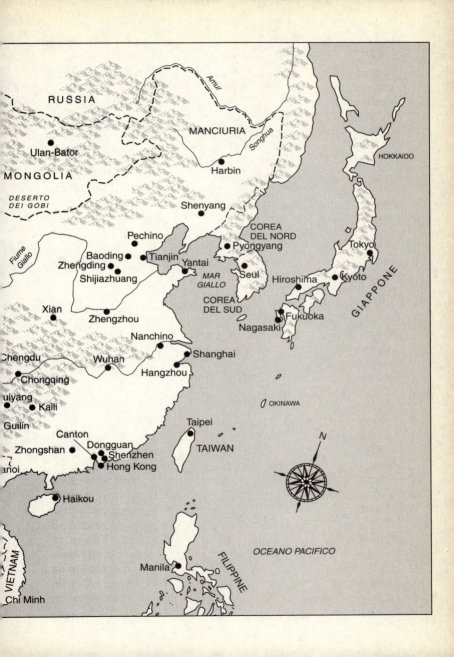

Parte prima
La nuova India

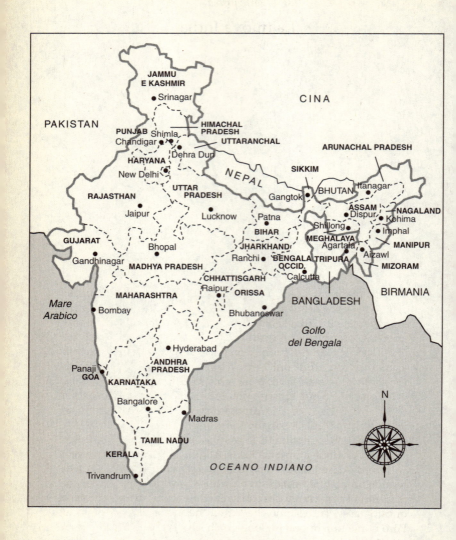

I
Il decollo di una potenza tecnologica

Le vacche di New Delhi

Sono sparite le vacche dalle strade di New Delhi. Il tassista reagisce allo stupore dello straniero come se fosse un'ovvietà («ma certo, il governo le ha fatte allontanare da un pezzo»), quasi seccato che gli si ricordi un passato sgradevole. Eppure le vacche c'erano ancora nel 2003, placide, indisturbate si aggiravano tra le file dei taxi nella bolgia dei viaggiatori in arrivo all'aeroporto. Ne ritrovavi altre accovacciate sulla corsia di sorpasso della superstrada verso la capitale, costringevano le auto a gimcane paurose. Per l'occidentale era quello il primo spaesamento, l'impatto caotico e intenso con un paese diverso da tutti gli altri. Perciò la loro assenza non è un dettaglio folcloristico. Come le lucciole di cui Pasolini lamentava la scomparsa nell'Italia degli anni Settanta, le mucche di New Delhi sono svanite di colpo mentre incalzava il progresso.

Quel che non sa dirmi neppure il tassista, e che scopro solo più tardi saziando finalmente la mia curiosità, è «come» esattamente sono state allontanate le vacche. La soluzione di questo piccolo mistero ha il potere di distruggere all'istante ogni stereotipo occidentale sulla vecchia India. La sorte delle vacche, infatti, è un riassunto di ciò che sta accadendo di stupefacente in questo paese. Tutti sanno che le mucche sono sacre per gli indù. Però non è una buona ragione perché siano anche invadenti. Se per decenni hanno intralciato il traffico, intasato i tombini di escrementi, seminato malattie mangiando nei depositi d'immondizia, la causa non era affatto religiosa bensì economica. Quelle che vedevamo a zonzo fin sulle autostrade erano vacche «randagie», che i proprietari non accudivano, perché avevano smesso di produrre latte o ne producevano troppo poco. Data la scarsità di terre da pascolo e di erba, a queste vacche non venivano riservate le attenzioni e i prati destinati alle mucche più produttive. Il governo centrale e la municipalità di New Delhi avevano tentato invano per anni di ripulire le strade e migliorare la viabilità. Nel 2004 ci avevano provato introducendo «la taglia sulla vacca». Un fiasco. I proprietari facevano i furbi: mandavano dei ragazzini a consegnare le randagie per incassare la ricompensa. Poi si facevano restituire gratis il bovino sporgendo denuncia per furto, e il gioco poteva ricominciare all'infinito. In altri casi era accaduto che i «cacciatori di taglie» venissero aggrediti per la strada da fanatici indù che li accusavano di maltrattare gli animali.

La soluzione finale l'ha inventata un genio informatico di 35 anni, Ahish Anand. Ha brevettato un microchip (semiconduttore a memoria elettronica) da fare inghiottire alle mucche. Il minuscolo sensore ha una forma tale che si fissa nel secondo stomaco del ruminante e di lì non si sposta più. Consente di attribuire a ogni mucca di New Delhi un codice d'identità, di registrare la razza e il proprietario. L'informazione finisce in una banca dati con cui le autorità comunali possono risalire al padrone e multarlo se la vacca si sdraia davanti a un semaforo o al posteggio dei taxi dell'aeroporto. L'invenzione di Ahish Anand, per il modico prezzo di dieci dollari a microchip, è un successo mondiale: negli Stati Uniti, in Argentina e in Europa quel sensore *made in India* viene usato per monitorare eventuali ritorni del morbo della mucca pazza. A New Delhi si accontentano di molto meno. Da quando le microspie sono finite negli stomaci dei bovini, i proprietari hanno capito l'antifona. Non c'è più un paio di corna che si faccia beccare al posto sbagliato. Benvenuti nella New India.

Questo è il paese che è diventato il massimo oggetto del desiderio di Bill Gates. Il 6 dicembre 2005 Gates arriva in India per annunciare un nuovo investimento da 1,7 miliardi di dollari. Ha deciso di creare qui il suo «centro di innovazione mondiale», con l'assunzione di altri 3000 ingegneri e ricercatori indiani. Da qui la Microsoft lancia il nuovo software low cost Starter Edition, prezzo di listino sotto i 50 euro, versioni in inglese, hindi e tamil. In un paese di 1 miliardo di abitanti dove l'accesso a Internet dilaga al ritmo del +54 per cento l'anno, Gates presenta il nuovo prodotto a Bangalore, capitale della Silicon Valley indiana, affiancato da quelli che nel gergo Microsoft sono «i quattro evangelisti». Si chiamano Gaurav Khanna, Govind Kanshi, Vineet Gupta, Ramkumar Kothandaraman, hanno tutti meno di 40 anni, sono gli architetti dei nuovi programmi, i sacerdoti del linguaggio del software, i geni dell'informatica che la Microsoft è venuta a reclutare nella terra magica dove l'antico sanscrito e la matematica sembrano fondersi in un'armonia naturale. I quattro evangelisti salgono sul palco con Bill Gates a Bangalore per il grande evento diffuso dalle Tv americane e su tutti gli schermi Internet, un altro sintomo che il baricentro dell'industria hi-tech scivola dalla West Coast americana verso l'Asia. L'evento fa più scalpore a San Francisco che a Bangalore. Ormai, in India, perfino Bill Gates fa fatica a conquistarsi visibilità, il suo arrivo è un titolo fra tanti nel bombardamento quotidiano di successi. Ventiquattro ore prima di lui è stato Craig Barrett, capo della Intel californiana, a portare 1 miliardo di dollari di investimenti.

Il giorno ancora prima, il gigante statunitense dei microchip Amd ha annunciato una nuova fabbrica da 3 miliardi. Bill Gates, alla sua prima visita nel 1997, venne ricevuto con gli onori di un capo di Stato, nel 2005, alla sua quinta missione da investitore, qualcuno lo bacchetta con severità. La stampa locale lo accoglie ricordando che in India avanza il software *open source*, l'alternativa mondiale ai sistemi Windows, quella struttura aperta che è nata contro la logica capitalista e proprietaria di chi vuole brevettare e riscuotere *royalties* su tutto. «Non siamo noi ad avere bisogno di lui, è la Microsoft ad avere bisogno di noi» sentenzia un editoriale del quotidiano «The Hindu». «Se Bill Gates ha fretta di investire in India, lo stesso vale per i suoi concorrenti. La Microsoft non ha alternative, la crescita è in questo paese.» È un linguaggio sicuro, da parte di chi ancora pochi anni fa si sentiva parte del Terzo Mondo. È una grinta giustificata:

la scoperta dell'India a opera del capitalismo globale assume dimensioni analoghe alla corsa in Cina partita per prima. In due anni l'ondata dell'*offshoring* (delocalizzazione) ha trasferito qui 48.000 posti di lavoro soltanto dall'industria dei servizi americana. Un'azienda di computer texana, la Dell, ha in India 10.000 addetti all'assistenza dopovendita, il servizio di aiuto telefonico ai suoi clienti americani ed europei. La J.P. Morgan, nome storico della finanza di Wall Street, ha annunciato 4500 assunzioni tra New Delhi e Bombay, che si aggiungono ai 6000 reclutamenti delle altre banche statunitensi. Una di queste, la Wachovia Bank di Charlotte (North Carolina), ha spostato in blocco tutti i suoi uffici di contabilità in India.

Se la Cina è la fabbrica del pianeta che risucchia dai vecchi paesi ricchi intere industrie, dal tessile alle calzature, dai telefonini ai computer, l'India diventa la patria mondiale dei servizi moderni. Ha cominciato con i call center, i centri di assistenza telefonica 24 ore su 24, favorita dall'ampia diffusione della lingua inglese. Ha sfondato nel software, grazie ad alcuni dei politecnici più avanzati del mondo, e ora è indiana una delle multinazionali del settore, la Infosys. Dietro l'informatica sono arrivati i lavori degli analisti finanziari, i servizi amministrativi delle compagnie assicurative occidentali, i grandi uffici di consulenza fiscale e legale, le analisi mediche e la biogenetica. Le case farmaceutiche mondiali fanno i conti: il numero di giovani che ogni anno escono dalle università indiane con un dottorato di ricerca in chimica è sei volte superiore a quello degli Stati Uniti. Ogni mestiere che si può svolgere in lingua inglese e i cui «prodotti» si possono inviare a distanza via Internet è candidato a finire in India. Grandi studi di architettura statunitensi fanno progettare interi *shopping mall* da giovani architetti che lavorano su computer a Hyderabad, ormai ribattezzata Cyberabad, un'altra capitale tecnologica indiana situata nello Stato dell'Andhra Pradesh. Case editrici degli Stati Uniti e della Gran Bretagna subappaltano tutto il lavoro di editing dei nuovi libri a redattori perfettamente anglofoni seduti in un ufficio in India. Il dottor Arjun Kalyanpur a Bangalore dirige una squadra di 60 radiologi che ogni notte analizzano radiografie, Tac, elettrocardiogrammi e altre analisi mediche per conto di 50 ospedali statunitensi, a cui mandano i risultati via Internet la mattina dopo: ogni loro prestazione viene fatturata 100 dollari, una piccola percentuale di quello che chiederebbe un radiologo negli Stati Uniti.

È l'India a sfidare la Cina nella nuova diplomazia internazionale delle materie prime, il terreno dove un tempo dominavano gli appetiti americani ed europei: oggi i due giganti asiatici assetati di petrolio per alimentare il proprio sviluppo corteggiano la Russia per i giacimenti del suo sottosuolo. Manmohan Singh, il premier indiano, va regolarmente in missione a Mosca come un ricco cliente per oleodotti e centrali nucleari. L'India ha dalla sua materie prime che non si esauriscono: la scienza e l'inglese, il capitale umano e la conoscenza.

India-Cina, il confronto è serrato. La Cia le ha definite le due superpotenze del futuro, in grado di diventare prima e terza economia mondiale a metà del secolo. India-Cina è anche uno scontro tra modelli, una gara che le due classi dirigenti sentono sempre di più. *Asian Century*, secolo asiatico, s'intitola un editoriale del «Times of India» che incita il nazionalismo di New Delhi: «Con la Cina o nonostante la Cina, l'India deve conquistarsi un ruolo più grande».

Arrivando direttamente da Pechino, le differenze balzano agli occhi ancor più che per il viaggiatore che sbarca a New Delhi in arrivo dall'Europa o dagli Stati Uniti. Proprio perché i due giganti asiatici hanno tante ragioni per assomigliarsi – le dimensioni geografiche e demografiche e la varietà etnica dei due «imperi», le civiltà plurimillenarie – colpisce tutto ciò che li rende diversi. L'aeroporto angusto, arcaico e polveroso di New Delhi contro quelli modernissimi di Hong Kong, Shanghai e Pechino. Il traffico congestionato e inquinante come in Cina, ma qui ancora dominato da tanti mezzi poveri: i motofurgoncini tipo Ape, le vecchie Ambassador bianche che ricordano le Fiat Millecento di mezzo secolo fa, perfino i risciò a pedali, una giungla in mezzo alla quale devono farsi strada le Toyota e le miniutilitarie di fabbricazione locale. (Cambierà presto anche questo: in India ormai si vendono un milione di auto all'anno.) mendicanti restano numerosi, mentre a Pechino finirebbero carcere prima di poter importunare i turisti. Scarseggiano i tacieli, nonostante i 14 milioni di abitanti di New Delhi che si avvicinano ai 17 di Pechino. In compenso l'inglese è la lingua franca diffusa in tutta la middle class indiana – perfino nelle telenovele di Bollywood dilaga una lingua-minestrone contaminata dagli anglicismi – mentre in Cina l'élite poliglotta è ridotta. Il telegiornale si apre con titoli sugli ultimi scandali di corruzione e l'opposizione che invoca le dimissioni di Sonia Gandhi; la lettura dei giornali offre un fuoco incrociato di critiche al governo: una boccata d'aria fresca rispetto alla censura di Pechino.

Anche senza le vacche, però, c'è un cuore segreto di New Delhi che rimane fermo a un'era molto distante dalla Microsoft. A poche centinaia di metri dal Forte Rosso, il centro storico della capitale, la mia guida, Rakesh, mi apre l'accesso a una baraccopoli fetida e immonda, affollata di famiglie che vivono al riparo di poche lamiere ondulate. È un popolo lacero e sporco ma neanche dei più poveri nella stratificazione sociale di questo paese: si notano fabbri indaffarati a notte fonda nelle loro piccole officine, una montagna di portiere d'automobile accartocciate segnala la zona dei carrozzieri. C'è una lavanderia collettiva dove le famiglie di New Delhi portano i panni a lavare: alle tre del mattino dei vecchi seminudi affondano nell'acqua gelida di una vasca gigante, le loro braccia magrissime sbattono per ore i panni sulla pietra, poi li mettono ad asciugare su forni di mattoni. I bambini giocano coi cani randagi in mezzo al liquame delle fogne aperte. Nella serata invernale cala il freddo pungente dell'India settentrionale e si accendono piccoli falò sui marciapiedi dove la gente dorme all'addiaccio. «Hanno previsto un inverno rigido, nei prossimi mesi qui ne moriranno tanti» osserva laconico Rakesh.

Paradosso del pluralismo indiano, i comunisti che partecipano alla coalizione di governo sono rimasti molto più comunisti dei cinesi: si oppongono alla privatizzazione degli aeroporti e delle centrali elettriche, mentre su New Delhi e Bombay gli aerei sorvolano per ore in attesa di poter atterrare, e la corrente nelle case subisce blackout a singhiozzo. È iniziata solo da poco la costruzione di una vera rete autostradale moderna, 4500 chilometri fra New Delhi e Bombay, Bangalore e Calcutta, quando la Cina ha già più di 25.000 chilometri di autostrade a sei, otto, dieci corsie. Se il progresso si misura in percentuali di Pil, il decisionismo autoritario di Pechino ha ancora qualche lunghezza di vantaggio.

Silicon Valley a Bangalore

«Harvard è la scelta di ripiego per quelli che non sono riusciti a entrare da noi.» Il professor Soumitra Kumar Nandy non esagera. L'accademia scientifica più selettiva del mondo non è una delle superfacoltà statunitensi della Ivy League. È l'Indian Institute of Science (Iis) di Bangalore, dove la selezione dei talenti raggiunge livelli ineguagliati. Per ogni dottorato di ricerca dell'Iis gareggiano migliaia di superlaureati usciti dai cinque grandi politecnici indiani, l'élite dei giovani più ambiti dalle facoltà scientifiche statunitensi. Tra di loro Bangalore ne screma secondo criteri meritocratici solo 300, che devono superare una settimana di interrogatori davanti a tutti i docenti. Alla fine della strage, gli eletti saranno solo 5 su 300. Ma a questi cervelli si offre un privilegio raro. Immerso in una lussureggiante vegetazione tropicale che fa invidia ai campus di Stanford e Berkeley, l'Indian Institute of Science è il paradiso dei ricercatori. Mille docenti, il vertice della scienza indiana, si dedicano a 3000 studenti (un rapporto di un professore per tre studenti, anche questo un record) che vengono mantenuti generosamente dallo Stato indiano. Sulle loro ricerche piovono finanziamenti dalle multinazionali hi-tech: Intel e Hewlett-Packard, Cisco e St Microelectronics, Infosys e Philips. Nei laboratori che operano a ciclo continuo, 24 ore su 24, si vedono incollati ai loro computer dei giovani vestiti in stile casual americano e delle ragazze fiere come regine nei loro sari indiani tradizionali. Si incontrano talvolta in questo campus anche il Dalai Lama e lo scienziato Abdul Kalam, presidente della Repubblica nonché padre del sistema missilistico indiano, per dibattere sulle scritture sacre vediche e il loro rapporto con l'antica tradizione matematica indù.

A Bangalore non si produce niente di materiale. Questo ha salvato tanto verde e una qualità della vita che dal XVI secolo le vale il nome di città-giardino. Niente ciminiere, niente colonne di Tir. Qui, nel centro dell'India meridionale, su un altopiano rigoglioso equidistante tra il mare d'Arabia e il Golfo del Bengala, si fabbricano solo «soluzioni», concetti, programmi e linguaggi codificati, per mandare avanti l'elettronica e l'informatica, l'intero sistema nervoso dell'economia globale. Qui nascono invenzioni che invadono la nostra vita quotidiana: nuove applicazioni del motore di ricerca Google o software dei videotelefonini di terza generazione. «Se sei qualcuno nelle tecnologie avanzate» sentenzia Soumitra Nandy «o sei già qui, o sei comunque costretto a fare i conti con Bangalore.» Il professor Nandy è approdato all'Indian Institute of Science come responsabile della Supercomputer Education dopo aver insegnato al Massachusetts Institute of Technology, a Cambridge e al Politecnico di Delft in Olanda. La sua carriera accademica iniziata nelle migliori università dell'Occidente e culminata con il ritorno in patria, è una prova del nuovo status dell'India. Lui ha le chiavi di questo miracolo per noi ancora misterioso: l'irresistibile ascesa dell'India nel software che minaccia la supremazia americana, e anche la schiacciante superiorità di Bangalore rispetto alle rivali asiatiche Shanghai, Tokyo e Seul. «L'India» spiega Nandy «storicamente non ha avuto la massa critica di capitali necessaria per lanciarsi nella produzione industriale di computer. Nell'hardware siamo dei nani. Ma il software è un'altra cosa. Per essere creativi nel software occorre un pensiero aperto, menti indipendenti. Noi facciamo ricerca pura, qui si spazia dall'informatica alle biotecnologie al genoma. Bisogna essere molto liberi e anticonformisti per riuscire in questi mestieri. La Cina ha un regime autoritario, i giapponesi vengono educati a non mettere in discussione le idee degli anziani. La nostra democrazia, la nostra tradizione di libertà sono carte vincenti.»

La libertà da sola non spiega tutto. Bangalore sarebbe potuta rimanere un'oasi di giardini botanici e un luogo di villeggiatura. Se è diventata la nuova Silicon Valley, lo deve a una serie di scelte strategiche, di scommesse audaci del dirigismo pubblico, più alcuni colpi di fortuna. La famiglia Tata, la maggiore dinastia industriale del paese, ha la lungimiranza di fondare con la propria ricchezza privata l'Indian Institute of Science prima ancora dell'indipendenza nazionale, precedendo il premier Nehru e la sua decisione di creare i grandi politecnici negli anni Cinquanta. Poi le vicende geopolitiche del subcontinente fanno la loro parte. L'eterna tensione col Pakistan, la guerra con la Cina nel 1962, consigliano di spostare nel Sud, lontano dalle frontiere «calde», l'industria militare (come la California beneficiò del riarmo antigiapponese dopo Pearl Harbor). A Bangalore si insediano la Hindustan Aeronautics Ltd e la prima industria di telecomunicazioni nazionale, fucine di ingegneri di ottimo livello.

Negli anni Ottanta il premier tecnocrate Rajiv Gandhi, formato a Cambridge, prima di essere assassinato, fa in tempo a lanciare il suo piano per dotare l'India di una rete telefonica moderna. Convince a ritornare dagli Stati Uniti un geniale imprenditore della diaspora, Sam Pitroda, che crea un «Bell Lab» indiano, centro di ricerca e innovazione. Il colpo di fortuna finale arriva alla fine degli anni Novanta. Se lo ricorda bene la giornalista Kalpana Shah, perché quello fu l'inizio della sua carriera: «Red Herring», la famosa rivista di San Francisco specializzata nel seguire il mondo delle dot.com, decise di aprire una redazione a Bangalore e di assumerla come corrispondente. «La svolta» racconta Kalpana Shah «fu l'ondata di panico che invase l'America per l'avvicinarsi del Baco del Millennio e la prevista apocalisse informatica. Tutti i programmatori di software degli Stati Uniti non bastavano a soddisfare il boom di richieste per aggiornare i programmi dei computer entro il 31 dicembre 1999. La Texas Instruments, che aveva già scoperto il nascente distretto informatico di Bangalore, fu tra le prime a indicare la via della salvezza. Miriadi di piccole aziende indiane misero a disposizione i loro tecnici per lavorare al servizio delle banche di Wall Street, delle compagnie aeree di Chicago e Atlanta. Il capitalismo americano scoprì gli *IT coolies*, i manovali asiatici dell'Information Technology che per e-mail rispondevano docilmente a tutte le richieste, risolvevano i problemi e placavano le angosce a ogni ora del giorno e della notte. Da quel momento i clienti americani non ci hanno più lasciati. Avevano scoperto a portata di Internet un esercito di indiani competenti e anglofoni. Diventammo l'alter ego della Silicon Valley, indovinavamo i suoi bisogni prima ancora che ce li comunicasse, offrivamo un servizio puntuale, affidabile, a prezzi ridicoli. Dal *Millennium Bug*, in cinque anni la popolazione di Bangalore è raddoppiata fino a 8 milioni di persone. I neolaureati in elettronica accorrevano qui da tutta l'India per fare fortuna.»

Un aiuto prezioso lo ha dato anche l'intraprendente diaspora indiana negli Stati Uniti e in Gran Bretagna. In California, già a metà degli anni Novanta, quando nacque la New Economy, un censimento misurò che un terzo delle start-up (imprese neonate) ad alta tecnologia nella Silicon Valley erano state fondate da imprenditori asiatici, e la maggioranza di questi erano indiani. La loro reputazione si era già affermata, era il miglior biglietto da visita possibile per il loro paese. Il passaggio successivo è stato rapido: dopo aver visto che cos'erano capaci di fare gli indiani trapiantati nell'industria informatica o biotech a San Francisco e a Londra, era naturale andarli a cercare direttamente in India, pagandoli alle tariffe locali.

Bangalore è diventata davvero una gemella della Silicon Valley. Oltre al clima da primavera mediterranea, ne replica altre attrattive singolari. In questo Eden delle tecnologie la meritocrazia riesce a cancellare perfino il peso delle caste: sul mercato del lavoro hi-tech contano i titoli di studio e l'esperienza professionale, il cervello e la fantasia creativa. Se sei in grado di brevettare una nuova invenzione, non hai bisogno di essere figlio di bramini per farti strada. È una città dominata da un nuovo tessuto sociale di immigrati di talento, nomadi del sapere tecnologico. Ormai solo una minoranza dei residenti conosce la lingua locale, il kannada. Più ancora dell'hindi, l'inglese è diventato la lingua-ponte fra le etnie che si mescolano. Nelle scuole per i figli della middle class si insegnano tutte le materie in inglese fin dalla prima elementare. L'hindi si studia come seconda lingua, il kannada è optional come terza lingua, ma c'è chi preferisce sostituirlo addirittura con il tedesco o il francese. Solo a Bangalore capita di sentire un indiano che si rivolge al tassista o al fruttivendolo in inglese. Il cosmopolitismo alimenta una tolleranza ancora più sorprendente che nel resto dell'India. «Le moschee di Bangalore» racconta la ricercatrice informatica Priya Sekar, 23 anni «sono visitate regolarmente da indù interessati a capire l'Islam. E nella cattedrale cattolica di San Marco giuro di aver visto degli indù fare le novene, tutti i primi venerdì del mese.»

Quelli di Agrate Brianza

C'è un'azienda italiana che ha assunto in poco tempo 3400 giovani ingegneri. Sta aumentando il personale del 15 per cento all'anno. I suoi dipendenti hanno un'età media di 28 anni, almeno un master postlaurea, e sfornano 60 brevetti per innovazioni ogni 12 mesi. L'impresa è la St Microelectronics, fondata nel 1987 (allora si chiamava Sgs Thomson) da Pasquale Pistorio con capitali pubblici italo-francesi, ed è l'unica multinazionale che sia rimasta all'Italia nel settore delle tecnologie avanzate. È il quinto produttore mondiale di semiconduttori, memorie e microcircuiti intelligenti che fanno funzionare computer e telefonini, decoder televisivi e Dvd, l'elettronica di bordo delle automobili, le smart card per collegarsi a Internet. I suoi microchip sono la mente di prodotti Nokia e Ibm, Alcatel e Bosch, Sony e Hewlett-Packard. È un gigante da 8 miliardi di euro di fatturato, un campione che resiste in un settore dove la competizione ha mietuto innumerevoli vittime. Ma l'aumento delle assunzioni del 15 per cento annuo, i 3400 nuovi ingegneri non sono per i suoi stabilimenti italiani di Agrate Brianza o di Catania, né per quelli francesi di Grenoble. È in India, dove i migliori ingegneri costano un quinto degli italiani, che la St cresce a questi ritmi formidabili. A Noida, città satellite di New Delhi detta «Knowledge Park» (parco della conoscenza) perché ospita quartieri generali di tutte le multinazionali hi-tech del mondo, la St ha finito di costruire nel 2006 un nuovo «campus» all'americana di 100.000 metri quadrati. Qui la sua filiale indiana ha traslocato per far posto alle nuove assunzioni: da 1600 dipendenti è passata a 5000. Non c'è un operaio, ma solo ingegneri elettronici, matematici, fisici. A Noida non esistono fabbriche, ma laboratori avanzati, ricerca e innovazione.

Alla St indiana, neppure il capo è italiano. Il suo nome è Vivek Sharma, quarantenne, una laurea al Politecnico del Punjab e un master in ingegneria elettronica all'Indian Institute of Technology, una delle accademie all'avanguardia mondiale. Sharma elenca i numeri elementari della sfida che l'India sta vincendo con l'Occidente. «Un nostro giovane ingegnere ci costa 1000 dollari al mese» dice «e in questo totale metto il salario lordo, incluse tutte le assicurazioni, i contributi sanitari e previdenziali. In America o in Europa, alla stessa età e con lo stesso livello di competenza costa 5000 dollari al mese. Vista la disparità, non c'è da stupirsi se l'industria tecnologica delocalizza in India. Anzi, semmai c'è da chiedersi se i trasferimenti di posti di lavoro qualificati non siano destinati ad assumere proporzioni ancora maggiori. E credo che questo sia solo l'inizio di un trend. Fino a quando gli azionisti delle multinazionali americane o europee accetteranno di pagare dei giovani ingegneri cinque volte più cari, per un lavoro che i loro coetanei indiani sanno svolgere altrettanto bene, o addirittura meglio?»

È una domanda logica, che si estende a tutto il confronto tra l'Asia e l'Occidente. La stessa St, dopo aver progettato in India i suoi semiconduttori, li fabbrica a Shanghai dove le cifre sono queste: con meno di 3000 operai cinesi l'azienda fa 1,6 miliardi di dollari di fatturato, mentre in Italia con 10.000 dipendenti produce meno di un quinto, 300 milioni di dollari. Fino a quando?

L'India è lanciata verso traguardi che a noi appaiono irraggiungibili. Le sue 380 università scientifiche sfornano 200.000 ingegneri all'anno, più 300.000 laureati nelle altre materie scientifiche (matematica e fisica, chimica e biologia), e 2000 superlaureati con il PhD. Uno Stato come il Punjab, che pure non è fra i più sviluppati della federazione indiana, ha 30 college di ingegneria, 58 università di management e 50 politecnici. La qualità di questa formazione è stata riconosciuta da tempo nella patria dell'hi-tech. Il 12 per cento degli scienziati di tutte le facoltà statunitensi sono indiani, e addirittura il 36 per cento dei matematici della Nasa. Ma l'emigrazione negli Stati Uniti o in Inghilterra non è più quella scelta obbligata che era ancora dieci anni fa per i migliori talenti. Ora i cervelli possono rimanere in India, visto che sono le multinazionali a venire qui. Il rettore della Oxford University, Chris Patten, è partito in missione a Bangalore, Bombay e New Delhi per tentare di «sedurre» giovani indiani e attirarli nella sua università, un'impresa sempre meno facile vista la concorrenza agguerrita. «Subito dopo gli Stati Uniti» osserva Sharma «nel mondo il più vasto serbatoio qualificato di manodopera tecnico-scientifica che parla inglese si trova in India.» E si trova anche vicina ai mercati di sbocco più dinamici per i prodotti tecnologici. L'anno scorso il 47 per cento di tutti i semiconduttori del mondo sono stati venduti in Asia.

La signora Poornima Shenoy, a meno di 40 anni, è presidente dell'associazione confindustriale dei produttori di semiconduttori in India. Il suo ruolo dirigente in un settore di punta ricorda una delle singolarità di questo paese, afflitto da diseguaglianze sociali e arretratezze ancora spaventose, eppure il primo al mondo ad avere avuto un primo ministro donna. Un paese dove ancora esistono le caste ma che è capace di avere contemporaneamente un presidente della Repubblica musulmano, un primo ministro della minoranza Sikh, una leader del partito di governo cattolica e italiana. Poornima Shenoy sottolinea che l'India è maestra nel trasformare le sue debolezze in punti di forza. «Per molto tempo ci siamo lamentati per le dimensioni della nostra popolazione. Sembrava un freno allo sviluppo. Oggi la demografia è diventata la nostra arma. Con un miliardo di abitanti, di cui il 70 per cento ha meno di 35 anni, siamo un mercato in crescita vorticosa per tutte le industrie e i servizi, dalla finanza all'edilizia, dalla grande distribuzione all'abbigliamento. La differenza tra popoli vecchi e popoli giovani balza agli occhi. Quando vado a fare compere da Marks & Spencer a Londra, i reparti più ricchi sono quelli che vendono i prodotti per anziani, mentre un grande magazzino di New Delhi è tutto rivolto a bambini e teenager.»

Su questa immensa popolazione giovane si esercita una micidiale selezione dei talenti. «Ci sono così tanti giovani qualificati a caccia di posti di lavoro» continua Poornima Shenoy «che l'ambizione competitiva viene eccitata fino ai livelli più estremi. Sia per i giovani sia per le famiglie la motivazione è fortissima. In America e in Europa la gente risparmia anzitutto per prepararsi alla pensione, qui la prima finalità del risparmio è l'istruzione dei figli. Per milioni di ragazzi della piccola borghesia indiana, il voto in matematica e in inglese rappresenta la via d'uscita dalla trappola della povertà in cui le generazioni precedenti erano imprigionate.» In India, fin dalle scuole elementari sono famose le gare di matematica. I ragazzi si allenano tutto l'anno per un piazzamento nel campionato di algebra che rimarrà scritto nel loro curriculum vitae e potrà servire più tardi a guadagnare l'accesso a una delle superfacoltà.

Nel laboratorio di ricerca della St, squadre di ventenni entusiasti mostrano al visitatore le loro ultime invenzioni. Hanno affisso in bacheca il grafico di un'altra gara che seguono con molta concentrazione: il trend dei brevetti St creati in Europa, e quello dei brevetti indiani che inseguono e tallonano la casa madre. Anand Bodas, 27 anni, programmatore di software, racconta che, subito dopo averlo assunto, la St lo ha mandato per uno stage di formazione nelle sue sedi in Lombardia. «In Italia mi sono trovato benissimo, con voi è facile intendersi, abbiamo gli stessi valori familiari, e la vostra qualità della vita è ottima. Ma rimanevo stupito nel vedere con che fretta i miei colleghi lasciavano l'ufficio all'ora stabilita. Noi qui non conosciamo orari, si lavora a oltranza. Nella Silicon Valley lo sanno da un pezzo, ma in Italia la gente non ha ancora capito di che cosa siamo capaci noi indiani.»

A Noida i ricercatori della St creano un nuovo semiconduttore appositamente studiato per i videotelefonini di terza generazione da vendere sul mercato italiano. Li offre ai clienti un noto operatore telecom nazionale. La tecnologia è stata progettata in India. Il prodotto verrà assemblato in Cina. L'Italia, di suo, ci mette il consumatore.

II
L'induismo vendicato dagli archeologi

L'India disputa alla Cina il ruolo di nazione con la storia più «lunga». A differenza del suo vicino, l'India non cancella nulla, non dimentica nulla. È una ricchezza ed è un segno di forza, il non avere cercato di amputare la propria memoria. Ma, a volte, questo passato ha un peso quasi insopportabile.

Nel cuore della civiltà più antica del mondo una scoperta archeologica potrebbe avere come estrema conseguenza la guerra civile. Mai scavi furono drammatici quanto quelli di Ayodhya. Lo Stato di Uttar Pradesh – tra il sacro fiume Gange e il confine col Nepal dove combatte l'ultima guerriglia maoista – è il più popoloso della federazione indiana: 167 milioni di abitanti di cui 15 milioni di musulmani. È lì, nella città di Ayodhya, il focolaio che alimenta una nuova jihad. In quel luogo passa l'altro grande fronte mondiale di tensione tra l'Islam e una civiltà laica, pluralista, democratica: una faglia geopolitica e culturale non meno esplosiva di quella tra l'Occidente e i paesi arabi. Ayodhya era la sede della moschea Babri (Babri Masjid), costruita nel XVI secolo quando l'India era governata dalla dinastia Moghul. Generazioni di indù sono vissute nella certezza che in epoca molto più antica quello fu il luogo di nascita del dio Ram o Rama, e credono che lì sotto vi fosse un preesistente tempio induista. Per lunghi periodi, indù e musulmani hanno accettato di vivere in un compromesso pacifico. Gli uni e gli altri hanno frequentato per secoli la moschea mescolandosi insieme, tutti egualmente convinti che l'acqua del pozzo situato nel cortile centrale avesse proprietà miracolose. A fianco di quel pozzo, nel 1890, gli indù hanno costruito un piccolo altare dedicato a Rama.

I periodi di tranquillità sono stati spezzati a tratti da fiammate improvvise di scontro fra le due comunità. Nel 1855 Babri Masjid fu il teatro di violenze sanguinose. Un trentennio dopo, quando ormai il paese era colonia britannica, il giudice distrettuale di Faizabad, colonnello Chamier, fu chiamato a dirimere la disputa ed espresse il seguente parere: «È assai deplorevole che una moschea sia stata costruita su una terra sacra per gli indù, ma, poiché l'evento avvenne 356 anni fa, è troppo tardi per dare soddisfazione alla parte lesa». Nel 1949, due anni dopo l'indipendenza e la «partizione», cioè la separazione dall'India delle regioni a maggioranza islamica (il Pakistan), una folla induista prese possesso della moschea, che ormai per paura i musulmani non frequentavano quasi più. Per altri quarant'anni resse il precario equilibrio dello status quo. Il 2 novembre 1989 venne posata la prima pietra per la costruzione di un nuovo tempio di Rama nel sito della moschea; fu una provocazione per i musulmani che reagirono duramente nei paesi vicini. Lo stesso giorno in Pakistan e in Bangladesh si scatenarono pogrom e assalti di massa contro le minoranze indù. Il bilancio delle violenze: 50.000 indù senzatetto in Bangladesh, 245 templi induisti demoliti in Pakistan. La piaga era aperta, la catena delle rappresaglie era destinata a continuare.

L'esplosione successiva sarebbe partita nuovamente da Ayodhya. Il 6 dicembre 1992 la città veniva invasa da una manifestazione oceanica di nazionalisti indù, organizzata dal partito Bjp e dal Vishwa Hindu Parishad (Consiglio mondiale induista). La folla prese d'assalto la moschea Babri, la rase al suolo, dando il via a un'altra spirale di violenze in tutta l'India: quell'anno gli scontri fra le due comunità fecero 2000 morti, di cui 1800 solo a Bombay. In seguito a quei terribili tumulti, il governo di New Delhi ha cercato una via d'uscita affidandosi a un potere indipendente e rispettato: la magistratura. È stata creata una commissione d'indagine sulle violenze del 1992, diretta dal giudice Liberhan, che ha sentito centinaia di testimoni inclusi i leader dei movimenti nazionalisti. Ed è su ordine dei giudici – alla disperata ricerca di criteri «scientifici» su cui fondare le proprie decisioni – che una missione archeologica si è messa a scavare nel sito di Ayodhya. Probabilmente non è mai accaduto nella storia che degli archeologi lavorassero sotto una simile pressione psicologica. L'intera opinione pubblica indiana seguiva quegli scavi, e il loro esito poteva avere conseguenze politiche importanti. Il risultato è stato inequivocabile. Gli esperti hanno riportato alla luce, sotto le fondamenta della moschea, 50 colonne, una cascata e altri resti tipici dell'architettura induista di questa regione settentrionale. È la prova definitiva che la leggenda era fondata. In quel luogo era esistito un tempio del X secolo, poi profanato e nascosto dalla moschea degli invasori moghul-musulmani.

L'annuncio degli archeologi non ha avuto però l'effetto distruttivo che si poteva temere, anche se la scoperta è stata annunciata quando al potere vi era ancora una maggioranza nazionalista-indù e il governo era guidato da Atal Vajpayee. Malgrado le formidabili pressioni dei suoi elettori, perfino Vajpayee non ha dato il via alla ricostruzione immediata del tempio di Rama sulle ceneri della Babri Masjid per evitare di scatenare altre violenze tra musulmani e indù. Nel 2004 è tornato al potere il Partito del Congresso, e il premier Manmohan Singh ha fatto la stessa scelta del suo predecessore: temporeggiare, lasciare la patata bollente in mano al potere giudiziario, auspicando che quest'ultimo abbia a sua volta la saggezza di procedere con piedi di piombo. Di rinvio in rinvio, la precarietà resta il male minore. Visto il loro comportamento cauto, i governi sembrano consapevoli del rischio di accendere una miccia nella polveriera delle relazioni interreligiose. L'intervento della magistratura è un modo civile per tenere a bada le tensioni, delegando l'arbitrato a un'istituzione rispettata. Ma l'odio che ha scelto come simbolo le rovine di Ayodhya è sempre in agguato, pronto a generare nuove tragedie in tutto il paese.

Bombay, Al Capone e l'Islam

(Bombay: diventata ufficialmente Mumbai dal 1996, quando il partito induista-nazionalista al potere nello Stato locale del Maharashtra ha deciso di ribattezzarla nella lingua locale marathi. Per l'osservatore straniero è un innocuo cambiamento toponomastico. In realtà, la promozione del vernacolare è una piccola offesa alla tradizione secolare e universalista di Gandhi e di Nehru.) «Bombay» spiega il romanziere Suketu Mehta «è una città che vive simultaneamente un boom e un'emergenza civica. È la più grande, la più veloce, la più ricca delle città indiane. Aveva 15 milioni di abitanti all'ultimo censimento – più della Grecia – e il 38 per cento del gettito fiscale nazionale lo pagano i suoi cittadini. Eppure metà della sua popolazione è senza casa. Al Bayview Bar dell'hotel Oberoi potete ordinare una bottiglia di champagne Dom Perignon per 20.250 rupie, più di una volta e mezzo il reddito annuo di un cittadino medio; in una metropoli dove il 40 per cento delle case non hanno l'acqua potabile. In una nazione dove c'è ancora chi muore di fame, Bombay ha 150 cliniche specializzate nelle diete dimagranti. *Urbs prima in Indis*, recita la targa sulla Gateway of India. Nel 2020, si prevede, Bombay sarà la più grande città dell'India.»

Quando arrivo a Bombay nell'estate del 2003, davanti all'hotel Taj Mahal dove alloggio, il 25 agosto è scoppiata una delle due autobombe (l'altra, a pochi minuti di distanza, in un bazar di gioielli nel centro) che hanno fatto 52 morti. L'attentato, di matrice islamica, ha colpito il cuore della Bombay globalizzata di oggi, una delle metropoli più dinamiche dell'Asia: il celebre albergo è invaso tutto l'anno da folle di businessmen cinesi, giapponesi, indonesiani. L'autobomba ha insanguinato anche un simbolo più antico dell'apertura indiana agli influssi stranieri: sull'ampio lungomare di fronte all'hotel Taj Mahal c'è l'arco della Gateway of India, la porta del benvenuto affacciata sul Mare d'Arabia, dove un tempo sbarcavano i passeggeri dei bastimenti dall'Europa e dall'America. Bombay è stata colpita a morte dal terrorismo come dieci anni prima, nel marzo 1993, quando una serie di attentati dinamitardi fecero 300 morti. Ma in quel decennio la natura del terrorismo è cambiata. Negli attentati del 1993 c'era la mano della potente mafia islamica di Bombay, la firma inconfondibile di Dawood Ibrahim, detto l'Al Capone di Mumbai, che tra i suoi «clienti» aveva i servizi segreti del Pakistan. Il movente era il conflitto sulla regione contesa del Kashmir. Una causa in certo senso rassicurante, perché riconduceva le stragi a un'alleanza fra Al Capone e il mandante straniero, un nemico temibile ma classico, conosciuto. Dopo le bombe dell'agosto 2003, invece, sono stati arrestati una ventina di giovani indiani-musulmani dal profilo sorprendente. «Questi ragazzi» dice lo scrittore Pankaj Mishra «sono laureati in management, medicina, chimica, aeronautica, fanno parte di un'élite colta che sa tutto degli avvenimenti internazionali: le guerre in Afghanistan e in Iraq, il terrorismo in Indonesia e in Marocco, l'insurrezione di Baghdad.» Tutti gli arrestati sono incensurati. Gli inquirenti non credono che abbiano agito per conto del Pakistan, e ancor meno per soldi. «I nuovi terroristi sono guidati solo dall'ideologia», secondo il capo della polizia di Bombay, Rakesh Maria.

Su un miliardo di indiani, 150 milioni sono musulmani (l'India è la seconda maggiore nazione islamica del mondo). Ma, a differenza degli altri Stati con popolazioni islamiche così ampie, l'India è una democrazia. «Questi musulmani» sottolinea Mishra «hanno un vantaggio che è negato alla maggior parte dei loro fratelli nel resto del mondo: possono votare regolarmente ed eleggere i loro rappresentanti.» L'India è il centro del più vasto e cruciale esperimento di convivenza tra l'Islam e le altre fedi, un esperimento che avviene entro le regole di tolleranza e libertà di uno Stato di diritto, e in parallelo con lo spettacolare decollo socioeconomico di questa nazione. Il laboratorio multietnico e multireligioso indiano ribolle di malumori e diffidenze che alimentano le crisi intermittenti. Nel cuore di Bombay, l'autista ostenta paura quando gli chiedo di visitare il celebre «mercato dei ladri». Alla fine ci arrivo lo stesso e di ladri non vedo traccia, ma mi trovo in mezzo a una enclave islamica. Tante minimoschee si fondono nel formicaio delle bancarelle dei bazar, e i piccoli luoghi sacri mimetizzati tra le case sono distinguibili nel denso agglomerato urbano solo per le grida dei muezzin. Nel 1990 V.S. Naipaul, in *India, a Million Mutinies Now* (uno dei suoi diari di viaggio nella terra degli avi), si fece guidare in questi bassifondi di Bombay da un giovane musulmano che dei capimafia diceva senza esitazione: «Sono tutti devoti fedeli dell'Islam». L'etichetta religiosa sulla criminalità è accettata anche da loro, non è solo frutto dei pregiudizi dei miei accompagnatori indù. La potente mafia islamica di Bombay – che ha diritto di vita e di morte perfino sui film di Bollywood: chi non paga il pizzo non esce nelle sale – storicamente è nata con obiettivi di autodifesa. Nelle grandi città il 40 per cento dei musulmani vive con meno di 6 dollari al mese, contro «solo» il 22 per cento degli indù: la povertà perpetua l'alibi della mafia, che si presenta come protettrice e riparatrice di torti. A Bombay rivivo uno spettacolo che ho già visto a New Delhi, dove dall'alto della moschea grande si spia dentro il guscio della città vecchia il frenetico brulicare di mestieri, in una promiscuità e sporcizia medievali: i quartieri musulmani sono i ghetti dei più miserabili. «Sono loro che vogliono così» ripete la mia guida «non si integrano, preferiscono stare fra islamici. E diciamo la verità, finché sono minoranza la convivenza regge. Se invece sono la maggioranza, per tutti quelli che non la pensano come loro è finita.» L'allusione è al Pakistan, il pezzo d'India staccatosi 59 anni fa, dove, nonostante l'idillio tra George Bush e il generale Musharraf, la democrazia è inesistente, i diritti umani una farsa. Al contrario, la democrazia indiana incute ammirazione e rispetto. Uno dei più grandi conoscitori di questo paese, Robert W. Stern, non ha dubbi: «L'India è una democrazia parlamentare genuina, stabile. L'affluenza media al voto, tra il 55 e il 60 per cento, supera quella degli Stati Uniti, e l'elettore medio indiano non è più disinformato o ingenuo dello statunitense. Su 13 elezioni legislative dal 1952 a oggi, per sei volte il partito di governo è stato mandato a casa. Ogni volta che ha perso, ha fatto le valigie disciplinatamente, senza cercare di mantenere il potere attraverso l'esercito o i mezzi d'informazione».

La prova più difficile fu superata negli anni Settanta. L'attentato alla democrazia venne proprio dalla figlia di Nehru, Indira Gandhi. L'attacco fu sferrato dalla statista a cui gli indiani hanno perdonato quasi tutto, dopo la morte violenta per mano delle sue guardie Sikh (1984), al punto da tributarle una venerazione postuma. Quando era primo ministro, nel 1975, un giudice la condannò per brogli elettorali, imponendole di rinunciare al suo seggio in Parlamento. Indira reagì con un golpe, dichiarando lo stato di emergenza. Invocando gli articoli 352 e 360 della Costituzione, che consentono i poteri speciali in caso di minaccia interna o esterna alla sicurezza dello Stato, la Gandhi instaurò di fatto un regime autoritario. Le libertà fondamentali furono sospese, gli oppositori e i giornalisti critici finirono agli arresti. Dal socialismo laburista e fabiano di suo padre, l'India scivolò verso forme di statalismo sovietico. Il figlio minore della Gandhi, Sanjay, si distinse per una prepotenza da boss mafioso. Tra le misure repressive varate in quel periodo ci fu un tentativo brutale di controllo delle nascite: migliaia di giovani uomini furono obbligati a subire la vasectomia. Indira era convinta di avere un solido consenso popolare, pensava che solo una élite fosse sensibile alla tutela delle libertà politiche, mentre la maggioranza degli elettori poveri e semianalfabeti si lasciava conquistare dal suo carisma autoritario, dalla sua demagogia populista, dalla spesa pubblica assistenziale e dai favori clientelari che distribuiva abilmente alle varie etnie e gruppi religiosi. Dai servizi segreti riceveva informazioni che la confortavano: la gente stava dalla sua parte. Con queste certezze la Gandhi, nel 1977, abolì lo stato d'emergenza per sciogliere il Parlamento e andare alle elezioni da cui si aspettava una robusta vittoria. Gli indiani la cacciarono all'opposizione senza esitare. Dopo 19 mesi che potevano essere la sua agonia, la democrazia indiana si dimostrò viva e vegeta più che mai. La sterzata illiberale di Indira era stata solo una parentesi. E un potente vaccino.

La tolleranza laica e i suoi nemici

Il grande capolavoro dell'India è questa democrazia federale fiorita nelle condizioni meno facili: una popolazione immensa, in gran parte povera e analfabeta; disparità economiche, sociali, religiose, etniche e linguistiche molto superiori all'Europa o all'America. Il miracolo è tale solo ai nostri occhi occidentali: ignoriamo tutto della tradizione democratica indiana, una cultura del pluralismo e del dialogo tra diversi, antica quanto quella ateniese in certe esperienze di autogoverno comunale. Ha conosciuto momenti di splendore quando l'Europa era dilaniata dalle guerre di religione. Il Mahatma Gandhi, a chi gli chiedeva cosa pensasse della civiltà occidentale, rispose: «Sarebbe una buona idea». Nel confronto di lungo termine tra le civiltà, infatti, noi non usciamo a testa alta. Nel 1600, mentre Giordano Bruno veniva mandato al rogo per eresia a Campo de' Fiori, ad Agra l'imperatore Akbar parlava di tolleranza e promuoveva il dialogo tra musulmani, indù, cristiani, ebrei, giainisti, parsi. Nel 1947, quando nacque la Costituzione dell'India repubblicana, Nehru volle che a fianco alle istituzioni parlamentari e giudiziarie, scrupolosamente copiate dalla Gran Bretagna, ci fossero espliciti richiami alla storia nazionale, ai valori trasmessi dagli imperatori tolleranti, Akbar e Ashoka. Lo scrittore Naipaul ha spesso irriso la tendenza indiana a ricostruire il proprio passato in una versione idilliaca. In realtà, lo stesso Gandhi sapeva che il suo paese poteva esprimere una sublime non-violenza, ma anche scatenarsi in una barbara ferocia, di cui anche lui finì per essere la vittima.

Il nazionalismo indù nacque già negli anni Venti nella élite che progettava l'indipendenza dagli inglesi, e tra le sue letture aveva Giuseppe Mazzini. Ma alla radice c'era già allora la paura che l'identità indù – così duttile e malleabile – finisse schiacciata tra culture più prepotenti come l'Islam e il cristianesimo. Perciò, già nel 1925, un'ala del nazionalismo indù creava le sue milizie, sedotta dal militarismo occidentale. Spuntava la voglia di definire la propria identità «contro», la tentazione dell'esclusione. È una corrente sempre presente nell'induismo nazionalista di oggi, ma che non prevale mai in maniera definitiva. Il tratto dominante dell'India resta la società aperta. Non c'è al mondo un altro esempio di una civiltà così grande e così antica, la cui religione politeista è sopravvissuta a migliaia di anni di aggressivo proselitismo delle grandi fedi monoteiste (Islam, cristianesimo) e, al tempo stesso, si è lasciata permeare dalle influenze altrui: al punto che molte tombe di santi musulmani (le *dargah* dei sufi) sono state incorporate nel culto induista e vengono venerate come templi indù. Questa flessibilità è la chiave del *masala*, la grande mescolanza, il melting pot che è la civiltà indiana.

Nel 1947 Nehru capì che la «partizione», la creazione di un Pakistan islamico ai confini del suo paese, sarebbe stata una minaccia permanente per il modello laico e multireligioso dell'India (e il padre di Indira sognò fino all'ultimo un'impossibile riunificazione). Nehru proibì per legge l'uso di simboli religiosi per scopi elettorali. Emarginò gli integralisti indù, cercò l'alleanza con l'élite occidentalizzata e al tempo stesso con i socialcomunisti per avere uno zoccolo di consenso laico e secolare. Per trent'anni la sua idea dell'India fu vincente.

Poi i suoi stessi eredi inaugurarono cedimenti e compromessi, contaminazioni e legami pericolosi. Indira, per catturare voti, ebbe uno stile di governo nepotista e «lottizzatore» che scendeva a patti di volta in volta con i Sikh, con gli induisti più fanatici, con i musulmani, cedendo su molti principi pur di restare in sella. Suo figlio Rajiv, succedendole alla guida del governo, fece di peggio: su un test cruciale, offese al tempo stesso la sua magistratura suprema e uno dei suoi principi più sacri, l'eguaglianza dei cittadini di fronte allo Stato di diritto. Accadde nel 1985, quando la Corte costituzionale riconobbe alle donne musulmane divorziate gli stessi diritti garantiti dalla legge a tutte le cittadine indiane. Per placare lo sdegno della comunità islamica, il governo di Rajiv Gandhi fece approvare in Parlamento il Muslim Women's Act, rovesciò la sentenza costituzionale e stabilì per le famiglie musulmane il primato del codice islamico – la *shariah* – tra le mura domestiche. Un passo indietro che riportava l'India ai tempi del Raj, quando il colonizzatore britannico seguendo la tattica «divide et impera» aveva sempre applicato leggi diverse per ciascuna comunità confessionale.

Quella decisione di Rajiv Gandhi fu gravida di conseguenze. Per gli indù fu la conferma che il Partito del Congresso, guidato dalla famiglia Gandhi, era sotto il ricatto della minoranza musulmana. Il revival del nazionalismo indù si fece travolgente. Dopo la distruzione della moschea di Ayodhya la spirale del sangue non si è più arrestata. L'estremismo di un'ala degli indù ha giustificato a sua volta la paranoia degli islamici, sempre più permeabili alla penetrazione del fondamentalismo. Nel febbraio 2002 a Godhra, nello Stato del Gujarat, una folla di musulmani incendiò un treno di pellegrini indù: 58 morti, inclusi donne e bambini bruciati vivi. La reazione fu un'ondata di pogrom anti-islamici che lasciò in campo 2000 morti. La paura suscita un apartheid spontaneo. Nel quartiere di Mumbra, alla periferia di Bombay, ondate di musulmani si accalcano le une sulle altre: vengono a vivere tutti assieme nella speranza di proteggersi meglio dalle aggressioni. Tra frustrazione e psicosi d'assedio, s'insinuano in mezzo a loro fratelli di fede venuti dall'Arabia Saudita, dall'Indonesia, dal Sudan. Predicano, secondo il sociologo Swapan Dasgupta, «una jihad che ristabilisca un grande califfato sull'India».

La radicalizzazione è altrettanto forte tra i nazionalisti indù. È anche in chiave anti-islamica che il leader dei nazionalisti Vajpayee, quando era premier, si è avvicinato agli Stati Uniti e ha moltiplicato le aperture a Israele, impensabili ai tempi in cui l'India dirigeva il movimento dei paesi non allineati. All'interno i nazionalisti lavorano, secondo il politologo Rollie Lal, «a disgregare il tessuto della società secolarizzata». L'ultima provocazione dei nazionalisti, prima di perdere le elezioni del 2004 e finire all'opposizione, fu il tentativo di vietare in tutto il paese la macellazione delle mucche. Sarebbe stata una riforma vessatoria per le minoranze musulmana, cristiana, e perfino per quegli induisti del Sud (nello Stato del Kerala) che mangiano abitualmente carne di manzo. Una prevaricazione inutile, perché negli Stati tradizionalisti, dove prevalgono gli indù più osservanti, il macello è già vietato dalle leggi locali. Un episodio analogo ha avuto come protagonista il leader K.S. Sudarshan che nel 2005 ha lanciato la campagna «per la natalità indù», con l'obiettivo di compensare la maggiore prolificità delle famiglie musulmane (in un decennio la comunità islamica è cresciuta del 30 per cento, quella induista del 20 per cento). «Ogni volta che dei fedeli vengono da me per una benedizione» ha proclamato Sudharsan in Tv «io gli dico la stessa frase: non meno di tre. Non fate meno di tre figli, e più riuscite a farne, meglio è. Dobbiamo contrastare lo squilibrio nella popolazione.» Sono battaglie simboliche, a cui una gran parte degli indiani risponde con distacco e buonsenso, ma con i simboli si rischia di uccidere la magnifica anomalia indiana.

«L'intrusione nella politica delle passioni religiose e delle fedeltà di casta» dice il politologo M.A. Hussain dell'Università di Tirupathi «autorizza a chiedersi se l'India sia uno Stato veramente secolare oppure se stia rischiando di scivolare verso la teocrazia.» Le interferenze della Chiesa o delle chiese nella politica sono all'ordine del giorno anche in Italia o negli Stati Uniti.

Il caso dell'India, però, è diverso, perché nessun'altra nazione ha visto sul suo territorio una coesistenza plurisecolare di grandi religioni come l'induismo, l'Islam, il cristianesimo, ognuna delle quali con vaste masse di fedeli. Una nazione dove perfino le religioni cosiddette «di minoranza» contano decine o centinaia di milioni di seguaci. E soprattutto, un paese dove la seconda religione nazionale ha come referente e protettore ufficiale uno Stato confinante, il Pakistan, potenza nucleare e dittatura militare la cui Costituzione afferma: «La sovranità appartiene solo a Dio».

Non è un caso se l'India è da molti anni – all'insaputa degli occidentali – il massimo laboratorio mondiale del terrorismo di matrice islamica. In India sono state fatte spesso con largo anticipo le prove generali dei più gravi attentati perpetrati poi in Occidente. Nel 1985 l'esplosione di un aereo della compagnia Air India in volo dal Canada sperimentò la stessa tecnica e lo stesso materiale usato nel 1988 per far esplodere il volo Pan Am 103 sui cieli di Lockerbie in Scozia. Nel 1999 avvenne il dirottamento del volo Indian Airlines 814 a Kandahar, nell'Afghanistan dei talebani e di Osama bin Laden: si videro in azione terroristi che avevano imparato a pilotare l'aereo e che si servirono di taglierini esattamente come sarebbe accaduto l'11 settembre 2001 negli Stati Uniti. Molto prima delle stragi di Madrid e di Londra, la tecnica delle bombe esplose simultaneamente su diversi treni e autobus della stessa città era stata varata a Bombay. Il terrore ha continuato a infierire sull'India senza tregua. Tre mesi dopo l'11 settembre, il 13 dicembre 2001, un commando islamico originario del Kashmir e del Pakistan ha effettuato un attacco spettacolare contro il Parlamento di New Delhi. La stessa capitale è stata di nuovo insanguinata con la tecnica delle bombe multiple e simultanee il 29 ottobre 2005: 62 morti alla vigilia di Diwali, la popolare Festa delle Luci induista.

Che cos'ha prodotto questa offensiva terroristica? Certo non passa inosservato il dispositivo di sicurezza che l'India ha dovuto adottare. I turisti stranieri entrano al Red Fort di New Delhi (anch'esso bersaglio di un attentato) oltrepassando garitte di soldati con i mitra spianati, protetti dietro sacchetti di sabbia e filo spinato. Ma il paese non si è dato un Patriot Act, non ha ridotto le libertà individuali né limitato il diritto alla privacy. Non ha neppure eretto ostacoli all'immigrazione. Ha riallacciato il dialogo diplomatico con il Pakistan. E dopo anni di chiusura della frontiera, alla fine del 2005 il «pullman della pace» ha ripreso il regolare servizio passeggeri al confine tra i due paesi, sulla linea Lahore-New Delhi.

Il miracolo del voto

«L'India» disse lo statista inglese Winston Churchill «è soltanto un'espressione geografica. Non è un vero paese, come non lo è la linea dell'equatore.» Il suo giudizio sferzante riecheggia nelle parole della scrittrice Arundhati Roy, autrice del *Dio delle piccole cose*: «L'India, in quanto Stato-nazione moderno, fu definita nei suoi precisi confini geografici da una legge del Parlamento britannico nel 1899. Dunque il nostro paese quale noi lo conosciamo fu forgiato sull'incudine dell'Impero britannico secondo i criteri assai poco sentimentali del commercio e dell'amministrazione. Ma appena nata si mise a lottare contro i suoi creatori. Dunque, si può dire che l'India è indiana? È una domanda difficile. Diciamo che siamo un popolo antico che sta imparando a vivere in una nazione recente. L'India è uno Stato artificiale, uno Stato creato da un governo, non da un popolo. Uno Stato creato dall'alto verso il basso, non dal basso in alto. La maggioranza degli indiani a tutt'oggi fatica a identificare i confini del proprio paese su una mappa geografica, o a dire quale lingua viene parlata o quale dio viene adorato in questa o quella regione. La maggior parte è troppo povera e troppo poco istruita per avere un'idea della vastità e della complessità del suo stesso paese».

Eppure è in questo paese così «improbabile» che a intervalli regolari si assiste a un autentico miracolo della pacifica convivenza organizzata: le elezioni parlamentari su scala nazionale. In nessun'altra zona del mondo l'esercizio del diritto democratico a eleggere i propri governanti da parte di un popolo sovrano avviene su questa scala, assume le proporzioni di un evento così fenomenale, gigantesco, inaudito. Tale è la massa degli aventi diritto al voto (670 milioni di cittadini adulti), tali le distanze e le difficoltà di trasporto nelle zone più arretrate che, per consentire un'elezione legislativa, normalmente i seggi restano aperti per tre settimane e lo spoglio delle schede richiede almeno tre giorni. Nel 2004, per esempio, si è votato dal 20 aprile al 10 maggio. Come del calabrone, grosso insetto con ali corte, corpo grosso e design per nulla aerodinamico, lo stesso si può dire della democrazia indiana: eppure vola.

Le elezioni del 2004 hanno deciso ancora una volta un'alternanza di governo. Il partito nazionalista indù Bjp è stato inaspettatamente sconfitto. Al suo posto è tornato a governare il Partito del Congresso, di cui è presidente Sonia Gandhi, che ha designato come primo ministro lo stimato economista Manmohan Singh. La sorpresa del 2004 è una lezione interessante, un caso da manuale per vedere la democrazia indiana all'opera nel suo funzionamento concreto. Una riconferma del partito Bjp al governo sembrava l'esito favorito prima del voto, per due motivi. Anzitutto, perché durante la sua legislatura era decollata la vigorosa crescita dell'economia indiana, facendo del paese il protagonista del nuovo grande boom asiatico dopo quello cinese. Poi, perché il Bjp sembrava il migliore interprete del riflusso nazionalista e religioso in ampi strati sociali, in cerca di una difesa della propria identità di fronte alla duplice sfida della globalizzazione-occidentalizzazione e delle tensioni con la comunità islamica. Il verdetto delle urne ha corretto questa analisi. L'ondata del nazionalismo induista, della xenofobia, dell'intolleranza religiosa e del tradizionalismo morale è apparsa meno potente e irresistibile di quel che si credeva. Quanto al miracolo economico, non ha raccolto un entusiasmo incondizionato. Il Bjp aveva impostato la sua campagna sullo slogan «India Shining»: l'India brillante, sfavillante. Uno slogan orgoglioso, che solleticava la fierezza nazionale per i traguardi raggiunti nell'economia globale. Quello slogan è stato amplificato in tutto il paese, con un marketing costoso curato dalla grande agenzia pubblicitaria americana Grey Global Group e un budget di 100 milioni di dollari. Il partito di governo ha promesso agli indiani «cento Bangalore», evocando il successo mondialmente celebrato della capitale tecnologica indiana. La valutazione degli elettori sui risultati del boom economico è apparsa meno trionfalistica, per ragioni che si possono intuire.

La crescita dell'India è stata davvero spettacolare e i suoi benefici si sono diffusi ad ampi strati della società. In vent'anni è raddoppiato il reddito reale (misurato in potere d'acquisto) della famiglia media indiana. Dietro le medie statistiche, però, il responsabile delle Nazioni Unite per i programmi di sviluppo, Kevin Watkins, osserva che «la povertà è diminuita meno rapidamente di quanto ci si poteva aspettare alla luce del progresso economico del paese; un indiano su tre vive ancora con meno di un dollaro al giorno, e l'India resta la nazione con il più ampio esercito di persone denutrite; la metà dei bambini sono sottopeso per la loro età, il che contribuisce a spiegare due milioni di decessi infantili all'anno». Lo Human Development Report 2005 dell'Onu attira l'attenzione sulla persistenza di una diseguaglianza maschi-femmine fin dalla nascita. Le bambine di età compresa fra uno e cinque anni hanno il 50 per cento di probabilità in più di morire rispetto ai loro fratelli, perché vengono nutrite e curate meno. Questo spiega «130.000 figlie scomparse all'anno», cioè bambine che sarebbero sopravvissute se il tasso di mortalità infantile tra le femmine fosse uguale a quello dei maschi. Le diseguaglianze sociali non sono meno gravi. La mortalità infantile tra i figli dei poveri è il triplo della media nazionale. Tra gli Stati più arretrati quello dell'Uttar Pradesh, con una popolazione equivalente all'intera Nigeria, riesce a vaccinare solo un bambino su cinque contro le principali malattie infantili. Lo slogan «India Shining», l'obiettivo «cento Bangalore» sono apparsi troppo elitisti. L'industria tecnologicamente avanzata ha creato in brevissimo tempo un milione di posti di lavoro. È un risultato eccellente, ma ogni anno sul mercato del lavoro indiano arrivano 8 milioni di giovani a cui bisogna trovare un posto.

Il voto del 2004 non è stato un voto «contro» l'India del software e delle biotecnologie, di Bangalore e dei politecnici all'avanguardia mondiale. Non è stato un voto no-global, tant'è che il governo Singh ha continuato una politica di cauta liberalizzazione. La maggioranza degli elettori ha, però, segnalato la necessità di un modello di sviluppo che riesca a propagare più rapidamente il nuovo benessere a zone e strati del paese che sono rimasti ai margini del boom. Churchill raramente azzeccò i suoi giudizi sull'India. In compenso aveva ragione sulla democrazia: il peggiore dei sistemi politici, con l'eccezione di tutti gli altri. Alla domanda su che cosa tiene uniti gli indiani, nonostante le enormi differenze sociali e di istruzione, le caste e le religioni, le lingue e le etnie diverse, la risposta viene fornita da sessant'anni di storia. Li tiene assieme la democrazia, uno dei tratti forti della loro identità nazionale.

Il verdetto del Nobel Amartya Sen

Nel poema epico *Ramayana* del IV secolo avanti Cristo, uno dei testi fondamentali dell'induismo, il saggio Javala si rifiuta di trattare Rama come un Dio e non esita a definire sciocche le sue azioni. Il *Ramayana* dà ampio spazio ai ragionamenti di Javala secondo cui «non esiste un aldilà, né alcuna pratica religiosa può farci raggiungere un paradiso ultraterreno ... il dovere di adorare Dio, di fare sacrifici e penitenze è stato inserito nelle scritture da uomini furbi che volevano comandare sugli altri». Per l'indiano Amartya Sen, premio Nobel dell'Economia, la presenza di un lucido ateo fra i protagonisti del *Ramayana* fa il paio con un ricordo d'infanzia. Il nonno di Sen, grande studioso di sanscrito e docente alla scuola di Rabindranath Tagore, lungi dall'essere deluso dall'agnosticismo del nipote gli disse: «Dopo avere esaminato la questione religiosa tu hai deciso di collocarti nella Lokayata, cioè nella corrente atea della tradizione induista».

Non è questa l'India dei nostri stereotipi, che crediamo sempre profondamente spiritualista e impregnata di religiosità. Nel suo saggio *L'altra India* (Mondadori, 2005) Sen sfida le semplificazioni per restituire un'immagine sorprendente del suo paese. Il suo obiettivo non è solo rendere giustizia alla civiltà indiana, ma dimostrare che la tolleranza, e quindi la democrazia, non hanno radici esclusive nella storia e nel pensiero dell'Occidente. È un messaggio che prende di mira due bersagli diversi. Da una parte c'è l'egemonismo di europei e americani che pensano di «esportare» la democrazia. Dall'altra c'è un avversario non meno insidioso, agguerrito soprattutto in Asia: è il relativismo politico che respinge la liberaldemocrazia proprio in quanto valore occidentale; è l'esaltazione di una diversità asiatica che da parte di certe classi dirigenti – vedi la Cina – diventa l'alibi per negare libere elezioni, legittimare regimi autoritari e calpestare i diritti umani.

Scavando nella storia dell'India, Sen individua una meravigliosa ricchezza nella «tradizione argomentativa» che dà il titolo alla versione originale inglese della sua opera (*The Argumentative Indian*). È il costume che da tempi molto antichi lascia fiorire convinzioni diverse, accetta l'eterodossia e l'eclettismo, esalta la virtù del dialogo, perché ha in sé una venatura di scetticismo. In un altro testo sacro dell'induismo, la *Rigveda* (1500 a.C.), la stessa origine divina del mondo viene messa in dubbio: «Chi può davvero sapere? Chi può affermare certezze? Da dove viene il creato? Forse si è formato da solo, o forse no. Colui che osserva dall'alto dei cieli, solo lui sa. O forse non sa affatto». La componente induista non è l'unica ad avere lasciato in eredità agli indiani il rispetto delle opinioni altrui e il valore della tolleranza. L'imperatore buddista Ashoka, nel III secolo avanti Cristo, stabilisce le regole per condurre dibattiti e dispute in maniera civile, senza volontà di sopraffazione, bensì «onorando l'oppositore in tutte le occasioni». L'imperatore musulmano Akbar, alla fine del XVI secolo, afferma il principio che lo Stato deve rimanere equidistante da tutte le religioni.

L'antico costume «argomentativo», la consuetudine al dibattito pubblico degli indiani, ha un ruolo cruciale nel creare un terreno favorevole alla democrazia. New Delhi sarà capace di esportare i suoi valori o al contrario è il modello indiano a essere minacciato di estinzione? Questa seconda ipotesi ha assunto una certa forza nell'epoca in cui sembrava irresistibile l'ascesa del nuovo integralismo indù, emerso come una forza politica rilevante con il movimento Hindutva (che letteralmente significa «la qualità dell'induismo»). Il partito Bjp, che durante l'ultimo ventennio ne è l'espressione parlamentare, ha collezionato successi a ripetizione. Aveva solo due seggi parlamentari nel 1984, cinque anni dopo è salito a 85, nel 1991 era a quota 119, nel 1999 era riuscito a fare eleggere 182 deputati ed era il partito di maggioranza relativa. Sen contesta che la Hindutva sia fedele alle correnti più importanti dell'induismo. Cita una celebre definizione dell'identità nazionale data da Tagore nel 1921: «L'idea dell'India è incompatibile con un'intensa consapevolezza della differenza e della separatezza tra il proprio popolo e gli altri». È un concetto che si ritrova anche nel Mahatma Gandhi: l'identità indiana è spaziosa e assimilativa, pluralista e ricettiva, inclusiva e umanista. Per questo stesso motivo l'India è meno vulnerabile di fronte alla globalizzazione dei prodotti culturali e degli stili di vita, perché nella sua storia ha sempre saputo integrare influenze esterne senza smarrire la sua forte fisionomia. Sen è fiducioso, esclude che la Hindutva possa trionfare e che il Bjp diventi un partito egemone, stravolgendo la convivenza tra le varie comunità che formano la nazione indiana. Osserva che anche prima della sua sconfitta elettorale del 2004 a opera del Partito del Congresso, il Bjp non ha mai rappresentato più di un terzo degli indiani di religione indù.

In vari studi Sen ha dimostrato la superiorità della democrazia indiana sul comunismo cinese nel combattere la fame: dopo l'indipendenza, l'India non soffrì più di carestie paragonabili a quella che sterminò almeno 30 milioni di cinesi nel 1958-61. Il premio Nobel non è affetto da parzialità in favore del proprio paese. Pur essendo assai lontano dal marxismo, non esita a riconoscere dei campi in cui la Cina comunista ebbe risultati migliori dell'India: sotto la dittatura di Mao il progresso nelle condizioni di salute e nella longevità media dei cinesi fu maggiore. Solo oggi l'India sta recuperando il terreno perso rispetto alla Cina, dove la privatizzazione dei servizi sociali provoca una battuta d'arresto nel progresso delle condizioni sanitarie. Proprio questo indicatore fondamentale della qualità della vita – la longevità media delle persone – serve ad analizzare più in profondità la sfida tra i due modelli di India e Cina. Contrariamente a quel che si potrebbe credere, proprio nei 25 anni in cui la Cina ha conosciuto il suo sviluppo più formidabile (dalle riforme di Deng Xiaoping a oggi) distanziando l'India in termini di Pil e reddito pro capite, l'aumento della speranza di vita media in India è stato circa il triplo di quello cinese. «Oggi in Cina» osserva Sen «l'aspettativa è di circa 71 anni contro i 64 dell'India. Il divario a favore della prima, che era di 14 anni nel 1979, si è dimezzato.» Sen osserva che in uno degli Stati indiani, il Kerala, l'aspettativa di vita ha addirittura superato quella cinese. Eppure il Kerala non è uno degli Stati più ricchi. Ha però sviluppato dei servizi sociali accessibili a tutti, ha combattuto efficacemente la disparità tra i sessi (fino a raggiungere un rapporto femmine/maschi nella popolazione eguale a quello nordamericano o europeo), e grazie alla qualità della sua assistenza sanitaria ha una mortalità infantile che è un terzo di quella cinese. Sen non è particolarmente soddisfatto dei risultati ottenuti dall'India in campo sanitario. Piuttosto egli ritiene che sia stata la Cina a subire una battuta d'arresto, da quando ha messo fine all'assistenza sanitaria pubblica gratuita, creando un sistema fortemente sperequativo in cui le buone cure costano sempre più care e una parte della popolazione non può permettersi medici e ospedali. Qui rientra in gioco la democrazia. «Questo ritorno indietro dell'assistenza sanitaria, con l'abolizione di un servizio pubblico preziosissimo» sostiene Sen «non ha quasi incontrato resistenze politiche, a differenza di quanto sarebbe invece sicuramente accaduto in qualsiasi democrazia multipartitica». Anche l'India ha un sistema sanitario a due velocità, ottimo per i ricchi e scadentissimo per i poveri, ma questo è oggetto di continue critiche da parte dei mass media indiani, che non sono sottoposti a censure come avviene invece a Pechino. «La possibilità di una dura critica costituisce anche un'opportunità sociale per fare ammenda. Certe dure inchieste giornalistiche sulle carenze dei servizi sanitari indiani sono, in ultima analisi, fra le cause del dinamismo e dell'energia del paese, che sono rispecchiati anche dalla brusca riduzione del divario Cina-India per quanto riguarda la speranza di vita e dal fatto che il Kerala, combinando la partecipazione democratica con un impegno sociale radicale, ha ottenuto risultati ancora migliori.»

Il Kerala, di cui è originaria l'autrice Arundhati Roy, è un «piccolo» (su scala indiana) Stato di 30 milioni di abitanti, che si trova lungo la costa del Malabar, all'estremità sudovest del paese. Quello che Sen omette di ricordare – solo perché è un fatto scontato per gli indiani – è una peculiarità politica del Kerala che rende ancora più singolare il paragone tra le sue politiche sociali e quelle della Cina: il Kerala, nel 1957, divenne il primo Stato del mondo dove un partito comunista andò al governo vincendo delle elezioni libere, pluraliste e democratiche. Da allora il Kerala è stato governato dai comunisti, per volontà degli elettori, e continua a esserlo.

Un'altra peculiarità rinvia agli inesauribili paradossi dell'India. Questo bastione del comunismo all'indiana e delle politiche sociali progressiste non ha visto scomparire le caste. Anzi, il Kerala è un caso estremo in senso opposto. Il sistema delle caste vi è così radicato che localmente è stato adottato e interiorizzato perfino dalle religioni non induiste. Tra queste l'antica comunità cristiana del Kerala, di origine siriana, che ha fatto propria la suddivisione in caste.

III
Il laboratorio del nostro futuro

«Il destino del mondo si gioca qui»

Il primo ha 63 anni, si è formato a Harvard, ha diretto la multinazionale americana Procter & Gamble in India, ha scritto tre commedie teatrali in inglese e un romanzo celebrato dalla critica, ora è un investitore di venture capital nel suo paese. Il secondo ha 52 anni, una brillante carriera di diplomatico all'Onu e nella politica indiana; ha tradotto antichi poemi hindi, è l'autore di studi sulla religione (*Krishna, il Dio giocondo*) e sull'erotismo del *Kamasutra*. Il più giovane ha appena 40 anni e già colleziona cattedre universitarie a Londra, Tokyo, ora alla Johns Hopkins University di Washington. Tre generazioni, tre biografie, tre mestieri: un imprenditore, un uomo di Stato, un esperto di geopolitica. Sono personaggi chiave per capire l'India di oggi. Fanno parte delle sorprese che riserva questo paese, a cominciare dalla qualità della sua élite dove s'incontrano manager-poeti, tecnocrati-umanisti, scienziati al governo (il presidente della Repubblica è un astrofisico). Sono talenti universali, versatili e cosmopoliti, a loro agio a Calcutta come a Hyde Park, capaci non solo di parlare e scrivere in perfetto inglese, ma soprattutto di «pensare» in inglese: la loro cultura abbraccia il sanscrito antico e i principi liberaldemocratici, l'epico *Mahabharata* e lo Stato di diritto («L'India l'avevo nel sangue eppure mi avvicinai a lei con lo spirito critico di uno straniero», scriveva nel 1946 il padre dell'indipendenza Nehru, laureato in giurisprudenza a Cambridge). Pur diversi, questi tre personaggi hanno una cosa in comune: sono intellettuali noti per aver prodotto le analisi più originali su «che cosa significa essere indiano», tre punti di vista moderni sull'India vera, lontana dagli stereotipi occidentali.

L'identità di questa nazione riguarda il mondo intero, visto che in questo secolo un essere umano su sei è indiano. L'India sarà entro pochi decenni il secondo mercato mondiale di consumatori dopo la Cina, con una middle class di mezzo miliardo di persone. È la più grande democrazia del pianeta, ha la bomba atomica, è leader globale nel software informatico. «La teoria economica» ironizza Gurcharan Das, l'ex *chief executive* della Procter & Gamble a New Delhi, che oggi è anche editorialista del «Times of India», «prevede che i paesi ricchi si specializzino nei mestieri del futuro, quelli poveri nelle vecchie industrie ad alta intensità di manodopera. Questa era la teoria. Ma si sono dimenticati di insegnarla a Bangalore e Hyderabad.» Il numero dei laureati dell'India supera l'intera popolazione della Francia. La sua diaspora all'estero è, per dimensioni, seconda solo ai cinesi; gli immigrati indiani sono la comunità più ricca in California, a Londra, negli Emirati Arabi. Che ci piaccia o no ci saranno degli indiani nel futuro di ognuno di noi. L'India è un laboratorio di problemi che riguardano anche le società occidentali. Perciò questi tre personaggi, e il loro sguardo sul futuro, attirano l'attenzione.

«Sono nato nel 1942» racconta Das «l'anno in cui il Mahatma Gandhi sfidava gli inglesi lanciando il movimento "Via dall'India" che, nel 1947, sfociò nell'indipendenza. La mia nascita coincise anche con la Grande Carestia del Bengala in cui morirono 3 milioni di persone. Tutti e due gli eventi appartenevano alla normalità per le generazioni di mio padre e mio nonno, oggi invece sembrano remoti nella memoria nazionale. L'anno della mia nascita calava il sipario su un'epoca. La storia della mia vita segue le pietre miliari dell'India contemporanea. Quando andai a scuola negli anni Cinquanta, eravamo liberi e credevamo di entrare in paradiso: Nehru costruiva una nuova nazione orgogliosa e laica, basata su democrazia e socialismo. Da giovani abbiamo creduto appassionatamente nel suo sogno di un'India moderna e giusta. Quando cominciai a lavorare negli anni Sessanta, il sogno svanì, il socialismo stava portandoci allo statalismo e alla paralisi economica. Da giovane manager mi ritrovai imprigionato nella giungla kafkiana dei controlli burocratici. Quando mi sposai e nacquero i miei figli, la disillusione era ai massimi livelli, Indira Gandhi stava creando un potere dinastico e ci portava in un vicolo cieco. Quando dichiarò lo stato di emergenza a metà degli anni Settanta, la libertà finiva e il paradiso era perduto. Per fortuna l'emergenza durò solo mesi e presto ritrovammo la libertà politica. Quella economica arrivò all'inizio degli anni Novanta con le riforme di Narashima Rao, che furono una svolta importante quanto quella di Deng Xiaoping in Cina: Rao aprì agli investimenti esteri e al commercio, smantellò i controlli e i monopoli, ridusse le tasse, portò l'India nel cuore dell'economia globale con tassi di crescita del 7 per cento all'anno.»

L'India è ancora oggi la patria di un terzo di tutti i poveri del pianeta. Il reddito pro capite, poco più di 500 dollari l'anno, è la metà di quello cinese. Più di un terzo degli indiani sono analfabeti. Ma il decollo del paese è una realtà e travolge sistemi di valori, ordini sociali, costumi antichi. «Nella scala gerarchica delle caste tradizionali» osserva Das «i mercanti erano solo al terzo posto, sotto i colti bramini, sotto i militari e i proprietari terrieri e solo un gradino al di sopra dei lavoratori manuali. Oggi i figli dei bramini frequentano i master delle Business School e vogliono diventare imprenditori. L'India è in mezzo a una rivoluzione sociale analoga all'ascesa della nuova borghesia mercantile nipponica nella Restaurazione Meiji del 1868, che trasformò il Giappone da un arcipelago di isole arcaiche in una società moderna. Nessuno strato sociale indiano è al riparo da questa rivoluzione. In un villaggio di 600 famiglie nel cuore della regione feudale dell'Uttar Pradesh un maestro elementare si lamenta perché anche gli operai delle concerie tolgono i figli dalla scuola pubblica per mandarli negli istituti privati dove si insegna in inglese: tutti vogliono diventare ricchi. L'ossessione nazionale per l'investimento nell'istruzione e nel futuro dei figli ha dato vita a un business indiano unico al mondo: il National Institute of Information Technology (Niit) si è inventato una formula di "franchising" – come i fast food McDonald's – per disseminare 1750 scuole di alta formazione informatica in tutti i bazar, i mercati comunali del paese. L'invenzione ha avuto un tale successo che il Niit l'ha esportata in 31 paesi stranieri. L'ambizione del Niit è diventare leader mondiale nell'istruzione informatica.»

Pavan Varma, il *grand commis* dello Stato che si è distinto come ambasciatore a Mosca e alle Nazioni Unite prima di andare a dirigere il Nehru Center di Londra, da erudito studioso della religione del suo paese, ama sovvertire i clichés occidentali sullo spiritualismo indiano con questo aneddoto: «Haridwar, dove il Gange discende dall'Himalaya e dilaga in pianura nel suo lungo viaggio verso il mare, è una città sacra per gli indù. Migliaia di pellegrini la visitano ogni giorno. In mezzo a tanta pietà e preghiera, in pieno inverno alcuni uomini sprofondano a piedi nudi nel fiume ghiacciato. In mano tengono una lastra di vetro con cui scrutano le acque. I loro sguardi fissi denotano una concentrazione superiore ai fedeli più devoti. Ma il loro scopo non è la salvezza dell'anima. La loro attenzione è puntata sulle monetine adagiate nel letto del fiume, che adocchiano e acchiappano velocemente con i piedi». Varma cita la definizione che lo scrittore americano Mark Twain diede dell'India «madre di mille religioni e di due milioni di dei». Ricorda il fascino misto a condiscendenza che l'imperialismo britannico sentiva per la patria della metafisica e del misticismo. Elenca tutti gli stereotipi che la letteratura inglese ha diffuso sugli indiani: «mistici, spiritualisti e arcaici, pigri e servili, ricchi di cultura e poveri di tutto il resto». La verità, secondo Varma «è che gli indiani non si lasciano rinchiudere in nessuna semplificazione; proprio perché l'induismo esiste solo in India, siamo troppo diversi da tutti gli altri per essere descritti con delle comode generalizzazioni». Ognuno dei luoghi comuni su questo paese e il suo popolo può essere rovesciato nel suo contrario: «L'induismo venera anche Lakshmi, la dea della ricchezza che esalta la ricerca del benessere materiale, *artha*, come lo scopo principale della vita. Gli indiani sono imprenditori nati. Nella città più povera dell'Africa e di tutto il pianeta, la capitale del Burkina Faso, Uagadugu, l'unico grande magazzino esistente è stato creato da un indiano, che vi sbarcò pochi anni fa senza un soldo in tasca. La nostra è anche una religione dove non esiste peccato originale, e i testi sacri sono affollati di dèi che si lasciano comprare, corrompere. Perché l'élite indiana con i suoi 5000 anni di continuità storica si fece colonizzare così facilmente dagli inglesi? Perché una nazione che ha Gandhi come modello di rettitudine è diventata così corrotta? Gli indiani, nella realtà, sono straordinariamente sensibili ai calcoli di potere. Mostrano un'astuzia infinita nello scoprire dove si annida il comando, sono pronti a colludere con il più forte e negli intrighi si muovono come pesci nell'acqua. Quelli che rinunciano al potere e alla ricchezza, come Gandhi, vengono adorati non perché li si voglia emulare, ma per la stupefazione che suscita la loro sovrumana capacità di trascendere l'irresistibile tentazione».

Sunil Khilnani, il più giovane dei tre, è stato allevato a Trinity Hall e al King's College di Cambridge. Aveva 20 anni quando la sua vita fu devastata da una tragedia personale: padre e madre uccisi durante una rapina in casa loro a New Delhi. Khilnani da allora ha fatto la sua carriera accademica all'estero tra Inghilterra, Stati Uniti e Francia (oltre a inglese e hindi parla un francese colto, collabora con l'Institut de Sciences Politiques e ha scritto un saggio sul gauchismo parigino). È il promotore di una specie di Forum di Davos del Sudest asiatico, che riunisce a Ceylon Vip e intellettuali indiani, cinesi e da tutto l'Estremo Oriente. La sua opera più importante, *The Idea of India*, è un best seller negli Stati Uniti e ha ricevuto il plauso del premio Nobel Amartya Sen. Anche Khilnani sfida gli stereotipi che abbiamo sull'India. «Una delle più inquietanti immagini nella storia recente del mio paese» ricorda «è la processione di fedeli indù vestiti di tuniche color zafferano che nel 1998 andarono nel deserto del Rajasthan dove l'India aveva appena compiuto cinque test nucleari: i pellegrini raccoglievano sabbia radioattiva da portare in giro per il paese come una reliquia sacra. Fu una svolta, un cambiamento repentino dell'idea che l'India ha di se stessa. Un paese costruito sul pluralismo religioso e il pacifismo è minacciato da uno sciovinismo religioso che inneggia all'atomica.» Si scontrano due idee dell'India che corrispondono a due visioni della sua storia: una vede il paese come la vittima di invasioni ricorrenti – tribù ariane e orde musulmane, imperialisti europei o multinazionali americane – e aspira a ristabilire una «purezza indù» originaria; la visione opposta celebra il carattere eclettico e meticcio dell'India, la sua civiltà *masala* come un crogiuolo dove si fondono da millenni influenze diverse generando degli splendidi incroci culturali.

Khilnani considera quella indiana come la terza grande rivoluzione democratica nella storia dell'umanità dopo la francese e l'americana, e probabilmente la più importante delle tre, perché è avvenuta sormontando enormi ostacoli sociali ed economici: le dimensioni demografiche, la povertà e le diseguaglianze, l'analfabetismo di massa, la disomogeneità etnica, religiosa e linguistica. «L'esperimento indiano è ancora nel suo stadio iniziale e il suo esito può rivelarsi come il più significativo di tutti, in parte per l'immensa massa di esseri umani coinvolti, in parte a causa della sua collocazione geografica, come una testa di ponte per disseminare libertà nel continente asiatico. L'Asia oggi è la zona più dinamica del mondo, ma è anche quella dove il più vasto numero di persone rimangono politicamente soggiogate da regimi illiberali. Alcuni leader hanno affermato con forza che l'idea e la pratica della democrazia sono radicalmente inadatte e destabilizzanti rispetto alle tradizioni culturali dei loro popoli. L'esempio dell'India è la più efficace sfida contro questi argomenti.» Perciò il successo o il fallimento del laboratorio-India riguarda l'umanità intera.

L'esperimento indiano di «comunitarismo» – dove la democrazia e lo Stato laico devono riuscire a sanare la piaga delle caste e mantenere un'unione tra indù musulmani e cristiani rispettandone le identità – affronta problemi fondamentali che neppure l'Occidente ha risolto, né a New Orleans né nelle *banlieues* parigine, né in Olanda né in Danimarca. La passione con cui gli indiani di tutti i ceti, compresi gli «intoccabili», usano gli strumenti della partecipazione politica per far valere i propri diritti, è una sfida verso altri modelli che sprigionano un fascino diametralmente opposto. Il confronto tra India e Cina non è solo la gara tra democrazia e autoritarismo, ma anche (ironia della storia) tra la socialdemocrazia di New Delhi e l'iperliberismo di Pechino, tra il federalismo e il centralismo, tra il melting pot multietnico e il sinocentrismo.

La sfida indiana parla anche all'Islam, a cui vuole dimostrare che lo Stato laico è superiore a quello confessionale. È rivolta a quei paesi poveri a cui si vuole far credere che le loro condizioni economiche li rendono «immaturi» per la democrazia. Tutti hanno qualcosa da guadagnare, o da perdere, se l'India diventa una nuova superpotenza globale senza perdere la sua anima. «Non saremo mai tigre o dragone» dice Das «l'elefante indiano è più lento. È più lento, perché la nostra è una democrazia che richiede quotidianamente un milione di negoziati, di mediazioni e di compromessi tra una pluralità di interessi e di bisogni. L'India può mostrare al mondo la via della transizione verso il futuro che sia più stabile, pacifica, consensuale. Una ricetta per il progresso che preserva uno stile di vita, una civiltà, contro l'aggressione della cultura globalizzata. Un testo buddista dice: "L'elefante è il più saggio di tutti gli animali / l'unico che ricorda le sue vite precedenti / e rimane immobile per lunghi periodi / a meditare". Lento ma saggio. L'elefante indiano può evitare alcuni degli effetti collaterali più dannosi di una società capitalista immatura. Se riusciamo noi a vincere questa scommessa, c'è speranza per tutti.»

L'assedio all'Europa

Un bel pezzo di Europa ricca e sviluppata nel 2006 si sveglia di soprassalto di fronte a un attacco industriale e finanziario che non aveva neppure lontanamente immaginato. A Parigi e Bruxelles, a Lussemburgo e Madrid, l'uomo che semina la paura è un indiano nato in un villaggio sperduto nel deserto del Rajasthan, dove fino a un'epoca recente non arrivava neppure l'elettricità. Si chiama Lakshmi Mittal, ha 55 anni, in 30 anni ha costruito dal nulla il più grande impero siderurgico mondiale: 50 milioni di tonnellate di produzione annua, 30 miliardi di dollari di fatturato, 180.000 dipendenti sparsi in quattro continenti e quattordici paesi. Lui, con 25 miliardi di dollari di patrimonio personale, secondo la classifica della rivista «Forbes» è il terzo uomo più ricco del pianeta dopo gli americani Bill Gates e Warren Buffett. Il magazine «Time» commenta: «Ancora un decennio fa, chi avrebbe mai sognato che il terzo miliardario del mondo potesse avere un passaporto indiano?».

Lo stupore è generale quando, il 27 gennaio 2006, Mittal lancia un'Opa sul numero uno dell'acciaio europeo, Arcelor – che ha altiforni in Francia, Spagna, Belgio e Lussemburgo –, offrendo per le sue azioni il 27 per cento in più di quel che valgono in quel momento in Borsa. Allo sconcerto si aggiungono presto altri sentimenti: paura, sospetto, protezionismo, xenofobia. Contro di lui si scatenano un po' tutti. Governi, sindacati, mass media. L'accusa principale, da francesi, belgi e lussemburghesi, spesso si riduce a questo: Mittal è un indiano. Glielo dicono con vari giri di frasi, chi più chi meno diplomatico. Il razzismo è trasparente, tradisce il provincialismo e l'inadeguatezza culturale dei vertici del capitalismo europeo: nella loro maggioranza, non avevano visto emergere la nuova superpotenza indiana, lo shock è violento e provoca reazioni inconsulte. Per l'amministratore delegato di Arcelor, Guy Dollé, il gruppo Mittal «è un'impresa di indiani, di qualità mediocre, che vuole pagarci con moneta fasulla; nell'acciaio noi facciamo profumi, loro fabbricano vile acqua di Colonia». Tradotte alla lettera, le parole di Dollé suonano ancora più offensive: per dire moneta fasulla usa l'espressione francese «moneta da scimmie».

Il ministro dell'Economia francese, Thierry Breton, insinua che «la loro cultura manageriale è incompatibile con la nostra». L'ex presidente della Repubblica, Valéry Giscard d'Estaing, accusa lo scalatore di applicare «la legge della giungla» e qualcuno ci vede un'allusione a Kipling. Il principale giornale di Bruxelles, «Le Soir», pubblica un titolo a nove colonne da film western: *Gli indiani attaccano*, e con una scelta dal gusto discutibile lo illustra con una foto di avvenenti ballerine che fanno la danza del ventre in un musical di Bollywood. Il primo ministro lussemburghese, Jean-Claude Juncker, minaccia di dare battaglia, forte del fatto che il suo granducato ha una quota del 5,6 per cento nel capitale di Arcelor. Ma il 40 per cento di quel capitale è fuori dall'Europa, sono i fondi d'investimento americani i più grossi azionisti del gruppo Arcelor, anche se dietro quella sigla c'è il risultato di tante fusioni tra quelle che un tempo erano acciaierie di Stato francesi (Usinor), belghe, spagnole e lussemburghesi. Sull'India, i fondi d'investimento americani sembrano avere informazioni un po' più accurate e aggiornate, visto il notevole flusso di capitali che hanno puntato sulla Borsa di Bombay nel 2004 e 2005. I sindacati operai – soprattutto in Francia dove Arcelor ha 30.000 dipendenti – sono in allarme per «l'indiano» a cui attribuiscono progetti malefici: ristrutturazioni, chiusure, licenziamenti. Come se i padroni europei non avessero già smantellato e licenziato a volontà nel settore siderurgico. L'offerta di Mittal ha almeno il vantaggio di venire da quella parte del mondo dove ancora si sente pronunciare la parola «crescita».

Il progetto di Lakshmi è chiaro. Unire il suo gruppo che è già il leader mondiale con il suo principale concorrente; acquistare così un potere contrattuale più forte sui mercati, in una fase in cui il boom delle economie asiatiche ha rilanciato alla grande il business dell'acciaio. Mittal vuole compiere nel suo mestiere quell'exploit che a Henry Ford riuscì un secolo prima con l'automobile: fare del proprio cognome il sinonimo mondiale dell'acciaio. Non è un'ambizione del tutto irrealistica, proprio perché viene da un industriale che è indiano e in più ha solidi agganci dentro il mercato cinese. Per capire perché un'industria che sembrava in declino come la siderurgia è tornata in auge, basta pensare alle decine di New Town, le nuove città satellite che il governo cinese programma di costruire nei prossimi anni, e fare un calcolo di quanti tondini di ferro saranno consumati per quelle colate di cemento armato, quante lamiere per le automobili che decine di milioni di cinesi della middle class vogliono comprarsi. Poi bisogna aggiungere al fenomeno cinese la rincorsa dell'India e quel che significherà anch'essa in termini di industrializzazione, urbanizzazione, motorizzazione, altri tondini e lamiere.

L'acciaio è un simbolo che ha segnato la storia dell'economia mondiale. In Germania ai tempi del cancelliere Bismarck poi di Hitler e Krupp, negli Stati Uniti ai tempi della United Steel e Bethlehem Steel, era il pilastro del complesso militar-industriale su cui si misurava la potenza bellica e quindi il peso politico di una nazione sullo scacchiere internazionale. Nei primi anni Cinquanta, l'embrione dell'Unione europea si costruì tra i sei paesi fondatori con la Ceca, la Comunità economica del carbone e dell'acciaio: governare insieme quelle industrie strategiche era il primo passo verso traguardi più ambiziosi; nella ricostruzione postbellica i «miracoli» economici tedesco e italiano facevano lavorare gli altiforni a pieno ritmo. La Ceca fu un pilastro del dirigismo europeo. È un'ironia della storia che cinquant'anni dopo sia un imprenditore indiano a portare una ventata di cultura di mercato e di concorrenza nel Vecchio Continente, ancora intriso di protezionismo. Commenta «The Wall Street Journal»: «Tocca a un uomo nato nel Rajasthan e cresciuto a Calcutta spiegare la globalizzazione agli europei». Questa «lezione» avviene in un settore industriale che molti avevano liquidato come maturo e declinante, mentre è in pieno rilancio proprio per la formidabile ascesa del continente Cindia affamato di materie prime.

La storia di Mittal è emblematica della parabola indiana, da gigante del sottosviluppo a nuova superpotenza. I Mittal erano una famiglia di modesti mercanti della cittadina di Sadulpur, nella zona più povera del Rajasthan, tra le dune del deserto. Ancora due generazioni fa, quando Lakshmi era appena nato, vivevano in venti nella casa dei nonni, dormendo su giacigli di corda e cucinando sul forno di mattoni in cortile. Ma appartengono alla casta dei Marwari, famosa per il suo talento commerciale. Per sfuggire alla miseria, il padre Mohan si spostò a Calcutta dove nel 1952 divenne socio di una piccola acciaieria. Mandò a studiare Lakshmi (che porta il nome della dea indù della ricchezza) all'università cattolica di élite San Francesco Saverio. Appena finiti gli studi, Lakshmi entrò nell'azienda del padre, e da allora la passione dell'acciaio non lo ha più mollato. Nel 1994 si è messo in proprio e da quel momento ha avviato una spettacolare ascesa, costruendo il suo impero a furia di acquisizioni internazionali. È partito dai paesi emergenti, che somigliano di più alla sua India. Ha dimostrato di saper risanare e rilanciare imprese in condizioni disperate. Ha conquistato l'acciaio del Kazakistan, ha comprato altiforni in Sudafrica e in Cina, in Messico e a Trinidad, in Indonesia, in Algeria. Ha cominciato a saggiare il terreno europeo con acquisizioni nei Balcani, in Ucraina, Polonia, Repubblica Ceca. Il colpo grosso risale al 2004: per 4,5 miliardi di dollari si è comprato un nome storico della siderurgia americana, l'International Steel Group. Ha una fiducia totale nel proprio paese: «Ho sempre creduto» dice «che l'India ha il potenziale per diventare una delle economie leader del mondo. Per molti aspetti ci stiamo già riuscendo. La nostra più grande ricchezza è la gente, il capitale umano. Abbiamo una popolazione di giovani ambiziosi, determinati, disposti a grandi sacrifici e che non arretrano davanti al duro lavoro».

La chiave del successo di Mittal sta proprio nell'essere una creatura di Cindia. È uno dei primi grandi imprenditori indiani a essersi agganciato alla locomotiva cinese. L'impatto della Cina sul mercato mondiale dell'acciaio è stato di dimensioni eccezionali, nessun altro sembra averlo intuito e anticipato come Mittal. «Basta pensare» dice l'esperto Steve Mackrell dell'Iron and Steel Statistics Bureau inglese «che ci vollero trent'anni, dal 1969 al 2001, perché la produzione mondiale dell'acciaio aumentasse di un terzo, da 570 a 850 milioni di tonnellate. Poi è arrivata la rivoluzione industriale cinese, scatenando una crescita esplosiva dei consumi. Risultato: la produzione mondiale di acciaio è balzata da 850 milioni di tonnellate a 1,13 miliardi. Di nuovo un aumento di un terzo, ma stavolta non ci sono voluti trent'anni, ne sono bastati quattro, dal 2001 al 2005.» Il baricentro del business si è talmente spostato verso l'Asia che la stessa Arcelor, la preda concupita da Mittal, è sempre meno europea: l'eterna stagnazione del Vecchio Continente l'ha costretta a spostare i suoi affari verso i mercati emergenti.

Per essere un *self-made man*, che da bambino dormiva su un giaciglio in mezzo a 20 familiari in una casupola ai margini del deserto, Mittal ha acquisito in tempi record una mentalità globale. La sede sociale della sua azienda l'ha stabilita in Olanda per motivi fiscali. Ha ottenuto un passaporto inglese. Anche se conserva la predilezione indiana per il capitalismo familiare, e l'88 per cento del capitale del suo gruppo è in mano a parenti, Lakshmi Mittal non è un vero outsider. L'establishment del capitalismo europeo lo frequenta da anni nella sua favolosa dimora londinese, la casa più cara del mondo: l'ha comprata dal padrone della Formula Uno, Bernie Ecclestone, nel quartiere di Kensington, e vale 130 milioni di sterline. Per il matrimonio di sua figlia Vanisha, ha speso 50 milioni di dollari intrattenendo in Francia per cinque giorni mille ospiti. Prima ha affittato i giardini delle Tuileries di Parigi e il palazzo di Versailles, poi ha fatto cantare la pop-star australiana Kylie Minogue nel settecentesco Château Vaux-le-Vicomte, dove gli chef venuti da Calcutta servivano le portate in porcellane fatte su misura con le iniziali degli sposi. In Borsa si è mosso con aiuti potenti. Per la sua scalata ha ingaggiato come consulenti le più grandi banche occidentali, Goldman Sachs, Citibank, Crédit Suisse.

I toni supponenti con cui da Parigi a Lussemburgo è stato accolto «l'indiano» contrastano con la realtà di un'India moderna e intraprendente, le cui multinazionali avanzano anche in tanti altri settori strategici. «L'offensiva Mittal è un segnale premonitore» ha scritto l'«International Herald Tribune» «dietro di lui arriva una processione di industriali indiani. Il bello è che in parte li finanziamo noi, con l'ondata di capitali occidentali investiti in India.» In effetti, Mittal è tutt'altro che un caso isolato. Dovremo imparare a familiarizzarci con i nomi delle dinastie venute da Bombay e Bangalore, perché dietro la sfida di Mittal c'è un fenomeno più vasto: non più una competizione basata sui bassi salari, ma multinazionali aggressive che vengono in casa nostra a comprare pezzi della nostra economia, ad acquisire il know how, a impadronirsi delle nostre esperienze di manager e dei nostri talenti. La Reliance, con 22,6 miliardi di dollari di fatturato, è un conglomerato globale che spazia dall'energia alle telecom, dalla chimica alle assicurazioni. La famiglia Tata, che ha firmato un accordo con la Fiat, è a capo di un colosso con 215.000 dipendenti e 18 miliardi di dollari di fatturato, che esporta in 215 paesi. La sua filiale automobilistica da sola vale in Borsa più della General Motors, ha assunto 1000 ingegneri e designer in Gran Bretagna per un centro di ricerca nelle tecnologie dell'auto. La famiglia Mahindra è un'altra dinastia capitalistica attiva nelle banche e nell'informatica, partner della Renault nell'automobile. La Infosys e la Wipro di Bangalore sono all'avanguardia mondiale nel software e i servizi di consulenza informatici, alleati con Microsoft e Intel. Spuntano multinazionali indiane nella biogenetica e nella farmaceutica, da Nestor a Ranbaxy. Vijay Mallya è il Richard Branson di Bangalore: partendo dalla birra Kingfisher, ha trasformato il marchio in un conglomerato di servizi glamour tipici di un nuovo stile di vita, come l'omonima compagnia aerea low cost che è l'equivalente indiano della Virgin.

Il cosmopolitismo è nel Dna di questa nuova razza di capitalisti. A Londra, nella classifica dei più grandi patrimoni «locali» stilata dal «Sunday Times», nel 2005 figuravano 10 indiani con 20 miliardi di sterline di ricchezza personale, inclusi 3 membri della Camera dei Lord. Il commento più ironico rivolto alla febbre protezionista degli europei è uscito a New Delhi su un editoriale del «Times of India»: «Svegliatevi, non siamo più il paese degli incantatori di serpenti. La generazione dei Mittal ha fatto un salto, loro incantano l'economia globale».

Lo yoga sfida la Coca

È possibile «fatturare» 50 milioni di dollari all'anno dando lezioni di yoga? Swami Ramdev in India c'è riuscito: ha un seguito di 100 milioni di persone. Attenzione, Ramdev non è uno dei tanti guru a capo di sette esoteriche. La sua visione dello yoga attinge a una tradizione antica di 4000 anni, ma ne ricava la disciplina più razionale e moderna che ci sia sul mercato. Non promette paradisi terrestri o esperienze mistiche, vuole solo promuovere la vita sana, la forma fisica e una buona salute. I «santoni», infatti, lo guardano con sospetto, perché lui separa l'attività fisica dalle credenze religiose. Ha semplificato e democratizzato lo yoga come un esercizio di fitness e l'abc del salutismo. Proprio per questo, però, è riuscito a sfondare in un pubblico nuovo: i suoi esercizi trasmessi in Tv a tutte le ore catturano il massimo dell'audience nelle fasce di età dai 15 ai 35 anni. Le sessioni *pranayam* che lui insegna fanno proseliti nel popolo di Internet, tra gli studenti universitari e i giovani programmatori di software, gli stessi che fanno le ore piccole nelle discoteche della Bombay *by night*. Attorno allo yoga ha creato una vera e propria industria. Oltre ai suoi libri best seller e ai Dvd con le lezioni che si vendono come i dischi delle pop-star, è capace di riempire degli stadi interi per le sessioni *live*. Nella città di Haridwar, sulle rive del Gange, il suo *ashram* è anche un centro di produzione di erboristeria e medicine ayurvediche. È talmente amato dalle masse che quando un leader di sinistra ha osato criticarlo, il politico ha dovuto battere precipitosamente in ritirata di fronte a un diluvio di proteste.

Ma oltre a divulgare facili esercizi di respirazione, che aiutano a prevenire il diabete e l'alta pressione, l'artrite e il colesterolo, Ramdev si batte contro tutti i «vizi d'importazione» che diffondono in India le malattie del consumismo. Lancia crociate in favore della dieta vegetariana e contro l'abuso di long drink, combatte il fumo, il cibo dei fast food, il dilagare degli psicofarmaci, tutti i prodotti tossici e inquinanti, le cause di obesità e di stress. La Coca-Cola e la Pepsi Cola, ha detto testualmente, «dovrebbero essere usate per pulire le toilette, non per dissetarsi». La sua travolgente popolarità nella generazione dei cybercafé e del jogging è una minaccia seria per le griffes multinazionali del consumismo che vendono in India l'*American way of life*.

Ramdev è l'esempio vivente della diversità indiana. È il profeta laico di una «terza via» asiatica, che accetta serenamente tutto il buono della modernità ma non rinuncia ai valori migliori della propria tradizione. È lo specchio fedele di un bel pezzo di società nella New India: avulsa dai dogmi e dai fanatismi arcaici, per niente antioccidentale, ma dotata di spirito critico e con un forte senso della propria identità. Il semplice messaggio di Ramdev non ha ancora varcato gli oceani, le sue lezioni per ora non sono un prodotto di esportazione. Ma negli Stati Uniti lo yoga è già da anni una moda di massa, un business da 30 miliardi di dollari l'anno, con 20 milioni di seguaci. Se un giorno dovessero «indianizzarsi» anche loro seguendo le ricette di Ramdev, per il bilancio della Coca-Cola e di McDonald's il colpo sarà duro.

IV
Calcutta rincorre Shanghai

Calcutta è un grande cumulo di letame.

RUDYARD KIPLING (1906)

Quelli di Calcutta sono diversi dagli altri indiani. Si sente qui una sorta di allegria malsana: la gente è abituata a sfiorare l'apocalisse, cerca di sfruttare al meglio ogni giorno che passa. Gli altri indiani sostengono che Calcutta è già sprofondata nel baratro del caos; secondo loro il senso civico e il Bengala sono due concetti che si escludono a vicenda. Calcutta ha il merito di indicare al resto della nazione ciò che l'aspetta se tutti gli indiani si abbandonano alle loro tendenze anarchiche.

ALEXANDER FRATER (1986)

Budda rosso, il Deng Xiaoping del Bengala

Il 18 gennaio 2006 il Palazzetto dello Sport è gremito di ragazzi in jeans e ragazze dai lunghi sari colorati. Sembra un pubblico singolare per un'assemblea della Confindustria, ma in realtà sono loro il nuovo volto del capitalismo globale. Sono un campione dei 25.000 giovani appena assunti dall'industria tecnologica statunitense, giapponese e tedesca a Calcutta. Ancora più sorprendente è il personaggio che li ha attirati all'assemblea della Confederation of Indian Industry. I giovani sono venuti in massa per applaudire la star di questo evento: il governatore comunista dello Stato indiano del West Bengal (Bengala occidentale), il marxista che con le sue riforme di mercato sta trasformando Calcutta, il Deng Xiaoping dell'India. È Buddhadeb Bhattacharjee, detto il Budda rosso. Ha 62 anni, è comunista dall'età di venti, in gioventù fu traduttore di Ho Chi Minh, il leader che guidò il Vietnam alla vittoria contro gli Stati Uniti. Il presidente della Confindustria lo presenta con venerazione: «Ecco l'architetto della nostra rinascita, ecco il politico modello». Il governatore è un omino dai capelli candidi. Ha lo sguardo tagliente dietro gli occhiali con la montatura spessa. Indossa il tradizionale abito bianco alla Nehru. Prende il microfono per lanciare il suo messaggio alle delegazioni di imprenditori occidentali, mai così numerosi a un'assemblea della Confindustria indiana: «Il West Bengal è ricco di risorse umane giovani e qualificate, il capitale intellettuale che serve a tutte le industrie basate sulla conoscenza, l'innovazione, la scienza. Noi invitiamo gli investimenti esteri delle multinazionali e li accogliamo a braccia aperte. Dall'industria alle infrastrutture, il capitale straniero qui è benvenuto».

Il nuovo polo tecnologico di Salt Lake, dove si svolge il meeting confindustriale, con i campus di ricerca dell'Ibm, della Siemens e della Philips, è l'embrione di un'operazione più vasta. Sta per nascere qui vicino una Calcutta-bis nuova fiammante, una città satellite che si chiamerà Rajarhat, disegnata su misura per le multinazionali avide di assumere ingegneri indiani, programmatori di software, fisici e biologi con un decimo degli stipendi europei e americani. Sembra impossibile che questa sia la stessa Calcutta dei lebbrosari di Madre Teresa, la capitale mondiale della miseria e della sofferenza descritta nella *Città della gioia* di Dominique Lapierre. Negli anni Sessanta bastava un'estate senza monsoni perché la città fosse invasa da una marea di contadini costretti all'elemosina, e ogni giorno portava la sua ecatombe di bambini decimati dalla denutrizione. Era la città dove 10 milioni di persone vivevano con 3 metri quadri di abitazione a testa, dove i diseredati accatastati nelle immense baraccopoli sopravvivevano frugando nelle tonnellate di spazzatura putrefatta al sole, esposti a epidemie di colera, tifo, epatite, encefalite, rabbia. Nella *Città della gioia*, raccontava Lapierre vent'anni fa, «70.000 abitanti vivevano senza alcuna autorità legale che si occupasse di loro, né sindaco né giudici né polizia;

solo la mafia regnava sovrana sulla baraccopoli, comandava, ricattava, estorceva, arbitrava, e nessuno contestava il suo potere. Il capomafia indù Kartik Babu era stato battezzato così da suo padre in omaggio al figlio di Shiva, dio della guerra. Possedeva gli spacci clandestini di alcol, controllava il traffico di droga e la prostituzione. Era anche uno dei più grandi proprietari immobiliari. Aveva saputo scegliere i suoi inquilini con grande abilità. Invece delle famiglie dei profughi aveva preferito le vacche e i bufali».

Non è scomparsa del tutto quella Calcutta, dietro le facciate scrostate dei palazzi Belle Époque consumati dal clima quasi tropicale, le esalazioni infette degli scoli putridi. I cinque centri di Madre Teresa lavorano sempre a pieno ritmo. In quello dedicato all'infanzia, alle nove del mattino c'è già la coda di mamme con i bambini in braccio, dietro ai quattro banconi che distribuiscono gratis le medicine contro il vomito, la diarrea, l'asma. La palazzina degli orfani in attesa di adozione è stracolma, soprattutto di bambine salvate dall'infanticidio o dall'aborto «selettivo». Al piano superiore ci sono le camerate dei piccoli disabili: senza speranza di essere adottati, i casi più gravi affetti da deformità che li rendono non autosufficienti a vita, sono accuditi, puliti, imboccati dalle suore. Poco distante, accanto al tempio induista della dea Kalì, dove i pellegrini sfilano a piedi nudi nella melma sudicia mista al sangue degli agnelli sacrificali, c'è il centro di Madre Teresa dedicato ai morenti: vecchi magrissimi che vengono a passare qui le loro ultime ore perché non hanno casa né famiglia, malati terminali, giovani consumati dall'Aids sono coricati su tante file di lettini, confortati dai volontari che si alternano al loro fianco. La sporcizia rimane la maledizione più visibile di questa metropoli che ormai sfiora i 20 milioni di abitanti.

Le vestigia di quella che fu capitale imperiale della British India dal 1772 al 1912 hanno ancora un'eleganza superba – l'imponente Victoria Memorial di marmo bianco, la High Court of Justice in stile Westminster, il Writers' Building di mattoni rossi – ma a fianco dei bei campi da cricket ci sono tribù di mendicanti accampate su discariche di immondizia. Il nuovo ponte sul fiume Hoogli (un braccio del Gange) sembra il Golden Gate di San Francisco, ma ai lati ha sconfinate latrine a cielo aperto dove bambini e cani randagi si aggirano fra gli escrementi. La strada, che i taxi percorrono strombazzando dall'aeroporto al centro, è uno zigzag di vicoli tra le buche e i mercatini dove frutta e verdura giacciono esposte su un terriccio immondo.

È una lotta serrata tra le due Calcutte, per decidere quale immagine prevarrà sull'altra. Buddhadeb Bhattacharjee, il Budda comunista, ha decretato la messa al bando dei 18.000 risciò ancora tirati a forza di braccia, gli ultimi taxi umani, e per protesta i manovali di questo antico mestiere hanno bruciato la sua effigie in piazza. Lo accusano di voler fare una pulizia estetica di facciata nascondendo i segni della povertà, ma egli non ha torto quando denuncia il racket dell'accattonaggio, i boss del crimine che fracassano le membra dei piccoli orfani perché i mendicanti deformi «rendono» di più in elemosine. La miseria africana, la vera fame di massa, è scomparsa con la riforma agraria che ha abolito i latifondi e redistribuito le terre. Ormai il West Bengal ha tre raccolti di riso all'anno e l'agricoltura più produttiva di tutta la nazione (l'India intera ha avuto una «rivoluzione verde» che l'ha trasformata in una potenza agricola mondiale, grossa esportatrice verso l'estero).

Al potere dal 1977, i comunisti del Bengala occidentale devono la loro svolta liberista, almeno in parte, proprio al prezzo pagato per il loro estremismo. È quello che spiega il padre storico del partito, il novantaduenne Jyoti Basu, che ha allevato politicamente il Budda rosso. Di portamento aristocratico, laureato alla London School of Economics quando vi dominava il pensiero di sinistra ispirato da studiosi come Joan Robinson, Basu mi accoglie nel suo studio decorato con un ritratto di Lenin. «Per anni il governo di New Delhi ha diffidato di questa roccaforte rossa, ci ha negato gli investimenti della grande industria pubblica, perché aveva paura di rafforzare i comunisti. Così abbiamo dovuto arrangiarci da soli per attirare i capitali.» Anche la Cina ha fatto la sua parte, nei modi più imprevedibili, per condizionare l'evoluzione politica dei comunisti indiani. «Ai tempi di Mao, i cinesi trattavano il mio partito di lacchè dell'imperialismo, per loro eravamo troppo moderati, e i leader di Pechino preferivano sostenere la fazione della guerriglia armata nel West Bengal. Poi è arrivato Deng Xiaoping e di colpo ha abbracciato il capitalismo, Shanghai si è arricchita al punto da diventare una replica di Hong Kong. Oggi, quando guardo giocare la mia bisnipotina, constato che tutti i suoi giocattoli comprati qui in India sono *made in China*. Siamo dovuti diventare pragmatici per forza.»

Che Buddhadeb faccia sul serio lo conferma il signor Jhingan, padrone della Carritt Moran Private Limited, pioniere storico del capitalismo di Calcutta: è il più grosso trader mondiale di tè, controlla quel commercio che fu a lungo il maggiore business degli inglesi sulle rive del Gange. «Il clima è cambiato» dice Jhingan «prima i sindacati potevano paralizzare qualunque impresa e l'intera città. Buddhadeb un giorno gli ha detto: di questo passo noi comunisti, voi sindacalisti e l'intero West Bengal diventeremo un rudere storico. Oggi io ho potuto dimezzare la forza lavoro nella mia azienda e adottare le tecnologie informatiche più avanzate per controllare le esportazioni mondiali del tè, senza che il governo locale e i sindacati mi abbiano ostacolato.»

Con 100 milioni di abitanti (più della Germania), cinque premi Nobel, una capitale vibrante di talenti intellettuali, dagli economisti ai romanzieri, il West Bengal aspettava solo l'uomo giusto per liberare le sue energie. Il Deng Xiaoping indiano è il tornado che ci voleva. Ai sindacati dice: «Gli imprenditori sono la forza che sta dietro la prosperità dello Stato, non rovinate il boom industriale che è appena iniziato». Ai dirigenti dell'amministrazione pubblica dà ordini di «trattare con fermezza» i dipendenti improduttivi «senza guardare alle tessere di partito». È riuscito a sbloccare una privatizzazione-simbolo, quella del Great Eastern Hotel, un gioiello decaduto del 1840, albergo di lusso degradato dalla muffa e dai topi sotto la gestione di Stato. I sindacati ne avevano bloccato la vendita per salvaguardare l'occupazione. Lui ha prepensionato tutti i dipendenti, poi lo ha venduto, vuoto, a una catena di lusso che lo rimette a nuovo e lo rilancia. Ha indetto un'asta internazionale per costruire il nuovo aeroporto di Calcutta. Osa chiamare i privati perfino dentro la sanità. Dopo l'Ibm e la Siemens, la Philips e la Mitsubishi, arrivano a Calcutta i colossi farmaceutici di Singapore, il gruppo americano Hay che è consulente di 470 multinazionali per l'outsourcing informatico. Arrivano addirittura i capitalisti indiani, ed è tutto dire, perché a Bangalore e Bombay i pregiudizi contro Calcutta sembravano insormontabili. Ora il gruppo Tata, alleato della Fiat, costruisce a Calcutta una nuova fabbrica di auto.

Molti lamentano il fatto che di Buddhadeb ce n'è uno solo, e che purtroppo la sua influenza è confinata nel West Bengal. Le ricette che i comunisti applicano localmente a Calcutta, spesso le bloccano a New Delhi, cioè al livello federale. Il risultato è che l'India rimane un paese dai sindacati onnipotenti nel pubblico impiego, in grado di paralizzare gli aeroporti per settimane intere con agitazioni selvagge «all'italiana». La miscela micidiale tra la forza sindacale e una legislazione protettiva che garantisce il posto a vita nella burocrazia statale, spiega la piaga di un assenteismo patologico: nella scuola pubblica un maestro su quattro si dà regolarmente per malato, nei centri di pronto soccorso degli ospedali di Stato le assenze dei medici raggiungono punte del 40 per cento, peggio che in Uganda. Alcuni settori dell'industria privata non sono al riparo. Nel gennaio 2006 la fabbrica della Toyota a Bangalore è rimasta paralizzata da uno sciopero a oltranza per ben due settimane.

Privatizzazioni, liberalizzazione della concorrenza, apertura alle multinazionali: quando è il governo centrale a proporle per tutta l'India, la sinistra marxista punta i piedi. I comunisti con i loro 60 parlamentari nazionali (su 545 seggi) sono un alleato indispensabile per il Partito del Congresso di Sonia Gandhi. Loro obiettano che il liberismo va applicato in dosi accettabili dalla società indiana. Quando l'India si mette a imitare i metodi cinesi, lo spettacolo non è gradevole. A Kalinganagar, nello Stato dell'Orissa, la regione dell'India che ha ricevuto il record di investimenti stranieri grazie alle sue ricche risorse minerarie, si è iniziata la costruzione della terza più grande acciaieria del mondo, laddove prima c'era un villaggio agricolo di case di legno. La mattina del 1° gennaio 2006, quando i bulldozer scortati da 300 poliziotti hanno invaso Kalinganagar, una manifestazione di contadini armati di falci ha tentato di bloccare la demolizione. La polizia ha aperto il fuoco. Alla fine degli scontri, fra le macerie c'erano 12 morti.

«Nel West Bengal non vogliamo fare gli errori dei cinesi» dice il vecchio Jyoti Basu «che hanno le campagne in rivolta per le diseguaglianze sociali.» I comunisti indiani, ricorda l'anima storica della sinistra, hanno un vincolo che i loro potenti vicini non conoscono: «Noi al governo ci andiamo solo se prima vinciamo le elezioni».

Come ti seduco Davos

Hanno tappezzato di pubblicità la Svizzera. Dall'aeroporto di Zurigo fino a Davos, i Vip partecipanti al World Economic Forum nel gennaio 2006 vengono accolti dai manifesti e dalle inserzioni sui giornali che vantano: «La democrazia col più alto tasso di crescita nel mondo». L'India approfitta del celebre appuntamento annuale fra i potenti del mondo sulle montagne dei Grigioni, per lanciare una campagna di marketing senza precedenti. C'è la pubblicità ben visibile, e c'è un lavoro di relazioni pubbliche svolto al massimo livello mandando al World Economic Forum un «dream team», una delegazione di serie A di ministri, imprenditori, banchieri, il meglio che l'India possa usare come biglietto da visita. Nessun altro sistema-paese aveva mai sfruttato il vertice di Davos per un'offensiva della seduzione così massiccia. E l'argomento usato dagli indiani fa scalpore, in questo summit del capitalismo globale: la democrazia come arma vincente, con una chiara allusione all'altro gigante asiatico finora favorito dagli investitori occidentali, cioè quella Cina che democratica non è. La campagna pubblicitaria, finanziata dal governo di New Delhi e dalla Confindustria indiana, arriva al punto di esaltare l'instabilità dei governi come un segno di libertà e pluralismo di cui andare orgogliosi. Un'altra pubblicità infatti recita: «15 anni, 6 governi, 5 primi ministri, 6 per cento di crescita annua del Pil».

Ciò che è ancora più clamoroso è che questo argomento sembra far breccia per la prima volta tra i vertici delle multinazionali. Un sondaggio diffuso a Davos dalla Price Waterhouse Coopers, realizzato fra i *chiefs executives* delle più grandi imprese mondiali, rivela una novità importante. Interrogati su dove vedano le maggiori opportunità di business, i leader delle multinazionali continuano a plebiscitare per il 78 per cento la Cina, tallonata però dall'India, che il 64 per cento di loro considera come la seconda meta più attraente per gli investimenti. La vera sorpresa arriva però a una domanda successiva del sondaggio, che ha chiesto in quale paese la stabilità politico-istituzionale offre un vantaggio competitivo. Qui è l'India a stravincere con il 60 per cento dei consensi contro il 32 per cento alla Cina. Per un paese afflitto dalle coalizioni multipartitiche, dalle risse tra correnti, dagli scandali di corruzione e dai veti delle minoranze religiose o dei sindacati, diventare un modello di stabilità politica è un exploit. Su questo fronte, in teoria, il regime cinese dovrebbe essere imbattibile, visto che i suoi cittadini non possono votare per un'opposizione e cacciare il governo.

Come si spiega questo atteggiamento favorevole del capitalismo globale verso la caotica democrazia indiana? È mai possibile che i grandi imprenditori e banchieri dell'Occidente siano diventati improvvisamente dei difensori dei diritti umani e delle libertà individuali? Che siano preoccupati per la sorte delle minoranze tibetane in Cina, per la repressione poliziesca delle proteste contadine, o perché il regime detiene decine di giornalisti in carcere? In realtà nei comportamenti concreti il capitalismo globale continua la sua lunga storia d'amore con Pechino. Gli investimenti esteri in Cina nel 2005 hanno superato i 60 miliardi di dollari, contro appena 5 miliardi in India. Shanghai e Canton sono paradisi del neoliberismo: bassi salari, nessun sindacato, libertà di licenziare, poche barriere protezionistiche verso le imprese straniere. A New Delhi e Bombay, invece, c'è la legislazione del lavoro garantista e corporazioni locali che, per proteggere i piccoli negozianti, impediscono l'apertura dei supermercati Carrefour e Wal-Mart. Tra i due giganti asiatici, il più socialista è di gran lunga l'India. Finora il criterio che ha guidato le grandi imprese occidentali non è politico, è il vantaggio comparato delle due nazioni, le loro rispettive specializzazioni. Lo riassume uno studio diffuso a Davos sul futuro dei settori trainanti dello sviluppo riassunti nella sigla Tmt: tecnologia, mass media e telecomunicazioni. «La Cina» prevede l'analisi della Deloitte «consoliderà il suo dominio assoluto come produttore di beni Tmt. La crescente competizione nei prezzi, insieme con i miglioramenti nella qualità, renderanno il mondo intero sempre più dipendente dalla produzione cinese. L'India si rafforzerà invece come leader nei servizi delocalizzati, grazie alla sua superiorità nell'offerta di laureati formati nelle discipline tecnologiche e alla diffusa padronanza dell'inglese.» Fin qui, dunque, la scelta di investire nell'uno o nell'altro dipende dall'attività: hardware a Shanghai, software a Bangalore, anche se la McKinsey prevede che «il *brain power*, il potere cerebrale, è la chiave che permetterà all'India di raggiungere il suo grande concorrente».

C'è però una ragione per cui la campagna pubblicitaria indiana fondata sul marketing della democrazia ha fatto breccia nel Gotha politico-finanziario di Davos. Il World Economic Forum ha riunito una task force di esperti – economisti occidentali e cinesi – per cercare di prevedere cosa potrebbe «guastarsi» in futuro nel grande boom economico della Cina. Sono emersi, insieme a quelli più ottimistici, due possibili scenari negativi. Nella prima di queste previsioni-simulazioni, la crescita cinese frena per effetto di guerre protezioniste scatenate dall'Europa e dall'America che bloccano le esportazioni. Nel secondo esercizio di futurologia, il boom si esaurisce per cause interne: la mancanza delle riforme necessarie per ridurre le diseguaglianze, placare le tensioni sociali, costruire uno Stato di diritto. In ambedue gli scenari la mancanza di democrazia a Pechino gioca un ruolo, vuoi perché alimenta la diffidenza degli occidentali (quindi fornisce un alibi politico ai protezionismi), vuoi perché riduce la sensibilità dei governanti cinesi ai problemi della loro società. Non è dunque per nobiltà d'animo che i *chiefs executives* delle multinazionali cominciano a porsi il problema della democrazia, ma per il timore che una crisi politica possa far deragliare un giorno la locomotiva cinese.

L'India si affaccia come un'alternativa rassicurante, un paese con regole del gioco più simili alle nostre e comportamenti più prevedibili. Non bisogna esagerare le dimensioni di questo ripensamento. Non ci sarà un cambio di rotta repentino nei flussi degli investimenti occidentali. Quello che sta avvenendo è più realistico descriverlo come un inizio di diversificazione del rischio e un allargamento degli orizzonti del miracolo asiatico. L'India diventa una sorta di polizza assicurativa per premunirsi contro l'eventualità che qualcosa vada storto nell'ascesa del suo grande vicino. Chi aveva messo tutte le sue uova nel paniere cinese, ora scopre l'India come «the next big thing», il prossimo grande fenomeno. Il Giappone e Taiwan, per esempio, avendo delle relazioni politiche difficili con Pechino sono felici di puntare una parte dei loro capitali sulla crescita indiana. La regola di certe multinazionali straniere diventa «Cina più uno»: ogni volta che investi per aprire una fabbrica a Shanghai, ne apri una seconda in India o in un altro paese asiatico per equilibrare il rischio geopolitico. Nell'ipotesi più felice, è un gioco a somma positiva: la locomotiva della crescita mondiale in futuro non sarà soltanto la Cina, ma Cina più India: Cindia.

Gli indiani sono consapevoli della strada che devono ancora fare per diventare competitivi con i cinesi. La strategia di marketing sfoggiata a Davos non impedisce al primo ministro Manmohan Singh di usare toni autocritici: «Non c'è dubbio che l'India ha gravi ritardi nelle infrastrutture rispetto ai concorrenti orientali. Dobbiamo spendere almeno 250 miliardi di dollari entro i prossimi cinque anni se vogliamo superare i nostri handicap nella produzione elettrica, nelle strade, ferrovie, telecomunicazioni, porti, aeroporti». Uno dei più grandi industriali indiani, Anand Mahindra, ci tiene a smorzare gli entusiasmi eccessivi: «Gli slogan di Davos sono eccitanti, ma chi da Davos vola a Bombay rischia di perdere l'eccitazione a pochi metri dall'aeroporto, non appena viene assalito dalla solita folla di mendicanti e lebbrosi. La strada che dall'aeroporto porta al centro è in uno stato di decadimento penoso. Per chi fabbrica qualcosa e vuole esportare nel resto del mondo, il primo problema è come evitare che la merce resti bloccata nel percorso tra Bombay e il suo porto. Davvero non siamo ancora al livello di Shanghai. Da noi il progresso è graduale, meno visibile, per ora il cambiamento si nota soprattutto nelle aspirazioni della gente, nella voglia di fare, nello spirito di innovazione».

Affiora nella classe dirigente rappresentata a Davos il sogno di realizzare una sintesi fra il meglio dell'India e della Cina. Lo riassume un economista prestato alla politica, Montek Ahluwalia, presidente della commissione per la programmazione economica al Parlamento federale di New Delhi: «La percezione che abbiamo noi indiani della Cina è molto positiva. La verità è che vorremmo poter avere i loro risultati, senza dover importare quel sistema politico. Loro finora sono stati più capaci di noi di approfittare di tutte le opportunità della globalizzazione. Noi siamo almeno dieci anni indietro in termini di sviluppo. In compenso abbiamo un sistema democratico che è più adatto a gestire le tensioni, a offrire valvole di sfogo al malcontento. Loro, per mantenere il consenso, sono costretti a ritmi di crescita più alti».

Nelle riunioni a porte chiuse del World Economic Forum, il linguaggio adoperato dagli indiani rivela che il grande confronto del futuro non è necessariamente tra loro e la Cina. Può essere invece una sfida tra la Cina più l'India verso il resto del mondo. Mahindra dice: «A furia di parlare della gara ci si dimentica che la diversità ci rende complementari. La vera novità della nostra crescita parallela è che, unendo le potenzialità dei nostri 2 miliardi e 300 milioni di abitanti, diventeremo sempre meno dipendenti da voi occidentali e dai vostri mercati». Non a caso, il termine Cindia è stato coniato per la prima volta dai mass media indiani, ed è a New Delhi e Bombay che gode della popolarità più alta. Vista da quella parte del mondo, la prospettiva si rovescia. Nell'attesa di capire quale dei due modelli asiatici prevarrà – o quale combinazione tra i due – c'è una certezza: il peso dell'Occidente può soltanto diminuire.

V

Una magnifica anomalia

A Jaipur fra sari e minigonna

L'India mite e gentile può cambiare volto dove meno te l'aspetti; per esempio nella settecentesca, raffinata «città rosa» di Jaipur, capitale del Rajasthan. Lungo la grande spianata verde di Ram Niwas che dalla cinta di mura antiche porta allo Albert Hall, capita di essere gli unici occidentali tra le famiglie indiane a passeggio nei giardini pubblici. Non si passa inosservati: non certo una ragazza bianca di 20 anni vestita come le sue coetanee in California o in Italia. La curiosità verso mia figlia si trasforma in un assedio fastidioso, eccitato e vagamente ostile. Un gruppo di sue coetanee le lancia degli «hello» di scherno; dei bambini si avvicinano fino a palparle un braccio nudo, finché un anziano non li scaccia agitando il bastone. A differenza di New Delhi e Bombay, qui donne e ragazze vestono tutte rigorosamente il tradizionale, elegante e casto sari. Come le mogli del maharaja spiavano l'arrivo del viceré inglese nascoste dietro le finestre del misterioso Hawa Mahal (Palazzo dei Venti), centinaia di occhi ci scrutano e ci giudicano.

Una scena analoga si ripete con un epilogo surreale la sera al cinema. Non è una sala cinematografica qualunque, il Raj Mandir di Jaipur: famosa in tutta l'India, è una cattedrale storica del cinema che ti aspetteresti di trovare a Hollywood (dove invece non c'è), potrebbe essere stata partorita dalla megalomania di William Randolph Hearst e affidata alla scenografia di Cecil B.

De Mille. Millecinquecento posti, ingressi separati per uomini e donne come fossimo in un paese di integralisti islamici. Nell'attesa del film mentre sostiamo nella monumentale hall – soffitto alto 15 metri, luci al neon arabescate in uno stile finto rococò rosa-celeste da Miami degli anni Venti – veniamo circondati di nuovo dalla folla: prima del film lo spettacolo siamo noi spettatori occidentali, una presenza inabituale. Dopo minuti di teso silenzio, un uomo ci traduce la curiosità collettiva: «Do you speak hindi?». Ecco un motivo dello stupore di incontrarci in quel tempio della loro cultura nazionalpopolare, noi l'hindi effettivamente non lo parliamo.

Ogni sera in India vanno al cinema 30 milioni di spettatori, quanto la popolazione dell'intera Australia. Bollywood-Bombay produce 800 film all'anno, più del doppio della sua concorrente californiana. Al Raj Mandir danno *Ti amerò fino alla fine del tempo* con Karina, star bollywoodiana. È il tipico film *masala* di successo: polpettone sentimentale, mezzo musical con lunghe nenie e balletti, l'inevitabile ragazza delusa del fidanzato scelto dai genitori, grandi sofferenze, *coups de théâtre*, lieto fine strappalacrime. Una volta in sala, prima che si spengano le luci, tutti scattano sull'attenti per l'inno nazionale. Il controshock culturale ci attende non appena inizia la proiezione. La sorpresa ha inizio con gli spot pubblicitari di Piaggio, Honda, Toyota. Recitati in inglese con accento americano, esibiscono ragazze in minigonna e più scollate di mia figlia: un mondo lontanissimo da Jaipur eppure indispensabile con il suo appeal per vendere anche qui i prodotti del nuovo consumismo. Il film non è da meno. Le giovani attrici sono vestite/svestite come teenager americane, nei balletti ricordano le *cheerleaders* dei campus californiani. Le loro nudità non sfigurerebbero in un varietà Mediaset. La platea impazzisce per l'eroina la cui vita si svolge in un *American Dream* indianizzato: il lusso esagerato delle case, le Bmw e i Rolex, le vacanze in montagna a sciare, i viaggi all'estero, le griffes della moda globale. La trama da Grand Hotel è ambientata in un tenore di vita stratosferico perfino da noi in Occidente, a maggior ragione irraggiungibile per la totalità degli spettatori di Jaipur, ma questo è irrilevante. Sappiamo della velocità con cui viaggiano i modelli di consumo, gli status symbol globali: a Jaipur li vediamo coesistere con forme di tradizionalismo tenace, vischiosità nell'evoluzione di valori, regole, strutture sociali. In questa massa di indiani che prima osservava mia figlia come una marziana ai giardini pubblici, poi la sera si accalca al Raj Mandir per applaudirne un clone cinematografico, c'è una tensione che può sfociare ovunque: nel deperimento distruttivo della società dei padri, o in improvvise forme di rigetto dell'occidentalizzazione.

Non lontano da Jaipur, la cittadina di Meerut è stata il teatro di un'operazione quasi degna dei talebani. In un giardino pubblico intitolato al profeta nazionale della non-violenza, il Mahatma Gandhi, le coppie di giovani fidanzatini seduti sulle panchine che si scambiavano innocenti effusioni – le mani nelle mani, qualche bacio pudico – improvvisamente hanno vissuto un incubo. Un commando della polizia femminile, diretto dall'ispettrice Matma Gautam, si è avventato sui giovani mollando robusti ceffoni a tutti. Le poliziotte si sono accanite soprattutto sulle ragazze, afferrandole per la collottola e tirandole per i capelli. Dietro di loro, alcuni agenti armati di videocamera riprendevano la scena, per poter «svergognare» le giovani presso le loro famiglie con le prove filmate del loro comportamento «indecente». In realtà quelle immagini, ritrasmesse dalla televisione, hanno sortito l'effetto opposto: uno scandalo nazionale, proteste in Parlamento per la brutalità della polizia, sospensione disciplinare della zelante ispettrice Gautam.

Ma il conflitto fra le due anime dell'India è sempre pronto a esplodere. Quando la celebre attrice Khushboo ha osato dire in un talk show televisivo che gli uomini dovrebbero smetterla di pretendere di sposare delle ragazze vergini, è stata aggredita per strada da una folla di benpensanti e bombardata a uova e pomodori. Eppure le statistiche le danno ampiamente ragione: il 42 per cento degli indiani tra i 18 e i 24 anni – maschi e femmine – ammettono di avere avuto relazioni sessuali prima del matrimonio.

Sempre nel Rajasthan, una coppia di malcapitati israeliani che aveva scelto di sposarsi secondo il rito indù ha avuto la sfortunata idea di scambiarsi un bacio alla fine della cerimonia: il religioso che aveva unito i due in matrimonio, li ha denunciati, ha gridato all'«inquinamento culturale», sono stati multati dalla polizia e hanno dovuto scusarsi pubblicamente. In seguito all'increscioso incidente, le autorità del Rajasthan hanno deciso di pubblicare un dépliant per istruire i turisti stranieri sulle regole di comportamento locali: è vietato salutare una donna indiana con la stretta di mano, sono proibite le manifestazioni pubbliche di affetto come i baci, anche tra marito e moglie. «La nostra società» commenta il sociologo Radhika Chopra «è cambiata più velocemente negli ultimi dieci anni che nei cinquant'anni precedenti. Queste tensioni non sono l'ultimo rantolo di una cultura moribonda. Riflettono un'ansietà profonda legata alla modernizzazione. Per molti giovani l'amore libero è indipendenza, possibilità di scegliersi il proprio destino. Per altri significa la distruzione delle famiglie, l'individualismo egoista, la promiscuità, i divorzi, l'abbandono dei figli. La confusione morale è profonda. Se una star come Aishwarya Rai si esibisce in una danza erotica in un film, è normale. Ma se una ragazzina di provincia fa lo stesso in discoteca, è una puttana.»

Contrasti e ambivalenze sono a ogni angolo di strada. Ho visto vacche defecare davanti a un politecnico che sforna i geni dell'informatica corteggiati dalle imprese tecnologiche della Silicon Valley. Le mucche ancora dormono indisturbate in mezzo ad alcune «superstrade» di campagna, e però ogni paesotto provinciale del Rajasthan pullula di Internet Café. Il mio telefonino funziona meglio qui che in America (e potrei comprarne uno locale, efficientissimo, per 10 dollari). Ma le fogne sono a cielo aperto, ogni monsone trasforma le strade in fiumi di fango e liquame, rifiuti ed escrementi si mescolano sulle piazze dei villaggi dove i mercanti espongono frutta e verdura. A riciclare la spazzatura i Dalit (gli intoccabili) fanno a gara con i loro porcellini pelosi, animali impuri che solo le caste inferiori osano allevare e mangiare. Lo sguardo dell'occidentale poco allenato alla povertà rischia di non scorgere nelle province i segni del nuovo benessere di massa: nella grande campagna fertile del Rajasthan sciamano i motofurgoncini. La loro proliferazione misura la vastità del ceto medio rurale, dopo quella riforma agraria indiana che Robert Stern ha definito «la più grande rivoluzione piccolo-borghese di tutti i tempi».

L'equivoco insidia gli stranieri, che nell'India continuano a cercare l'anti-Occidente per eccellenza. Dal viaggio iniziatico in Oriente dei poeti romantici dell'Ottocento agli hippies degli anni Sessanta imbevuti della lettura di Hermann Hesse, si è sempre cercato in India quello che Romain Rolland definiva «una fonte di nuova vita» per gli europei decadenti, e Freud descriveva come il «sentimento oceanico di unione intima con il Grande Tutto, di appartenenza all'universo». L'India dolce e avvolgente, femminile, intuitiva, alternativa alla razionalità maschile dell'Occidente: un paese dove la sindrome dello spaesamento è così intensa che la Francia vi ha dovuto istituire un dipartimento psichiatrico in ambasciata per assistere i turisti connazionali vittime di improvvisi stati confusionali, amnesie, crisi isteriche o di panico, come racconta lo psicanalista Régis Airault nel suo bellissimo *Fous de l'Inde, Délires d'Occidentaux* (Payot, 2002).

Da Gandhi a Madre Teresa di Calcutta, poi, il viaggio in India ha aggiunto alle ragioni della sua attrazione sugli occidentali anche il fascino mistico della povertà. Nella fusione armoniosa di miseria e spiritualità, fame e dignità, sofferenza e trascendenza, generazioni di europei e americani in pellegrinaggio hanno eccitato i propri complessi di colpa e ricercato la prova dell'inferiorità del proprio modello di vita: noi così ricchi e così infelici. Invece il laico Naipaul, spietato critico del proprio paese, non ha mai perdonato a Gandhi di aver contribuito ad alimentare tra gli stessi indiani una mitologia della povertà. Nel suo ritorno in patria nel 1962 raccontava di avere scoperto che per la maggior parte dei suoi connazionali «la povertà indiana era ancora un concetto poetico, un'ispirazione alla pietà e a una dolce malinconia, un ingrediente dell'unicità dell'India, del suo antimaterialismo gandhiano». Con orrore Naipaul ricorda un amico giornalista che si estasiava di fronte alla «bellezza degli intoccabili». Lo straniero può sempre visitare l'India usando come manuale d'iniziazione la *Città della gioia*, il best seller di Dominique Lapierre sul lebbrosario di Calcutta che trent'anni fa contribuì a diffondere la fama di Madre Teresa. Ma è un po' come esplorare l'Italia con l'aiuto della *Lettera a una professoressa di Barbiana* di don Milani: oggi abbiamo problemi nuovi, altre forme di ingiustizia. Certo esiste ancora, immensa e soffocante, la miseria di tanti indiani. In questo subcontinente di un miliardo di abitanti ognuno potrà trovarne per i suoi gusti. Ma non è più la miseria dell'India. È scomparso quell'incubo che nel 1968 dominava le pagine di *Asian Drama*, la monumentale inchiesta-capolavoro sul sottosviluppo che valse allo svedese Gunnar Myrdal il premio Nobel dell'economia. Quella nazione afflitta da periodiche carestie di massa, per la quale si facevano le collette nelle nostre chiese, oggi è una potenza economica le cui esportazioni fanno concorrenza agli Stati Uniti nell'agricoltura e nel software.

La grande liberalizzazione degli anni Novanta ha cambiato le gerarchie di valori. Yogesh Samat, il fondatore della catena di caffè Barista – gli Starbucks indiani – ricorda l'epoca in cui «spendere e consumare era associato con sensi di colpa» come si parla di un passato remoto. Eppure l'avanzata dei simboli del consumismo globale suscita reazioni più tenaci qui che in Cina. È il paradosso che diverte il romanziere Shashi Tharoor: «Come si fa a capire un paese dove alcuni politici hanno tentato di proibire i fast food Kentucky Fired Chicken e la Pepsi Cola accusandoli di attentare all'identità indiana, e al tempo stesso inventa più software per le multinazionali americane di ogni altra nazione al mondo? L'unica cosa esatta che si può dire per tentare di descrivere l'India, è che di essa si può parlare solo al plurale».

Resta unica la forza dell'identità di un paese dove, a dispetto dell'americanizzazione esteriore, la musica più popolare è indiana, il cinema è indiano, la produzione letteraria nazionale batte tutti i best seller stranieri. Per Stephen Cohen della Brookings Institution, questo paese ha una distinta «identità di civiltà, fatta di modelli culturali, strutture sociali, e una speciale visione della storia». Sono forze che le consentono ancora di unificare il suo popolo attorno a sistemi di valori e di convinzioni: tra questi, c'è l'idea che l'India avrà sempre qualcosa da insegnare al resto del mondo.

Il marchio delle caste

Ajay Dixit appartiene all'immensa corporazione dei Babu, la burocrazia indiana, quindi di servizi pubblici se ne intende. Quando mi invita a cena a New Delhi, il suo primo avvertimento è questo: «Se vi ammalate in questo paese, prima di farvi visitare in un ospedale di Stato chiamatemi, controllerò il cognome del medico per capire di che casta è. Se è un Dalit, non ci si può fidare. Può avere avuto quel posto non perché è competente, ma per riempire le quote riservate agli intoccabili».

Anche in questo caso l'arretratezza e la modernità indiana si mescolano e si sovrappongono. Da un lato c'è il tremendo retaggio storico delle caste. Dall'altro, sul modello degli Stati Uniti, anche qui esiste da tempo la «affirmative action», un sistema di regole per promuovere l'ascesa professionale e sociale dei gruppi più sfavoriti. In tutti i rami della pubblica amministrazione una percentuale delle assunzioni è riservata ai membri delle caste inferiori, e la norma viene applicata seriamente. Dal 2005 una nuova legge ha esteso il sistema delle quote su un nuovo terreno, bastione del liberismo: perfino le scuole private – gli istituti di élite dove i figli dei ricchi si preparano per gli esami di ammissione alle superuniversità – devono riservare il 22 per cento dei posti agli studenti delle categorie più povere, inclusi i Dalit.

Anche in India, come negli Stati Uniti, questa politica per la riduzione delle diseguaglianze suscita tensioni e recriminazioni a non finire; in particolare, tra quegli indiani semipoveri ma appartenenti a caste «superiori», che si sentono penalizzati. Pur tra i limiti e le polemiche, è un esempio concreto di come funziona la democrazia più grande del mondo. Gli intoccabili – gli ultimi della scala sociale, i diseredati da sempre, discriminati per millenni – grazie alla regola «una testa un voto» sono diventati anch'essi una forza politica. Duecento milioni di intoccabili su 1 miliardo e 100 milioni di abitanti: alle urne sono numeri che pesano. Due partiti, il Bahujan Samaj e il Samajwadi, si disputano la rappresentanza dei Dalit. Nel sistema federalista la loro influenza può essere decisiva per le elezioni locali. Hanno governato uno Stato, quello dell'Uttar Pradesh. Talvolta i loro voti sono indispensabili a livello nazionale, a seconda delle maggioranze possono fare e disfare coalizioni anche al Parlamento di New Delhi.

Se la «affirmative action» è il simbolo di un'India proiettata verso grandi cambiamenti, rimane tuttavia l'eredità visibile di un'infame macchia originaria. La raffinatezza di una delle civiltà più antiche al mondo, la tolleranza di una nazione che per secoli ha saputo fondere etnie, lingue e religioni diverse, hanno al centro questa terribile contraddizione: l'induismo è l'unica grande religione mondiale ad affermare il principio che gli uomini non nascono eguali, non possono avere gli stessi diritti. Per volere del padre dell'indipendenza, Jawaharlal Nehru, la Costituzione repubblicana si sforza di riparare le ingiustizie ancestrali. Tuttavia «la discriminazione degli intoccabili rimane forte nelle campagne», secondo l'economista Sukhadeo Thorat della Nehru University. Rispetto alla media della popolazione indiana i Dalit hanno una probabilità doppia di essere disoccupati, di vivere sotto la soglia della povertà, o di essere impiegati nei lavori più umili: braccianti agricoli, manovali, spazzini. «Il progresso della società indiana li ha lasciati indietro di vent'anni.» Nelle zone rurali la loro condizione tipica è quella del villaggio di Koothirampakkam. Lì gli intoccabili sono segregati in un ghetto e sottoposti a una vessazione particolarmente umiliante: vengono obbligati a versare un tributo per il festival religioso annuale, al quale però gli è rigorosamente vietato partecipare. Per chi prova a ribellarsi, violenze e linciaggi sono ancora frequenti. La crudele iniquità originale dell'induismo provoca una catena di reazioni e controreazioni che indeboliscono la coesione della società indiana, minacciano la laicità dello Stato.

«Jai Bhim» è il saluto preferito dei Dalit: lunga vita a Bhim Rao Ambedkar, il leader storico di cui gli intoccabili onorano la memoria. Fu lui a fare inserire nella Costituzione il principio della «affirmative action». Fu lui anche a lanciare un'altra idea gravida di conseguenze. «Sono nato indù, non morirò indù»: con questo slogan nel 1956 convinse più di un milione di intoccabili a convertirsi al buddismo, religione che al contrario dell'induismo non teorizza la diseguaglianza irreparabile degli esseri umani. Da allora il fenomeno delle conversioni non si è mai arrestato. Ma negli ultimi anni ha cambiato significativamente direzione. Ora è soprattutto l'Islam ad attirare gli intoccabili. «L'Islam è fratellanza, la fratellanza è tutto, l'Islam non insegna la discriminazione, educa l'uomo ad aiutare l'uomo, se un cieco attraversa la strada il musulmano lo aiuta senza chiedergli di che fede è» predicano gli imam nelle *madrassas* – scuole islamiche – che proliferano nei bassifondi di New Delhi, Bombay e Calcutta.

Il proselitismo musulmano, ben più delle conversioni al cristianesimo o al buddismo, incendia l'anima del nazionalismo indiano: gli integralisti sono sospettati di essere la quinta colonna del nemico esterno, il Pakistan. Una parte dell'India si sente, più dell'Europa o dell'America, come una civiltà che ha accolto l'Islam nel suo seno e oggi ne subisce l'assedio. Il partito induista-nazionalista Bjp accusa regolarmente delle organizzazioni straniere, forze del fondamentalismo dei paesi arabi, di convogliare finanziamenti in India per reclutare nuovi fedeli. Per reazione si rafforza il movimento dell'Hindutva, l'ideologia della purezza indù che chiama il paese a raccolta contro la minaccia dell'islamizzazione. Due Stati – il Gujarat e il Tamil Nadu – hanno risposto con una misura estrema: mettendo fuori legge le conversioni «quando siano ottenute con mezzi fraudolenti, con l'inganno, con la forza o con la corruzione». I nazionalisti si battono per estendere il divieto in tutta l'India. È un veleno insidioso che minaccia di trasformare la più grande democrazia del mondo in uno Stato confessionale. Sarebbe un destino paradossale per l'induismo, religione senza papa, culto politeista, eclettico e variegato, del tutto privo di regole di ortodossia, se dovesse finire col diventare una religione di Stato. La febbre del nazionalismo indù può apparire in contrasto con l'immagine di un subcontinente lanciato verso lo sviluppo economico e la globalizzazione – l'India del boom informatico di Bangalore, l'India che rivaleggia con la Cina nell'attirare le multinazionali europee e americane – ma forse è proprio qui la spiegazione. Nelle fasi di più rapido cambiamento socioeconomico pezzi di società hanno il terrore di restare indietro, di perdere identità e status, cercano rifugio in una fuga verso il passato.

Perfino nell'India più moderna e occidentalizzata la sopravvivenza del sistema delle caste è impressionante. Sui grandi giornali locali in lingua inglese – «Hindustan Times», «Times of India», «The Hindu» –, letti dall'élite urbana, la ricca rubrica degli annunci matrimoniali è suddivisa rigorosamente per caste. «Giovane donna di famiglia bramina, con Ph.D. in ingegneria elettronica a Harvard, cerca marito bramino ecc. ecc.» Non si salvano neppure i miei amici indiani-californiani, imprenditori del software nella Silicon Valley o docenti universitari a Berkeley e Stanford. Al momento di cercar moglie, tornano in India, affidano la selezione alla famiglia, secondo la rigida tradizione endogamica dei matrimoni combinati dai genitori dentro la casta d'origine. Un sofisticato intellettuale come Vinod Aggarwal, docente di economia internazionale a Berkeley e figlio di un diplomatico che lo ha allevato in quattro continenti, difende la sua fedeltà al costume antico: «A giudicare dalla percentuale di separazioni e divorzi, il matrimonio da innamoramento romantico all'occidentale non funziona meglio del nostro sistema». Anche lui ha trovato moglie nel paese natale – oggi una brillante imprenditrice che pubblica un giornale per indiani in California – attraverso l'oculata selezione compiuta dai genitori. Casta e famiglia imprimono un marchio inconfondibile al nuovo miracolo economico indiano.

Dietro l'emergere di colossi industriali nelle telecomunicazioni e nell'informatica c'è una struttura sociale unica al mondo. Metà del patrimonio capitalistico nazionale è nelle mani dei Marwari. Sono antichissime dinastie di commercianti originarie di Mandawa, Nawalgarh, Fatehpur, nella regione Shekavati del Rajasthan: per secoli controllarono un incrocio di piste di cammelli lungo la «via della seta», che dall'Estremo Oriente portava a Venezia, e furono intermediari tra cinesi, afghani e persiani. Quando la Gran Bretagna, impero marittimo, spostò i centri dell'economia indiana verso i porti, le famiglie Marwari capirono subito dov'era il futuro. Si trasferirono a Bombay e Calcutta. In mezzo alla pianura semidesertica dello Shekavati sono rimaste le loro città gioiello con gli Haveli di famiglia, palazzi ricamati di bassorilievi e affreschi, oggi sempre più cadenti e decrepiti. (E anche l'abbandono scandaloso di queste splendide ex dimore principesche rivela uno dei paradossi dell'India di oggi. Il garantismo socialista in favore delle classi disagiate ha partorito una sorta di blocco degli sfratti permanente, che ricorda l'Italia di alcuni anni fa. Dunque i «custodi» degli Haveli, a furia di viverci con le loro famiglie, hanno maturato una sorta di diritto di usucapione. I loro padroni emigrati a Bombay e Calcutta sono padroni sulla carta, in realtà gli ex portinai bivaccano indisturbati e inamovibili negli Haveli con tutto il parentado di nonni, figli e nipoti, cugini e nuore a non finire. Le dinastie miliardarie dei Marwari si rifiutano di investire capitali per il restauro di questi capolavori dell'architettura, perché non hanno speranza di rientrarne in possesso.) Sulle metropoli costiere le fortune dei Marwari splendono più che mai, grazie ai matrimoni combinati che hanno mantenuto integre le dinastie. Anche nella capitale politica, dove ogni giorno folle di visitatori rendono omaggio al memoriale dei due premier assassinati, Indira e Rajiv Gandhi, madre e figlio, i paradossi dell'India rimangono incollati alla storia della sua celebre dinastia repubblicana, più longeva dei Kennedy o dei Bush nell'occupare il potere: tre primi ministri in tre generazioni, e un giovane rampollo che si allena a seguire la stessa carriera.

Quando Nehru morì, 42 anni fa, non poteva immaginare di aver costruito le fondamenta di una democrazia così flessibile e resistente. Ma non immaginava neppure che la sua riforma del sistema delle caste sarebbe rimasta un insuccesso per decenni. Né poteva prevedere che sua figlia Indira, suo nipote Rajiv e la vedova italiana Sonia, e il bisnipote Rahul sarebbero diventati il simbolo vistoso e ingombrante del potere familiare ai vertici del sistema politico. Lo stesso Nehru, il grande modernizzatore, fece una guerra spietata a sua figlia perché non sposasse fuori dalla casta, fuori dalla sua religione, in un inaudito matrimonio d'amore, Feroze Gandhi, la cui unica colpa era di essere un Parsi. Cioè l'erede dell'antica religione persiana che, però, solo l'India ha custodito e tollerato per secoli, anche quando in Iran era stata cancellata dall'Islam.

Parte seconda
Cina, il rullo compressore

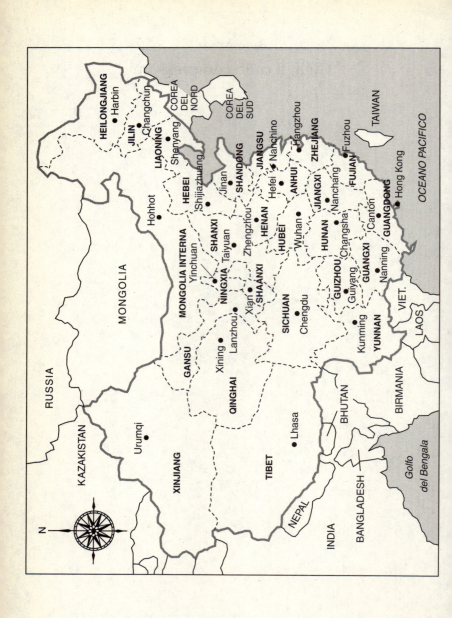

VI
Strategie di conquista globale

Corre l'anno 1792 quando re Giorgio III d'Inghilterra decide di mandare il suo diplomatico più abile, Lord George Macartney, in una delicata missione presso l'imperatore Qianlong. In quell'epoca la Cina ha ridotto ai minimi termini la sua esposizione alle influenze straniere e il suo commercio con l'estero. I mercanti occidentali vengono chiamati «diavoli stranieri», sono trattati con sospetto, le loro attività subiscono pesanti limitazioni e nelle periodiche fiammate di xenofobia – pilotate dall'alto – non è raro che vengano uccisi. Per la Gran Bretagna, la potenza industriale dominante del tempo, la chiusura cinese è motivo di profonda insoddisfazione. Lord Macartney viene incaricato di trattare con l'imperatore per «stabilire relazioni commerciali sicure e ragionevoli». Prima ancora che dal Mar Giallo il vascello inglese possa risalire il fiume Hai He, che collega il porto di Tianjin con Pechino, i cinesi impongono che inalberi una bandiera con la scritta «Contribuente dall'Inghilterra». Infatti i regali di Giorgio III che l'ambasciatore porta con sé, secondo il protocollo della corte cinese, non sono altro che le tasse dovute da ogni visitatore, un segno di ubbidienza del sovrano straniero. Da Pechino Lord Macartney è poi costretto a recarsi fino alla residenza imperiale di Rehe, 200 chilometri più a nord della capitale: la dinastia dei Qing, originaria della Manciuria, preferisce ricevere in quel luogo vicino alle sue terre settentrionali le delegazioni dei popoli soggetti.

Il 14 settembre 1793, nel giorno fissato per l'udienza, l'etichetta di corte prevede un'ulteriore prova di sottomissione. Al cospetto dell'imperatore l'ambasciatore inglese deve eseguire la cerimonia del «kowtow»: per tre volte inginocchiarsi e per tre volte abbassare la testa fino a toccare il suolo con la fronte. È lo stesso gesto usato nei templi davanti alle statue delle divinità. È la conferma che l'imperatore cinese ha lo status di un dio in terra. Quando viene informato di questa usanza, Macartney si rifiuta, si impunta, intavola un negoziato, pone a sua volta una condizione inderogabile: è disposto a eseguire il «kowtow» davanti a Qianlong solo se un alto funzionario di corte di rango pari al suo farà pubblicamente gli stessi tre inchini davanti a un ritratto del re d'Inghilterra. Alla fine la fermezza del diplomatico britannico ha la meglio sui cinesi, almeno nel rituale. L'imperatore accetta di riceverlo anche se Macartney si limita a piegare un solo ginocchio davanti a lui, esattamente come si usa fare di fronte a Giorgio III. Salvata la faccia e l'onore, poco tempo dopo l'udienza, Macartney viene informato che «poiché l'inverno si avvicina, è opportuno pensare ai preparativi per la partenza». Ogni tentativo di parlare di commercio bilaterale con i ministri cinesi è vano. Colmato di cortesie e di complimenti all'indirizzo del suo sovrano, il Lord se ne torna a casa a mani vuote: la sua missione diplomatica si conclude in un fiasco. A ottenere l'apertura dei mercati cinesi provvederanno con altri metodi, ma solo alcuni decenni dopo, le cannoniere britanniche: nel 1839-42, con la vittoria inglese nella guerra dell'Oppio, seguita dal Trattato di Nanchino.

Le genuflessioni dei Vip d'Occidente

Il clima dei rapporti tra l'Occidente e la Cina è assai diverso quando il 16 maggio 2005 ben 800 fra amministratori delegati e top manager, ambasciatori del capitalismo occidentale, accorrono a Pechino a omaggiare il presidente cinese Hu Jintao, che ha le chiavi del mercato più promettente del mondo. L'occasione è il Global Forum 2005, organizzato dal magazine economico americano «Fortune», con il titolo *China and the New Asian Century* (la Cina e il nuovo secolo asiatico). Hu Jintao accoglie i Vip nel moderno tempio del potere cinese: il salone d'onore dell'Assemblea del Popolo, in piazza Tienanmen. Quando sale sul podio il presidente della Repubblica popolare, gli 800 industriali e banchieri scattano in piedi per un'ovazione: l'entusiasmo ricorda quello che Mao Zedong raccoglieva sulla stessa piazza Tienanmen fra le Guardie rosse della Rivoluzione culturale. Se a loro chiedessero – in nome del rispetto di qualche usanza locale – di inginocchiarsi e toccare ripetutamente il suolo con la fronte, a differenza di Lord Macartney, i capitalisti occidentali del XXI secolo non esiterebbero a farlo. In quella sala dell'Assemblea del Popolo, che dal 1949 in poi, per alcuni decenni, aveva sfornato editti rivoluzionari, leggi di esproprio statale e collettivizzazione della proprietà privata, nel maggio 2005 è rappresentata una bella percentuale del fatturato capitalistico di tutto il pianeta. Ci sono i presidenti di gruppi industriali, dalla General Motors alla Bmw, alla Sony, i giganti della distribuzione Wal-Mart ed eBay, i *chiefs executives* delle banche statunitensi Citigroup, Morgan Stanley e Goldman Sachs. In tutto, 77 fra le 500 più grandi multinazionali del mondo hanno inviato i loro vertici. Hu Jintao non li delude. «La Cina e l'Asia stanno diventando il nuovo motore della crescita mondiale» dice il capo dello Stato e del Partito comunista. «Entro 15 anni il nostro Pil sarà quadruplicato e raggiungeremo un reddito pro capite di 3000 dollari [il triplo dell'attuale]. Già oggi siamo un mercato da 560 miliardi di dollari all'anno, e abbiamo attirato in Cina 500.000 imprese straniere.»

Sono cifre che i capitalisti riuniti all'Assemblea del Popolo conoscono a memoria, ancora prima di arrivare a Pechino. In volo sui loro jet privati hanno potuto studiarsi l'ultimo rapporto del Crédit Suisse First Boston, secondo cui i consumi dei cinesi cresceranno del 18 per cento all'anno per dieci anni di fila, contro una crescita del 2 per cento annuo dei consumi americani. Naturalmente gli americani partono da un livello molto più alto, rispetto al potere d'acquisto del cinese medio. Tenuto conto della dimensione della popolazione, tuttavia, gli economisti del Crédit Suisse First Boston si spingono fino ad affermare che entro il decennio «i consumatori cinesi avranno sostituito quelli americani, come principale traino della domanda economica globale», diventando un mercato da 3700 miliardi di dollari, per di più molto aperto ai prodotti stranieri.

Il Forum di «Fortune» è una conferma dell'attrazione fatale che spinge le multinazionali verso la Cina. Questo paese è la principale meta degli investimenti mondiali, con un afflusso di capitali di 150 miliardi di dollari in un anno solo (di cui almeno 60 miliardi in investimenti esteri diretti, in particolare, creazioni di nuove fabbriche). Nel 2005 la Cina si vede addirittura costretta a moderare questa invasione di capitali stranieri. Oltre agli investimenti produttivi, infatti, si è creata una corrente di «denaro caldo» speculativo, alimentata dalle attese di una rivalutazione della moneta cinese, il renminbi.

La strana guerra del tessile

Il sospetto e il timore che l'imperatore Qianlong nutriva nel 1793 verso i mercanti venuti dall'Occidente si ripresenta due secoli dopo, ma con un'inversione dei ruoli. Nella primavera del 2005, proprio pochi giorni prima del convegno organizzato da «Fortune» a Pechino, cedendo alle pressioni protezionistiche, George Bush decide di reintrodurre delle limitazioni quantitative (definite «quote») su alcuni prodotti di abbigliamento *made in China*: camicie, pantaloni e maglieria. La chiusura statunitense viene poi imitata il 10 giugno dall'Unione europea. È una battuta d'arresto rispetto all'apertura delle frontiere scattata in tutto il mondo il 1° gennaio 2005 in base alle regole dell'Organizzazione del commercio mondiale (Wto), in applicazione di accordi firmati da tutti i paesi membri ben dieci anni prima. I cinesi reagiscono accusando Washington e Bruxelles di «mettere in pericolo tutto il sistema degli scambi multilaterali». Il ministro del Commercio estero, Chong Quan, denuncia che la misura protezionistica decisa da Bush «tradisce lo spirito e la sostanza degli accordi firmati nel Wto, e intacca la fiducia dei cinesi nelle regole internazionali». Aggiunge che la Cina si riserva di prendere delle contromisure. In realtà Pechino, dietro un linguaggio duro, finisce poi per scegliere una linea tattica morbida: negozia a lungo, fa delle concessioni sia a Bush sia al commissario europeo per il commercio, Peter Mandelson. Il governo di Wen Jiabao accetta provvisoriamente di autolimitare le sue esportazioni nel tessile-abbigliamento, che all'inizio del 2005 erano letteralmente esplose con aumenti fino al 500 per cento in Europa e in America. L'accordo del 10 giugno 2005 con l'Unione europea fissa – per un periodo limitato a pochi anni – aumenti massimi delle importazioni tessili cinesi compresi fra l'8 per cento e il 12,5 per cento all'anno, a seconda dei prodotti.

L'invasione del *made in China* stava provocando tali resistenze in alcuni paesi occidentali che Pechino preferisce raffreddare l'atmosfera di allarme e ridurre i danni rinunciando a una parte dei suoi guadagni. Ma da che parte stiano, in quella contesa, gli 800 ambasciatori del capitalismo mondiale riuniti a Pechino nel maggio 2005 non è difficile indovinarlo. Il 60 per cento delle esportazioni *made in China*, in realtà, sono fabbricate per conto di multinazionali statunitensi, giapponesi, tedesche, francesi, inglesi, italiane. Una vera guerra mercantile contro la Cina finirebbe per colpire anche loro.

Una conferma di questo paradosso la si ha poco tempo dopo le misure protezionistiche contro il tessile cinese. Nel luglio 2005 uno strano spettacolo avviene nei porti europei da Amburgo a Rotterdam, da Genova a Marsiglia. Si accumulano montagne di vestiti *made in China* fermi sulle navi o nei container parcheggiati sulle banchine: 48 milioni di maglioni, 17 milioni di pantaloni, 1,6 milioni di magliette e mezzo milione di camicie. Tutti bloccati dalle dogane, perché superano i tetti massimi sulle importazioni cinesi fissati appena un mese prima. Quello spettacolo, e poi la spaccatura che provoca dentro l'Unione europea, rivelano a un tratto che la «guerra del tessile» non è tra Bruxelles e Pechino, ma si combatte tra europei.

In Germania lo scontro arriva perfino davanti alla Corte costituzionale. L'intervento del supremo tribunale tedesco è invocato da una marca di abbigliamento, la Gelco, a cui sono stati sequestrati 38.000 pullover in arrivo da Shanghai. L'amministratore delegato della Gelco, Jürgen Richter, si appella alla Corte sostenendo che il blocco delle importazioni dalla Cina infligge un danno ingiusto alla sua azienda, ai suoi dipendenti, e ai consumatori tedeschi che hanno il diritto di vestirsi al costo più basso. Ancora prima che la Corte tedesca si pronunci, un imponente schieramento di governi dell'Europa settentrionale scende in campo a difendere le stesse ragioni del signor Richter, dei consumatori europei e della Cina. Germania, Olanda, Svezia, Danimarca e Finlandia sono in rivolta contro le restrizioni sul *made in China* negoziate da Mandelson il 10 giugno a Pechino, perché accusano quelle misure di essere un grave cedimento alla lobby dell'industria tessile dell'Europa meridionale, soprattutto dell'Italia. Nei paesi del Nordeuropa la produzione tessile ha ormai una presenza modesta o è addirittura scomparsa. Invece vi hanno peso economico e influenza politica le associazioni dei consumatori, e i colossi della grande distribuzione che si fanno una concorrenza feroce sui ribassi dei prezzi. Inoltre, Germania, Gran Bretagna, Olanda, Svezia e Finlandia sono grossi investitori ed esportatori di tecnologie in Cina: forniscono aerei, centrali elettriche e nucleari, treni ad alta velocità, elettronica avanzata e farmaceutica, servizi finanziari e assicurazioni, nonché gli ipermercati e le auto di grossa cilindrata per la nuova middle class urbana. Per loro la Cina è un immenso e accogliente mercato, non un rivale. Quei paesi, le loro associazioni di consumatori, la grande distribuzione, le loro multinazionali che esportano e producono in Cina, accusano la lobby tessile italiana di aver strappato a Bruxelles dei limiti al *made in China* che fanno danni enormi. Il ribaltamento ispira molte ironie. L'«International Herald Tribune» vi dedica un articolo intitolato *Svolta in Europa: ora dice che ha bisogno del tessile cinese*. L'autore, Thomas Fuller, scrive che «dopo mesi di lamentele per l'invasione di abbigliamento dalla Cina, i dirigenti europei scoprono che non possono vivere senza».

I più divertiti sembrano i cinesi, naturalmente. Sul giornale «Notizie di Pechino», una vignetta satirica mostra quattro europei seminudi, sul molo di un porto, mentre agitano uno striscione di benvenuto in direzione di una nave cinese carica di vestiti, ancorata al largo. La vignetta coglie una verità: l'autarchia è un vicolo cieco, perché una parte crescente dell'industria della moda europea (incluse tante marche italiane) ha smesso da tempo di produrre in patria, e, anche volendo, non potrebbe più riempire con prodotti nazionali gli scaffali dei supermercati e dei grandi magazzini. Ralph Kamphoener di Eurocommerce, l'associazione dei grandi distributori, sostiene che «solo grazie al libero commercio internazionale siamo in grado di offrire ai consumatori una scelta dei migliori prodotti al prezzo più basso». In realtà, questa affermazione potrebbe essere più drastica: senza le frontiere aperte, molti prodotti essenziali semplicemente scomparirebbero dal nostro mercato perché non esistono surrogati nazionali, neanche a prezzi molto più alti. Lo dimostra il fatto che, per soddisfare la nostra domanda, le più grandi imprese tessili cinesi, dopo aver esaurito in pochi mesi le quote massime stabilite dagli accordi con Washington e con Bruxelles, hanno a loro volta delocalizzato rapidamente la produzione in India, Cambogia, Vietnam e Bangladesh, paesi a cui l'Unione europea non applica tetti d'importazione. L'alternativa al *made in China* non è il *made in Italy*, ma il *made in India*.

Tutti gli occhi sullo yuan

È un altro segno della gerarchia d'importanza che gli americani assegnano alla Cina: il 22 luglio 2005, il giorno dopo che la banca centrale cinese ha annunciato la rivalutazione della sua moneta, il «New York Times» dedica a questa notizia l'apertura della prima pagina, cioè la posizione d'onore, relegando in seconda posizione la notizia di una seconda ondata di attentati (falliti) quello stesso giorno nel metrò di Londra. Erano anni che l'America e l'Europa esigevano e attendevano dalla Cina una rivalutazione della sua moneta, lo yuan o renminbi. In quel luglio 2005, il *made in China* diventa un po' più caro e i prodotti stranieri leggermente più convenienti per i consumatori cinesi. Inizialmente la rivalutazione è solo del 2 per cento, cioè un'inezia. Tuttavia alimenta le speranze che sia una prima tappa, accompagnata da altri cambiamenti gravidi di conseguenze sul sistema monetario. Dal punto di vista politico il percorso che conduce Pechino a quella decisione – insieme con le cautele e le riserve che vi stanno dietro – è la conferma che il gigante asiatico è consapevole delle sue responsabilità sui mercati globali, e applica ormai una strategia da superpotenza per tutelare i propri interessi nel lungo termine.

Il cambiamento annunciato quel 21 luglio dalla Banca Popolare della Cina ha diversi aspetti. Anzitutto Pechino abbandona la parità fissa agganciata al dollaro statunitense, che determinava il valore dello yuan dal 1994. Quella parità, ritoccata una sola volta nel 1998, per sette anni era rimasta inchiodata a 8,27 yuan per un dollaro. Questo gemellaggio ha fatto sì che il deprezzamento del dollaro ha automaticamente trascinato con sé la moneta cinese. Via via che il dollaro scendeva, anche il *made in China* diventava meno caro.

Gli effetti sulla competitività sono stati più pesanti per l'Europa. Con l'euro forte, le esportazioni europee si sono viste doppiamente danneggiate, sia sui mercati americani che su quelli asiatici. Il 21 luglio 2005, tutto ciò che si paga in yuan ha avuto un rialzo una tantum del 2 per cento; quando la parità col dollaro è stata portata a quota 8,11, lo yuan si è rivalutato in eguale misura anche sull'euro. Più importante di quella percentuale è il fatto che la rivalutazione si accompagna a un cambio delle regole. Lo yuan è agganciato non più al solo dollaro, bensì a un «paniere» di monete che include l'euro e lo yen giapponese. Questo significa, per esempio, che se l'euro si apprezza sul dollaro, deve provocare almeno in parte anche un rialzo della moneta cinese. Infine, lo yuan acquista flessibilità, può oscillare dello 0,3 per cento in su o in giù. Questa elasticità, in futuro, è destinata ad aumentare. La banca centrale cinese, infatti, ha annunciato che «la banda di fluttuazione del cambio verrà mutata per adattarsi alle condizioni dei mercati». La rivoluzione del capitalismo e del mercato, che ha già avuto effetti profondi nel trasformare l'economia e la società cinese, si affaccia per la prima volta nella delicata gestione delle relazioni monetarie con il resto del mondo.

L'amministrazione Bush e il Congresso degli Stati Uniti erano stati i più aggressivi nel chiedere la rivalutazione dello yuan. Gli Stati Uniti hanno subito in proporzioni eccezionali l'invasione del *made in China*, hanno avuto un deficit commerciale bilaterale di 162 miliardi di dollari nel 2004 e di oltre 200 miliardi a fine 2005. Da anni Washington sostiene che questi squilibri sono stati amplificati proprio dalla politica monetaria, con quell'aggancio yuan-dollaro che ha impedito alla divisa cinese di rivalutarsi e quindi ha regalato un vantaggio artificiale ai prodotti dell'Estremo Oriente. Un disegno di legge presentato al Congresso degli Stati Uniti minacciava di imporre dazi del 27,5 per cento sul *made in China*, se Pechino non avesse rivalutato la sua moneta. Gli statunitensi speravano in una rivalutazione ben più consistente – del 15 per cento o 20 per cento – rispetto a quella varata nell'estate del 2005. Eppure è illusorio pensare che la rivalutazione dello yuan – quand'anche arrivi un giorno al 20 per cento sognato dagli statunitensi – ridurrà davvero l'invasione del *made in China* sui nostri mercati.

Il vantaggio competitivo asiatico è di ben altre dimensioni. I costi di produzione cinesi, a seconda dei settori industriali e dell'intensità di manodopera che usano, variano da un decimo alla metà dei nostri costi. Qualunque rivalutazione dello yuan non può avere l'effetto miracolistico di cancellare un divario di competitività così ampio. Tanto più che la forza di Pechino non è solo nei bassi salari: il miracolo cinese è fatto anche di produttività, elevata qualità dell'istruzione, ricerca scientifica, investimenti in infrastrutture moderne. Però la prima mossa sullo yuan è interessante soprattutto per ciò che rivela sui calcoli strategici della leadership cinese. I governanti della più grande nazione del mondo hanno preso atto che i loro interessi sono cambiati. La Cina non è più solo la «fabbrica del pianeta», interessata a massimizzare le proprie esportazioni. Nel 2005 è diventata anche il primo importatore assoluto superando gli Stati Uniti. Uno yuan più forte consente di pagare un po' meno caro il petrolio e altre materie prime, che la Cina sta accaparrando in gara con il resto del mondo.

I dirigenti comunisti hanno anche percepito l'aggravarsi del sentimento protezionista e anticinese in Occidente. Hanno osservato con attenzione le nervose reazioni americane di fronte a un nuovo tipo d'invasione: dopo l'export di prodotti cinesi, c'è l'arrivo in massa di multinazionali cinesi che si comprano grandi imprese americane. All'inizio gli statunitensi hanno subìto (vedi l'acquisto delle divisione personal computer della Ibm da parte della cinese Lenovo), poi, quando i cinesi stavano per comprarsi la compagnia petrolifera californiana Unocal, la reazione nazionalistica è montata, fino alle minacce del Congresso di varare veti contro le multinazionali di Pechino e Shanghai.

Con la rivalutazione dello yuan, le autorità di Pechino si sono affacciate – con circospezione – su un mondo nuovo. I passi successivi sono la libera convertibilità della moneta, poi il permesso esteso a tutti di esportare valuta. Sono passaggi che possono riservare sorprese e i dirigenti di Pechino preferiscono peccare per prudenza e gradualismo, anche a costo di deludere le aspettative occidentali, piuttosto che trovarsi in mezzo alla tempesta di una crisi monetaria internazionale prima ancora di avere imparato a navigare in mare aperto. Non dimentichiamo che questo tipo di innovazioni hanno una storia assai recente perfino per l'Italia, dove la riforma che diede la libertà di esportare valuta avvenne solo negli anni Ottanta, nonostante che fossimo già integrati nel Mercato comune europeo da decenni. E l'Italia non ha le dimensioni della Cina.

Per la prima volta nella storia della Repubblica popolare, le autorità si preparano a gestire le fluttuazioni della loro moneta sui mercati, affrontando flussi speculativi internazionali imprevedibili e potenzialmente destabilizzanti. Una volta che lo yuan diventa convertibile, gli stessi cittadini cinesi, che dispongono di giacenze di risparmio considerevoli (il 40 per cento del reddito nazionale!), possono essere tentati dalla speculazione sulle valute. È un gioco pieno di incognite. Nel 1997, quando scoppiò la crisi finanziaria asiatica, la Cina fu lodata dall'America e dal mondo intero per aver tenuto la sua moneta agganciata al dollaro, mentre tutte le altre valute delle «tigri» orientali crollavano come birilli in una spirale perversa di panico. Pechino fu un'oasi di stabilità, perché la sua integrazione nei mercati globali allora era incompleta.

Quello era un altro mondo, e un'altra Cina. Oggi è un pachiderma immenso che si prepara a nuotare nelle acque della finanza globale senza più salvagente. Il suo stesso peso lo spaventa. Pechino custodisce nel 2006 quasi 1000 miliardi di dollari nei forzieri della sua banca centrale: sono le riserve valutarie accumulate a furia di esportare in America molto più di quel che la Cina importa. Così la banca centrale cinese è diventata un ricco creditore degli Stati Uniti. Se non fosse per i cinesi che acquistano buoni del tesoro Usa, l'amministrazione Bush non saprebbe come finanziare il suo deficit pubblico. Anche per le famiglie statunitensi è l'abbondanza di credito che sostiene i consumi, e una parte di quella liquidità è ricchezza cinese che viene reinvestita negli Stati Uniti. Il destino del dollaro è appeso a un filo. Ogni volta che qualcuno sparge la voce che la banca centrale della Cina non comprerà più dollari, o anche soltanto che «diversificherà» un po' le sue riserve in favore dell'euro e dello yen giapponese, immediatamente i mercati reagiscono con un calo del dollaro.

A volte essere troppo forti comporta responsabilità ingombranti: è il caso della Cina alle prese con i mercati monetari internazionali. Una decisione troppo precipitosa sulla liberalizzazione del cambio cinese può avere conseguenze imprevedibili. Può scatenare la febbre della sfiducia nel dollaro, un fuggi fuggi generale di capitali stranieri dagli Stati Uniti, la prima scintilla di una grande crisi internazionale delle monete. In molte capitali occidentali questo dilemma non viene compreso. La resistenza a rivalutare lo yuan viene interpretata semplicemente come una subdola e sleale manovra per tener basso il prezzo del *made in China*. C'è un po' di calcolo mercantile, certo, ma c'è anche la consapevolezza che Pechino si ritrova a interpretare un ruolo davvero inatteso: pur essendo ancora un grande paese emergente, la Cina è diventata di colpo il banchiere centrale dell'America.

La Cina fa credito o il mondo a rovescio

Fine gennaio 2006. Più o meno lo stesso pubblico di Vip che nel maggio 2005 era andato ad applaudire Hu Jintao alla conferenza di «Fortune», otto mesi dopo si ritrova al consueto vertice del capitalismo globale, l'appuntamento esclusivo al World Economic Forum di Davos, sulle Alpi svizzere dei Grigioni. Proprio durante il summit escono delle statistiche preoccupanti. L'economia statunitense frena e getta un'ombra sulle prospettive della crescita mondiale. Il Pil degli Stati Uniti, nel quarto trimestre del 2005, è aumentato solo dell'1,1 per cento, poco più di un quarto rispetto al ritmo di crescita del trimestre precedente. È dalla fine del 2002 che gli Stati Uniti non registravano un dato così basso. La causa principale di questo rallentamento sta nel comportamento dei consumatori statunitensi, la cui spesa si è rattrappita all'aumento più modesto dal 2001. Si è raffreddata di colpo anche la spesa per le abitazioni. La frenata dei consumi in un solo trimestre può essere un incidente temporaneo, una semplice parentesi prima che l'economia statunitense riparta con più vigore. Ma può essere anche l'avvisaglia che il futuro riserva altre sorprese negative, una serie di «incidenti» che possono sfociare in conseguenze più gravi. A Davos il *chief economist* della Morgan Stanley, Stephen Roach, spiega l'origine della frenata dei consumi: «Il boom del settore immobiliare negli Stati Uniti è ormai giunto al termine, e questo elimina la fonte principale di denaro facile», cioè il rifinanziamento dei mutui-casa che aveva inondato di liquidità molte famiglie statunitensi. «A questo si aggiunge» ha detto Roach «che l'aumento del prezzo della benzina comincia a intaccare il potere d'acquisto e i primi segnali di questo impoverimento si sono intuiti subito dopo l'uragano Katrina.»

Anche la situazione del mercato del lavoro statunitense contribuisce alla cautela nella spesa delle famiglie. Nel giro di due mesi la General Motors ha annunciato 30.000 licenziamenti, poi la Ford ha fatto altrettanto. Di fronte ai posti di lavoro eliminati nell'industria tradizionale – i settori sindacalizzati che pagano i salari più alti, con assistenza sanitaria e fondi pensione generosi – quelli che rinascono sono spesso con salari inferiori e un Welfare dimagrito. A Davos il senatore repubblicano John MacCain ha ricordato che «anche negli anni della crescita più robusta il potere d'acquisto della famiglia media americana è rimasto fermo». La bolla immobiliare aveva consentito di vivere al di sopra dei propri mezzi: finché il valore delle case saliva, le banche incitavano i clienti a rinnovare il mutuo a condizioni favorevoli, incassando un consistente aumento di credito da destinare ad altre spese (l'automobile, l'università dei figli, le vacanze). Se gli Stati Uniti frenano e il dollaro si indebolisce, questo può indurre a dei ripensamenti la banca centrale cinese che, per citare Roach, «ha finanziato la dissipatezza dei consumatori americani nonostante l'accumularsi di un gigantesco deficit con l'estero» ormai pari al 6 per cento del Pil degli Stati Uniti.

Allo stesso tempo, il rallentamento nella crescita degli Stati Uniti fa pesare un'ipoteca sull'altra grande locomotiva globale che è la Cina. Il vicegovernatore della banca centrale di Pechino,

Min Zhu, spiega ai Vip di Davos che, in base all'ultima revisione dei dati sul Pil cinese, è chiara la tendenza al rafforzamento dei consumi e della domanda interna. Progressivamente la Cina si appresta a «trainarsi» da sola, e questo è un cambiamento salutare per il mondo intero. Ma questo cambiamento nella natura della crescita cinese è solo agli inizi. Nel 2006 le esportazioni continuano a essere un volano importante del suo sviluppo, e il 23 per cento del *made in China* va negli Stati Uniti. L'economista Laura Tyson, già capo dei consiglieri economici di Clinton e oggi rettore della London Business School, aggiunge a questo quadro due possibili sviluppi negativi: il protezionismo e lo shock energetico. «A differenza di noialtri riuniti qui a Davos» dice la Tyson «la maggioranza delle nostre opinioni pubbliche non ha affatto una visione positiva della globalizzazione. Di fronte a nuove difficoltà economiche possono diventare irresistibili le fughe in avanti del protezionismo, spezzando il circolo virtuoso America-Cina che ha trainato la crescita.»

Quel circolo virtuoso può essere sfuggito all'attenzione degli europei, immersi nel loro cupo pessimismo dopo quindici anni di stagnazione, ma è una realtà incontestabile. L'insieme delle relazioni – anche «perverse» – che si sono intrecciate tra cinesi e americani, fino ad avvilupparli in una rete inestricabile, ha pilotato la crescita mondiale, con uno slittamento progressivo e irresistibile dei rapporti di forza in direzione di Pechino. Chi lo avrebbe detto ancora dieci anni fa? Oggi l'asse Cina-America si descrive anzitutto in questi termini: il produttore e il consumatore, il venditore e il cliente, il creditore e il debitore, il risparmiatore e il sovvenzionato. Ha scritto «The Economist»: «Dalle T-shirt ai T-Bonds [che sono i Bot americani] è sempre di più Pechino, non Washington, che prende le decisioni fondamentali per il futuro dei lavoratori, delle imprese, dei mercati finanziari in tutto il resto del mondo. La Cina è la protagonista che sta dietro a quasi tutti gli eventi dell'economia globale». «The Economist» ha dedicato a questo tema una delle sue copertine celebri per la fantasia umoristica: un'immagine di Wall Street, la via dove ha sede la Borsa di New York, in cui il cartello stradale è alterato da un fotomontaggio con l'indicazione «Great Wall Street», cioè via della Grande Muraglia.

Il contributo cinese alla crescita mondiale è garantito dal fatto che Pechino ha l'economia più aperta di tutte: tra esportazioni e importazioni il 75 per cento del suo Pil è legato al commercio estero, cinque volte più di Europa e America. È la Cina la chiave di spiegazione di un doppio mistero: l'impennata formidabile del prezzo del petrolio e il fatto che questo shock energetico non ha provocato una fiammata inflazionistica paragonabile a quella degli anni Settanta. È il boom di consumi petroliferi cinesi (e indiani) la causa principale del rialzo delle quotazioni del greggio; ma al tempo stesso l'invasione di prodotti *made in China* nei supermercati del mondo intero ha fatto da calmiere dei prezzi evitando l'iperinflazione.

È il risveglio asiatico la spiegazione anche del grande cambiamento nei rapporti di forze mondiali tra capitale e lavoro: a causa delle concorrenza con 3 miliardi di asiatici, i lavoratori meno qualificati in Europa e in America sono in difficoltà, sono i più esposti al licenziamento e alla disoccupazione; mentre l'andamento dei profitti delle imprese mondiali non è mai stato così florido come negli ultimi anni, grazie alla delocalizzazione. È un altro singolare scherzo della storia: la Cina comunista ha alterato brutalmente l'equilibrio mondiale tra profitto e salario in favore dei detentori di capitali (che non sono soltanto i «capitalisti»: ogni risparmiatore europeo, ogni lavoratore dipendente americano che ha un fondo pensione investito in azioni, è, anche in parte, un percettore di dividendi, interessi e profitti).

L'ultimo di questi scherzi è iniziato solo di recente: la Cina diventa un'esportatrice di capitali, le sue multinazionali vanno a investire nei paesi sviluppati. E in molti paesi ricchi attirare i capitali cinesi diventa la speranza per salvare l'occupazione, che il *made in China* aveva messo in crisi. In America lo Stato dell'Illinois, dopo aver perso 230.000 posti di lavoro a causa delle delocalizzazioni delle sue fabbriche in Asia, è stato il primo a offrire generosi incentivi alle multinazionali cinesi disposte a investire e assumere sul suo territorio. La South Carolina ha offerto generosi sgravi fiscali, sconti sull'energia elettrica e sull'acquisto di terreni industriali alla Haier, multinazionale cinese degli elettrodomestici, che ha aperto una nuova fabbrica con 1300 operai in quello Stato Usa. Calcolando che gli investimenti cinesi all'estero raggiungeranno rapidamente i 20 miliardi di dollari all'anno, nel 2005-06 si sono moltiplicate le «missioni diplomatiche» di un nuovo tipo: nei panni di Lord Macartney si sono avvicendati in Cina il governatore della California, Arnold Schwarzenegger, seguito dai suoi colleghi del Maryland, Iowa, Wisconsin, Minnesota, e dal sindaco di New York, Michael Bloomberg, e da quello di Chicago: tutti impegnati a offrire incentivi e trattamenti di favore alle multinazionali cinesi disposte a insediarsi in casa loro e assumere americani. È un completo rovesciamento dei ruoli. «Appena dieci anni fa» ricorda il consulente Tom Manning, che da Hong Kong lavora per molte imprese occidentali e anche per alcuni Stati Usa, «erano le città cinesi che mandavano i loro sindaci in giro per il mondo, a pubblicizzare i loro incentivi per attirare i capitali stranieri.»

La costosa vittoria di Airbus

Il 5 dicembre 2005 Airbus celebra un grande successo contro gli eterni rivali americani della Boeing. Il consorzio aeronautico europeo strappa la più grossa commessa che abbia mai firmato con la Cina: vende in un colpo solo 150 aerei, tutti modelli A320 da 185 passeggeri, per un valore complessivo di 9,7 miliardi di dollari. È un contratto record per Airbus. Inoltre, vale più del doppio di quello ottenuto dalla Boeing americana per i suoi B-737, venduti in occasione della recente visita di George Bush a Pechino. È un colpo importante nella serrata competizione tra Europa e America per conquistare il mercato più dinamico del mondo: in Cina, entro i prossimi cinque anni, il traffico aereo raggiungerà la quota di 500 milioni di passeggeri all'anno. Ma la vittoria europea ha un prezzo elevato. La condizione per il supercontratto, firmato dal premier cinese Wen Jiabao con il suo omologo francese Dominique de Villepin, è anch'essa senza precedenti. Per la prima volta dalla nascita del consorzio europeo, un pezzo della produzione dei jet Airbus abbandonerà gradualmente l'Europa. L'A320 destinato ai cinesi finirà per essere costruito direttamente in Cina. È una novità assoluta, perché, nonostante la sua dimensione globale, finora il gruppo Airbus era riuscito a mantenere entro i confini dell'Unione europea la produzione dei grandi apparecchi, e quindi i posti di lavoro qualificati.

Dominato dalla partnership degli azionisti franco-tedeschi (Eads), ma aperto alla partecipazione minoritaria di altri paesi europei, il colosso aeronautico ha i suoi centri più importanti a Tolosa e Amburgo. Dalla sua fondazione, il consorzio Airbus è diventato un simbolo per più di una ragione. È uno dei rari esempi di una cooperazione europea perfettamente riuscita. È un'impresa di successo mondiale, pur avendo una parte del suo capitale in mano ad azionisti pubblici. È un raro caso di gigante europeo che ha saputo sfidare il predominio americano in un settore tecnologicamente molto avanzato: partendo da una posizione sfavorita, ha costretto la Boeing a cederle all'incirca la metà del mercato planetario. Infine, l'aeronautica è uno degli ultimi settori in cui l'Europa ha una netta superiorità sulla Cina.

Il tentativo di lanciare un jet passeggeri interamente concepito e prodotto dai cinesi si rivelò vari anni fa un fiasco, e fu abbandonato. Da allora le compagnie aeree cinesi – Air China, China Eastern, China Southern, Sichuan, Hainan Airlines – sono diventate generose clienti di Airbus e Boeing. Perciò Airbus è diventato a sua volta un contrappeso fondamentale rispetto ai tanti settori dove la Cina invade l'Europa. Di fronte al *made in China* che dilaga nel tessile-abbigliamento, nelle calzature, nell'elettronica leggera, nei telefonini e nei computer, il Vecchio Continente può riequilibrare (parzialmente) la bilancia degli scambi grazie ad Airbus. Non a caso, ogni visita ufficiale di un presidente francese o di un cancelliere tedesco a Pechino è regolarmente segnata da negoziati per la vendita di aerei.

Quella di Airbus è diventata una vicenda addirittura esemplare: l'indicazione che una strategia per sopravvivere nell'economia globale consiste nello specializzarsi in settori sempre più sofisticati, lasciando ai paesi emergenti le produzioni dove il costo del lavoro è determinante. In futuro, però, anche questo vantaggio è destinato a ridursi progressivamente. Quando gli Airbus usciranno dalle nuove linee di produzione cinesi, anche se una parte dei profitti entreranno nelle tasche degli azionisti europei, quei posti di lavoro saranno trasferiti in Cina e nei conti della bilancia commerciale l'Europa non potrà più calcolare l'intero valore di quegli aerei come un segno «più», a compensare il *made in China*.

La Cina è riuscita ancora una volta a usare la grande dimensione del proprio mercato come una formidabile arma negoziale. Già in altri settori – per esempio l'automobile – Pechino ha aperto generosamente l'accesso ai prodotti stranieri, ponendo come condizione che le multinazionali andassero a fabbricarli in Cina. Una condizione spesso ben accetta alla controparte: produrre in Cina significa essere più vicini a quel grande bacino di consumo, sfruttare il basso costo della manodopera locale, con l'aggiunta di infrastrutture ormai moderne e università che sfornano ingegneri di ottimo livello. Nel caso degli aerei, forse gli europei avrebbero volentieri mantenuto in casa propria un'attività industriale così strategica e creatrice di posti di lavoro ad alto valore. Ma la delocalizzazione in Cina è stata indispensabile per recuperare il ritardo rispetto al rivale numero uno. La Boeing, storicamente ben radicata sul mercato cinese, fino al 2005 controllava il 70 per cento delle vendite. Dal 1995 Airbus è riuscita a vendere in dieci anni solo 216 aerei a Pechino, poco più di quelli venduti in un colpo solo con il contratto annunciato da Wen Jiabao e de Villepin.

Il vertice bilaterale è stato l'occasione per corteggiare il premier cinese su un altro grande affare: l'imminente lancio dell'A380, il «superjumbo», l'Airbus a due piani e 555 posti che inizia a volare nel 2006 ed è il più grande aereo passeggeri mai esistito. È un apparecchio gigante, concepito proprio in funzione dello sviluppo dei mercati orientali. Solo l'Asia offre proiezioni di crescita del traffico aereo così forti da giustificare la produzione su larga scala di un apparecchio di quelle dimensioni. Non a caso il primo A380 vola per la Singapore Airlines, compagnia basata in un aeroporto-hub che serve il Sudest asiatico e fa da ponte fra Cina e India. Il cliente più appetibile per l'A380 è naturalmente Pechino. Per trasportare la marea crescente dei manager diretti in Cina, Air France nel 2005 ha dovuto raddoppiare il volo quotidiano Parigi-Pechino (che si aggiunge a quelli di Shanghai, Canton e Hong Kong). Come terra d'origine di turisti internazionali, la Cina sarà presto la prima: l'Organizzazione mondiale del turismo stima che entro vent'anni ci saranno

100 milioni di visitatori cinesi all'estero ogni anno. Già nel 2005, ogni sei aerei venduti nel mondo uno è stato comprato dalla Cina, nel 2006 la percentuale è salita a uno su cinque.

Uomo bianco non snobbare l'auto gialla

Per la prima volta nella sua storia, nel 2005, la Cina ha esportato più automobili di quante ne abbia importate. È una svolta significativa che ha aperto un nuovo capitolo nella «minaccia cinese» per l'industria dei paesi occidentali. Le esportazioni di automobili *made in China* sono raddoppiate in un anno. Per ora le vendite dei modelli cinesi vanno soprattutto verso altri paesi emergenti, nel Sudest asiatico o in Medio Oriente. Ma il futuro dell'auto cinese guarda verso Europa e America. È un altro caso in cui il gigante asiatico brucia le tappe, e il cammino compiuto rispetto al passato è impressionante.

Deng Xiaoping, il leader comunista che «traghettò» la Cina dal comunismo all'economia di mercato, stava appena iniziando a progettare quella svolta storica quando, nel 1979, fece una memorabile visita negli Stati Uniti. Uno dei momenti forti di quel viaggio nel paese leader del capitalismo mondiale fu un sopralluogo in una fabbrica della Ford ad Atlanta. Deng, impressionato dalla modernità dell'industria statunitense, apprese con sgomento che quel singolo stabilimento della Ford produceva da solo in un mese più automobili di quante ne fabbricava la Cina intera in un anno.

Da allora è passata molta acqua sotto i ponti. Proprio mentre la General Motors e la Ford confermano il loro grave declino, varando 30.000 licenziamenti a testa e la chiusura di decine di fabbriche, le cifre da Pechino raccontano una storia diversa: con 6 milioni di automobili prodotte nel 2005, la Cina si è già piazzata al quarto posto fra i produttori mondiali, dietro Stati Uniti, Giappone e Germania. L'Italia è finita al quattordicesimo posto. Il cammino percorso è considerevole. Un decennio prima, la Cina figurava solo al numero 19 nella classifica mondiale dei produttori di auto, mentre l'Italia era ottava. Lo slancio continua. Entro la fine di questo decennio, le vetture *made in China* dovrebbero raggiungere i 10 milioni di unità all'anno, e nel 2020, a quota 15 milioni, la Cina sarà con ogni probabilità il numero uno mondiale. Lo spazio per crescere non le manca: al momento la Cina ha solo 5 milioni di auto private, cioè meno di quattro ogni 1000 abitanti. Per raggiungere i 15 milioni di auto circolanti nel 2010, basterà che il tasso di motorizzazione salga a una vettura ogni 100 abitanti. Cioè un livello di penetrazione ancora modesto, e del tutto realistico, visto che per quell'anno saranno 70 milioni le famiglie cinesi «benestanti» (in base al potere d'acquisto locale, commisurato cioè al costo della vita, si tratta dei nuclei familiari con un reddito di 10.000 euro all'anno, in moneta del 2005).

Se finora la Cina si è affacciata nel mondo dell'automobile soprattutto come un gigantesco mercato interno da introdurre alla prima motorizzazione, la sua rapida evoluzione industriale la porta già verso una nuova tappa: l'emergere di un *made in China* anche nell'auto, con i primi prodotti destinati a penetrare nei mercati stranieri. Come si addice alla Cina, questi prodotti-pionieri sono prevalentemente delle piccole vetture low cost, che puntano sui bassi prezzi per attirare un pubblico occidentale ancora diffidente. I cinesi non sono gli unici in questo campo: dalle marche indiane fino alla Renault fabbricata in Romania, il segmento delle low cost si sta rapidamente affollando. Ma l'arrivo dei cinesi è comunque un fatto da non sottovalutare, per le sue conseguenze di lungo periodo sugli scenari dell'industria automobilistica.

In Italia si è registrato nel 2005 l'annuncio che la cinese First Automotive Works (Faw) è pronta a vendere migliaia di vetture, importate dalla società molisana Dr Automobiles Group di Macchia d'Isernia. I prezzi non dovrebbero superare i 4000 euro. Il nome: Happy Emissary, «emissario felice». La cilindrata: 1100 centimetri cubi, motore a 3 cilindri e 52 cavalli. La Faw, anche se per gli italiani è una sigla sconosciuta, in realtà ha alle spalle un'esperienza non trascurabile. In Cina si è fatta le ossa producendo in joint venture con Volkswagen, Toyota e Suzuki, e ha acquisito una linea della Daihatsu. Un altro protagonista cinese nel nuovo mondo delle low cost è il gruppo Geely, con un obiettivo di produzione di 500.000 unità all'anno. Entro il 2015 punta al balzo più ambizioso: 1,3 milioni di modelli venduti solo all'estero. Al momento, le sue vetture, dalla Merrie alla Freedom Cruiser, hanno un ventaglio di prezzi che va da 3000 a 8000 euro. Sul prezzo il margine di manovra può migliorare: come dice il direttore generale, Lawrence Ang, «una volta che la Geely avrà raggiunto la massa critica, potrà spingere i costi di produzione molto in basso, e quindi tagliare anche i prezzi di listino». La sua prima puntata fuori dal mercato domestico è avvenuta con l'inaugurazione di uno stabilimento in Malaysia, un esempio del crescente fenomeno di delocalizzazione cinese nel Sudest asiatico. Un nome che comincia a essere conosciuto fuori dai confini cinesi è quello della Chery: ha firmato un accordo con un distributore statunitense per commercializzare negli Stati Uniti 250.000 miniutilitarie low cost al prezzo di 4000 euro. I primi passi del *made in China* nel settore dell'auto sono stati accolti finora con scetticismo. Il presidente della Renault, Carlos Ghosn, è stato sferzante: «I cinesi non ci fanno paura». Qualche disavventura sembra confermare l'idea che per ora la Cina non è un pericolo serio. L'infortunio più imbarazzante è stato sofferto dal fuoristrada low cost Landwind (15.000 euro di listino e una vettura simile alla Opel Frontera), che, al momento di essere omologato per il mercato tedesco, ha fallito miseramente i test di sicurezza. Landwind è stato poi rinforzato per ripassare l'esame, ma quell'incidente ha confermato un pregiudizio diffuso secondo cui il low cost cinese nell'auto è sinonimo di bassa qualità, fragilità, insicurezza e inaffidabilità.

Il sentimento di superiorità degli europei è pericoloso. Non tiene conto di alcuni fattori che, in positivo o in negativo, militano in favore della Cina. In positivo: oltre naturalmente ai salari ipercompetitivi (95 centesimi di dollaro l'ora un cinese, 26 dollari un operaio statunitense, 36 un tedesco), c'è una curva di apprendimento che in molti altri settori industriali si è rivelata più veloce del previsto, anche grazie alle joint venture con gli stranieri in Cina che sono fonti di know how prezioso. In negativo: sullo stesso mercato cinese, i margini di profitto sulle auto si stanno assottigliando con l'aumento della concorrenza, e questo spinge automaticamente a cercare sbocchi all'estero. Non dimentichiamo con quanta puzza sotto il naso i produttori americani ed europei snobbarono i primi tentativi dei giapponesi negli anni Settanta, o le prime vetture sudcoreane negli anni Ottanta. Se l'esperienza insegna qualcosa, dovremmo avere imparato che la nostra presunzione è sempre stata foriera di disastri.

Se Hollywood emigra a Shanghai

«Come il resto dell'industria americana, anche Hollywood ha visto il futuro, e si chiama Shanghai.» Con tono trionfale, nel settembre 2005, il quotidiano ufficiale «China Daily» descrive la processione delle major che vengono a produrre film nella nuova mecca del cinema mondiale. La Walt Disney prepara il remake cinese di *Biancaneve*, infarcito di arti marziali e con dei monaci shaolin al posto dei sette nani (il regista è Yuen Wooping, coreografo dei combattimenti per Quentin Tarantino in *Kill Bill* e per la serie *Matrix*). Sony-Columbia, Time Warner, Miramax, i grandi del cinema americano, si adeguano all'era della delocalizzazione e puntano sulla Cina. «The Wall Street Journal» conferma l'importanza del fenomeno dedicandogli un'inchiesta in prima pagina. «Hollywood viene colpita» scrive il quotidiano finanziario newyorchese «dalla stessa implacabile logica economica che fa della Cina la superpotenza globale dell'auto, del tessile e di tutti i prodotti di consumo. In soli cinque anni, la Cina è diventata il primissimo produttore straniero di film di successo mondiale, relegando molto più indietro l'India e la Francia nella classifica degli incassi. I bassi costi aiutano ma la ragione principale è più importante: i registi cinesi hanno trovato una ricetta – alta qualità, luoghi e atmosfere esotiche, splendide coreografie di massa, temi universali – che si vende altrettanto bene a Boston come a Pechino.»

Gli investimenti americani in Cina hanno quindi motivazioni diverse. Innanzitutto, l'Asia sta sostituendo altre zone del mondo come luogo dove girare film a basso costo. Per sfuggire agli alti salari contrattuali delle squadre ipersindacalizzate di tecnici e comparse di Hollywood, dieci anni fa si era imposta la tendenza a produrre i film statunitensi in Canada. Da allora le opzioni geografiche si sono allargate sull'altra sponda del Pacifico. Le troupe cinesi che lavorano a getto continuo, senza pause e senza domeniche, coi loro salari minimi, consentono di dimezzare il costo di realizzazione di un film americano. La grandiosità degli «Studios» cinesi offre infrastrutture e mezzi tecnici che hanno poco da invidiare a Hollywood. Alla periferia di Shanghai sorge il più grande centro di produzione della «Chinawood»: 9 miglia quadrate degli Hengdian World Studios, con una replica della Città Proibita di Pechino e altre 13 ricostruzioni di palazzi imperiali in scala autentica. A Chinawood, nel 2005 si sono girati più di 200 film, il doppio rispetto a due anni prima. Hengdian World è diventato il rivale degli Universal Studios di Los Angeles anche come attrazione turistica. Con quel che incassa ogni anno dai 3 milioni di visitatori paganti, Hengdian può permettersi di affittare i suoi spazi gratis alle case di produzione.

Tuttavia, le major americane non vedono la Cina solo come una catena di montaggio a basso costo per trasferirvi la produzione di film concepiti sulla West Coast e per un pubblico occidentale. Una ragione strategica per investire qui è l'importanza del mercato locale. Gli incassi delle sale cinematografiche cinesi superano i 200 milioni di dollari all'anno. Sono ancora un'inezia rispetto ai 9 miliardi di incassi negli Stati Uniti. Ma, in prospettiva, c'è una differenza fondamentale: mentre negli Stati Uniti la vendita dei biglietti nelle sale di prima visione è in lento declino, in Cina il business delle sale è appena agli esordi, nelle grandi città sono in via di apertura nuove catene di multisale, e gli spettatori stanno aumentando a ritmi forsennati del 50 per cento all'anno. L'avvento della multisala nei quartieri chic di Pechino e Shanghai avviene con modalità del tutto simili allo sbarco in Italia. I teenager cinesi sono i primi ad abboccare all'esca dell'*American way of life*: sono disposti a pagare il doppio per un biglietto d'ingresso, vogliono godersi il film ingurgitando pop corn e Coca-Cola, affondati nelle comode poltrone ultramoderne. In fatto di gusti, però, non sempre il *made in Usa* è vincente. Il divario di civiltà tra Occidente e Asia, di valori, di stili di vita, si fa ancora sentire. Ne è una prova il clamoroso flop di audience, nella Tv via cavo cinese, della serie americana *Desperate Housewives*: troppe storie di donne mature, ricche, sole e in cerca di sesso. Problematiche distanti e un po' incomprensibili per il cinese medio. Non sempre quella fabbrica di simboli e di sogni che è Hollywood riesce a sfornare prodotti davvero appetibili per un pubblico globale.

Rispetto al passato, accade invece che il cinema asiatico azzecchi con frequenza crescente delle storie che colpiscono la sensibilità di un pubblico mondiale. La novità dirompente degli ultimi anni è proprio questa, ed è la causa decisiva per l'invasione delle major americane: è l'innamoramento del pubblico mondiale per un cinema *made in China* giunto alla sua maturità artistica e commerciale. Dopo il Medioevo della Rivoluzione culturale, quando la creatività dei registi era finita sotto il pugno di ferro della moglie di Mao Zedong e dai controlli della censura uscivano solo tediose opere di propaganda, tra i primi a rompere il ghiaccio vi furono autori come Zhang Yimou e Chen Kaige. Ma un decennio fa, capolavori come *Lanterne rosse* e *Addio mia concubina* affascinavano soprattutto un'élite da cineclub e le giurie dei festival occidentali. La svolta è arrivata nel 2000 con *La tigre e il dragone* di Ang Lee, il primo film cinese a conquistare un successo di massa negli Stati Uniti (130 milioni di dollari di incassi in sala, 10 nomination e 4 Oscar) e in Europa. Lo stesso produttore de *La tigre e il dragone*, Bill Kong, dopo di allora ha sfornato *Hero* di Zhang Yimou, la prima pellicola cinese a essere rimasta per settimane in testa alla classifica assoluta degli incassi nelle sale americane nel 2004, sorpassando i film *made in Usa*. Kong ha prodotto anche il successivo film epico di Zhang Yimou, *La foresta dei pugnali volanti*, ripetendo l'exploit nel 2005. Il produttore cinese è ora corteggiato da tutte le major americane, che lo vogliono come socio. La Columbia ha finanziato insieme a lui un altro successo internazionale, il singolare film comico *Kung Fu Hustle*, che fa la parodia proprio al filone cinese delle arti marziali.

Le multinazionali americane ne sono convinte: ormai il cinema cinese padroneggia tecniche e linguaggi che seducono il mondo intero ed è la nuova frontiera da cui non possono permettersi di rimanere assenti. È un ritorno al passato, perché, già negli anni Trenta, Shanghai aveva avuto una stagione di splendore nel cinema (oltre che nel commercio e nella finanza), inventando il genere «kung-fu» e lanciando star internazionali come Ruan Lingyu, la Greta Garbo cinese, a cui «Life Magazine» dedicò la copertina. Rispetto agli anni Trenta, però, la Cina di oggi è meno facile da colonizzare. Il cinema, come la Tv e la stampa, resta soggetto alla censura. Il governo di Pechino tenta di far rispettare un tetto massimo di 20 film stranieri all'anno nelle sale e favorisce le coproduzioni con un contenuto locale (ragion in più per girare a Shanghai). Alcuni temi restano tabù: la corruzione dei politici e della polizia, il massacro di piazza Tienanmen. In compenso, lavorando con partner locali come Kong, le case cinematografiche occidentali scoprono che si può negoziare con i produttori di Dvd pirati, trasformandoli in soci e alleati nella lotta alla contraffazione.

Oltraggio all'euro e fine di un no-global

La Cina stavolta non c'entra. Questa storia ha come protagonista un suo vicino parente, o satellite economico. Ma è la conferma che la delocalizzazione non si ferma davanti a nulla. L'ultimo affronto che la globalizzazione infligge alla vecchia Europa colpisce il suo simbolo più prezioso, l'euro, minacciato «fisicamente» dalla delocalizzazione in Asia. Un'impresa specializzata olandese che stampa le nostre banconote per conto della Banca centrale europea (Bce), costruisce un nuovo stabilimento a Rawang, in Malaysia, per trasferire la sua produzione in Estremo Oriente. Sulle banconote che gli europei avranno in tasca a partire dal 2007 potrebbe essere scritto, in filigrana, *made in Asia*.

Stampare l'euro non è un mestiere normale. Fin dal 1999, quando cominciarono i preparativi tecnici per la sostituzione delle vecchie monete nazionali, la Bce di Francoforte volle offrire le massime garanzie agli Stati membri sulla sicurezza della nuova valuta. Bisognava adottare i procedimenti più sofisticati per rendere l'euro a prova di falsari. Alcune delle caratteristiche di sicurezza furono presentate al pubblico nel 2002, quando cominciò la circolazione monetaria, e si possono consultare sul sito Internet della Bce: inchiostro otticamente variabile, placchetta olografica, filigrana e striscia iridescente. Poiché la maggior parte delle banche centrali hanno smesso da tempo di gestire la «zecca» in proprio, ci furono gare d'appalto rigorose per selezionare le società private a cui delegare il delicato compito.

La Royal Joh Enschedé di Haarlem (Olanda) vinse grazie a un curriculum di tutto rispetto. Fondata nel 1703, ha una fama mondiale: è un'azienda d'avanguardia nelle tecnologie di sicurezza per le banconote, e altre stampe di valore che devono essere protette dalla contraffazione. Lavora per 30 banche centrali di tutto il mondo. Dal 1960, per esempio, ha in appalto l'intera produzione di banconote dello Stato d'Israele. Il Royal Mail, la posta britannica, le ha affidato la stampa di molti francobolli inglesi. Per certi Stati l'impresa olandese produce anche passaporti e buoni del Tesoro, sempre con le speciali carte filigranate antifalsari. Ma alla venerabile età di 302 anni, anche la Royal Joh Enschedé ha dovuto piegarsi agli imperativi della competitività. Per produrre con le tecnologie migliori e al costo più basso, ha investito 160 milioni di dollari in una nuova fabbrica su un sito di 20 ettari a Rawang, in società con l'azienda locale Focus Equity, che già stampava le banconote della valuta malese, il ringgit. «Questo impianto» ha detto il direttore generale della Focus Equity, Vijay Kumar, «sarà la tipografia ad alta sicurezza con le tecnologie più avanzate di tutta l'Asia.» Il che, di questi tempi, con ogni probabilità vuol dire le tecnologie più avanzate del mondo.

La scelta della Malaysia non è priva di ironia. Ancora pochi anni fa, a Kuala Lumpur governava il celebre dottor Mahathir Mohamad, che divenne un idolo del movimento no-global. Dopo la crisi finanziaria del 1997, che sconvolse molte economie del Sudest asiatico, inclusa quella malese, Mahathir Mohamad divenne un critico virulento dell'America, del Wto, della globalizzazione, dell'apertura dei mercati, degli investimenti esteri. In una fase in cui la Cina abbracciava ormai senza ritegno l'ideologia capitalista, e quindi non aveva più nessuna velleità di benedire movimenti «alternativi», la sinistra estrema e il nascente schieramento no-global trovarono nel dottor Mahathir una nuova star. Lui si fece sostenitore della proposta di una tassa sui movimenti speculativi di capitali (la cosiddetta «tassa Tobin»). Denunciò le multinazionali occidentali, il Fondo monetario, e fu il fautore di una «via asiatica» allo sviluppo.

Dopo il panico finanziario del '97, che aveva fatto crollare il valore delle monete asiatiche, la Malaysia fu in difficoltà anche nel 2001 e 2002, per la crisi della New Economy, che colpì la sua industria elettronica. Ma già a partire dal 2003, la Malaysia si è riscattata brillantemente con una crescita del Pil del 5 per cento. Trainata dallo sviluppo della Cina, anche Kuala Lumpur è tornata a essere un «dragone» a pieno titolo. Le multinazionali dell'elettronica vi hanno delocalizzato molte produzioni, approfittando della buona qualità della manodopera e delle infrastrutture: il 62 per cento dei malesi hanno il telefono e il 35 per cento sono collegati a Internet. Nel 2005 la crescita ha accelerato ancora fino a raggiungere il 7 per cento, una performance uguale all'India e seconda solo alla Cina. Mahathir, dopo 22 anni di potere, se n'è andato in pensione, e comunque già negli ultimi anni aveva ammorbidito la sua retorica no-global.

Il suo successore, il premier Abdullah Ahmad Badawi, ha adottato un profilo molto più discreto e decisamente «pro global», accogliendo a braccia aperte i capitali stranieri e tutte le multinazionali che vogliono investire sul territorio malese. Con un reddito pro capite che è balzato a quasi 4000 dollari l'anno, la Malaysia ha perso a sua volta ogni voglia di guidare una crociata anticapitalistica. Adesso il modello per Kuala Lumpur è la vicina Singapore, la moderna e opulenta città-Stato che deve le sue fortune agli eccezionali investimenti nell'istruzione e nella ricerca scientifica. È una ricetta che sta funzionando in molti paesi asiatici, divenuti dei veri e propri «sifoni» dell'economia globale, che risucchiano capitali occidentali, imprese e posti di lavoro. Come nel caso della Royal Joh Enschedé, pronta a ridimensionare la sua tricentenaria attività nella vecchia città di Haarlem – una delle culle del capitalismo mercantile europeo, ai tempi in cui la flotta olandese colonizzava il Sudest asiatico – per trasferire le produzioni più sofisticate a Rawang.

La Banca centrale europea è stata colta di sorpresa di fronte alla notizia della delocalizzazione in Malaysia. I portavoce della Bce a Francoforte hanno dichiarato di ritenere che per accordi e motivi di sicurezza dovrebbe essere impossibile portare la stampa dell'euro fuori dall'Europa. A suo tempo, quando nel 1991 fu scritto il Trattato di Maastricht sull'Unione monetaria europea, la delocalizzazione verso l'Asia era ben lungi dall'aver raggiunto i livelli attuali. Qualcuno, però, quindici anni fa deve aver avuto una sorta di presagio. Fra le tante clausole del Trattato c'è una norma autarchica che vieta alla Bce di far stampare l'euro fuori dal perimetro dell'Unione. Il divieto è stato ribadito all'articolo 7.1 di una circolare della Bce del 16 settembre 2004. Se gli olandesi vorranno trasferire parte della produzione in Asia – dicono alla Bce – dovranno mantenere in Olanda almeno la stampa dell'euro. A meno che la società Enschedé riesca a far valere che la proprietà degli impianti resta olandese, o addirittura a far cambiare le regole alla Bce. Di certo, quella clausola antidelocalizzazione sarebbe piaciuta agli operai della vicina Philips, la multinazionale olandese che da molti anni apre fabbriche in tutta l'Asia, senza che nessun governo o sindacato olandese possa arginare l'irresistibile spostamento di lavoro verso i paesi più competitivi.

Questa volta, però, anche i liberisti di Haarlem potrebbero avere qualche brivido, nel nuovo clima di tensione che caratterizza in Olanda la convivenza con le minoranze islamiche. La Malaysia è un paese multietnico (su 25 milioni di abitanti, circa la metà sono malesi, il 25 per cento cinesi, il 10 per cento indiani, più altre minoranze), ma l'Islam è la religione dominante. Roslizawati Ali, il direttore esecutivo della Focus Equity, che è l'azienda partner degli olandesi, ha dichiarato candidamente che nel nuovo stabilimento di Rawang «verranno elaborati diversi disegni islamici che potranno essere usati nelle banconote». Se tra un anno comincerete a scoprire, a fianco alle immagini di chiese gotiche e monumenti rinascimentali, anche dei minareti di moschee sui biglietti da 20 euro, saprete da dove vengono.

Al mercato dei cervelli

Al pianoterra del grattacielo China World Trade Center si fa la fila per entrare, Tv e giornali hanno annunciato l'avvenimento, i giovani di Pechino hanno risposto in massa: gruppi di studenti universitari, neolaureati, anche liceali all'anno della maturità accompagnati da genitori concentratissimi. All'interno, l'apparato mobilitato per «vendere il prodotto» è imponente: scenografie spettacolari, luci abbaglianti, stand sfarzosi, proiezioni di audiovisivi con colonna sonora in techno-music, dépliant di lusso in carta patinata, personale disponibile e sorridente, biglietti da visita che si scambiano, formulari prestampati per farsi mandare più informazioni a casa. Sembra il salone dell'automobile, ma non lo è. Il «prodotto» in mostra sono 350 università europee, venute qui per un weekend dell'ottobre 2005 a cercare di attirare la gioventù di Pechino, convincerla a iscriversi ai loro corsi e andare a studiare in Europa. Dopo Pechino, le università continuano la trasferta promozionale a Shanghai e in altre quattro città cinesi. Un tour de force faticoso e costoso, per una competizione che sta diventando serrata. La posta in gioco è una risorsa strategica, reclutare giovani cinesi vuol dire investire nel futuro. Prima laurea, master, dottorato: è tutto in vetrina, il meglio del *made in Europe* sul mercato dell'istruzione è venuto a fare i tripli salti mortali per catturare l'attenzione delle nuove generazioni cinesi.

Appena varcato l'ingresso del China World Trade Center, in prima posizione c'è la Francia. La sua ambasciata distribuisce opuscoli di informazioni pratiche in cinese: sul costo della vita nelle città francesi, e perfino sui «posti di lavoro più facili da trovare» per lo studente straniero. Negli stand transalpini dominano le università scientifiche: politecnici, facoltà di informatica e di elettronica. Ma è venuta a sedurre i giovani cinesi perfino la Grande École per eccellenza, quella che ha sfornato generazioni di presidenti, primi ministri e governatori della Banque de France: il leggendario Institut de Sciences Po, una delle poche università del Vecchio Continente gemellate con Harvard. La Francia, qui, vuol essere sicura di farsi capire: per facilitare i contatti, dietro gli stand delle sue università ha messo personale cinese.

Seguendo il flusso della folla che si accalca all'interno, si arriva a due grandi ali del Salone delle esposizioni occupate vistosamente dall'Olanda – i proiettori lanciano fasci di luce arancione sulla Business School di Rotterdam, la Maastricht School of Management, il Politecnico di Delft – e dall'Irlanda, che ha portato qui ben 25 università, ciascuna con stand affollati di consulenti: devono esserci più irlandesi impegnati a esaltare le proprie università a Pechino di quelli rimasti sull'isola. C'è perfino uno stand dell'Estonia, che merita un'ammirazione particolare perché deve essergli costato una percentuale del Pil del 2005.

Un mondo a parte è la Gran Bretagna, la superpotenza che domina questa esposizione (gli americani sono pochi: ogni anno ci sono ben tre fiere di questo tipo che girano per la Cina, e le altre due sono specializzate nell'istruzione *made in Usa*). WELCOME TO THE UNITED KINGDOM: a caratteri cubitali, di colpo compare nei cieli lo slogan proiettato da fari blu, e qui si entra in un'altra dimensione spaziale, annunciata scenograficamente da una sorta di arco di trionfo azzurro. È Las Vegas, è Disneyland, ci si può perdere in questo parco giochi tecnologico tutto colorato di blu, dove dozzine di università britanniche si esibiscono come delle top model in passerella. Sembra perfino eccessivo, finché non si scoprono i numeri di quello che è diventato un business globale di prima grandezza. In Gran Bretagna, nel 2004 si erano iscritti alle università 47.740 studenti cinesi (ma si arriva a 70.000 iscritti se si aggiungono i corsi di sola lingua) e il British Council prevede di sfondare in pochi anni la sua quota-obiettivo che è di ben 130.000 cinesi. Se il *made in China* ci invade di computer e Tv, vestiti e scarpe, telefonini e Dvd, gli inglesi si rifanno vendendogli lingua e cultura, istruzione di qualità e titoli di studio col pedigree. Risultato: i soli studenti cinesi portano 3 miliardi di euro all'anno nella bilancia dei pagamenti britannica, ed è una partita attiva in crescita del 40 per cento. Di che comprargli ancora un po' di computer, telefonini e Dvd. La demografia è favorevole alla scommessa delle università: centinaia di milioni di genitori (e nonni) cinesi sono pronti a intaccare i risparmi di una vita per investirli sulla laurea dei preziosi e adorati figli unici.

Per la prima volta nei dieci anni di storia di questa manifestazione, nel 2005 è arrivata a Pechino anche l'Italia. Dalla Bocconi alle università della Campania, anche «i nostri» si presentano bene, con opuscoli illustrativi dei corsi di laurea tradotti in mandarino. Qualcuno sfoggia dei laptop computer con software cinese. Un cinese nato a Bologna, Marco Tchen, rappresenta la conferenza dei collegi universitari italiani ed è assediato dai suoi connazionali. Gli si avvicina Meng Song Tao, ventiduenne laureato in Economia nella città di Shenyang: ha cominciato a studiare l'italiano solo da tre mesi ed è già in grado di farsi capire, vorrebbe andare a Milano o a Torino per specializzarsi in Economia del turismo. Sa che è appena iniziato il flusso dei cinesi che viaggiano all'estero, e vuol essere pronto a sfruttare un business in sicura espansione. Chiede se è possibile avere una borsa di studio e le risposte sono scoraggianti. Nonostante lo sforzo fatto per essere presenti alla vetrina di Pechino, è nelle retrovie domestiche che continuiamo a perdere colpi sui concorrenti europei. La conferenza dei rettori si è data come obiettivo «ambizioso» di far crescere gli studenti cinesi in Italia da poche centinaia a duemila, nell'anno accademico 2005-06. Francia e Germania accolgono già numeri venti volte superiori. Gli ostacoli in Italia cominciano dai visti: una regola astrusa costringe lo straniero a studiare prima l'italiano, poi a tornare nel suo paese, passare un esame di lingua, infine ottenere visto e permesso di soggiorno per tornare finalmente in Italia a seguire il corso di laurea prescelto. Restano grossi problemi logistici (posti letto, borse), il mancato riconoscimento dei titoli di studio, pochi corsi in inglese. Una lunga lista di ritardi da cancellare prima di essere veramente attraenti. Ma si scopre che in Italia c'è un senso di urgenza. Giovanni Maggioni, manager dell'Università di Bergamo, confessa che «sono gli industriali ad averci mandati qui». A Bergamo è nato un master specializzato sull'economia cinese, tutto finanziato dalle imprese locali. «Hanno fretta di formare giovani cinesi, per poi assumerli, rimandarli nel loro paese, e delocalizzare le produzioni.»

Il telegiornale della sera, sulla rete nazionale Cctv, apre il servizio sulla fiera con questo titolo: «350 università straniere competono per gli studenti cinesi». Un tempo era vero il contrario. Erano i giovani cinesi a fare sforzi sovrumani pur di poter accedere a un'ambita borsa di studio all'estero. Cambia in fretta il mondo.

Donne al comando, e su «Playboy»

La scrittrice americana Pearl Buck, nel suo grande affresco della Cina del primo Novecento, *La buona terra*, fu la prima occidentale a darci una rappresentazione della società cinese vista dalla parte delle donne, e influenzò profondamente le nostre opinioni sull'opprimente condizione femminile in questa civiltà: l'abominevole tradizione dei piedi fasciati, lo status d'inferiorità che per le contadine rasentava lo schiavismo, la libertà dei mariti facoltosi di comprarsi delle concubine. Ma anche nei tempi antichi la condizione della donna in Cina ha conosciuto tutti gli estremi, dagli abissi della sottomissione ai vertici del potere. L'ultimo imperatore ad avere avuto un potere reale fu in realtà un'imperatrice, Cixi, dal 1875 al 1908. Un secolo dopo, è evidente che il boom cinese lo hanno fatto le donne. Basta guardare le fabbriche tessili del Guangdong, le catene di montaggio di computer, televisori, telefonini: eserciti di operaie in divisa, con le loro mani abili, gli sguardi seri. Concentrate, efficienti, instancabili. Giorno dopo giorno, centinaia di milioni di donne cinesi minacciano di disoccupazione le ultime centinaia di milioni di operai che ancora lavorano nell'industria europea e americana.

Qual è davvero la condizione della donna in Cina? Un'eredità positiva del comunismo è la realtà che vediamo quotidianamente nelle fabbriche: lavorano tutte. L'idea della donna casalinga, mamma a tempo pieno, fu liquidata come un'aberrazione borghese dal maoismo. Il risultato è un'emancipazione economica reale. Le operaie cinesi alla catena di montaggio saranno pure il nuovo esercito proletario sfruttato dal capitalismo globale, ma sono meno soggette alla dominazione dei mariti rispetto a tante donne dell'India o dei paesi islamici.

La Cina è anche una nazione di donne potenti, salite al top della piramide sociale. È più facile incontrare queste donne Vip ai vertici del neocapitalismo cinese, anziché ai posti di comando politici, perché nel mondo dell'economia il cambiamento è stato più rapido che dentro il Partito comunista. La Cina di oggi è generosa di opportunità per le donne imprenditrici, ma non ha ancora avuto una presidente della Repubblica o una premier come Indira Gandhi in India (neanche l'Italia né la Francia né gli Stati Uniti l'hanno avuta, a onor del vero).

La banca d'affari americana, Goldman Sachs, ha «eletto» tre cinesi fra le 15 donne più influenti del mondo. Tutte e tre sono legate al mondo dell'economia. Sono Xie Qihua, presidente del colosso siderurgico Shanghai Baosteel; Yang Mianmian, presidente di un gruppo leader mondiale negli elettrodomestici, la Haier; e Wu Xiaoling, vicegovernatore della banca centrale. Queste tre donne selezionate dalla Goldman Sachs appartengono alla stessa generazione: 61 anni Xie Qihua, 63 Yang Mianmian, 58 Wu Xiaoling. Un quarto personaggio molto celebre è la cinquantenne Ma Xuezheng, l'ex interprete di Deng Xiaoping, divenuta direttrice finanziaria e stratega internazionale della Lenovo, l'azienda informatica che nel 2004 ha comprato tutta la divisione personal computer della Ibm. Queste donne hanno in comune un'esperienza importante, decisiva nel plasmarle. La loro generazione ha vissuto fino all'età adulta in una Cina povera, e fortemente ideologizzata. Sono donne che prima hanno dovuto guadagnarsi la fiducia del partito, poi sono state chiamate a operare un triplo salto mortale – politico, professionale e psicologico – per traghettare alcune grandi imprese di Stato verso il capitalismo.

La storia di Xie Qihua è emblematica. La chiamano la «lady di ferro», appellativo un po' scontato visto che dirige una multinazionale dell'acciaio, ma sicuramente appropriato, perché ha il polso necessario per governare un gigante industriale con 100.000 dipendenti e un valore di 20 miliardi di euro. Nata a Shanghai, si è laureata in Ingegneria alla prestigiosa università Tsinghua di Pechino, la stessa che ha formato l'attuale presidente della Repubblica, Hu Jintao. Xie riuscì a finire gli studi nel 1966, giusto prima che la furia estremista delle Guardie rosse durante la Rivoluzione culturale chiudesse tutti gli atenei cinesi quasi per un decennio. Mentre molti studenti finirono a zappare la terra nelle campagne, lei ebbe il «privilegio» di venire mandata per dodici anni a lavorare come tecnica in un altoforno nella regione dello Shaanxi, da dove cominciò la sua lunga scalata verso i vertici della gerarchia aziendale.

Xie, Yang, Wu e Ma sono donne potenti ma segnate dal puritanesimo maoista. I rigori della Rivoluzione culturale avevano imposto un abbigliamento unisex e dietro quell'uniformità si celava qualcosa di più profondo: la negazione della femminilità, la sessuofobia, la repressione dei sentimenti. Il principio della parità fra i sessi era un rullo compressore che schiacciava le identità. Queste donne Vip non hanno mai perso il Dna di funzionarie di partito, si portano addosso un'incancellabile impronta del passato.

All'estremo opposto, tra le signore della nuova Cina c'è Yue-Sai Kan, quella che «Time» ha definito «la Regina dell'Impero di Mezzo» e «People» «il più celebre volto femminile della Cina»: l'imprenditrice che, letteralmente, ha fatto mettere il rossetto alle sue connazionali. Lei viene da un mondo completamente diverso, quello della diaspora. Suo padre, un celebre pittore della città meridionale di Guilin, si trasferì a Hong Kong quando lei era bambina. Yue-Sai Kan fece l'università alle Hawaii, poi si stabilì a New York. Da lì negli anni Settanta sfruttò il disgelo tra Stati Uniti e Cina per mettersi in affari nell'import-export tra i due paesi. Assaggiò un po' di televisione, prima come conduttrice di programmi in lingua cinese a New York, poi da inviata della rete americana Pbs in Cina, fino a sfondare nella Tv di Stato cinese, la Cctv, come prima conduttrice «straniera». Yue-Sai Kan non si è accontentata della sua popolarità televisiva: ancora meglio di Martha Stewart negli Stati Uniti, ha usato la notorietà come una leva per costruire un impero economico. Sempre elegante e truccatissima sullo schermo, nel 1992 ha lanciato una linea di prodotti cosmetici con cui ha invaso la Cina. «Forbes» ha detto di lei che «è diventata il modello della donna cinese e ha cambiato la faccia del suo paese, un rossetto alla volta». Oggi ha 1200 dipendenti, e la Yue-Sai Kan Cosmetics è la marca di prodotti di bellezza più venduta tra le cinesi. È l'imprenditrice che ha saputo trasformare in business la controrivoluzione, la fine dell'unisex, il ritorno alla differenza. Il suo senso degli affari l'ha spinta anche a cogliere l'opportunità di vendere la sua azienda quando ha raggiunto il valore massimo. Nel 2005 ha firmato la cessione del suo marchio alla multinazionale francese L'Oréal, «per un prezzo imprecisato», come recita un comunicato diffuso a uso e consumo del fisco di Pechino.

Tra le quarantenni, Peggy Yu è un esempio di quello straordinario fenomeno che è il «ritorno dei cervelli». Nata nel Sichuan, laureata in Letteratura inglese, si è conquistata una borsa di studio per gli Stati Uniti e ha preso un master in Finanza aziendale a New York. Invece di rimanere in America, realizzando quello che era il sogno di tanti suoi connazionali fino a un'epoca recente, di fronte al boom economico del suo paese, Peggy Yu ha preferito tornare a fare fortuna in patria. E ci è riuscita. Ha trasferito in Cina il modello Amazon. La sua creatura, Dangdang, è diventata il più grosso sito online per la vendita di libri, dischi, cd musicali e Dvd. Un mestiere che l'ha portata, tra l'altro, a diventare una paladina della lotta contro l'industria del falso e della contraffazione.

Una quarantenne scandalosa, simbolo della generazione femminile che ha fatto a pezzi molti tabù, è Hong Huang. Oggi è famosa soprattutto come una delle più importanti editrici di magazine: ha creato la testata femminile «iLook» e pubblica le versioni cinesi di «TimeOut» e di «Seventeen», la rivista più popolare tra le adolescenti. Lo scandalo Hong Huang comincia dalla sua storia familiare, che è un album di ricordi del comunismo cinese. Lei è figlia di Zhang Hanzhi, l'interprete personale di Mao Zedong, nonché nipote di Zhang Shizhao, grande pensatore politico del primo Novecento. Suo patrigno era Qiao Guanhua, ministro degli Esteri dal 1974 al 1976 e uno dei più autorevoli diplomatici degli ultimi decenni. Hong Huang, negli anni Settanta, appena dodicenne fu mandata a scuola negli Stati Uniti, una destinazione tutt'altro che infrequente per i rampolli della borghesia rossa. Colmata di privilegi, Hong Huang ha ripagato i suoi familiari tradendo le regole del gioco che impongono un decoro di facciata. Ha alle spalle un matrimonio fallito con Chen Kaige, il regista di *Addio mia concubina*, e nel 2003 ha lanciato sul mercato editoriale cinese una vera bomba, un'autobiografia ricca di dettagli sui suoi rapporti con gli uomini e sulla sua vita sessuale. Un best seller immediato, e un'altra prova di quanto la Cina sia cambiata: pochi anni prima un libro simile sarebbe stato vietato.

Nello stesso anno in cui Hong Huang pubblicava la sua autobiografia, negli Stati Uniti veniva tradotto *Good Women of China*, scritto da Xue Hue sotto lo pseudonimo di Xinran. Da quel libro usciva un'immagine ben diversa dell'universo femminile cinese. Xue Hue era stata per otto anni la conduttrice della più celebre trasmissione radiofonica «per sole donne»: un talk show che, dal 1989 al 1997, raccolse ogni sera le confessioni delle ascoltatrici. Dalle mogli dei dirigenti di partito alle contadine che scrivevano dalle province remote, Xue Hue aveva messo assieme un grande affresco di sofferenze e di ingiustizie: matrimoni forzati, violenze sessuali, povertà, depressioni. Nelle campagne la condizione delle donne ancora oggi è cambiata poco rispetto ai racconti di Xue Hue. A Pechino e Shanghai, invece, quel libro viene letto da molte cinesi come un pezzo di storia, e una misura della strada che hanno fatto.

Un segnale ambiguo da decifrare, riguardo allo status della donna, è una «conquista» sui generis che avviene nell'estate del 2005. La Cina invade un altro simbolo americano occupando la copertina di «Playboy». Per la prima volta nei 52 anni di vita della rivista fondata da Hugh Hefner, il più celebre magazine americano per uomini sceglie come cover-girl per il suo numero di giugno 2005 una bellezza nata in Estremo Oriente, Bai Ling. Vi si può vedere un sintomo della moda cinese che dilaga, contagiando anche le tendenze estetiche e i canoni dell'erotismo occidentale. Lo conferma il fatto che George Lucas aveva scelto Bai Ling per l'unica scena erotica nell'ultimo episodio di *Guerre stellari*, scena poi tagliata quando il regista-produttore ha saputo dello «scandalo» di «Playboy» (l'episodio censurato è visibile solo nella versione integrale su Dvd).

Ma, a 34 anni, Bai Ling non è solo un'attrice di successo. È un personaggio controverso che ha vissuto alcune delle fasi più drammatiche nella storia recente del suo paese, e ha militato nel movimento democratico di piazza Tienanmen. Nata a Chengdu, figlia di due professori, negli anni delle Guardie rosse e della Rivoluzione culturale Bai Ling ha la biografia sbagliata: viene da un ambiente considerato piccolo-borghese, con lussi proibiti da intellettuali come le lezioni di violino offertele dai suoi genitori. A 14 anni, le tocca servire sotto le armi come tutti i ragazzi e le ragazze della sua generazione. Sicché le spetta di diritto anche un altro primato, perché nessun ex soldato dell'Esercito popolare di liberazione è mai approdato sulla copertina di «Playboy».

Di quegli anni passati a servire il suo paese in divisa, Bai Ling conserva soprattutto il ricordo di una società repressa da forme di estremo puritanesimo: «Sono cresciuta in una Cina dove l'erotismo era proibito, durante la mia infanzia e l'adolescenza non ho mai sentito parlare di sesso, non sapevo neppure come nascessero i bambini». Dai suoi genitori eredita la mentalità ribelle anche nel nome. «Quando sono nata» dice «mi hanno voluto chiamare Ling, che vuol dire spirito bianco ma anche spirito libero.» È lo spirito che a 18 anni la porta sulle barricate di piazza Tienanmen nella «primavera di Pechino» del 1989, quando la Cina è attraversata dalle stesse rivendicazioni democratiche che trionfano in Europa dell'Est. Dopo la sanguinosa repressione militare di Tienanmen, Bai Ling parte per l'America, senza sapere una parola di inglese. Per campare, fa tutti i lavoretti precari, dalla cameriera alla baby-sitter, prima di essere scoperta da Hollywood (ha avuto anche una relazione con il regista francese Luc Besson).

Il ruolo «cancellato» da George Lucas è solo un incidente minore in una carriera già interessante per i temi politicamente controversi affrontati nei suoi film. Ha recitato con Richard Gere nel film *L'angolo rosso* (1997) di Jon Avnet, la storia di un businessman americano che finisce in carcere a Pechino: è uno spaccato realistico del sistema giudiziario cinese, in cui ogni imputato si presume colpevole fino a prova del contrario. Nel film, che non ha certo contribuito a riabilitarla fra le autorità del suo paese, Bai Ling impersona un'avvocatessa che sfida le regole del sistema per liberare dal carcere il cittadino americano. Un'altra parte che l'ha messa in luce è in *Anna e il re* con Jodie Foster (1999), ambientato in Thailandia, sullo scontro culturale tra Oriente e Occidente, in particolare per quanto riguarda la posizione della donna nella società.

Il suo ultimo film, altrettanto controverso dell'*Angolo rosso*, è *The Beautiful Country*, regista Hans Petter Moland, con l'attore americano Nick Nolte e il vietnamita Damien Nguyen. La storia è ambientata nel Vietnam del 1990, il protagonista maschile Binh è un *Bui Doi*, che significa «meno della polvere», il nome con cui i vietnamiti designavano i 18.000 figli nati da padri americani durante la guerra. È l'odissea di un profugo che, come tanti boat-people dieci anni prima di lui, passa attraverso vari campi di rifugiati prima d'imbarcarsi su una nave di clandestini per entrare negli Stati Uniti. Bai Ling è una prostituta che lo accompagna, lo «adotta» e lo aiuta. Anche *The Beautiful Country* è un concentrato di temi politicamente scottanti in Cina: l'allusione alla storia precedente dei boat-people che fuggirono dalla penisola indocinese dopo l'aggressione militare sferrata da Pechino contro il Vietnam, la prostituzione che dilaga insieme con il boom economico. «Nella Cina di oggi» dice l'attrice «il sesso a pagamento per molte ragazze povere è il modo più facile per fare soldi, molto meglio che lavorare in una fabbrica di scarpe. Ma la prostituzione è un circolo vizioso da cui non riescono più a uscire.» Insieme con la copertina di «Playboy», anche queste affermazioni non fanno salire la sua popolarità tra i censori di Pechino. «Nel mio paese» confessa Bai Ling «mi sento sempre come un bersaglio.»

VII

I dannati del miracolo

Eroe proletario

È alto 2 metri e 26 centimetri, è entrato tre volte nel Pantheon del basket Usa (Nba All-Star), la sua autobiografia è un best seller in America e in Cina, è uno dei volti più ambiti per le pubblicità delle multinazionali, guadagna oltre 20 milioni di dollari all'anno. Ma, dopo tanti trofei, il riconoscimento più sorprendente è quello che il cestista Yao Ming ha ricevuto il 1° maggio 2005 nella sua terra natale. I vertici del Partito comunista cinese hanno deciso di nominarlo «lavoratore modello» dell'anno. Per decisione del Consiglio di Stato, il nuovo simbolo del proletariato scelto fra un miliardo e 300 milioni è un giovanotto che all'età di 25 anni guadagna 20.000 volte il reddito del cinese medio (1025 dollari all'anno).

In omaggio al passato comunista della Cina, la Festa del Lavoro resta così importante che ogni 1° maggio «la fabbrica del pianeta» va in vacanza per una settimana intera. E, come ai tempi eroici del maoismo, ogni anno a quell'epoca il governo della Repubblica popolare proclama «lavoratori modello», da additare a esempio a tutti i cinesi. Tradizionalmente l'onore spettava al minatore stacanovista che ha superato il record annuo di estrazione del carbone, all'operaia tessile iperproduttiva che, col ritmo frenetico del suo telaio meccanico, invade il mondo di jeans. Nel 2005, per la prima volta, il titolo è andato a un miliardario in renminbi, per di più una star dello sport che ha fatto fortuna negli Stati Uniti. A proporre la candidatura di Yao è stato il sindacato operaio di Shanghai, la città dove lui si è diplomato in Educazione fisica. La motivazione del sindacato recita: «Raccomandiamo Yao in quanto rappresenta l'immagine della Cina moderna, oltre a essere un patriota nell'arena della competizione sportiva internazionale». Yao Ming, nell'accettare il riconoscimento, ha avuto un sottile accenno di autoironia: «Lo prendo come un nuovo onore e un incoraggiamento dalla società. Ero abituato a pensare che quel titolo fosse riservato ai comuni operai, che faticano duramente, ma adesso, oltre a loro, viene premiato anche un tipo speciale di lavoratore emigrante come me».

Il «lavoratore emigrante» è stato classificato dalla rivista americana «Forbes» come uno dei campioni sportivi più pagati di tutti i tempi. Oltre alle sue prodezze sui campi di pallacanestro – ha una performance media superiore a 18 punti e 8 rimbalzi a partita nei suoi tre anni con la squadra degli Houston Rockets – Yao è un formidabile businessman, accurato gestore della propria immagine. È onnipresente negli spot pubblicitari televisivi, sia in America che in Cina, per grandi marche come la carta di credito Visa, la Apple Computer e Gatorade. In Cina i sondaggi hanno rivelato che è il personaggio più noto fra tutte le generazioni, oltre che l'idolo dei teenager. Grazie a lui, il campionato di basket americano è ai vertici dell'audience televisiva fra gli eventi sportivi, superando il calcio cinese. Si sa anche – questo dettaglio non è menzionato nella motivazione del Consiglio di Stato – che l'indice di notorietà di Yao Ming ha superato quello dei due leader politici del paese: il presidente Hu Jintao e il premier Wen Jiabao. Anche nelle cittadine della più sperduta provincia cinese ci si accorge di quanto il paese è cambiato osservando il paesaggio dei manifesti: i ritratti del padre della Cina comunista Mao Zedong e del suo successore Deng Xiaoping sono sempre più rari e sbiaditi; quelli dedicati ai leader più recenti, Jiang Zemin e Hu Jintao, sono quasi inesistenti. I cartelloni pubblicitari con la faccia di Yao Ming (o Schumacher, o Ronaldinho) sono onnipresenti dal centro di Pechino fino ai villaggi dello Yunnan.

Ha ragione il sindacato di Shanghai: il senso degli affari di

Yao Ming è il modello a cui guarda la Cina di oggi, molto più dei poveri minatori o delle bambine-operaie dell'industria tessile del Guangdong. Una visita al sito Internet del campione, www.yaoming.net, offre una visione del nuovo «culto della personalità» che ha più proseliti della venerazione di Mao. È un culto redditizio: un pallone da basket autografato è in vendita online per 400 dollari statunitensi, una maglietta rossa degli Houston Rockets col fatidico numero 11 e la firma di Yao si può ordinare per 600 dollari. E se qualcuno in Cina sta cercando di fare fortuna alle sue spalle con la contraffazione di questi prodotti, c'è da giurare che Yao gli sguinzaglia addosso i migliori avvocati del paese.

L'autobiografia di Yao Ming, best seller sulle due sponde del Pacifico, è esposta nelle bancarelle delle librerie cinesi, nelle edicole delle stazioni ferroviarie, negli *shopping mall* degli aeroporti. È un libro in cui Yao esibisce la sua abilità nel giostrare fra due mondi e due culture, rimanendo *politically correct* sia per il pubblico americano sia per i suoi connazionali che lo adorano. Le pagine più divertenti sono quelle in cui il campione di basket illustra lo «shock culturale» da un paese all'altro: per esempio, il contrasto fra le sfrenate avventure sessuali dei suoi compagni di squadra afroamericani, e il suo lungo e casto corteggiamento di una collega campionessa della nazionale di basket cinese. Ma, nel libro, Yao è anche attento a dipingere se stesso come un «colletto blu del basket», un «operaio dello sport» rimasto fedele alle sue origini, e dedito al grande sogno di una vittoria olimpica della nazionale cinese. In attesa del podio olimpico, ha fatto il suo ingresso trionfale nel Salone del Popolo, dentro il palazzo governativo di piazza Tienanmen, dove la nomenklatura comunista lo ha beatificato nel paradiso degli eroi proletari.

Yao Ming e la sfida Adidas-Nike

L'apoteosi di Yao Ming come eroe ufficiale della Repubblica popolare cinese torna d'attualità pochi mesi dopo, il 3 agosto 2005, in occasione di una maxiscalata finanziaria che apre la guerra mondiale per il dominio della moda sportiva. Quel giorno, Adidas compra Reebok per 3,8 miliardi di dollari e sfida la supremazia della Nike nell'abbigliamento casual che è diventato un emblema dello stile di vita «globale»: scarpe da jogging, tute, magliette sportive. È uno scontro tra giganti che si contendono la leadership dell'immagine investendo miliardi in sponsorizzazioni per le Olimpiadi, il calcio, le star del basket e del tennis. Ma l'offensiva di Adidas nasconde un paradosso. Sul piano finanziario, la battaglia in apparenza è fra una marca statunitense, una tedesca e una ex britannica. Nella realtà industriale è un ulteriore rafforzamento del *made in China*, perché le tre multinazionali hanno tutte delocalizzato la loro produzione in Estremo Oriente.

La posta in gioco è un mercato da 145 miliardi di dollari: è quello che si spende ogni anno nel mondo per indossare *sneakers* (scarpe da corsa), calzoncini, magliette sportive e accessori con il logo delle celebri multinazionali. I vertici della tedesca Adidas hanno sedotto i capi della Reebok (marca che, nata in Gran Bretagna, nel 1979 trasferì il suo quartier generale a Canton, nel Massachusetts) con un'offerta irresistibile di 59 dollari per ogni azione. Un prezzo che la dice lunga sul boom di questo settore. Appena sei anni prima le azioni della Reebok valevano 7 dollari. L'unione Adidas-Reebok controlla il 20 per cento del mercato mondiale, avvicinandosi così alla numero uno Nike, che vende un terzo di tutto l'abbigliamento sportivo del pianeta.

Adidas-Reebok non è solo un'alleanza di marchi e di prodotti. In questo business si vince vendendo immagine, cioè investendo in formidabili campagne pubblicitarie per identificare il prodotto con i divi miliardari dello sport e dello spettacolo. L'acquisizione serve a mettere insieme il fascino del calciatore inglese David Beckham (sotto contratto con Adidas) e il campione di basket americano Allen Iverson (Reebok), i musicisti rap Missy Elliott (Adidas) e Jay-Z (Reebok). È la strategia su cui è stato costruito il fenomeno Nike, la marca che a lungo ha stravinto la battaglia delle sponsorizzazioni, assicurandosi le più grandi celebrità dello sport, dal cestista Michael Jordan al campione di golf Tiger Woods.

La decisione di comprare la Reebok apre una nuova offensiva della Adidas nel cortile di casa della Nike: il solo mercato americano delle scarpe sportive di marca vale 9 miliardi di dollari e cresce dell'8 per cento all'anno. Anche per delle multinazionali di queste dimensioni, crescere ulteriormente di taglia serve a rafforzare il proprio potere contrattuale. Chi è più grosso può avere la meglio nei negoziati con Tv e mass media sulle tariffe pubblicitarie, nelle gare per conquistare le sponsorizzazioni di eventi sportivi (Olimpiadi, campionati di calcio), e infine per ottenere trattamenti preferenziali dagli ipermercati e dalle catene di negozi sportivi. La Nike, proprio grazie alla sua potenza finanziaria, è riuscita negli ultimi anni a invadere il calcio, uno sport dove tradizionalmente i tedeschi di Adidas erano in vantaggio. Il numero uno statunitense si è aggiudicato i contratti pubblicitari con le squadre inglesi Manchester United e Arsenal.

Il business delle sponsorizzazioni rivela gli eccessi e gli aspetti più crudeli di questo mondo. I contratti miliardari con i divi dello sport sono spesso un costo superiore alla massa salariale complessiva che queste multinazionali pagano all'esercito degli operai-schiavi dei paesi emergenti, quelli che fabbricano scarpe e vestiti. La Adidas si è addirittura salvata dalla bancarotta negli anni Novanta, solo quando si decise a spostare i suoi impianti in Asia. Come potenze manifatturiere, in realtà, da decenni queste sono imprese asiatiche, non occidentali.

Ma la Cina non è più solo la patria della produzione di *sneakers* e T-shirt a basso costo. È ormai anche un mercato trainante per le vendite. Una delle ragioni che hanno convinto Adidas a comprare Reebok è proprio Yao Ming: il campione è sotto contratto con Reebok. Adidas ha già realizzato un colpo grosso assicurandosi la sponsorizzazione delle Olimpiadi di Pechino nel 2008. Nei sondaggi di marketing, la Nike è il logo più popolare fra i consumatori cinesi, il 52 per cento dei quali la definisce la marca più «cool», ma dietro incalzano Adidas e Reebok. Tre miliardi e 800 milioni di dollari per un matrimonio di marche sembrano un buon affare, se il traguardo è sedurre un miliardo di cinesi. Quelli che possono permettersi i prodotti occidentali, s'intende, non quelli che lavorano in fabbrica per produrli.

Le mani per 50 milioni di scarpe

Avvistati da lontano, sembrano tanti caseggiati popolari, schiere sterminate di palazzine grigiastre. Ognuna è un alveare della città-fabbrica. Entrando a ogni piano di queste 80 palazzine, si vede lo stesso spettacolo ripetuto infinite volte: uno stanzone illuminato debolmente dal neon, decine di donne curve sui banconi che incollano suole, cuciono la pelle, sforbiciano, martellano i chiodini, tingono, lucidano. È il più grande calzaturificio del mondo, la Senda di Yancheng, a 200 chilometri da Nanchino: 12.000 dipendenti fabbricano 50 milioni di scarpe all'anno. È da qui che nasce la grande crisi dell'industria calzaturiera italiana, l'allarme lanciato dall'Unione europea per l'esplosione di importazioni *made in China*. Non possono neppure lontanamente immaginarlo, queste operaie cinesi, che la ricca Europa abbia tanto paura di loro. Serie, concentrate, non alzano lo sguardo mentre passo in mezzo a loro, continuano a martellare, tagliare, cucire, verniciare. Non usano guanti, la pelle delle mani è ruvida, rossa e gonfia di colle e tinture. Non funzionano i ventilatori ma questo non cambia un granché, tanto anche all'esterno l'aria è irrespirabile; dalle finestre sporche delle camerate si vede all'orizzonte la centrale a carbone della stessa Senda, la sua ciminiera sputa un fumo acre che ricade sulla campagna e l'avvolge in una nebbia marrone. Fuori da ogni palazzina sono parcheggiate centinaia di bici, niente auto, poche le moto. Questa è ancora la Cina delle biciclette, non delle Audi degli ingorghi a Pechino. All'ora del pranzo, tutte le operaie sciamano fuori dalle officine, si lanciano sulle bici e sfrecciano veloci verso un punto distante, la grande mensa centrale, laggiù, da qualche parte, in un luogo immerso nella nebbia marrone.

Il nome Senda è sconosciuto per noi, ma non lo sono le decine di marche straniere con cui il gigante mondiale battezza le sue scarpe. Qui si producono su licenza le celebri Clarks inglesi. E le scarpine per bambini della linea italiana Naturino, in vendita in 5000 negozi in tutto il mondo. E la linea Gas *made in Usa*, la marca canadese Eldo, la Bcbg brasiliana. In tutto, la Senda sforna scarpe dai nomi più diversi per 100 partner stranieri in 40 paesi del mondo.

Il suo presidente e padrone è Zhu Xianggui, 55 anni: uno dei capitalisti più ricchi della Cina, membro del Partito comunista e deputato eletto da due legislature al Congresso nazionale del popolo. A omaggiarlo nel suo impero industriale sono venuti l'ex segretario generale del partito Jiang Zemin e l'attuale premier Wen Jiabao. Dall'alto del suo metro e 90, Zhu trasuda serenità e osserva il panico europeo con distacco. «Voi italiani siete i nostri maestri» dice con un largo sorriso conciliante «noi siamo andati a scuola nel regno delle scarpe, cioè nel vostro paese, fin dagli anni Novanta. Il nostro lavoro di oggi è il frutto della cooperazione tra Cina e Italia.» In effetti, il presidente Zhu ha ingaggiato da un decennio dei designer italiani nei suoi centri stile di Shanghai e Canton. Da tre anni ha un partner italiano, la Falc di Civitanova Marche. E negli stanzoni, dove lavorano le sue operaie, le cucitrici automatiche che attaccano la suola e il rivestimento delle scarpe portano targhe con su scritto: Elettrotecnica B.C. di Vigevano, Elvi di Vigevano. Tutta roba nostra. Italianizzati, almeno nel suono, anche i marchi con cui Senda produce le sue scarpe «di lusso» per il mercato interno cinese. In mezzo agli alveari delle officine troneggia imponente il quartier generale dell'azienda, e al pianterreno c'è la showroom: espone linee di prodotti adattate ai gusti della clientela nazionale; i marchi sono stati battezzati Fanciulla, Basto, Farino, Aurora. I pubblicitari si ingegnano a trovare nomi che evochino l'Italia e non siano troppo difficili da pronunciare per i cinesi.

Zhu Xianggui non sembra impressionato dalla minaccia di sanzioni europee contro il boom di esportazioni cinesi. La sua rete di alleanze e partner stranieri probabilmente lo mette al riparo: molte delle marche che escono dal calzaturificio Senda non hanno neppure l'etichetta *made in China*. A capo di un impero industriale che spazia dall'energia alle biotecnologie, è prodigo di consigli: «Fate male a temere la Cina. Vi conviene una Cina che cresce, si sviluppa, diventa ricca».

Ho esplorato le sue officine sotto la scorta cortese e vigile del funzionario governativo Qian Wenhua, di un suo assistente, e del capo del personale. Ho chiesto se esiste un sindacato, e mi è stato risposto che sì, certo, esiste, naturalmente difende gli interessi dei lavoratori, si occupa del loro Welfare, ed è diretto da un manager dell'azienda. «Ah, la democrazia all'occidentale» sorride il miliardario Zhu «quella non fa per noi. Non abbiamo ancora raggiunto i livelli di istruzione e di benessere sufficienti. Ve l'immaginate una Cina nel caos, nell'anarchia? Sarebbe un problema mondiale. Sarebbe un problema anche vostro.»

Nel 2004 hanno chiuso il 3 per cento delle aziende calzaturiere italiane, 8000 posti di lavoro sono svaniti, e tutto questo prima ancora della grande liberalizzazione, prima del boom di scarpe *made in China* del 2005. L'Italia ha chiesto misure urgenti all'Unione europea, ha aperto un secondo fronte con Pechino dopo la guerra del tessile-abbigliamento. Il ministro delle Attività produttive in carica all'epoca, Adolfo Urso, ha parlato di situazione «drammatica», ha invocato «dazi antidumping sulle calzature cinesi». Questo presuppone la prova che i cinesi stanno vendendo sottocosto per spezzare la concorrenza. Ma un po' di conti in tasca al signor Zhu e alla fabbrica di scarpe più grande del mondo fa sembrare improbabile il dumping. Le 12.000 operaie che tagliano, cuciono e incollano guadagnano 1000 yuan al mese, un po' meno di 100 euro. Questo consente alla Senda di vendere la sua gamma di lusso di scarpe di cuoio a prezzi che vanno dai 30 ai 45 euro in Cina, e con buoni margini di profitto. Le stesse scarpe si vendono invece a prezzi dagli 80 ai 100 euro in Europa, cioè più del doppio. Non è il trasporto a giustificare una differenza di prezzo così forte. Sulle navi portacontainer dal vicino porto di Shanghai, il viaggio costa poco. Se è il sistema distributivo in Italia e in Europa a intascare la differenza, allora molti benefici del «prezzo cinese» scompaiono prima di arrivare al nostro consumatore.

A Zhu Xianggui non fa paura una temporanea chiusura del mercato europeo. Può rifarsi negli Stati Uniti, in Sudamerica, in Asia (tutti mercati dove il *made in Italy* arretra di fronte alla concorrenza cinese). «Noi finora abbiamo fatto solo un po' di *warming up*» scherza «cioè di allenamento, riscaldamento dei muscoli. Sui mercati esteri abbiamo cominciato ad affacciarci solo nel 2001. E il nostro obiettivo è espanderci in tutto il mondo appoggiandoci sulle alleanze con marche straniere, con partner più esperti di noi, come facciamo con Clarks e Naturino. Quando avremo padroneggiato bene la logica del marketing sui vostri mercati, allora faremo qualcosa di più.» È una previsione più che una minaccia: un gruppo di queste dimensioni non farà fatica a comprarsi i migliori stilisti italiani della scarpa, e a competere anche sulla qualità oltre che sul prezzo. Una conferma che le sue previsioni stanno già diventando realtà: gli amministratori locali ritengono che questa zona sia ormai satura di investimenti stranieri e di fabbriche, perciò incentivano le loro imprese ad andare a investire all'estero. Agli italiani Zhu Xianggui lancia un consiglio: «Il mercato cinese diventerà più grande di quello europeo, più grande di quello americano. A chi si allea con noi, offriamo l'accesso e la distribuzione in questo paese immenso. Chi si chiude rischia di perdere l'occasione».

La provincia dello Jiangsu, dove la Senda recluta le sue operaie, ha 75 milioni di abitanti, quasi quanto la Germania. Dai finestroni opachi delle officine si intravedono ancora dei contadini che coltivano i campi attorno: per loro lo stipendio di 100 euro al mese sarebbe un bel traguardo. La Senda, nonostante le sue officine senza ventilazioni e le mani delle operaie consumate dalla colla, è davvero un'azienda modello che il funzionario governativo, Qian Wenhua, può mostrare con orgoglio a un giornalista straniero. Dietro la fabbrica di scarpe più grande del mondo c'è un universo di fabbrichette molto più arretrate. L'anno scorso la Cina ha prodotto 6 miliardi di scarpe, suddivise tra 7000 imprese: l'azienda media non arriva a un cinquantesimo della stazza di Senda. La Cina delle biciclette è ancora grande.

Fabbriche-lager, il salario del dolore

Per confezionare un paio di Timberland, vendute in Europa a 150 euro, nella città di Zhongshan un ragazzo di 14 anni guadagna 45 centesimi di euro. Lavora 16 ore al giorno, dorme in fabbrica, non ha ferie né assicurazione malattia, rischia l'intossicazione e vive sotto l'oppressione di padroni-aguzzini. Per fabbricare un paio di scarpe da jogging Puma, una cinese riceve 90 centesimi di euro: il prezzo in Europa è 178 euro per il modello con il logo della Ferrari. Nella fabbrica-lager che produce per la Puma i ritmi di lavoro sono così intensi che i lavoratori hanno le mani penosamente deformate dallo sforzo continuo. Gli operai cinesi che riforniscono i nostri negozi – l'esercito proletario che manda avanti «la fabbrica del mondo» – cominciano a parlare. Rivelano le loro condizioni di vita a un'organizzazione umanitaria, forniscono prove dello sfruttamento disumano, del lavoro minorile, delle violenze, delle malattie. Qualche giornale cinese rompe l'omertà. Ci sono scioperi spontanei, in un paese dove il sindacato unico sta dalla parte dei padroni. Vengono alla luce frammenti di una storia che è l'altra faccia del miracolo asiatico, una storia di sofferenze le cui complicità si estendono dal governo di Pechino alle multinazionali occidentali.

La fabbrica dello «scandalo Timberland» è nella ricca regione meridionale del Guangdong, il cuore della potenza industriale cinese, la zona da cui ebbe inizio un quarto di secolo fa la conversione accelerata della Cina al capitalismo. L'impresa di Zhongshan si chiama Kingmaker Footwear, con capitali taiwanesi, ha 4700 dipendenti di cui l'80 per cento donne. Ci lavorano anche minorenni di 14 e 15 anni. La maggioranza della sua produzione è destinata a un solo cliente, Timberland. Kingmaker Footwear è un fornitore che lavora su licenza, autorizzato a fabbricare le celebri scarpe per la marca americana. È quel che si dice, in gergo, un «terzista», nel senso che produce per conto terzi. Le testimonianze dirette sui terribili abusi perpetrati dietro i muri di quella fabbrica sono state raccolte dall'associazione umanitaria China Labor Watch, impegnata nella battaglia contro lo sfruttamento dei minori e le violazioni dei diritti dei lavoratori. Le prove sono schiaccianti. Di fronte a queste rivelazioni, il quartier generale della multinazionale ha dovuto fare mea culpa. Lo ha fatto in sordina, non certo con l'enfasi con cui aveva pubblicizzato il premio di «migliore azienda dell'anno per le relazioni umane» decretatole dalla rivista «Fortune» nel 2004. Ma, attraverso una dichiarazione ufficiale firmata da Robin Giampa, direttore delle relazioni esterne della Timberland, i vertici hanno ammesso esplicitamente: «Siamo consapevoli che quella fabbrica ha avuto dei problemi relativi alle condizioni di lavoro. Siamo impegnati ad aiutare i proprietari della fabbrica a migliorare».

I «problemi relativi alle condizioni di lavoro», però, non sono emersi durante le regolari ispezioni che la Timberland già faceva alle sue fabbriche cinesi due volte all'anno, né risultano dai rapporti del suo rappresentante permanente nell'azienda. Sono state necessarie le testimonianze disperate che gli operai hanno confidato agli attivisti umanitari, rischiando il licenziamento e la perdita del salario se le loro identità vengono scoperte. «In ogni reparto lavorano ragazzi tra i 14 e i 16 anni» dicono le testimonianze interne: uno sfruttamento del lavoro minorile che, in teoria, la Cina ha messo fuorilegge. La giornata di lavoro inizia alle 7.30 e finisce alle 21, con due pause per pranzo e cena, ma oltre l'orario ufficiale, gli straordinari sono obbligatori. Nei mesi di punta di aprile e maggio, in cui la Timberland aumenta gli ordini, «il turno normale diventa dalle 7 alle 23, con una domenica di riposo solo ogni due settimane; gli straordinari si allungano ancora e i lavoratori passano fino a 105 ore a settimana dentro la fabbrica». Gli informatori dall'interno dello stabilimento hanno fornito quattro esemplari di buste paga a China Labor Watch. La paga mensile è di 757 yuan (76 euro) «ma il 44 per cento viene dedotto per coprire le spese di vitto e alloggio». Vitto e alloggio significa camerate in cui si ammucchiano 16 lavoratori su brandine di metallo, e una mensa dove «50 lavoratori sono stati avvelenati da germogli di bambù marci». In fabbrica, i manager mantengono un clima di intimidazione «incluse le violenze fisiche; un'operaia di 20 anni, picchiata dal suo caporeparto, è stata ricoverata in ospedale, l'azienda non le paga neppure le spese mediche». Un mese di salario viene trattenuto dall'azienda come arma di ricatto: se un lavoratore se ne va, lo perde. Altre mensilità vengono rinviate senza spiegazione. Nell'estate 2004 il mancato pagamento di un mese di salario ha provocato due giorni di sciopero.

Anche il fornitore della Puma è nel Guangdong, località Dongguan. Si chiama Pou Yuen, un colosso da 30.000 dipendenti. In un intero stabilimento, l'impianto F, 3000 operai fanno scarpe sportive su ordinazione per la multinazionale tedesca. La lettera di un operaio descrive la sua giornata tipo nella fabbrica. «Siamo sottoposti a una disciplina di tipo militare. Alle 6.30 dobbiamo scattare in 10, pulirci le scarpe, lavarci la faccia e vestirci in dieci minuti. Corriamo alla mensa, perché la colazione è scarsa e chi arriva ultimo ha il cibo peggiore, alle 7 in punto bisogna timbrare il cartellino sennò c'è una multa sulla busta paga. Alle 7 ogni gruppo marcia in fila dietro il caporeparto, recitando in coro la promessa di lavorare diligentemente. Se non recitiamo a voce alta, se c'è qualche errore nella sfilata, veniamo puniti. I capireparto urlano in continuazione. Dobbiamo subire, chiunque accenni a resistere viene cacciato. Noi operai veniamo da lontani villaggi di campagna. Siamo qui per guadagnare. Dobbiamo sopportare in silenzio e continuare a lavorare ... Nei reparti-confezione puoi vedere gli operai che incollano le suole delle scarpe. Guardando le loro mani, capisci da quanto tempo lavorano qui. Le forme delle mani cambiano completamente. Chi vede quelle mani si spaventa. Questi operai non fanno altro che incollare ... Un ragazzo di 20 anni ne dimostra 30 e sembra diventato scemo. La sua unica speranza è di non essere licenziato. Farà questo lavoro per tutta la vita, non ha scelta ... Lavoriamo dalle 7 alle 23 e la metà di noi soffre la fame. Alla mensa c'è minestra, verdura e brodo ... Gli ordini della Puma sono aumentati e il tempo per mangiare alla mensa è stato ridotto a mezz'ora ... Nei dormitori, d'inverno, non abbiamo l'acqua calda.» Un'altra testimonianza rivela che «quando arrivano gli uomini d'affari stranieri per un'ispezione, gli operai vengono avvisati in anticipo; i capi ci fanno pulire e disinfettare tutto, lavare i pavimenti; sono molto pignoli».

Minorenni alla catena di montaggio, fabbriche gestite come carceri, salari che bastano appena a sopravvivere, operai avvelenati dalle sostanze tossiche, una strage di incidenti sul lavoro. Dietro queste piaghe c'è una lunga catena di cause e di complicità. Il lavoro infantile spesso è una scelta obbliga per le famiglie. Ottocento milioni di cinesi abitano ancora nelle campagne, dove il reddito medio può essere inferiore ai 200 euro all'anno. Per i più poveri mandare i figli in fabbrica, e soprattutto le figlie, non è la scelta più crudele: nel ricco Guangdong fiorisce anche un altro mercato del lavoro per le bambine, quello della prostituzione. Gli emigranti che arrivano dalle campagne finiscono nelle mani di un capitalismo cinese predatore, avido e senza scrupoli, in un paese dove le regole sono spesso calpestate. Alla Kingmaker, che produce per la Timberland, gli operai dicono di non sapere neppure «se esiste un sindacato; i rappresentanti dei lavoratori sono stati nominati dai dirigenti della fabbrica».

Le imprese che lavorano su licenza delle multinazionali occidentali, come la Kingmaker e la Pou Yuen, non sono le peggiori. Ancora più in basso ci sono i padroncini cinesi che producono in proprio. Per il quotidiano «Nanfang» di Canton, due giornalisti, Yan Liang e Lu Zheng, sono riusciti a penetrare in un distretto dell'industria tessile dove il lavoro minorile è la regola, nella contea di Huahu. Hanno incontrato Yang Hanhong, 27 anni, piccolo imprenditore che recluta gli operai nel villaggio natale. Ha 12 minorenni alle sue dipendenze. Il suo investimento in capitale consiste nell'acquisto di forbici e aghi, con cui i ragazzini tagliano e cuciono le rifiniture dei vestiti. «La maggior parte di questi bambini» scrivono i due reporter «soffrono di herpes per l'inquinamento dei coloranti industriali. Con gli occhi costretti sempre a fissare il lavoro degli aghi, tutti hanno malattie della vista. Alla luce del sole non possono tenere aperti gli occhi infiammati. Lamentano mal di testa cronici. Liu Yiluan, 13 anni, non può addormentarsi senza prendere due o tre analgesici ogni sera. Il suo padrone dice che Liu gli costa troppo in medicinali.»

Se mai un padrone venisse colto in flagrante reato di sfruttamento del lavoro minorile, che cosa rischia? Una multa di 10.000 yuan (1000 euro), cioè una piccola percentuale dei profitti di queste imprese. La revoca della licenza, invece, scatta solo se un bambino «diventa invalido o muore sul lavoro». Comunque, le notizie di processi e multe di questo tipo scarseggiano. La battaglia contro lo sfruttamento del lavoro minorile non sembra una priorità per le forze dell'ordine.

La coscienza delle multinazionali

Tra le marche straniere, Timberland e Puma sono il campione rappresentativo di una realtà più vasta. Per le opinioni pubbliche occidentali le multinazionali compilano i loro Social Reports, «rapporti sulla responsabilità sociale d'impresa». Promettono trasparenza sulle condizioni di lavoro nelle fabbriche dei loro fornitori. Salvo «scoprire» con rammarico che i loro ispettori non hanno visto, che gli abusi continuano. Diversi auditor denunciano il fatto che in Cina ora prolifera anche la contraffazione delle buste paga, i falsi cartellini orari, le relazioni fasulle degli ispettori sanitari: formulari con timbri e numeri artefatti per simulare salari e condizioni di lavoro migliori, documenti da fornire alle multinazionali perché mettano a posto le nostre coscienze.

Il caso più noto è quello della Nike, leader mondiale delle scarpe e abbigliamento sportivo, logo preferito dai teenager di tutto il pianeta. La Nike ha ceduto alle pressioni dei militanti per i diritti umani e ha rivelato i segreti della sua «catena di montaggio globale». Con un'operazione trasparenza, la multinazionale americana ha pubblicato la lista delle 700 fabbriche a cui subappalta la sua produzione (molte delle quali in paesi emergenti) e la verità sulle condizioni di lavoro che vi regnano. La si può leggere come la carta geografica del nuovo sfruttamento globale. È anche una vittoria per i sindacati, le associazioni dei consumatori, i movimenti terzomondisti e le organizzazioni non governative per il «commercio equo», che da anni assediano le multinazionali perché cessino di alimentare le nuove forme di schiavismo: il lavoro minorile, gli orari massacranti, le fabbriche-formicaio dove incidenti e malattie decimano i lavoratori. «È una rivoluzione» ha commentato Neil Kearnes, segretario generale di 10 milioni di lavoratori riuniti nell'International Textile Garment & Leather Workers Federation, «ora il mondo può verificare se Nike mantiene le promesse che ha fatto.»

La Nike è un'impresa simbolo della globalizzazione. Le sue *sneakers* e le sue T-shirt vengono indossate (o copiate) a Los Angeles come a Pechino, nelle favelas di Rio de Janeiro e in Palestina. I suoi spot pubblicitari invadono il piccolo schermo su Cnn o su al-Jazeera. Così come è riuscita a imporsi tra gli oggetti desiderati del consumismo planetario, la Nike nella sua logica produttiva padroneggia meglio di chiunque i meccanismi dell'economia globale. Ha solo 24.000 dipendenti in senso stretto. In realtà, l'esercito proletario che fabbrica le sue scarpe e i suoi vestiti è di 650.000 persone, impiegate da una miriade di aziende fornitrici non collegate fra loro, ma sottoposte a un controllo di qualità del colosso americano: la massima produttività, la massima flessibilità, al minimo costo. La maggioranza di quei dipendenti sono donne, di età compresa fra i 19 e i 25 anni. Concentrate in quelle terre che sono le nuove officine del mondo. Cinquecento fabbriche in Asia di cui 124 in Cina, 73 in Thailandia, 35 in Corea del Sud, 34 in Vietnam, e poi altre ancora in Messico e in tutta l'America latina. È una foto esemplare della delocalizzazione industriale nei due settori chiave – il tessile-abbigliamento e il calzaturiero – che sono i mestieri tipici del decollo economico per il Terzo Mondo.

Il Rapporto sulla responsabilità sociale (Corporate Responsibility Report), che nel 2005 la Nike ha pubblicato sul suo sito Internet, rivela per la prima volta tutta la catena dei fornitori, con nomi e indirizzi (fondamentale perché gli osservatori indipendenti possano andare a indagare: giornalisti, difensori dei diritti umani, sindacalisti). Fornisce dati sulla composizione etnica di questa forza lavoro. Valuta le ricadute della produzione sull'ambiente naturale. Elenca le fabbriche colte in fallo sulle condizioni di lavoro, la sicurezza, la salute. Ammette che su 569 aziende ci sono stati abusi ripetuti, maltrattamenti, offese dei diritti dei lavoratori. Confessa casi di eccessivo sfruttamento, condizioni di lavoro disumane. La settimana lavorativa supera le 60 ore nel 50 per cento degli stabilimenti asiatici, con punte del 90 per cento in Cina. In molte fabbriche tessili è normale il divieto di andare in bagno e perfino di bere durante tutto l'orario di lavoro. Per certi aspetti, è un quadro da romanzi di Charles Dickens, da rivoluzione industriale inglese dell'Ottocento. Salvo che per il Rapporto sulla responsabilità sociale della Nike e per tutto ciò che vi sta dietro: consumatori illuminati che minacciano il boicottaggio, opinioni pubbliche vigilanti, consigli d'amministrazione che devono rendere conto ad azionisti di tipo nuovo, come i fondi pensione e gli investitori «etici».

L'ultima svolta ha origine in California nel 1998, quando un attivista per i diritti dei lavoratori del Terzo Mondo, Mark Kasky, trascina la Nike in tribunale. Sotto accusa è una precedente operazione trasparenza, già avviata dalla multinazionale per le rivelazioni sul lavoro minorile in Asia. Kasky scopre lacune e inesattezze nel primo «Rapporto sociale» della Nike. La attacca impugnando la legge antitrust californiana: se ha ingannato il pubblico sulle effettive condizioni di lavoro dei suoi fornitori, la Nike ha fatto pubblicità ingannevole e quindi concorrenza sleale. Nel 2002 la Corte suprema della California dà ragione a Kasky, la multinazionale patteggia 1,5 milioni di dollari di multa, versati a un'associazione per il «lavoro equo». Lì per lì c'è il rischio di un effetto boomerang. Se ogni errore nel Rapporto sulla responsabilità sociale può dare adito a processi, tanto vale ritornare all'opacità del passato: la Nike ne è fortemente tentata. Dopo tre anni di silenzio, alla fine le campagne d'opinione piegano i suoi manager. L'impresa sceglie la trasparenza. Tutti potranno giudicare i suoi progressi, o regressi, da un anno all'altro.

È una strada ancora in salita, ma può condurre verso una globalizzazione diversa: è l'alternativa al protezionismo egoista dei ricchi, quello che denuncia lo sfruttamento solo come un pretesto per chiudere le frontiere. Nell'ultimo Rapporto sociale della Nike, però, c'è anche una confessione d'impotenza, proprio riguardo alla Cina. L'azienda dice delle sue fabbriche cinesi che «la falsificazione da parte dei manager dei libri paga e dei registri degli orari di lavoro è una pratica comune». L'affermazione è senza dubbio esatta, ma anche un po' furbesca, è un modo per lavarsi le mani degli abusi che continuano. Come altre marche occidentali, la Nike sembra dire: su quel che accade là dentro il nostro controllo è limitato, perfino le nostre informazioni sono truccate dalle menzogne. Eppure, la parte delle Belle addormentate nel bosco non si addice alle multinazionali. I loro ispettori possono anche essere ingenui, ma i numeri, i conti sul costo del lavoro, li sanno leggere bene negli Stati Uniti e in Germania (e in Francia e in Italia). La Nike sa di spendere per la sponsorizzazione di una star dello sport occidentale più del monte salari annuo di migliaia di operai cinesi. La Puma sa di spendere 90 centesimi di euro per un paio di *sneakers*, gli stessi su cui poi investe ben 6 euro in costose sponsorizzazioni sportive. La Timberland sa di pagare mezzo euro l'operaio che confeziona scarpe da 150 euro.

Dopo due miei articoli sulla «Repubblica» che, nel maggio 2005, contenevano le rivelazioni di China Labor Watch, dalla Puma mi ha scritto Reiner Hengtsmann, il dirigente responsabile per gli affari sociali e ambientali. In una lunga lettera ha voluto precisarmi che le ispezioni effettuate da osservatori indipendenti (Fair Labor Association) nel dicembre 2004, cioè ben quattro mesi dopo le denunce degli operai, non hanno rilevato traccia di quegli abusi. Bisogna sperare che sia vero – la Puma non mi ha mai permesso di visitare la fabbrica incriminata – e cioè che in quei quattro mesi, allertati dallo scandalo, i dirigenti della multinazionale tedesca abbiano costretto i loro «terzisti» cinesi a cambiare i metodi. Lo stesso Hengstmann lo conferma implicitamente nella lettera che mi ha scritto, laddove rivela che «presso la Pou Yuen è stato messo in atto un programma di formazione in collaborazione con lo Hong Kong Christian Industrial Committee per verificare che i diritti alla salute e alla sicurezza dei lavoratori vengano rispettati» (segno che prima non lo erano). Questo conferma che cambiare l'attuale situazione è possibile. La piaga delle fabbriche-lager può essere combattuta. Non sarebbe la prima volta che la pressione dell'opinione pubblica internazionale costringe una multinazionale a correggersi, soprattutto se vede il rischio che il danno alla sua immagine allontani i consumatori dai suoi prodotti. Per questo è essenziale il lavoro svolto dalle associazioni umanitarie, dai sindacati, dalla stampa, ma, alla fine, è essenziale anche e soprattutto la coscienza civile dei consumatori nei paesi ricchi, per impedire che gli abusi delle multinazionali o dei loro fornitori restino impuniti.

Le multinazionali sono solo una parte del problema. Le condizioni di sfruttamento più atroci spesso esistono nelle imprese minori, controllate esclusivamente da padroncini cinesi, che non hanno conti da rendere a nessun partner occidentale. Bisognerebbe essere molto ingenui per non accorgersi di questo paradosso: i rari scandali che portano alla luce l'esistenza di fabbriche-lager colpiscono quasi sempre aziende straniere o che producono per conto delle marche estere. Sul capitalismo cinese al 100 per cento la cappa dell'omertà è ancora più impenetrabile. Questo ci ricorda che, alla fine, il miglioramento delle condizioni di lavoro sarà soprattutto una battaglia degli operai cinesi. Certo, per loro conquistarsi dei diritti sarebbe più facile se esistessero sindacati veri, una stampa libera, partiti d'opposizione, tribunali del lavoro imparziali, insomma una democrazia rispettosa dei diritti umani.

Invece, quando il presidente cinese Hu Jintao, nel maggio 2005, ha accolto a Pechino i top manager stranieri al Global Forum della rivista «Fortune», il quotidiano ufficiale «China Daily» ha riassunto il suo discorso con questo titolo in prima pagina: *You Come, You Profit, We All Prosper* (Voi venite, fate profitti, e tutti prosperiamo). Non è evidente chi sia incluso in quei «tutti», ma è chiaro da che parte sta Hu Jintao.

Dieci milioni di bambini al lavoro

Jimi, in cinese, è l'equivalente di «top secret». Nel 2000 il ministero del Lavoro e l'Ufficio di polizia per la protezione dei segreti di Stato hanno varato un regolamento che, all'articolo 3 comma 1, classifica come *jimi* la «diffusione di informazioni sul lavoro minorile». Chiunque contribuisca a rivelare casi di sfruttamento di bambini nelle fabbriche cinesi è quindi imputabile di avere tradito «segreti di Stato». È un crimine per il quale si rischia l'arresto immediato, una condanna per le vie brevi senza avvocato difensore, e pesanti pene in carcere. Questo spiega perché sia molto difficile trovare informazioni sul lavoro infantile, una piaga sociale che – secondo le stime più prudenti – colpisce almeno 10 milioni di bambini in Cina (ma è ben più drastico l'Ufficio internazionale del lavoro con sede a Ginevra: calcola siano fino all'11,6 per cento i minorenni costretti a lavorare, cioè molte decine di milioni). Eppure, sui giornali del Guangdong – la regione meridionale che, come detto, è il cuore della potenza industriale cinese – qualche vicenda sfugge alla legge del silenzio. Il sito online del quotidiano «Nanfang» espone un'inchiesta sui lavoratori immigrati: c'è la foto di un sedicenne con un dito amputato da un incidente in fabbrica. Un'altra immagine, ripresa da lontano con il teleobiettivo, mostra una piccola impresa di giocattoli: tanti bambini lavorano seduti dietro i banconi.

Si scopre che uno dei paraventi utilizzati per nascondere il lavoro minorile è camuffarlo come apprendistato organizzato dalle scuole. Zhang Li, un ragazzo di 15 anni, ha rivelato che la sua scuola tecnica lo ha portato insieme con altri 40 studenti (alcuni di soli 13 anni) a lavorare in una fabbrica elettronica di Shenzhen.

Salario: dai 600 agli 800 yuan (60-80 euro) al mese per lavorare dall'alba a mezzanotte, e dormire stipati in 12 per stanza. L'inganno delle scuole usate come una copertura per far lavorare i ragazzi venne alla luce per la prima volta con una sciagura del 2001, riportata anche dai mass media nazionali. Quarantadue bambini delle elementari morirono nel rogo di una scuola dello Jiangxi. L'incendio era scoppiato perché quella, in realtà, non era una scuola, ma una fabbrica di fuochi d'artificio.

Non ha «bucato» i filtri della censura, invece, una tragedia più recente. È accaduta due giorni prima del Natale 2004, nel paesino di Beixinzhuang. Cinque ragazzine quattordicenni sono morte soffocate dal fumo nel sonno, nel minuscolo dormitorio adiacente alla fabbrica di tessuti in cui lavoravano. Particolare atroce: si sospetta che un paio di loro siano state sepolte ancora agonizzanti dal padrone dell'azienda che aveva fretta di far sparire i corpi. Lo si è saputo cinque mesi dopo, e solo grazie all'associazione umanitaria Human Rights in China. Sun Jiangfen, la mamma di una delle ragazzine morte, si è spiegata così: «Nelle campagne noi non possiamo permetterci di mandare i figli a scuola come fanno i cittadini. In questo villaggio, ogni famiglia ha dei figli che lavorano in fabbrica». Sua figlia, Jia Wanyun, era diventata operaia a 14 anni, perché i genitori potessero pagare gli studi al fratello. Le era stato promesso un salario di 85 euro al mese per lavorare 12 ore al giorno, sette giorni alla settimana, senza ferie. Quando è morta, era in fabbrica già da più di un mese ma il padrone non le aveva versato lo stipendio, con la scusa che era ancora un'apprendista.

Le organizzazioni umanitarie che si battono per proteggere i bambini contestano la credibilità delle multinazionali che subappaltano la produzione in Cina, quando i manager occidentali affermano che nelle loro fabbriche non c'è sfruttamento di minori. In realtà, nelle aziende cinesi che riforniscono le multinazionali, i manager locali obbligano gli operai a imparare a memoria le risposte false che devono dare in caso d'ispezione. Gli operai dell'azienda He Yi di Dongguan sono riusciti a procurare all'associazione China Labor Watch un esemplare originale delle «istruzioni per l'inganno»: è un questionario in 28 punti, distribuito dai capi, per preparare i lavoratori ad affrontare una visita dei rappresentanti di Wal-Mart, la grande catena di ipermercati statunitensi. Una delle domande-risposte da imparare a memoria: «Avete mai visto lavorare dei minorenni in questa fabbrica? No, mai». Sono in tutto 28 domande, dal salario agli orari di lavoro, dalle ferie allo spazio vitale nei dormitori. Su ogni punto, gli operai sono addestrati in anticipo, con l'obbligo di mentire se non vogliono perdere il posto. È previsto che rispondano di sì anche alla domanda: «Qui siete felici?».

La He Yi di Dongguan è al centro di uno scandalo che colpisce una delle marche statunitensi più celebri in tutto il pianeta, la Walt Disney. Alla He Yi, nella stagione di punta (maggio-ottobre), 2100 operai fabbricano bambole e giocattoli di plastica con il marchio Disney. Dall'interno della fabbrica, insieme con il «manuale delle bugie» gli operai hanno fatto giungere agli attivisti umanitari anche le fotocopie dei veri cartellini orari, le buste paga autentiche. Fanno turni quotidiani che, con gli straordinari obbligatori, possono raggiungere le 18 ore al giorno. Hanno una settimana lavorativa di sette giorni su sette, con un solo giorno di riposo al mese. Le paghe sono di 13 centesimi di euro all'ora, inferiori perfino al salario minimo legale cinese. I ritardi nel pagare i salari sono frequenti, e 50 operai sono stati licenziati nel gennaio 2004 dopo aver osato protestare perché la paga non arrivava. Non c'è pensione, né assistenza sanitaria in caso di malattia. Nei dormitori vengono stipati 20 operai per stanza. E si riducono a una farsa le ispezioni della Walt Disney: vengono annunciate con ben 20 giorni di anticipo al management della He Yi, che obbliga gli operai a recitare una versione dei fatti più rassicurante.

La Disney, di fronte a questi documenti, è costretta ad ammettere. Ho scritto alla direttrice delle Corporate Communications della Walt Disney Consumer Products negli Stati Uniti, Nidia Caceros Tatalovich, per avere una reazione ufficiale dell'azienda di fronte allo scandalo dei «giocattoli della miseria». Mi ha risposto che «una verifica condotta dalla Disney [in seguito alle denunce delle associazioni umanitarie] ha confermato la validità di varie accuse». La direttrice delle relazioni esterne aggiunge che adesso la Disney sta «incoraggiando» il management dell'azienda a migliorare le condizioni in fabbrica.

Il caso Walt Disney

La fabbrica dei giocattoli non è l'unico scandalo Disney in Cina. Libri di Topolino, album colorati con le figure del pesciolino Nemo, sono le prove a carico in un altro impressionante dossier sugli abusi dei diritti umani nelle fabbriche cinesi. Dietro gadget e giocattoli che vengono venduti dalla Disney ai bambini del mondo intero, ci sono le vittime di una tragica serie di incidenti in fabbrica: dita e mani amputate, morti sul lavoro. Le accuse sono documentate da un gruppo di ricercatori universitari di Hong Kong, che sono riusciti a raccogliere le testimonianze degli operai e le rivelano in un voluminoso rapporto con il titolo *In cerca della coscienza di Topolino*. La denuncia è stata divulgata nel settembre 2005 in occasione dell'inaugurazione del nuovo parco divertimenti Disneyland di Hong Kong, che è già stato al centro di controversie, in un periodo critico per i vertici della Disney negli Stati Uniti.

Uno dei fornitori della Disney è l'azienda tipografica Hung Hing, posseduta da azionisti di Hong Kong e con tre fabbriche nella città meridionale di Shenzhen. Dagli stabilimenti della Hung Hing escono fumetti, libri educativi per bambini, giochi interattivi, manuali per l'uso di giocattoli, scatole colorate. Non solo con il marchio Walt Disney. La Hung Hing fornisce pubblicazioni per l'infanzia anche ad altre multinazionali americane come Mattel (giocattoli) e McDonald's (fast food). Le immagini gioiose di questi prodotti per bambini sono in contrasto con le condizioni di vita degli operai, ai limiti dello schiavismo. Ecco alcuni passaggi della lettera scritta da un operaio: «I guardiani ci maledicono e ci trattano come criminali. Gli alloggi sono lontani, ogni giorno qualche operaio che rientra a dormire viene investito da un'auto, ferito o ucciso, e non c'è assistenza sanitaria. I nostri salari sono miserabili, 600-700 yuan al mese (60-70 euro) e solo per l'alloggio ne spendiamo 100. Dopo aver lavorato un mese, cerchiamo cosa ci resta in tasca: pochi spiccioli. Onorevoli dirigenti, non potete trovare nel vostro cuore un po' di compassione?». Il rapporto elenca i più recenti infortuni sul lavoro, in certi casi documentandoli con fotografie: un operaio di 24 anni schiacciato a morte dalla macchina che fa i buchi nella carta; un altro fulminato dalla corrente di una tagliatrice; operaie con le dita amputate o la schiena spezzata.

Due altri fornitori cinesi della Disney si trovano nella zona di Dongguan: sono le imprese Nord Race e Lam Sun (quest'ultima fornisce i suoi prodotti di plastica anche a Mattel, Wal-Mart e Pepsi Cola). In queste fabbriche viene violata la legislazione cinese sul lavoro, che pure non è certo avanzata nel tutelare i diritti. Il salario minimo legale nel Dongguan è fissato a 3,43 yuan l'ora (34 centesimi di euro) ma questi operai sono pagati 2,9 yuan all'ora. Fare gli straordinari è obbligatorio – la giornata media è di 13 ore di lavoro – eppure spesso non sono pagati. Un trucco per spremere gli straordinari gratis consiste nell'aumentare gli obblighi di produttività: a un reparto è stato fissato l'obiettivo di migliorare il rendimento del 30 per cento alzando la produzione di agendine a 520 l'ora; se quell'obiettivo non è raggiunto a fine giornata, gli operai devono fermarsi in fabbrica finché non hanno completato la produzione, gratis, senza aver diritto a un compenso. Le aziende addebitano agli operai fino a 185 yuan al mese per le spese di vitto e alloggio, anche se si tratta di dormitori con stanze di 8 letti in 12 metri quadrati, e il cibo «è di una qualità così infima che si vede dal colore che ha». Nei reparti di produzione regna un calore oppressivo e non ci sono ventilatori. Un giorno di assenza dal lavoro viene sanzionato con 100 yuan di multa. Quando degli operai hanno osato protestare per chiedere dei miglioramenti salariali, sono stati picchiati dalle guardie giurate, e i capi dell'agitazione sono stati licenziati.

«Che cosa succederebbe» si chiedono i ricercatori di Hong Kong che hanno redatto l'indagine «se i piccoli fan di Topolino sapessero che i loro quaderni e giocattoli sono macchiati dal sudore, dal sangue e dalle lacrime di lavoratori sfruttati?» Tra le richieste che rivolgono alla multinazionale americana: che indichi nomi e indirizzi di tutte le imprese a cui ha subappaltato le produzioni; che esiga da queste fabbriche la disponibilità a ricevere ispezioni senza preavviso da parte di organismi indipendenti; che i lavoratori possano ricevere una formazione sui propri diritti; che in ogni stabilimento sia creata una rappresentanza degli operai. La Walt Disney statunitense ha reagito a questa denuncia annunciando che incaricherà una organizzazione no profit, la Vérité, di indagare sulle accuse. «Collaboreremo» si legge nel comunicato ufficiale «per assicurare un'investigazione approfondita di queste accuse e prendere le misure adeguate a rimediare le violazioni.»

Alla Lam Sun, nell'ottobre 2004, una visita di rappresentanti di McDonald's e Wal-Mart si concluse con un «voto elevato» e la «soddisfazione per l'abilità dell'azienda nell'onorare gli ordini e nel migliorare la qualità dei prodotti». L'ispezione era stata annunciata in anticipo. I capi della Lam Sun avevano costretto la maggioranza dei lavoratori a restare nei dormitori. Su 3000 dipendenti, gli ispettori ne avevano visti solo due o trecento, debitamente ammaestrati a rispondere come voleva l'azienda.

Il nuovo caso ha turbato l'inaugurazione della Disneyland di Hong Kong, aperta al pubblico il 12 settembre 2005. Il parco divertimenti ha 30.000 visitatori al giorno, soprattutto un turismo familiare del ceto medio-alto dalle grandi città cinesi: Pechino, Shanghai, Canton. Gli attivisti di Hong Kong sperano di sensibilizzare anche i clienti di Disneyland, perché sappiano chi produce i giocattoli e i ricordi in vendita nei negozi del parco. Una prima contestazione, degli ambientalisti, ha avuto successo: sono riusciti a far togliere dai futuri menu dei ristoranti di Disneyland la zuppa di pinna di pescecane, per proteggere una specie minacciata. Un episodio che ora appare quasi folcloristico, in confronto al dramma delle fabbriche-lager. Gli operai cinesi non sono una razza in via d'estinzione e la battaglia per difendere i loro diritti sarà più lunga e difficile. Quanto alla Disney, questa vicenda l'ha colpita subito dopo essere stata scossa in casa propria da uno scandalo di altra natura. Nell'estate del 2005 il suo consiglio d'amministrazione è finito sulle prime pagine di tutti i giornali statunitensi – e anche in tribunale – per aver licenziato per scarso rendimento, dopo soli 14 mesi, il numero due dell'azienda, Michael Ovitz. Al dirigente americano, esplicitamente definito un incapace da chi lo aveva assunto, è stata pagata una buonuscita da 140 milioni di dollari.

Gli attivisti di China Labor Watch non vogliono aizzare il protezionismo anticinese in Occidente. Le loro denunce si concludono sempre con un appello: «Questa non è una campagna per il boicottaggio dei prodotti cinesi. Non vogliamo spingere le multinazionali americane ad annullare i loro acquisti. I lavoratori che ci hanno rivelato queste notizie non possono permettersi di perdere il posto. È meglio essere sfruttati che essere disoccupati. Loro chiedono solo di poter essere trattati come esseri umani». In questo avvertimento c'è una preoccupazione comprensibile. Le inchieste che cominciano a spezzare l'omertà sul lavoro minorile in Cina, sullo sfruttamento e sui soprusi contro i lavoratori possono portare a conclusioni pericolose: un alibi per i paesi ricchi che vogliono chiudere le frontiere.

Gli operai cinesi stanno indicando un'altra soluzione possibile. Nella stessa città di Dongguan c'è un altro gigante dell'industria calzaturiera, Stella International: 42.000 operai. Il nome di questa azienda sta diventando il simbolo di una nuova era per la Cina, la stagione delle lotte operaie. Nel 2004 il malcontento è esploso, la Stella è stata paralizzata dagli scioperi spontanei. Ci sono state anche manifestazioni violente, centinaia di operai hanno saccheggiato alcuni stabilimenti, hanno ferito un dirigente, finché un esercito di poliziotti ha riconquistato la fabbrica e arrestato i leader della rivolta. Tutta la vicenda è stata isolata da un cordone sanitario di censura. Ma nel 2005 è accaduto un «miracolo». Dieci leader della protesta operaia, condannati in primo grado a tre anni e mezzo di carcere, sono stati assolti dalla Corte d'appello del Guangdong. È un colpo di scena clamoroso per chi conosce il sistema giudiziario cinese, abituato a condannare il 99 per cento degli imputati, un sistema dove la «presunzione d'innocenza» non esiste e il diritto alla difesa è spesso ignorato. Quell'assoluzione in appello è un segnale di speranza per i tanti altri conflitti sociali che sono già esplosi, e per quelli che covano sotto la cenere.

Dalla protezione dei bambini agli aumenti salariali, dal diritto di sciopero al Welfare, i lavoratori cinesi cominciano a battersi per le loro conquiste sociali. Nel 2005 ci sono stati più di 1000 scioperi nella regione del Guangdong, che è la più ricca e industrializzata. È anche la regione più vicina a Hong Kong, e questo facilita la diffusione di informazioni sulle agitazioni sociali, visto che a Hong Kong la stampa è libera e non sottoposta alla censura di Pechino. In uno di questi scioperi, nella città di Shenzhen, nell'estate del 2005, hanno incrociato le braccia a lungo i 16.000 dipendenti di un'impresa giapponese, per sfidare un tabù: hanno chiesto di poter organizzare un proprio sindacato indipendente. Anche in questo caso, è sintomatico che l'impresa sia straniera e, in particolare, giapponese. In un clima di rapporti incandescenti fra Tokyo e Pechino, con il nazionalismo alle stelle da ambo le parti, è relativamente più facile per gli operai cinesi ribellarsi se il padrone è un giapponese. Ed è meno probabile che la notizia di uno sciopero venga oscurata dai mass media nazionali, se colpisce una marca del *made in Japan*. Ma per un conflitto operaio che sfugge alle maglie della censura, ce ne sono tanti altri di cui non sapremo nulla. Non per questo sono meno importanti.

VIII
La grande fuga del «made in Italy»

Il 5 dicembre 2005 il magazine americano «Time» intitola la sua copertina *Italy versus China*. A illustrare la gara raffigura con un suggestivo fotomontaggio la statua del *David* di Michelangelo impegnata in un braccio di ferro contro uno dei guerrieri di terracotta dell'Armata di Xian. L'immagine è quasi lusinghiera, perché ci mette sullo stesso piano del gigante cinese. Il sottotitolo in copertina è un interrogativo aperto: «Che succede quando l'industria del Vecchio Mondo affronta la sfida della competizione asiatica?». La lunga inchiesta del settimanale americano non lascia spazio a illusioni.

Si apre con un reportage da Manzano, paesino di 7000 anime nel Friuli orientale vicino alla frontiera con la Slovenia, dove il visitatore è accolto da un monumento tanto imponente quanto singolare: la più grande sedia del mondo, in legno di pino rosso, 23 tonnellate di peso e alta come un palazzo di sette piani. È un omaggio alla vocazione industriale che fece la fortuna di Manzano, minicapitale del distretto industriale che esporta nel mondo 40 milioni di sedie all'anno. Il viaggio dei giornalisti americani in Friuli si conclude con una diagnosi desolante. Negli ultimi tre anni, 200 piccole imprese di Manzano sono fallite. Anche in questa nicchia specializzata il *made in Italy* perde colpi mentre avanza implacabile la sedia cinese, «della stessa qualità, a un prezzo che è una frazione di quello italiano».

Nelle settimane successive molti lettori di «Time» reagiscono all'inchiesta scrivendo al settimanale. Emblematica è la lettera di un emigrato italiano a Monaco di Baviera, Diego Amicabile: «Avete colpito nel segno. L'Italia finirà per regredire al livello in cui era la Cina prima di raggiungere il successo economico. Per competere, gli italiani devono rinunciare alla sicurezza sociale a cui sono abituati. Hanno smesso di investire in ricerca, istruzione e tecnologie avanzate. Ora si scontrano con la realtà. L'Italia non può che declinare. L'unica domanda è: quanto più in basso dovrà ancora scendere». Ricorre nelle reazioni la descrizione degli italiani come di un popolo viziato e capriccioso, impigrito dal benessere, abituato a considerare tutto ciò che ha come un diritto acquisito e intoccabile. Una nazione campionessa negli scioperi degli aerei, dei treni e delle scuole, con eserciti di baby-pensionati e i parlamentari più pagati del mondo. Un paese seduto sui gioielli di famiglia accumulati dalle generazioni precedenti, ma che non riesce più a valorizzare neanche quelli.

Alla fine del 2005 è diventato ufficiale un sorpasso più volte annunciato. La Cina ha definitivamente scavalcato l'Italia, come anche la Francia e la Gran Bretagna, nella classifica delle nazioni industrializzate. L'exploit cinese, in realtà, risale al 2004, ma è stato confermato un anno dopo dalla revisione delle statistiche sul Pil: l'equivalente dell'Istat di Pechino ha ritoccato a 1930 miliardi di dollari il Pil cinese del 2004, contro i 1670 miliardi dell'Italia. Lo scossone nella classifica delle potenze industriali è il risultato di due fattori. Il primo è il divario tra una Cina in irresistibile ascesa e un'Italia inchiodata al suo declino: è da un decennio che Pechino mette a segno regolarmente una crescita del Pil superiore al 9 per cento all'anno, mentre, nello stesso periodo, l'Italia è affondata nella stagnazione. L'altra novità è la correzione delle statistiche di contabilità nazionale, con cui la Cina ha misurato più accuratamente le dimensioni della sua economia sommersa: in un colpo solo il suo Pil è cresciuto di 300 miliardi di dollari, più 17 per cento, grazie all'ultimo censimento economico nazionale, che ha rilevato un'ampiezza inattesa dei consumi interni e del settore dei servizi. Se poi si usa il Pil misurato dalla Banca mondiale applicando il metodo della «parità di potere d'acquisto» (la ricchezza reale di ogni paese viene ricalcolata in proporzione al costo della vita locale), allora la Cina è già la seconda economia mondiale dietro gli Stati Uniti.

Il sorpasso sull'Italia, se è assai meno importante della sfida Cina-Stati Uniti, è però un segnale d'allarme per il nostro paese. Coincide con la notizia che, nella classifica di «Business Week» delle 500 multinazionali più grandi del mondo, sono scomparse due italiane e hanno fatto il loro ingresso 18 grandi imprese cinesi. L'Italia è il paese che soffre di più per l'irruzione del *made in China* sui mercati mondiali perché il nostro modello di sviluppo è il più vulnerabile.

Dietro la disfatta italiana c'è un problema strutturale: siamo stati gli ultimi e i più lenti nel riconvertirci ai nuovi mestieri postindustriali. Negli Stati Uniti la produzione manifatturiera occupa ormai meno del 10 per cento della forza lavoro, in Gran Bretagna e in Francia il 14 per cento, l'Italia ha ancora il 22 per cento degli occupati in questo settore dell'economia, che è il più esposto alla concorrenza cinese. Gli statunitensi l'hanno subita per primi, già tanti anni fa, ora tocca a noi: l'onda d'urto della delocalizzazione ci colpisce in pieno. Solo osservandolo dalla Cina, si riesce a cogliere l'ampiezza del fenomeno, e la gravità del nostro ritardo.

Una gita speciale da Bergamo

Per inaugurare la nuova fabbrica a Shanghai, Miro Radici ha invitato una delegazione insolita. Dalla sua Val Seriana – una zona dove la Lega Nord è arrivata a conquistare l'80 per cento dei voti – l'industriale ha portato nella sfavillante metropoli cinese tutti i delegati sindacali. Missione: convincere i suoi operai del bergamasco che, per sopravvivere, è obbligatorio venire a produrre in Cina. Il gruppo Itema-Radici (3000 dipendenti) è il numero uno mondiale nei macchinari tessili. A suo modo occupa una posizione nevralgica nel grande scenario della guerra commerciale tra Pechino, l'Europa e gli Stati Uniti, scoppiata dopo l'invasione del *made in China* nel tessile-abbigliamento. Nelle scelte che fa questa impresa si può leggere in filigrana il futuro di una parte dell'industria italiana.

Proprio in un periodo in cui in Italia la Lega invoca l'uscita dall'euro, il ritorno alla lira debole e i dazi contro la Cina, il 4 giugno 2005 Radici mette sul volo Alitalia Malpensa-Shanghai uno spaccato della società civile di Bergamo: i sindacalisti, il suo banchiere di fiducia, i direttori dei giornali locali e perfino il segretario provinciale dei Ds. Tutti a visitare la nuova Itema, a mezz'ora di autostrada dall'aeroporto di Shanghai, con 120 dipendenti cinesi. «In Val Seriana» spiega Radici al suo arrivo a Shanghai «siamo usciti da una trattativa sindacale complessa, con aggiustamenti di manodopera e prepensionamenti. Voglio fargli toccare con mano questa realtà, perché capiscano che se vogliamo rimanere i leader nel nostro settore dobbiamo per forza far lavorare i cinesi.» Commenta Martino Signori della Fiom-Cgil: «Alla nostra partenza i compagni ci hanno detto: andate a vedere in faccia quelli che ci porteranno via il posto».

Aiuole verdi all'ingresso, grandi finestre luminose, soffitti alti, pavimenti immacolati, squadre di operai in tute blu (produzione), verdi (controllo qualità: tutte donne), marroni (magazzinieri), bagni e mense impeccabili per l'igiene: il primo impatto con lo stabilimento fa pensare alla Svezia più che alla Cina. Tra le squadre che rifiniscono i telai tessili si aggira la direttrice della *business unit*, Cin Liu, 25 anni, fisico e minigonna da indossatrice, laureata in Ingegneria meccanica alla Jiao Tong University di Shanghai («È bravissima, ma ci toccherà spostarla in un ufficio» dice un manager italiano «non è colpa sua ma, quando passa tra i reparti, ci distrae un po' la manodopera»). Gli operai hanno un'età media di 23 anni, come i giovanissimi ingegneri che già vengono addestrati da un capo bergamasco a progettare nuove macchine nel laboratorio di ricerca. I salari, quelli sì, sono cinesi: a parità di mansione, 1,5 euro all'ora contro 20 euro in Italia. È molto cinese anche la bacheca dove ogni operaio ha la sua foto e una pagella con i voti giornalieri su varie «materie»: atteggiamento nel lavoro, spirito di squadra, frequenza di errori, capacità di assemblaggio, produttività. I capi li misurano con il cronometro, uno strumento che il sindacato italiano riuscì a mettere fuorilegge dopo le battaglie dell'autunno caldo 1969. Signori, della Fiom-Cgil, confessa candidamente: «Avevo portato dei regali per i rappresentanti dei lavoratori, cercavo i nostri equivalenti cinesi». Ma qui non ci sono né rappresentanti né sindacati. Prendo in disparte Yinghong Pan, una delle operaie addette al controllo qualità, che mi guarda con sospetto (che cosa ci fa un giornalista in fabbrica?). Prima lavorava per una multinazionale giapponese, qui guadagna 1500 yuan al mese (150 euro), gli orari «sono quelli legali», e se c'è qualcosa che non va «i lavoratori possono sempre farlo presente ai capireparto o ai manager». L'intervista le ha fatto perdere già fin troppo tempo, torna di corsa al suo posto, seccata di aver perso minuti preziosi che contano per la sua pagella di produttività individuale.

«Il salario operaio è solo l'8 per cento del nostro costo» precisa Radici «perché il telaio tessile è un apparecchio meccatronico dalla tecnologia sofisticata; fabbricare queste macchine non è mica come produrre jeans. Il costo del lavoro da solo non basterebbe certo ad attirarci qui. La verità è che oggi in Cina quasi tutto o costa meno o funziona meglio, dall'alluminio all'energia, alle grandi infrastrutture. Abbiamo potuto costruire questa fabbrica partendo da zero in 40 giorni, in Italia 40 giorni non basterebbero neppure a ottenere uno solo dei tanti permessi necessari. Qui attorno all'aeroporto di Shanghai spuntano nuove autostrade da un anno all'altro, in Val Seriana aspettiamo da vent'anni una strada decente per ridurre la congestione dei trasporti.»

La Itema è un caso importante nel dramma che vive l'economia italiana. Di fronte al boom nell'importazione di magliette e jeans cinesi, l'Italia finora poteva consolarsi guardando proprio a quelli come Miro Radici: siamo la nazione che esporta più macchine tessili in Cina, una voce attiva nella nostra bilancia commerciale. «Gli imprenditori del tessile di Prato» ricorda Radici «mi hanno spesso accusato di vendere ai cinesi le stesse macchine che vendo a loro. Come se passassi i segreti al nemico. Ma se non esporto in Cina, dove lo faccio?» Adesso, però, Radici fa un salto molto più lungo. Non si limita più a esportare le sue macchine in Cina. Ora esporta fabbriche, posti di lavoro. Anche questa è una scelta ormai obbligata. Dieci anni fa la produzione tessile era così distribuita sul pianeta: il 35 per cento in Cina, il 65 per cento nel resto del mondo. Oggi la proporzione si è esattamente rovesciata: i due terzi dell'industria tessile mondiale sono qui sulla costa orientale della Cina, tra Shanghai e Nanchino, il Fujian e il Guangdong. «I miei concorrenti giapponesi e nordeuropei» dice Radici «sono venuti tutti qui a produrre macchinari e telai tessili, se non venivo anch'io perdevo tempo prezioso. Nel nostro mestiere è fondamentale il servizio dopovendita, la qualità dell'assistenza. Essere vicini ai clienti è decisivo e i miei clienti più grossi ormai sono qui.»

La Candiani di Robecchietto, celebre azienda produttrice di denim per i jeans, ancora un anno fa poteva ordinare cento telai meccanici alla volta alla Itema. Poi, di colpo, la Levi's ha smesso di comprare il suo denim in Italia (la Levi's assorbiva un terzo della produzione della Candiani), ora gli americani si riforniscono solo in Cina. «Nell'ultima campagna elettorale in Val Seriana» dice Marco Dalla Longa della Cgil «il leghista Roberto Maroni ha tappezzato i muri di manifesti in cui vantava i milioni di euro di finanziamenti che ci ha portato per la cassa integrazione. Di colpo ci siamo sentiti come una regione del Mezzogiorno, dove i politici portano gli aiuti pubblici.»

Finché la Cina ci sottraeva solo l'industria tessile dei filati e degli stracci, la maglieria e i jeans, potevamo specializzarci nei mestieri più avanzati, come i macchinari ad alto valore da vendere all'industria tessile cinese. Ma la necessità per la Itema di venire a produrre in Cina è un campanello di allarme serio. È il segnale che, anche nel settore più sofisticato, il nostro vantaggio può avere le ore contate. Nella visita alla fabbrica la rivelazione inquietante non è l'efficienza degli operai cinesi che montano i telai; è quel laboratorio dove dei ragazzini neodiplomati in Ingegneria stanno giocando a progettare altre macchine. Luciano Righetti della Fim-Cisl è sotto shock per il primo impatto con la Manhattan orientale che è Shanghai: «Basta vedere cos'hanno fatto di questa città, dai grattacieli al treno a levitazione magnetica, per capire che non si fermeranno, possono arrivare ovunque».

Per chi viene dalla Val Seriana, questa missione in Cina è anche un viaggio all'indietro nel tempo. Radici se lo ricorda bene, come nacque la forza dei distretti industriali italiani. «Sa qual è la prima delocalizzazione che ho conosciuto da ragazzino? Erano gli imprenditori svizzeri che spostavano le loro fabbriche nel bergamasco. La Val Seriana ancora vent'anni fa era una zona dal costo del lavoro bassissimo. In molte fabbriche locali non c'erano i sindacati. Non sapevamo cosa fosse uno sciopero. Dalle nostre parti un operaio che lavorava meno di 12 ore al giorno era additato come un *lazarùn*, uno scansafatiche. Lavoro nero, evasione fiscale, aziende che scrivevano le vendite sui bilanci un giorno sì e uno no. Me le ricordo bene queste cose. I cinesi eravamo noi.»

A Nanchino una Fiat piccola piccola

Questa è l'unica nazione dove Luca di Montezemolo alla Fiat dirigerebbe sia l'azienda sia il sindacato, risparmiandosi così la fatica di rinnovi contrattuali, negoziati, vertenze e scioperi. Eppure, proprio un viaggio dentro la filiale Fiat di Nanchino aiuta a capire perché questa Cina è un'occasione mancata per il sistema-Italia. Nanchino è un'antica città imperiale, ricca di tombe Ming, rieletta capitale dal governo nazionalista del Kuomintang negli anni Trenta dopo l'invasione giapponese della Manciuria. Oggi è soprattutto una ricca metropoli di 6 milioni di abitanti, collocata strategicamente a quattro ore di autostrada da Shanghai, nel cuore dell'ipersviluppo cinese. Fondata nel 1999 in una joint venture paritetica con la Nanjing Automobile Corporation (per ora nell'industria dell'auto le multinazionali straniere possono operare solo con un socio cinese), la Nanjing-Fiat ha 3000 dipendenti in un parco industriale di periferia. Salario lordo: 100 euro al mese.

Il *chief executive*, cioè l'amministratore delegato, alla Fiat di Nanchino è al tempo stesso il capo del sindacato unico, come si usa nelle grandi aziende cinesi, e anche per questo la parola sciopero è di difficile traduzione. «La produttività dell'operaio cinese è molto elevata» mi dice Xie Gang, direttore generale dello stabilimento. «Il lavoro qui è ancora considerato come una benedizione. Se non finiscono i pezzi previsti nelle otto ore, i nostri operai vanno avanti a oltranza finché l'obiettivo è raggiunto. La flessibilità è illimitata: se si deve dormire in fabbrica o lavorare la domenica, nessuno discute.» Eppure la Nanjing-Fiat è ricca di robot italiani della Comau. Xie Gang conferma ciò che vedo: «Il livello di automazione è quasi paragonabile a quello delle fabbriche italiane». È una prima sorpresa, e non riguarda solo la Fiat, ma tutte le case automobilistiche in Cina. Con operai che costano 100 euro al mese ti aspetteresti catene di montaggio all'antica, con pochi robot e il massimo sfruttamento di lavoro umano. Invece il mercato cinese dell'auto esige già livelli di qualità e affidabilità molto alti, incompatibili con tecnologie di produzione vecchie. Proprio perché anche qui si usa tanta tecnologia e non solo manodopera, Xie Gang calcola che «il risparmio sui costi è appena del 20 per cento rispetto all'Italia». Un vantaggio competitivo consistente, ma assai meno formidabile che in altri settori come il tessile o il calzaturiero.

I due modelli che la Fiat produce qui dal 1999 sono la Palio e la Siena, battezzate «world-car». Le auto d'importazione hanno tariffe proibitive e le Alfa Romeo, prodotte in Italia, sono quasi introvabili. Per la rapida evoluzione del tenore di vita della middle class urbana, i modelli che la Fiat fabbrica in loco si trovano pericolosamente vicini alla competizione con la fascia medio-bassa: quella dove incombono nuovi protagonisti dell'auto *made in China*, dai costi ancora inferiori. Con un comportamento che qui è abituale, racconta Xie Gang, «la stessa azienda partner della Fiat produce a Nanchino una vettura molto simile alla Palio, ma al prezzo di listino di 5000 euro anziché i 6700 del modello base col marchio Fiat».

Come i giapponesi negli anni Settanta e i sudcoreani negli anni Ottanta, i cinesi cominciano copiando, ma migliorano in fretta. Il primo grande successo popolare di un modello interamente cinese, progettato e fabbricato senza l'aiuto di case estere, è anche il primo caso di auto che ha sfondato al ribasso la soglia dei 3000 euro di prezzo di listino. È la Geely, con un design sportivo e giovanile che ricorda certe coupé Mazda. Tra gli artefici c'è un ex dirigente cinese della Volkswagen di Shanghai, Nan Yang. In un baleno la Geely si è conquistata il 4 per cento del mercato cinese e si esporta in altri paesi emergenti, per esempio nel mondo arabo.

Partita con un obiettivo di produzione già modesto – 60.000 auto – la Fiat si è dovuta ridimensionare a 40.000 nel 2004, dopo un calo del 20 per cento delle vendite. Sono cifre che fanno del *made in Italy* nell'auto una presenza puramente simbolica, di fatto invisibile. Con livelli di produzione così modesti, in un paese delle dimensioni della Cina è come non esserci. La Volkswagen ha puntato a piazzare in Cina cilindrate medio-alte e ne vende 700.000 all'anno. Eppure, gli stessi tedeschi qui hanno avuto dei problemi. Le Audi, che spadroneggiano sui grandi boulevard pechinesi, hanno avuto una flessione di vendite quando hanno commesso un peccato di presunzione: hanno tardato a rinnovare la gamma per un anno e mezzo. Guai a trattare il cinese come un consumatore di serie B. È un errore culturale imperdonabile quello commesso dalla Fiat: ha trattato la Cina come Terzo Mondo, ha tentato di rifilare ai consumatori modelli vecchi, brutti e privi di qualsiasi «glamour», proprio all'opposto dell'eleganza che i cinesi associano con il *made in Italy*. Per di più si è piazzata nella fascia bassa del mercato, cioè la prima a subire l'avanzata del *made in China*. La General Motors, che pure in America e in Europa affonda in un mare di guai, in Cina non ha commesso errori di presunzione: per raggiungere la Volkswagen gli americani hanno trattato i consumatori cinesi con rispetto, gli hanno sfornato a getto continuo nuovi modelli Buick e le ultime Cadillac. La Toyota rinnova la sua gamma cinese alla stessa velocità con cui lo fa in America. Tra Volkswagen, Gm, Toyota e Ford, sono in cantiere 13 miliardi di dollari di investimenti per aumentare la capacità produttiva a 6 milioni di auto in cinque anni.

Pechino e Shanghai soffrono già problemi acuti di congestione e inquinamento, ma basta viaggiare nell'interno della Cina per trovare livelli di motorizzazione molto più bassi, un mercato appena nato e con margini di crescita ancora inesauribili. L'asfalto c'è – 30.000 chilometri di autostrade nuove (la seconda rete mondiale) – e le proiezioni del ministro dei Trasporti Li Xinghua spiegano la tenacia di tedeschi, statunitensi e giapponesi: «La Cina avrà 140 milioni di automobili entro il 2020, sette volte il numero di oggi». Ci sono anni deludenti e ce ne saranno anche di crisi, ma chi tiene duro e investe capitali all'altezza di questo mercato, si sta conquistando una posizione strategica nel «secolo della Cina». Quando i grandi dell'industria italiana erano grandi davvero, qui hanno perso un treno che non passa due volte.

I divani Natuzzi a Shanghai

Zhu Linfeng aveva solo 16 anni nel 1993, quando Pasquale Natuzzi da Santeramo in Colle (Bari) sbarcava al New York Stock Exchange. Quell'anno, la quotazione della marca di divani pugliesi alla Borsa americana era un trionfo del modello economico italiano nel mondo: il «piccolo è bello», la flessibilità e l'inventiva dei distretti industriali, una formula vincente che dal Triveneto era scesa giù per la dorsale adriatica fino a portare lo sviluppo anche in alcune zone del Mezzogiorno. Zhu Linfeng non può saperlo, ma lui, a 28 anni, è un simbolo della fine di quel sogno, un protagonista involontario del declino italiano. Con i suoi capelli lunghi e ossigenati, un pizzo di barba trasgressivo, potrebbe essere uno dei tanti giovani che animano le discoteche in voga nella vibrante Shanghai *by night*. Per noi è più importante il modo in cui passa le giornate: esperto in informatica, con alle spalle un'esperienza di sei mesi in un mobilificio di Treviso, per 300 euro al mese il quadro Zhu Linfeng addestra con polso di ferro gli operai cinesi della Natuzzi. Nel 2005, mentre metteva in cassa integrazione 1220 operai a Santeramo, l'azienda pugliese ha inaugurato una nuova fabbrica a Shanghai con 950 dipendenti, la seconda che apre in Cina. Pasquale Natuzzi ha fama di essere un perfezionista, ma ha dovuto arrendersi: a Shanghai riesce a produrre divani che reggono il confronto con quelli *made in Italy*. Un mobile identico in Italia gli costa 2000 euro, qui riesce a farlo per 500. La maggior parte della sua produzione cinese finisce in America, venduta da Ikea, dopo aver superato gli esami di qualità degli ipermercati svedesi.

Il direttore della nuova fabbrica di Shanghai è italiano, Antonio Ventricelli. In ogni reparto i ruoli strategici per ora sono presidiati da italiani. Per esempio, quattro specialisti del taglio e cucito verificano la qualità e istruiscono la manodopera locale. «Questi cinesi sono bravi, sono svegli, imparano in fretta» dice Ventricelli «dopo tre mesi di formazione sono a posto. Con 160 euro di salario mensile più gli incentivi, abbiamo degli operai specializzati di prim'ordine.»

La visita allo stabilimento rivela uno spettacolo lontano dalle fabbriche-lager che sono l'altra faccia della Cina, quelle del lavoro minorile, degli orari massacranti e del moderno schiavismo. La Natuzzi, come altre società straniere, ha trapiantato qui metodi occidentali: grandi spazi (42.000 metri quadri) e soffitti alti, l'igiene, i cartelli con le istruzioni anti-infortuni, i guanti di gomma, le mascherine, le cappe di aspirazione dell'aria condizionata, i pannelli isolanti contro il rumore. C'è anche automazione, più di quanto ci si aspetti in un paese dove gli operai costano molto meno dei robot. Per i test di qualità sui materiali, per il design computerizzato, è d'obbligo comunque la precisione standard delle macchine. Molte sono importate dall'Italia («cardatrici Ciccimarr di Altamura»), alcune sono già *made in China*. Certi apparecchi sono così sofisticati – le «scorniciatrici» azionate da computer – che, a osservare i tecnici in azione, si direbbe stiano giocando ai videogame.

Se i cassintegrati pugliesi potessero vedere questo stabilimento, non troverebbero i segni di uno sfruttamento da Terzo Mondo. A prima vista le differenze con una fabbrica italiana sono sfumature: un'atmosfera di rispetto antico per le gerarchie, piccoli segni esteriori di una disciplina collettiva. La diversità sostanziale non è appariscente, ma c'è. Il giovane manager Zhu Linfeng che mi fa da interprete, nonostante il suo italiano perfetto (ha tre zii emigrati in Veneto), inciampa su un termine per lui incomprensibile. «Che cos'è un sindacato?» Dopo lunghe spiegazioni, alla fine mi indica l'ufficio del personale: là c'è un'impiegata che all'occorrenza può «rispondere ai quesiti degli operai». Aggiunge che ogni reparto ha un responsabile – si riconosce dal camice bianco – e «se ci sono dei problemi, gli operai possono rivolgersi a lui». Cioè al loro capo.

Chen Kaijun, 32 anni, detto «Speedy» per la sua produttività record, è uno di questi capireparto che dovrebbero fungere anche da rappresentanti delle maestranze. È visibilmente contrariato all'idea di abbandonare per qualche minuto il reparto, e perdere punti nella sua performance personale. Solo all'ordine del manager si rassegna e interrompe il lavoro per parlare con il visitatore straniero. Ai suoi comandi ha 50 operai tappezzieri. Insistendo, si riesce a capire che le eventuali lamentele degli operai seguono la via gerarchica: se Chen non può risolverle da solo, ne parla con il suo capo, e questi, a sua volta, per una questione importante può riferire ai dirigenti italiani. Ha mai sentito dire che in altri paesi il sindacato organizza degli scioperi, i lavoratori bloccano l'impresa per ottenere qualcosa? Chen ridacchia, ammette che sì, una volta deve aver sentito dire qualcosa del genere alla televisione, forse in un notiziario sull'estero. Qui dentro lui ricorda un quasi-sciopero, che descrive così: «Quando arrivarono macchinari nuovi e cambiarono i ritmi di produzione, gli operai erano scontenti. Si presentarono tutti al reparto, ma lavoravano più lentamente del solito. Ne abbiamo discusso. Alla fine si sono convinti». È questa la punta massima di conflittualità in fabbrica che riesce a immaginare Chen «Speedy» Kaijun.

Chen ha saputo della cassa integrazione a Santeramo. «I capi italiani ci dicono: voi avete un buon posto di lavoro, ma in Italia ci sono operai come voi che sono stati mandati a casa. Perciò io dico ai miei che dobbiamo produrre bene, per essere sicuri di avere sempre il salario.» Qualcuno in Italia pensa che la crisi sia colpa loro. L'idea lascia interdetto Zhu Linfeng: «Come la Natuzzi, ci sono migliaia di aziende straniere che vengono a produrre a Shanghai perché costa meno. Abbiamo tanta gente da sfamare, tanti che hanno bisogno di lavorare».

Nel 1993, quando Pasquale Natuzzi approdava a Wall Street, sul «Financial Times» apparve una battuta: «L'unica cosa più *fashionable* [alla moda] di un vestito italiano, è il distretto industriale italiano che lo ha fabbricato». A quell'epoca, Bill Clinton chiese a un vertice del G-7 uno studio sulla vitalità dei nostri distretti industriali. Michael Porter, grande guru del management all'Università di Harvard, dedicava libri alla piccola impresa italiana e mandava i neolaureati a studiarci da vicino. A Parigi eravamo additati a modello. Per i francesi le nostre imprese avevano tutte le qualità che mancavano alle loro: le italiane erano piccole, flessibili, dotate di aggressività commerciale sui mercati esteri, non ingessate in un rapporto di dipendenza e subalternità con il potere politico.

Il distretto del mobile pugliese-lucano nato attorno alla Natuzzi dilagava da Santeramo ad Altamura, Gravina, Gioia del Colle: 15.000 posti di lavoro, il 15 per cento del mercato americano dei divani in pelle, l'8 per cento del mercato europeo. Dietro il successo di una miriade di microimprese familiari c'era il genio creativo italiano, la tradizione di eleganza, la maestria degli artigiani, ma non solo quello. C'erano anche vantaggi competitivi meno nobili, e non esclusivi: i salari bassi, le svalutazioni frequenti della lira, tanta economia sommersa, lavoro nero, evasione fiscale. Vantaggi che in soli dieci anni sono svaniti, di fronte a quelli che offre la Cina. Alla Natuzzi elencano numeri spietati: «A Shanghai noi siamo tra le aziende che pagano bene, eppure i salari netti dei nostri dipendenti cinesi sono un quarto degli italiani. Mettiamo tutti in regola, ma i loro oneri sociali pesano solo il 16 per cento. La loro produttività è superiore alla nostra, quasi di un terzo». Nel 2005 la Natuzzi Spa ha avuto i conti in rosso. Le sue vendite sono diminuite del 4,5 per cento in Europa, e quasi crollate in America: meno 25 per cento. Hanno retto solo le esportazioni di divani e poltrone Italsofa, la linea di prodotti meno costosi che escono dalla fabbrica di Shanghai in partenza per la West Coast americana.

Un pezzo dell'antico modello italiano casa-e-bottega rivive a Shanghai: a 52 anni, il direttore della fabbrica si è portato dalla Puglia la famiglia intera – moglie, figlio, figlia e genero –, tutti impiegati in fabbrica. «I cinesi» dice Ventricelli «sono gli italiani di 30 anni fa, quelli che ricordo io quando cominciai al bancone: dei gran lavoratori.» Come Ventricelli si è trapiantato col suo clan familiare al completo, anche i guru di management di Harvard migrano a Shanghai per studiare la geopolitica dei nuovi distretti industriali.

Non mi aspettavo che il «male cinese» arrivasse a colpire così velocemente anche la Natuzzi. In apparenza, i suoi dirigenti avevano capito per tempo la natura della sfida, e avevano adattato le strategie aziendali ai nuovi imperativi dell'economia globale. Capire cosa è andato storto non è facile, eppure è essenziale per il drammatico impatto di questa crisi sul tessuto sociale italiano.

Che cosa si è rotto in quel meccanismo? Pasquale Natuzzi punta il dito su due cause: l'euro forte e la concorrenza dei paesi emergenti. Una tenaglia spietata. Da un lato, l'euro forte accentua i costi di produzione già elevati in Italia (costo del lavoro, cuneo fiscale e contributivo, costo dell'energia, dei servizi, delle infrastrutture). Dall'altro, i paesi emergenti producono con salari che sono una frazione dei nostri, e inoltre fanno progressi spettacolari anche sul fronte della produttività, dell'efficienza, della qualità e affidabilità dei prodotti.

Di fronte a questa tenaglia, l'analisi fatta dal management della Natuzzi, e le conseguenze strategiche, a prima vista sembrano coerenti. Da tempo l'azienda ha puntato a rafforzarsi nella fascia medio-alta del mercato. Ha trasformato il marchio Natuzzi, per così dire, nel «Giorgio Armani» del divano *made in Italy*. L'unica via d'uscita per sfuggire alla rincorsa dei paesi emergenti consiste nel conquistarsi una reputazione tale di qualità, eleganza e stile da convincere i clienti del mondo intero a pagare un sovrapprezzo per i propri prodotti. D'altro lato, per non rinunciare a essere presente nel mercato di massa, Natuzzi ha creato una sottomarca, la Italsofa, che vende a prezzi inferiori e produce nei nuovi impianti che l'azienda ha aperto in Cina, Brasile e Romania. Questa strategia non è cominciata ieri. È partita nel 2000: due anni prima che la Cina fosse ammessa nella Wto, l'organizzazione del commercio mondiale, cioè a un'epoca in cui molte altre imprese italiane erano ben lungi dall'intuire quale minaccia-opportunità potesse rappresentare la nuova Cina.

È lungimirante la scelta di trattare la Cina non solo come un bacino di manodopera a buon mercato – dove delocalizzare le produzioni a basso costo – ma anche come un vasto mercato di consumo. Un mercato dove sta crescendo una fascia di consumatori benestanti che già idolatrano il *made in Italy*, status symbol dei nuovi ricchi cinesi, e sono disposti a strapagarlo: di qui la presenza del marchio «nobile» Natuzzi negli otto negozi già aperti a Pechino, Shanghai, Shenzhen, Hangzhou e Shenyang. E per garantire che il design Natuzzi rimanga sempre la punta d'eccellenza mondiale, il Centro stile del gruppo (180 persone fra creativi, esperti di materiali, controllori della qualità) rimane rigorosamente in Puglia. Gli ingredienti di una risposta di successo alla sfida cinese sembrano esserci tutti. Primo: non bisogna aspettare che siano i cinesi a invaderci, occorre andare noi a produrre in Cina. Secondo: la Cina non è solo una minaccia, è anche un'opportunità, perché è il più grande mercato di consumatori in espansione. Terzo: nel territorio natale l'occupazione va difesa riqualificandosi verso mestieri sempre più nobili, più specialistici, ad alto valore aggiunto, quelli su cui contano la creatività e il talento, non il basso costo del lavoro. I profitti ottenuti producendo in Cina vanno reinvestiti nella riconversione delle attività della casa madre su segmenti sempre più avanzati e sofisticati. Una strategia aggressiva di questo tipo, nel lungo termine, è più efficace rispetto alla difesa protezionista, miope e perdente, che sta tentando la parte più arretrata dell'industria tessile europea.

Cosa non ha funzionato nella ricetta di Natuzzi? La combinazione tra il fattore tempo e il fattore umano è stata semplicemente rovinosa. Il divario insostenibile emerge da questa constatazione impietosa: la maggior parte degli operai pugliesi e lucani in cassa integrazione o addirittura disoccupati, nel distretto del mobile sono cucitori con il diploma di scuola superiore. È la stessa contraddizione visibile nella sproporzione fra due numeri: i 1320 in cassa integrazione alla Natuzzi, e i 180 che lavorano al suo Centro stile. Idealmente, in Italia l'occupazione sarebbe assai più facile da difendere se fosse tutta manodopera con il profilo professionale da Centro stile. Ma non è così. Abbiamo ancora una grande classe operaia, le cui professionalità non sono al riparo dalla concorrenza cinese.

La California ha fatto verso la Cina e tutta l'Asia un'operazione simile a quella che servirebbe fare in Italia. La grande industria hi-tech della Silicon Valley ha delocalizzato tutta la parte manifatturiera, tutte le fabbriche: prima a Taiwan e in Corea del Sud, poi in Cina. Nella Silicon Valley ha mantenuto solo i mestieri più pregiati: dirigenti e manager, scienziati e ricercatori, esperti di finanza e di strategia, creatori di nuovi prodotti, professionisti con due lauree, master e dottorati di ricerca, avvocati specializzati nel diritto internazionale dei brevetti, investitori di *venture capital*. Ma la Silicon Valley ha cominciato a integrarsi con l'Asia vent'anni fa. E nei vent'anni di questa sua gigantesca riconversione è stata beneficiata da un'inondazione di capitali dal resto del mondo, che hanno facilitato non poco la transizione. Una transizione che comunque, sul piano sociale e umano, ha avuto dei costi non irrilevanti: anche nell'opulenta California c'è chi si è dovuto adattare, all'età di 50 anni, a fare un mestiere in cui guadagna un terzo in meno di quel che guadagnava a 40 anni.

Il dramma della Natuzzi, ovvero il dramma italiano, è che l'onda d'urto della sfida cinese ci è arrivata addosso in un'epoca in cui i tempi di transizione si sono accelerati spaventosamente, perché la velocità con cui la Cina agguanta i paesi industrializzati si è accorciata a dismisura in tutti i settori. L'operazione «californiana» diventa molto più faticosa, più feroce nei suoi costi umani, perché va effettuata in tempi rapidissimi e con risorse scarse per «oliare» il processo di transizione. La direzione di marcia deve essere quella: spostarci velocemente sulle vocazioni più pregiate ed esclusive, dove i talenti del *made in Italy* restano ineguagliati e venerati dal mondo intero, Cina inclusa. Ma è una marcia che non può essere affidata alle forze di una singola azienda, o di una singola comunità locale. Occorrono una regia nazionale, idee e capitali per accelerare il passo, e aiutare chi rischia di essere travolto e stritolato.

I nostri nuovi emigranti

C'è un'azienda di punta che ha assunto più di 20 ricercatori italiani, con lauree e dottorati in fisica, chimica, ingegneria elettronica; un'azienda che all'équipe di «cervelli» italiani fa fare ricerca e sviluppo, innovazione, creazione di nuovi prodotti nelle tecnologie avanzate. Anche il suo top manager è italiano, Marco Mora, 47 anni. Ma l'azienda è cinese. È a Pudong, in un quartiere che ancora quindici anni fa era una vasta risaia e oggi è la Manhattan di Shanghai. L'impresa si chiama Semiconductors Manufacturing International Corp. (Smic), ha solo cinque anni di vita ed è già il numero tre mondiale nella sua specialità di semiconduttori elettronici. Mentre in Italia si accusa la Cina di concorrenza sleale per i bassi salari, lo sfruttamento, la mancanza di diritti sindacali, c'è un'altra Cina lanciata in una sfida più ambiziosa, che insegue la Silicon Valley e dirotta verso Shanghai una parte della fuga di cervelli dalle nostre università.

La storia di Marco Mora, direttore generale della Smic, è un esempio delle occasioni che offre questa nuova frontiera. Mora ha lavorato 10 anni nella St (Sgs-Thomson) di Pasquale Pistorio, l'ultima multinazionale italiana (in realtà franco-italiana) nell'Information Technology. Poi è passato alla filiale italiana della Texas Instruments. Ma in Italia le imprese e le opportunità di carriera nelle tecnologie avanzate sono poche. Un suo collega cinese, che aveva conosciuto alla Texas Instruments, lo ha trascinato in Asia: prima a Taiwan, poi a Shanghai. Nell'aprile 2000 un gruppo di 20 persone, tra cui Mora, creavano la Smic. Due anni dopo era già quotata alla Borsa di Wall Street e aveva raccolto un miliardo di dollari di capitali. Oltre alla casa madre di Shanghai, la Smic ha due fabbriche nuove a Pechino, ne sta costruendo una a Chengdu, ha filiali in California e a Tokyo.

«In questo settore» dice Mora «è fondamentale essere all'avanguardia nella ricerca, e la ricerca è fatta di persone, di capitale umano. I neolaureati cinesi in matematica e fisica sono preparatissimi. Con 1000 dollari al mese io posso reclutare un ottimo ingegnere cinese, in Italia dovrei pagare dieci volte di più. Ma i giovani cinesi rendono meglio se vengono stimolati dal contatto con talenti e idee internazionali.» Perciò la Smic, fin dalla nascita, ha ingaggiato cervelli all'estero: ha 1000 dipendenti stranieri, molti con master o dottorato di ricerca. «In Italia» dice Mora «tanti di questi ragazzi li ho portati via dalla St e dalla Texas Instruments. Ho formato qui a Shanghai un gruppo di italiani magnifico.» Lo conferma il presidente, Richard Chang, mezzo taiwanese e mezzo shanghainese: «The Italians are strong, very strong. I am very happy to have them here» (gli italiani sono fortissimi, sono felice di averli qui). Per attirare i talenti stranieri hanno riprodotto a Shanghai uno stile californiano. Alla Smic chi vuole proseguire gli studi può prendersi un master lavorando. La ricerca tecnologica in azienda si svolge in cooperazione con le facoltà scientifiche: la Fudan e la Tongji di Shanghai, la Qinghua e la Beda di Pechino. Per ricreare l'atmosfera da «campus» che c'è negli Stati Uniti alla Microsoft o alla Hewlett-Packard, l'azienda ha costruito ai propri ricercatori villette con piscine, le scuole per i figli con professori bilingui (inglese e cinese) assunti da tutto il mondo.

Alcuni italiani, partiti come ricercatori, qui si sono trasformati in manager e imprenditori, hanno acquistato nuove competenze nella finanza, nel marketing. Altri girano tra i nuovi stabilimenti di Pechino e Chengdu. Paolo Bonfanti ha 38 anni, una laurea in Fisica alla Statale di Milano, un primo lavoro alla Texas Instruments di Avezzano. Dal 2002 si è trasferito a Shanghai. Alla Smic fa ricerca e sviluppa nuove tecnologie, prodotti, macchinari, in un'industria dove il progresso brucia i tempi, generazioni di nuove invenzioni si accavallano a ritmi veloci. «Avevo voglia di cambiare» dice Bonfanti «e in Italia, dopo cinque anni di esperienza nell'hi-tech, ci si sente già stretti, è difficile trovare di meglio. Se penso di tornare in Italia? Tornare a fare cosa?»

La Smic è una tappa nella visita che ha fatto a Shanghai il ministro italiano dell'Innovazione Lucio Stanca il 31 maggio 2005. Lo hanno portato a vedere una delle meraviglie economiche della città, il «parco tecnologico» di Zhangjiang a Pudong. In un'area dove nel 1992 non c'era una sola fabbrica, ma solo campicelli di contadini poveri, oggi ci sono 3700 imprese, che hanno investito 11 miliardi di dollari per creare qui laboratori, centri di ricerca scientifica. Ci si arriva dal nuovo aeroporto intercontinentale di Shanghai con il treno a levitazione magnetica Maglev, a 300 chilometri all'ora. Il parco tecnologico Zhangjiang è sconfinato, diviso in più zone secondo le specializzazioni. (Attraversarlo da un capo all'altro è un viaggio, ma è tutto in proporzione: Shanghai è più grande della Lombardia e ha più abitanti dell'Olanda.) C'è la «Silicon Valley», dove si addensano i leader mondiali dell'informatica: Microsoft, Intel, Ibm, Hewlett-Packard, Infosys. C'è la zona riservata alle biotecnologie, l'Istituto nazionale per la ricerca sul genoma, laboratori di sperimentazione sulle cellule staminali, gruppi di scienziati che lavorano in Cina per l'industria farmaceutica e biotecnologica euro-americana: Pfizer, Roche, Boehringer, Givaudan, Lilly. C'è una terza zona dedicata all'ottica di precisione, con multinazionali giapponesi e coreane. C'è il centro dei supercomputer: la Cina è ormai una delle potenze mondiali in questo settore, è nel club dei quattro paesi che hanno i mezzi per produrre dei supercomputer per usi militari, spaziali, e di ricerca scientifica, alla pari con gli Stati Uniti, il Giappone e la Gran Bretagna. Nel centro dei supercomputer ci sono apparecchi la cui potenza viene affittata a tutte le imprese della Cina che ne hanno bisogno per l'innovazione tecnologica: dalla messa a punto di nuovi materiali alla ricerca biomedica. Sembra lontanissima da qui quell'altra Cina, dove le multinazionali del tessile-calzaturiero subappaltano i mestieri più poveri, dove delocalizzano mansioni operaie, dove c'è lo sfruttamento minorile e gli abusi contro i diritti umani nelle fabbriche. Questo, invece, è un mondo di laboratori asettici, di scienziati col camice bianco. Una visita a Pudong chiarisce perché questa città, dopo mezzo secolo in cui ha visto emigrare i suoi talenti migliori, oggi ha invertito il flusso. Fino a portarci via i talenti italiani.

Il ministro Stanca è stato ricevuto a Zhangjiang dal vicedirettore del parco tecnologico, il trentenne Lu Fangzhou. Dopo aver presentato il polo delle tecnologie avanzate, dopo aver risposto alle curiosità della delegazione italiana, Lu ha azzardato: «Posso farle io una domanda? In Cina non abbiamo un ministero dell'Innovazione. A che cosa serve?».

Italian way of life, made in Usa

Come si dice un espresso doppio in cinese? Si dice «esplesso dopio». Come in giapponese, del resto. Idem in coreano. Lo stesso vale per «capucino». Una rivoluzione del costume sta minacciando la più antica tradizione che lega tutti i popoli dell'Estremo Oriente: la civiltà del tè perde colpi a Pechino come a Tokyo, a Seul e a Singapore, tra le nuove generazioni asiatiche avanza vittorioso il nostro caffè. E, con il caffè, conquistano l'Asia una miriade di prodotti e comportamenti quotidiani, tic e stili che definiscono la *Italian way of life*. La globalizzazione non è sempre sinonimo di America. Negli indici di audience delle Tv cinesi e giapponesi il campionato di calcio italiano rivaleggia con il basket americano. La moda disegnata a Milano e Firenze detta legge almeno quanto i jeans e le Nike. L'Italia è sintomo di raffinatezza nell'arredamento delle case e nella gastronomia. Basta passeggiare poche ore per le vie di Shanghai e Hong Kong, di Osaka e Kuala Lumpur, per aprire gli occhi di fronte a questo fenomeno: insieme con l'americanizzazione, questo continente del futuro che è l'Asia subisce un'evidente, irresistibile, clamorosa italianizzazione. Gli unici a non essersene accorti sono gli imprenditori italiani. Sempre occupati a piangersi addosso, i nostri produttori regalano alla concorrenza straniera l'immagine e i profitti, l'uso e l'abuso del *made in Italy*.

È proprio il nostro espresso italiano quello che milioni di camerieri cinesi e giapponesi, coreani e malesi, hanno imparato a preparare a regola d'arte. Caffè e cappuccino sono degli status symbol generazionali e di ricchezza. Non li troverete nelle campagne arretrate, ma nelle grandi città. Gli anziani resistono, ma i giovani quando si siedono a un bar non vogliono più vedersi servire l'antico tè verde profumato al crisantemo o al gelsomino, né il tè scuro Oolong o Darjeeling. Vacilla il dominio millenario di un'erba che è molto più di una bevanda: era trasportato lungo la via della seta fin dai tempi di Marco Polo; invase l'Inghilterra e la sedusse a tal punto che l'impero britannico nell'Ottocento soffriva di un cronico deficit commerciale con la Cina proprio a causa del tè (per compensarlo, gli inglesi esportavano quell'oppio indiano che fu all'origine delle guerre contro l'ultima dinastia imperiale di Pechino). Il pianeta intero poteva dividersi lungo un confine etnico e geoculturale tra bevitori di caffè e bevitori di tè, ma oggi quella frontiera si sposta rapidamente. Il nostro espresso si è imposto come energetico, tonificante, una frustata di aggressività più adatta alla competizione capitalista. In un recente film di successo cinese, un giovane in cerca di fidanzata ricorre alla tecnica americana del «blind-dating», cioè gli appuntamenti alla cieca fissati su Internet: ogni volta incontra la nuova ragazza in un bar e i due ordinano espressi e cappuccini, finché lui ha una crisi da indigestione di caffeina. Una storia simile sarebbe stata incomprensibile per il pubblico locale ancora dieci anni fa.

L'imperialismo dell'espresso si è imposto con una guerralampo. Peccato che a diffonderlo tra i giovani giapponesi, cinesi e coreani sia stata una multinazionale di Seattle, piovosa città dello Stato di Washington sulla West Coast americana, cioè la Starbucks: la sua insegna luminosa è riconoscibile all'ingresso della Città Proibita di Pechino e sull'elegante via Ginza di Tokyo. Starbucks dilaga come McDonald's in tutta l'Asia, eppure la sua ricetta è inconfondibilmente italiana, i termini che usa sono i nostri, i camerieri orientali storpiano affettuosamente l'espresso con le loro «erre» dolci.

Almeno nell'abbigliamento e negli accessori di lusso abbiamo ancora degli stilisti italiani. A Tokyo il primo segnale della ripresa economica è stata la nuova proliferazione dei negozi di

Armani e Ferragamo, Versace e Prada, che dai tradizionali bastioni della Ginza e di Akasaka stanno dilagando in tutti i quartieri della città. I cinesi ricchi non hanno più bisogno di volare fino a Hong Kong nei weekend per vestirsi, i nostri stilisti gareggiano con Vuitton, Chanel e Burberry nell'inaugurare showroom a Canton e Shenzhen, Shanghai e Tianjin. Ma in tutti gli altri settori lo stile italiano è stato abilmente catturato e rilanciato da chi italiano non è. Il boom della Ikea, altro fenomeno globale e generazionale che non risparmia una sola delle grandi metropoli asiatiche, è la storia di successo di un'impresa svedese che arreda le case con un design nel quale l'Italia fu pioniera. Molte forme giovanili ed essenziali che stanno reinventando la cultura dell'abitazione in Asia vengono vendute da Ikea, ma ricordano mode lanciate in Italia trent'anni fa dai grandi nomi come Cassina e Artemide.

Tra i giovani asiatici della middle class urbana, professionisti cosmopoliti, la dieta mediterranea ha il vento in poppa. Ma a Pechino o a Tokyo bisogna fare la spesa nei supermercati francesi Carrefour per trovare gli ingredienti della nostra gastronomia, e non è detto che siano Doc: avanzano l'olio d'oliva spagnolo, la salsa al pomodoro prodotta in California, il «parmesan cheese» grattugiato della Kraft. La più grande catena alimentare che popolarizza il mangiare italiano in Cina è Pizza Hut, multinazionale americana. Non un solo imprenditore italiano ha avuto la stessa, banalissima idea: lanciare su scala industriale e globale la pizza come alternativa al fast food degli hamburger. Arriva anche la moda del gelato. La porta la marca americana Haagen-Dazs. I Ferrero Rocher sono una timida eccezione in mezzo al dilagare delle boutique di cioccolatai belgi, come Godiva.

È avvilente assistere alla «colonizzazione» dell'Asia da parte di una *Italian way of life* brevettata da statunitensi, francesi, svedesi. In altri mestieri industriali possiamo trovare una spiegazione delle nostre debolezze. Nel 2005 Germania e Giappone hanno venduto ai cinesi 60 treni ad alta velocità per 800 milioni di euro. Noi non abbiamo né la Siemens né la Kawasaki Heavy Industries, e neanche l'alta velocità. Il capitalismo italiano ha perso da tempo la battaglia delle dimensioni globali. Ma questo handicap strutturale che ci penalizza nell'informatica e nell'automobile, nell'aerospaziale e nella farmaceutica, non dovrebbe vietarci anche il business dei supermercati e della pizza. Non c'è bisogno né di un Bill Gates né della capitalizzazione borsistica della Microsoft per vendere alle nuove generazioni asiatiche il sogno di un appartamento moderno arredato con raffinatezza, e la schiuma morbida che galleggia sul cappuccino.

Quando portavamo Viareggio a Tianjin

Della villa che fu signorile si intravedono ancora le verande in stile neopalladiano, i bei fregi di stucco, le ringhiere in ferro battuto, un'architettura che ricorda le prime «residenze secondarie» del Regno d'Italia, decorose palazzine di *nouveaux riches* del nostro inizio Novecento sul lungomare di Viareggio o di Sanremo. L'ampio cortile, invece, è arredato da una densa e brulicante umanità cinese, che per generazioni ha depositato qui le tracce della sua infaticabile lotta per la sopravvivenza: baracchine di legno e mattoni, stufe a carbone, gabinetto all'aperto, panni stesi, immondizia e l'onnipresente odore di cavolo bollito. Dirimpetto c'è la chiesa del Sacro Cuore, la forma sembra voler evocare Santa Maria delle Grazie del Bramante a Milano, non fosse per l'insegna al neon che tradisce la sua ultima funzione: sala giochi-videogame. Siamo sul corso Vittorio Emanuele III. Quello di Tianjin. Una città italiana dimenticata nel cuore della Cina.

Neanche fosse una Pompei inghiottita dalla lava, quasi nessuno oggi ricorda come e perché ci sia stata qui una colonia italiana: a sole due ore di treno da Pechino, nel centro di una metropoli di 9 milioni di abitanti che è la quinta del paese, detta anche la Shanghai del Nord. Eppure è una storia finita appena sessant'anni fa. La concessione italiana di Tianjin è esistita come una piccola città-Stato autosufficiente, con la sua urbanistica, le sue leggi e il suo miniesercito, per ben 43 anni dal 1902 fino al 1945. Ce la conquistammo, si fa per dire, per il solo fatto di aver partecipato con 1882 soldati e 83 ufficiali al contingente delle otto potenze (con Gran Bretagna, Francia, Germania, Austria, Russia, Giappone e Stati Uniti) che nel 1900 organizzarono una feroce spedizione punitiva contro la Cina, come rappresaglia dopo la rivolta antioccidentale dei Boxer e per difendere i protettorati occidentali in pericolo. Gli alleati avevano ben altre mire espansioniste sulla Cina, all'Italia invece bastava «esserci», fra i Grandi. Come premio ci assegnarono 124 acri di terreno a Tientsin (allora si scriveva così), porto fluviale della capitale a 60 chilometri dal mare. La concessione fu disegnata e costruita come un modellino di «New Town» italiana di quei tempi, con le sue belle strade alberate, i giardini e le rotonde. Via Trieste e via Trento, via Roma e via Firenze, piazza Dante e piazza Regina Elena. All'inizio l'abitavano, in un rigoroso apartheid razziale tra strade nobili e quartieri plebei, 140 italiani protetti da 700 marinai del re, e 5000 cinesi. C'era la caserma, un opificio, la scuola italiana, la banchina del porto riservata al Lloyd Triestino. Il governo di Tianjin era nelle mani del nostro console, la polizia urbana aveva comandanti italiani e agenti locali. Nel 1934 la colonia degli espatriati era salita a quota 366. Mentre tutt'intorno la Cina attraversava veri sconvolgimenti – la caduta dell'ultima dinastia imperiale, la Repubblica del 1911, la guerra civile tra nazionalisti e comunisti nel 1927, l'invasione giapponese in Manciuria nel 1931 – le signore italiane ingannavano la noia giocando al mah-jong, i mariti al club si dedicavano allo sport più in voga, la pelota.

In mezzo alla grande Storia, qualche italiano riuscì perfino a ritagliarsi un ruolo individuale: si ricorda un ingegnere, Gibello Socco, che diventò direttore delle ferrovie della Manciuria; Armando De Luca e Quirino Gerli furono chiamati al vertice delle Dogane nazionali; Evaristo Caretti fu nominato numero uno delle Poste per tutta la Cina; due generali addestrarono gli aviatori cinesi e un giurista italiano partecipò alla riforma del codice penale. Più i soliti commessi viaggiatori del *made in Italy* che vendevano un po' di armi e un po' di macchinari, qualche Fiat e dei prodotti chimici.

Nei primi anni Trenta passò di qui anche il conte Galeazzo Ciano, genero di Mussolini. Inseguiva il grande disegno di trapiantare il fascismo in Cina. In quel campo non combinò molto. In compenso, a Tianjin Ciano creò un casinò per il gioco d'azzardo e gli affari andarono a gonfie vele. In quel periodo fece capolino tra i nuovi edifici anche l'unico esempio di stile littorio, una torre coi fasci che i cinesi hanno provveduto a far scomparire.

L'8 settembre 1943 l'armistizio colse di sorpresa anche il piccolo reparto italiano di Tianjin, contro cui si scatenò un reggimento giapponese agli ordini del colonnello Tanaka. La resistenza durò un solo giorno. Centosettanta soldati aderirono alla Repubblica di Salò e continuarono a combattere a fianco dei giapponesi e dei tedeschi. Gli altri finirono in campi di concentramento, nella stessa Tianjin e in Corea.

A ricordare quell'epoca rimane una collezione di cartoline storiche, in vendita all'Hotel Hyatt, vicino alla gigantesca stazione ferroviaria, un Moloch che vomita fiumi di passeggeri a tutte le ore. La nuova Tianjin, come tutte le grandi città della Cina, accoglie il viaggiatore in arrivo da Pechino con un orizzonte di grattacieli orrendi, casermoni cubici in vetrocemento, fabbriche urbane e *shopping mall*, la torre della televisione in stile Sputnik. Ma come nelle *Città invisibili* di Calvino, un'altra Tianjin convive nel cuore della prima, quasi a ricordarle che un mondo diverso è possibile. Al centro, a piazza della Vittoria, ribattezzata della Pace, con i suoi platani, la fontana, le ville con le torrette e i giardini da lungomare della Versilia. Sul marciapiedi, un riparatore di biciclette ha allestito la sua officina all'aperto. Nonostante i 9 milioni di abitanti, qui, nella piccola Italia, non c'è il caos del traffico, la vita scorre a un ritmo più lento, come se l'urbanistica potesse anche regolare i ritmi della vita. Due ciclisti passano con le gabbie dei canarini appoggiate al manubrio, si fermano ad assaggiare i *wonton* (ravioloni al vapore) a una bancarella. Di fronte alla Casa del Poeta, un ambulante vende – alla salute del *made in Italy* – scarpe di griffes contraffatte.

Nella Cina del grande boom economico, proiettata a sfidare gli Stati Uniti come superpotenza planetaria, Tianjin è una città che conta: è nato qui l'attuale primo ministro Wen Jiabao. Il sindaco è un ex governatore della banca centrale, amico di lunga data di Carlo Azeglio Ciampi. Questa nuova classe dirigente, tecnocratica e cosmopolita, nell'esplosione del benessere comincia a pensare anche alla qualità dello sviluppo. Questo angolo dimenticato d'Italia nel centro della Cina ha ispirato un'idea: dopo deici anni di inondazioni di cemento armato, dopo l'orgia dei grattacieli e delle sopraelevate, perché non provare a ricreare un urbanismo a misura d'uomo? È nato il progetto di restauro per ricreare la città italiana, con il contributo dello studio dell'architetto milanese Vittorio Gregotti, «spolverando» dolcemente dai nostri ruderi tutti gli strati di storia cinese che vi si erano incrostati addosso fin quasi a nasconderla. Si intravede una felice intuizione, una possibile vocazione per il futuro del *made in Italy*: esportare «soluzioni» per la qualità della vita. La bellezza preservata e restaurata del centro storico di Roma, Venezia e Firenze, l'orgogliosa cultura dei nostri borghi medievali, i paesaggi eleganti delle colline del Chianti o del Monferrato, la filosofia dello slow food, tutto ciò comincia a far breccia, a sedurre la nuova élite cinese che patisce lo stress urbano delle megalopoli di Pechino e Shanghai. Trasformare questo impalpabile know how italiano in un business da esportazione, non deve essere impossibile. È il senso dell'«operazione Tianjin», a cui i dirigenti locali cinesi hanno creduto. Forse sopravvalutandoci.

In mezzo all'euforia per la riscoperta di un pezzo di storia italiana così lontano, si avverte purtroppo il rischio di un equivoco e di una gigantesca illusione. I leader cinesi di questi tempi sono abituati a essere corteggiati dal mondo intero: governi e multinazionali. Dietro l'operazione urbanistica di restauro della «Tianjin italiana», qui prevedono l'arrivo di battaglioni di imprenditori dall'Italia con i libretti di assegni in mano, pronti a far salire il valore del metro quadro (e pagare le giuste indennità agli abitanti del quartiere «delocalizzati» in qualche nuovo caseggiato di periferia). Il premier e il sindaco si aspettano che il denaro e la genialità dei capitalisti italiani trasformino questo quartiere in un incrocio fra via Montenapoleone, Brera e piazza Affari: una supervetrina del *made in Italy* e, insieme, un luogo di cultura e progettazione, un polo del design e dello stile trapiantato in Cina. Ciampi ha inaugurato il progetto Tianjin nel 2004. Due anni dopo, di quel sogno non si era realizzato praticamente nulla. Se non dovessero arrivare capitali e idee, i cinesi scopriranno che il sistema-Italia aveva più risorse, o più coraggio, nel 1902.

Grande Muraglia batte Colosseo

Dal 2004 la Cina ci surclassa dove meno ce l'aspettavamo: come meta del turismo internazionale. Con 42 milioni di turisti stranieri ci sottrae il quarto posto nella classifica mondiale, relegando l'Italia alla quinta posizione fra i paesi più visitati (i primi tre sono Francia, Stati Uniti e Spagna). L'exploit è clamoroso per la sua rapidità, ma è anche logico. I due sorpassi cinesi, prima quello avvenuto nell'industria e poi anche nel turismo, in parte sono legati fra di loro. Innanzitutto, perché fra quei 42 milioni di visitatori c'è una quota importante di imprenditori e manager, viaggiatori attirati dagli affari: il boom dell'economia intasa le cabine di prima classe e di business class sui voli intercontinentali verso Pechino, Shanghai e Canton, fa il tutto esaurito negli hotel a 5 stelle che le catene Hyatt, Marriott, Hilton e Sheraton stanno moltiplicando in tutte le città cinesi. E poi l'ascesa del gigante asiatico ha una ricaduta sulla sua immagine: la Cina è di moda.

Gli Stati Uniti, oltre a dominare il mondo con la loro economia e il loro esercito, lo hanno anche sedotto con i loro miti, le immagini e la produzione di cultura di massa. Il viaggio negli Stati Uniti è diventato una tappa iniziatica obbligata nel bagaglio culturale di ogni cittadino del mondo. Ora la Cina sta percorrendo una traiettoria simile. È già una superpotenza economica, si prepara a diventare il rivale politico-strategico degli Stati Uniti. Al tempo stesso, i film di Wang Xiaoshuai vengono applauditi a Cannes, l'antiquariato orientale polverizza i record dei prezzi alle aste di Christie's, la pop-art di Pechino va a ruba tra i collezionisti privati di New York, lo stilista Shanghai Tan ha successo a Londra e a Parigi, gli editori statunitensi e francesi traducono decine di giovani romanzieri cinesi. Non essere mai stati a passeggio nella Città Proibita, sulla Grande Muraglia o sul lungofiume del Bund a Shanghai, diventa una lacuna da provinciali. L'immagine vincente della Cina moderna si fonde con il fascino esotico della sua civiltà millenaria, tutt'e due insieme si vendono bene anche sul mercato delle vacanze.

Nella concorrenza fra le grandi mete del turismo internazionale, questo paese sfodera gli stessi ingredienti che hanno fatto la fortuna del *made in China* nei computer e nel tessile, nei telefonini e nelle scarpe: prezzo più qualità. Sul prezzo non c'è da stupirsi. Nonostante il boom dei visitatori, perfino negli hotel di lusso di Pechino e Shanghai il salario dei camerieri rimane molto più basso che a Roma e Milano; il divario si allarga ancora di più se il confronto è con le località turistiche più esotiche e remote (Guilin, lo Yunnan, Shangri-La o il deserto del Gobi, il Tibet o lo Xinjiang), quindi, per le tariffe di alberghi e ristoranti, la Cina è una destinazione a buon mercato. Più sorprendente è il rapido progresso avvenuto nella qualità. Il servizio negli alberghi o sugli aerei, per efficienza e cortesia, ha fatto dei balzi enormi rispetto ai tempi non lontanissimi in cui il personale era tutto statale, a stipendio fisso, impregnato di ideologia egualitaria, svogliato e improduttivo. Al posto del *Libretto rosso* di Mao Zedong ora c'è il principio «il cliente è re», e le commesse dei grandi magazzini sembrano pagate in proporzione ai sorrisi che vi regalano.

Si aggiunga il fatto che Giorgio Armani ha inaugurato a Shanghai una showroom con ristoranti e galleria d'arte che è già un luogo di pellegrinaggio. Prada ha appena annunciato che potrebbe spostare qui una parte della sua produzione: per i turisti giapponesi lo stesso *made in Italy* sta offrendo una ragione in più per fare sosta a Shanghai o a Hong Kong. A sole 3 ore di volo da Tokyo, anziché 12, i nostri stilisti stanno replicando in Cina le vetrine di via Montenapoleone e via Condotti.

La demografia e l'economia puntano nella stessa direzione: per il turismo, il pubblico del futuro è in Asia. La Cina, in mandarino, si chiama «il paese di mezzo», e oggi lo è davvero. È nel centro della massima concentrazione di nuovi consumatori, fra l'India e il Giappone, l'Indonesia, la Corea e il Sudest asiatico.

L'Italia dovrebbe trarne le conseguenze. Se il mondo va in Cina, contemporaneamente i cinesi scoprono il resto del mondo. La World Tourism Organization ha calcolato che già nel 2004 i turisti cinesi all'estero (21 milioni) hanno superato i giapponesi, e non faranno che crescere fino a raggiungere la soglia di 100 milioni di visitatori all'anno. La salvezza dell'industria turistica italiana potrebbero essere loro. Ma quanti cinesi finiranno in Francia o in Spagna, anziché in Italia? I nostri sono handicap seri. Abbiamo pochi voli diretti. L'Alitalia non arriva a Pechino, mentre Air France e Lufthansa hanno due collegamenti al giorno. Ci volano perfino compagnie aeree di paesi europei ben più piccoli e meno turistici del nostro, dagli austriaci ai finlandesi. La nostra rete alberghiera è tanto modesta quanto esosa, nelle nostre località turistiche spesso proponiamo la ricetta inversa a quella cinese, cioè un mix dissuasivo di prezzi alti e personale svogliato o non addestrato: a Parigi i grandi magazzini delle Galeries Lafayette hanno cominciato ad assumere commesse cinesi ben tre anni prima che scattasse la liberalizzazione europea per il turismo cinese (settembre 2004). Quanto ai visti turistici, la situazione delle nostre leggi e dei nostri consolati è disastrosa: neanche con la raccomandazione di un ministro italiano si riescono ad avere permessi di viaggio in tempi accettabili. Risultato: la massa dei viaggiatori cinesi viene «catturata» da Air France, British Airways e Lufthansa. Così tutti visitano Parigi e Londra. Se alle grandi agenzie internazionali che organizzano i viaggi di gruppo rimane un «buco» di qualche giornata da riempire, ci infilano una veloce tappa a Venezia o a Roma, mordi e fuggi, ed è già tanto.

La città dei pittori di «Gioconde»

A un'ora di auto dalla metropoli industriale di Shenzhen, nella Cina meridionale, appena entrati a Dafen si nota qualcosa di diverso. Il viavai dei Tir è sempre intenso, ma a un tratto le strade hanno nomi insoliti, scritti anche in inglese, come la «via del ritratto da Vinci». Invece dei logo con le marche di jeans o di scarpe, di computer o di telefonini, le insegne delle officine qui pubblicizzano la *Gioconda*, la *Creazione di Adamo* della Cappella Sistina. Per gli abitanti è normale: Dafen è nota in tutta la Cina come «la città dei pittori». Non nel senso del ruolo che ebbe la Parigi degli impressionisti o la Vienna di Klimt. Non è qui che bisogna cercare l'avanguardia creativa cinese, i giovani artisti sperimentali. No, Dafen è la città dei pittori nel senso in cui Detroit è stata la capitale dell'automobile. In nessun altro luogo al mondo sono concentrati così tanti artigiani della tavolozza e del pennello: 2700 secondo l'ultimo censimento. Dipingono giorno e notte, a ritmo continuo, in 145 «fabbriche dell'arte», concentrate sui chilometri quadrati con la più alta densità di ritrattisti al mondo. Dal 2002 – l'inizio del boom di Dafen – sono partiti da qui milioni di quadri, spediti in Asia, America, Europa, per lo più riproduzioni di capolavori celebri.

Tutti, prima o poi, abbiamo visto delle copie, di Gauguin o Toulouse-Lautrec o Picasso: magari nelle case della piccola borghesia italiana di provincia tanti anni fa, o ancora oggi nella sala d'attesa di un dentista americano dello Iowa. Possiamo anche osservare all'opera qualche volenteroso facitore di riproduzioni che tenta di smerciare tele ai turisti sui marciapiedi di piazza Navona o di Montmartre. Ma quello è piccolo artigianato individuale, nessuno aveva mai immaginato un business delle dimensioni di Dafen: qui siamo su un'altra scala. I cinesi hanno intuito che, anche in questo campo, si poteva fare il grande salto verso la specializzazione industriale e la produzione di massa. Esiste un mercato insospettato, capace di assorbire quantità illimitate di Matisse da 15 euro, Rembrandt da 30 euro. La piccola borghesia di tanti paesi emergenti vuole dare un tono all'arredamento di casa. Le multinazionali asiatiche pensano di aggiungere un tocco occidentale ai loro uffici di rappresentanza. I grandi alberghi del turismo organizzato di massa devono appendere qualcosa in milioni di nuove camere da letto. Idem le navi da crociera delle vacanze tutto compreso. Perfino gli ospedali. Il pianeta intero è affollato di gru che tirano su palazzi, e qualcuno dovrà pur «vestire» tutte quelle pareti. Dafen produce per loro. I camion dei mercanti fanno su e giù tra i laboratori dei pittori, i porti di Shenzhen e di Hong Kong dove le navi portacontainer attendono quintali di impressionisti: Renoir, Manet e Monet venduti a peso. In Russia va forte il Tintoretto. In Estremo Oriente, al top delle vendite rimangono i *Girasoli* di Van Gogh. Forse in ricordo dell'epoca in cui i colossi finanziari giapponesi sbancavano le aste a Londra per comprare quelli veri.

Non solo i grossisti, anche il cliente individuale può venire a fare acquisti a Dafen. Più di 300 gallerie espongono al pubblico un campionario del lavoro dei pittori. I negozi offrono mescolanze singolari, perché a Dafen si dipinge proprio di tutto, a richiesta. Non mancano i maxiritratti dei padri della patria Mao

Zedong, Zhou Enlai e Deng Xiaoping, che evidentemente hanno ancora una clientela fra i nostalgici del comunismo; ma per un'involontaria ironia li si vede in vetrina accostati alla rinfusa al *Bacio* di Klimt, a un'erotica Sophia Loren copiata dal celebre manifesto del film *La Ciociara*, al trio di calciatori brasiliani Ronaldo, Rivaldo e Roberto Carlos. Gli artigiani cinesi si sono adeguati a Internet. Volete il ritratto dei vostri figli? Spedite per e-mail una foto digitale, per un centinaio di euro (spedizione inclusa) mani esperte ne faranno un olio su tela, una tempera o un acrilico, della metratura esatta che serve per la vostra sala da pranzo.

L'accozzaglia nelle vetrine non deve ingannare. Dietro, nei retrobottega che riforniscono i commercianti, vige la divisione industriale del lavoro. Gli atelier degli artisti sono in realtà catene di montaggio: decine di pittori per stanza, seduti o in piedi davanti ai cavalletti, immersi nella puzza delle vernici, lavorano a ritmi infernali col pennello e la spatola per rispettare i tempi delle consegne. I capireparto sono spesso ex professori di disegno, la manovalanza è fatta di giovani diplomati dei licei artistici. Lavorano anche 11 ore al giorno, dormono in fabbrica. Guadagnano «a cottimo», a seconda delle tele dipinte. In media, un ragazzo di bottega può prendere una decina di euro al giorno, che è più del doppio di un salario operaio. Dopo un po' di apprendistato, ci si specializza. Ci sono le officine degli impressionisti e quelle del Rinascimento italiano, la ritrattistica e i produttori di paesaggi, il quartiere delle nature morte e la zona del surrealismo.

Chen Xiangjun, 39 anni, è un gradino al di sopra della massa. Lui lavora su commissione, ma in proprio. A Dafen si è conquistato una reputazione. È uno degli autori di *Gioconde*. Mi invita a visitare casa sua: casa e ufficio s'intende. È un loculo al primo piano di una palazzina dove mi accolgono file di mutande stese ad asciugare, l'odore del cavolo bollito, e una piccola moglie solerte che corre subito a comprare una lattina di Coca-Cola da offrire al visitatore (e potenziale cliente). «Ho studiato arte classica all'università» dice con l'orgoglio controllato dei cinesi «e ho preso il diploma di laurea sulla pittura a olio. Per un anno ho fatto il professore in una scuola, ma il salario era troppo basso.

Poi sono andato a dipingere in una fabbrica di arredamento. Ora eccomi qui nella città dei pittori. Io so dipingervi qualunque cosa, basta che mi diate delle foto. Non mi chiedete di lavorare a memoria perché è molto più difficile. *Monna Lisa* è il mio forte. Posso dipingerla in tre o quattro giorni, olio su tela, lavorando più di otto ore al giorno senza interruzione. Il mio prezzo dipende sempre dalle ore lavorate, poi dalla familiarità del soggetto che mi chiedete, e infine dalle dimensioni della tela. Una buona *Monna Lisa* ve la vendo a 800 yuan (80 euro).» Lancia uno sguardo alla moglie, timoroso di aver sparato troppo alto perfino per un cliente occidentale, e aggiunge veloce: «… trattabili». Mostra una *Gioconda* che ha appena finito. Ha le guance leggermente più paffute rispetto all'originale, i riccioli dei capelli sono meno curati, i colori forse un po' troppo luminosi, la prospettiva del paesaggio dietro di lei è semplificata. E naturalmente il sorriso misterioso di Leonardo non si lascia riprodurre con facilità. Per 80 euro, trattabili, ci si può accontentare? Chen forse intuisce che il visitatore italiano non è del tutto convinto, e si spiega meglio. «Questa l'ho fatta un po' in fretta, è per un cliente che voleva spendere il minimo. La qualità è proporzionale al tempo che lei mi concede. Per esempio, se devo finire in pochi giorni, *Monna Lisa* mi viene con la pelle un po' scura. Se lei mi paga di più, le faccio una bella pelle bianchissima, come una vera regina.»

A pochi metri dalla casa di Chen, la signora Hengchao gestisce invece un'officina di tre piani dove decine di ragazzi sono indaffarati a riprodurre delle *gouaches* napoletane dell'Ottocento. Qui, nel Guangdong, fa caldo quasi tutto l'anno, il ventilatore non riesce a scacciare le mosche, i giovani artisti lavorano in maniche corte o in canottiera, curvi sulle tavolozze, concentrati e silenziosi. La padrona mi guida in un ripostiglio polveroso dove sono ammassate pile di riproduzioni: 20 euro la *gouache* napoletana. «Un mercante di Shenzhen» dice «me le compra a centinaia, poi lui le rivende in Italia.» La signora non vuole rivelare la tecnica di «invecchiamento». Il prodotto finale è pieno di rughe, la tela è ingiallita anche sul retro, i colori hanno una patina d'antico. Qualcuno evidentemente ci casca, a giudicare dagli ordini abbondanti dell'esportatore di Shenzhen. Chissà che una di queste *gouaches* non sia finita addirittura, a prezzi centuplicati, da qualche antiquario in via del Babuino o a Brera. La padrona rifiuta di darmi il nome del grossista che rifornisce l'Italia. Nella sua officina siamo in una zona «grigia», un tipo di mestiere dove la città dei pittori confina con altre industrie cinesi specializzate nella contraffazione, nella pirateria, nel furto del copyright. Ma l'atelier delle *gouaches* napoletane è un'eccezione. Il grande business di Dafen è un altro. La città dei pittori non cerca di ingannare. I milioni di quadri che esporta nel mondo intero sono copie evidenti, dichiarate, fatte con assoluto candore. Leonardo da Vinci non viene derubato dei diritti d'autore. E, presumibilmente, tutti i clienti sanno che la *Gioconda* autentica o i *Girasoli* di Van Gogh non sono in vendita, tantomeno per 80 euro.

Vista dalla città dei pittori, perfino la pirateria, quella vera, appare sotto una luce un po' diversa. Molto prima che in Occidente Walter Benjamin scrivesse *L'opera d'arte nell'epoca della sua riproducibilità tecnica*, molto prima che Andy Warhol scatenasse l'ironia della pop-art nella moltiplicazione delle immagini celebri, da oltre 2000 anni in Cina la tradizione confuciana esalta il gesto di copiare come un omaggio amorevole e devoto verso l'artista originale. La storia dell'arte in Cina reca quell'impronta. Non è un caso se la civiltà più antica del mondo ha lasciato così poco di «antico» nel senso in cui lo intendiamo noi. Nell'estetica cinese, ciò che è bello non è l'oggetto d'arte ma il gesto dell'artista nel crearlo, e l'infinita ripetizione di quel gesto lo rende eterno. In chi copia c'è umiltà, c'è tensione verso l'apprendimento.

Nel dopoguerra e fino agli anni Settanta, i «pirati» per eccellenza eravamo noi italiani per la moda (quando i grandi stilisti erano francesi), i giapponesi per le tecnologie. Nelle fiere industriali in Occidente, degli avvisi proibivano categoricamente alle delegazioni giapponesi di portare con sé macchine fotografiche, perché loro fotografavano per rifare i prodotti statunitensi, britannici, tedeschi. Da quell'epoca è rimasta un'eredità: la leadership mondiale del Giappone nell'ottica di precisione, ricordo di un tempo in cui la macchina fotografica fu per loro un'arma strategica. In molti altri settori tecnologici, il *made in Japan* è oggi talmente avanzato che noi abbiamo rinunciato a competere. Sotto questo aspetto, i cinesi odierni sono i giapponesi di ieri. Hanno la stessa caparbietà nello studiare chi sta più avanti di loro, la stessa ansia di emulazione. La pirateria è contro le regole, ma tradisce anche una grande voglia d'imparare.

Sembra una metafora dell'intera Cina questa strana città di Dafen, con i suoi 2700 pittori che faticano alla catena di montaggio, affittando i loro pennelli al servizio dei nostri desideri. Chen, chiuso nel suo stanzino da anni a fare *Gioconde* per poche centinaia di euro al mese, confessa con fierezza: «All'università ho studiato proprio il Cinquecento italiano». Quando gli chiedo se gli piacerebbe un giorno andare a vedere la vera *Monna Lisa* al Louvre, si illumina di un sorriso: «Naturalmente, è il desiderio di ogni pittore». Per un attimo, un sogno gli passa negli occhi.

Pirati per le vie di Pechino

Sul ruolo che ha l'imitazione nel decollo industriale della Cina, un aneddoto di Simon London del «Financial Times»: «Su un volo da San Francisco a Pechino ero seduto accanto a un giovane e brillante ingegnere cinese che attualmente lavora nella Silicon Valley. Mentre sorvolavamo il Mare di Bering abbiamo cominciato a discutere della vocazione che certi paesi sembrano avere per un certo tipo di attività. L'Italia crea oggetti di lusso meglio di chiunque altro. Il Giappone è maestro nella qualità. Gli Stati Uniti, abbiamo concordato, hanno il dono dell'innovazione. A quel punto gli ho chiesto: e la Cina? In che cosa eccellono le imprese cinesi? Ha risposto senza esitazione: nell'imparare».

La sete di apprendere è tipica di un paese giovane che vuole bruciare le tappe dello sviluppo, ha curiosità, capisce le qualità degli altri. La pirateria è una «malattia infantile» che fa parte di questo stadio di sviluppo. Naturalmente, su scala cinese anche l'industria della contraffazione assume proporzioni inquietanti e provoca reazioni. Così, alla fine del 2005, è nata una santa alleanza del lusso occidentale per fare la guerra all'industria del falso. Il *made in Italy* di Prada e Gucci, il *made in France* di Louis Vuitton e Chanel, il *made in Britain* di Burberry, sono i grandi nomi che hanno fatto causa comune per una sfida che sembra impossibile: far chiudere il più celebre shopping center dei falsari di Pechino, quel Silk Market (mercato della seta) che è la terza attrazione per il turismo internazionale in Cina, subito dopo la Città Proibita e la Grande Muraglia. Gucci, Prada, Vuitton, Chanel e Burberry hanno ingaggiato un noto avvocato cinese, Gao Hualin, per trascinare in tribunale la società che gestisce l'intero Silk Market e cinque negozi che vi affittano altrettanti spazi commerciali. È la prima volta che a Pechino scende in campo una simile coalizione trasversale tra griffes del lusso italiane, francesi e britanniche. Ed è la prima volta che l'industria della moda europea scatena in Cina una battaglia giudiziaria di così alto profilo, tale da conquistarsi un articolo sul quotidiano ufficiale «China Daily» gestito dal governo. Prima l'industria europea del tessile-abbigliamento aveva fatto pressione sui governi per una più efficace lotta alla contraffazione, soprattutto in casa propria, cioè sui mercati occidentali, attraverso controlli alle dogane, sequestri nei porti e negli aeroporti, blitz sulle bancarelle. A portare la battaglia dentro la stessa Cina ci hanno provato di più gli statunitensi, e prevalentemente in altri settori. Microsoft e le major cinematografiche di Hollywood esercitano una pressione costante per ottenere dalle autorità cinesi la tutela del copyright. L'ambasciata degli Stati Uniti a Pechino ha ormai dei funzionari di polizia che si dedicano a tempo pieno alla guerra contro la pirateria. Nonostante questo dispiegamento di energie, i risultati finora sono stati più di apparenza che di sostanza. A ogni visita di un presidente degli Stati Uniti, di un segretario di Stato o di un ministro del Tesoro, i telegiornali cinesi trasmettono le immagini di blitz della polizia locale che distrugge Dvd copiati o software-pirata. Passata la visita, di solito rientra anche l'allarme e il business dei falsari torna nella normalità.

La stessa sorte è già toccata proprio al celeberrimo Silk Market. All'origine, le bancarelle specializzate nelle griffes famose, dai falsi Armani alle copie delle Nike, si trovavano all'aperto, vicino al parco Ritan, cioè quasi provocatoriamente ai margini del quartiere delle ambasciate. Più di 10.000 visitatori nei giorni lavorativi, oltre 20.000 turisti ogni sabato e domenica, affollavano «il viale della seta» ben visibile dalle finestre dell'ambasciatore degli Stati Uniti. Dopo numerose proteste dei governi stranieri, nel 2004, Pechino ha annunciato la decisione di chiudere lo storico mercato. Non per causa di pirateria, bensì ufficialmente per avere constatato che le bancarelle all'aperto non erano in regola con la normativa antincendio. E la «chiusura» si è rivelata in realtà un semplice trasloco. Il Silk Market è stato spostato di poche centinaia di metri, dentro uno *shopping mall* nuovo fiammante gestito dalla società Beijing Xiushui Haosen, quella trascinata in tribunale dai big europei del lusso. Quando la nuova sede è stata inaugurata, per vendere gli spazi commerciali è stata indetta un'asta competitiva: i prezzi per uno stand di 5 metri quadrati sono balzati a 400.000 euro, una quotazione che la dice lunga sul giro d'affari dei negozianti di falsi. In tutto, il nuovo *shopping mall* ospita 1000 negozi su 28.000 metri quadri, il doppio rispetto alla vecchia struttura del mercatino all'aperto.

La guerra alla contraffazione non è mai stata vinta neanche in casa nostra: «The Wall Street Journal» nel 2006 ha dedicato un lungo reportage a uno specialista napoletano dei falsi orologi svizzeri, alla testa di un fiorente business internazionale. In Cina l'unica speranza sta nel far funzionare i tribunali cinesi, facendo leva su interessi locali. Venendo da una tradizione di soggezione al potere politico, e quindi al Partito comunista, il sistema giudiziario cinese ha iniziato da poco la sua modernizzazione, spinto dagli impegni sottoscritti nell'aderire al Wto. Ma ormai anche le aziende cinesi, via via che si sviluppa l'economia di mercato, hanno bisogno di tribunali efficienti e premono sulla giustizia locale perché faccia rispettare le regole. Grandi gruppi come la Lenovo, l'impresa informatica che ha rilevato l'intera divisione personal computer della Ibm, o la Tlc, che ha comprato i televisori Rca-Thomson, hanno i loro brevetti e i loro copyright da difendere contro le imitazioni di piccoli rivali locali. Perfino nel campo della moda si sono ormai affermati degli stilisti cinesi – Shanghai Tang, Lu Ping, Gu Lin, He Hongyu – che devono difendersi dalle copie. Un dato la dice lunga su come stia cambiando la Cina: nel 2005 i brevetti di copyright internazionale depositati da aziende cinesi sono cresciuti del 44 per cento, scavalcando quelli delle aziende italiane, canadesi e australiane.

Chi guadagna dal protezionismo

Negli anni Settanta scattò l'allarme Spagna: entrando nella Comunità europea avrebbe rovinato i nostri coltivatori di arance e olio d'oliva. Negli anni Ottanta ci spaventò il flagello dell'«auto gialla», robuste barriere furono invocate dalla Fiat per proteggerci contro le giapponesi. Negli anni Novanta abbiamo temuto l'allargamento a Est, la rovina doveva venire dall'acciaio polacco, dal tessile romeno. Con il terzo millennio è arrivata l'Apocalisse: la Cina. A ondate successive, come epidemie incurabili, l'Italia viene colpita periodicamente dalla febbre del protezionismo.

Il protezionismo ha una storia antica quanto la scienza economica. Uno dei precursori fu Colbert, ministro delle Finanze di Luigi XIV: il primo uomo di Stato «moderno» nel concepire la produzione manifatturiera come una base essenziale della potenza politico-militare; il fondatore di un dirigismo statale che tuttora impregna la cultura europea. Sorella del protezionismo, la filosofia mercantilista dell'Ottocento suggeriva alle nazioni di esportare molto e importare poco, in modo da accumulare ricche riserve valutarie. Un puro controsenso, su scala planetaria: è ovviamente impossibile che tutte le nazioni riescano a esportare più di quanto importano. Eppure il protezionismo, spesso promosso dai «poteri forti», riuscì a sedurre per secoli le classi dirigenti di molte nazioni. Prese la forma delle English Corn Laws, della Tariff of Abominations del 1828. Nell'Italia giolittiana, la politica dei dazi difese la rampante industria meccanica del Nord contro gli interessi più deboli delle campagne del Sud. Mussolini ribattezzò autarchia quella che gli economisti definiscono «import-substitution»: l'imposizione di surrogati nazionali invece dei prodotti stranieri. Una delle più disastrose fiammate di protezionismo della storia partì dagli Stati Uniti subito dopo il crac di Wall Street del 1929: impauriti dall'inizio della Grande Depressione, i parlamentari statunitensi approvarono nel 1930 la Smoot-Hawley Tariff per cercare di difendere l'industria nazionale dalla concorrenza straniera, e quindi per evitare i licenziamenti di massa. Fu invece l'inizio di un'escalation di ritorsioni. Ogni paese rispose adottando a sua volta barriere doganali. Il risultato fu il crollo degli scambi internazionali. La depressione durò più a lungo, i suoi costi sociali divennero ancora più pesanti. Fu battezzata la politica del «beggar-my-neighbor», lo scaricabarile sul paese vicino. Una tragica illusione.

C'è un mistero del protezionismo. Nonostante fosse bollato come una calamità già da Adam Smith nella *Ricchezza delle nazioni*, la Bibbia della scienza economica; nonostante i suoi evidenti fallimenti, perché questa politica continua a esercitare un fascino così tenace? La risposta sta in un difetto tipico di tutti i sistemi democratici. I benefici delle frontiere aperte si «spalmano» su soggetti collettivi troppo vasti – per esempio i consumatori favoriti da prodotti a buon mercato – che non si sentono individualmente motivati a difendere il libero commercio. La concorrenza straniera colpisce invece delle categorie minoritarie ma agguerrite, che si mobilitano per fare pressione sui governi. Un'altra distorsione ottica è tra passato e presente. È facile vedere nell'immediato le vittime e i danni di un'«invasione» di prodotti stranieri. È più difficile capire che le risorse collettive, spese per difendere un singolo settore nazionale in declino, vengono sottratte ad attività del futuro – ricerca scientifica, innovazione, formazione – che ne risulteranno impoverite e forse non vedranno mai la luce. Difendendo mestieri del passato, si uccide il futuro.

La politica italiana verso la Fiat è stata per decenni una parabola esemplare del protezionismo. L'Italia fu l'ultimo paese d'Europa ad abolire dazi e barriere contro le auto straniere; è l'unico Stato che, per favorire Torino, ha impedito agli stranieri di produrre auto sul proprio territorio, o di comprare marche nazionali. Il risultato è stato di mantenere in sella la famiglia azionista della Fiat e di avere la più debole casa automobilistica d'Europa. Francia e Germania hanno una pluralità di marche nazionali e straniere che producono sul loro territorio. La Gran Bretagna, dalla fine degli anni Settanta, ha lasciato andare a picco le sue case automobilistiche: il risultato è che non ci sono più dinastie britanniche dell'auto, ma cinque case straniere insediate in Gran Bretagna, il cui volume di produzione e di occupazione è due volte superiore a quello dell'Italia. Nell'industria tessile, per mezzo secolo il commercio internazionale è stato depresso dall'accordo multifibre, che congelava gli scambi assegnando a ogni paese delle «quote». Ha provocato distorsioni infinite: la Cina, per anni, ha esportato con false etichette, via Hong Kong, Malaysia, Bangladesh. I consumatori sono stati costretti a strapagare. L'industria tessile italiana è vissuta di alibi e di equivoci, rinviando la necessaria specializzazione su mestieri più qualificati.

Il protezionismo rinasce con argomenti sempre nuovi: ora «scopre» che la concorrenza cinese è sleale per i bassi salari, l'assenza di diritti sindacali, la contraffazione, la moneta sottovalutata. Tutto vero. Ma, seguendo questa logica, l'economia sommersa italiana, il livello record della nostra evasione fiscale, un quarto di secolo di svalutazioni della lira fino al 1995, dovevano spingere la Germania a espellerci dall'Unione europea per evidente concorrenza sleale.

Come dice il massimo studioso della globalizzazione, l'economista indiano Jagdish Bhagwati, «la più antica e la più sconvolgente verità dell'economia è che il protezionismo fa male a chi lo applica».

IX
Germi globali

La mela di Biancaneve

La Fuji ha una guancia rosa e l'altra gialla, i colori dell'alba nello Shandong. Un tempo i contadini qui scavavano una fossa in mezzo al frutteto, la riempivano delle mele raccolte e poi coprivano la buca di tela cerata: era il loro povero tesoro per sopravvivere all'inverno. Adesso i paesani di villaggi come Er Jia e Hao Jia non hanno più bisogno di seppellire le mele. Ne riempiono le ceste di bambù, inforcano il motofurgoncino e partono alla volta delle cittadine di Yantai o Yang Chu, le «capitali della mela». Là, al mercato, i Tir aspettano con i motori accesi per fare il carico e fuggire verso l'autostrada: direzione, le grandi chiatte sul Fiume Giallo verso il porto di Dongying, o i barconi sul Fiume Azzurro verso Shanghai, e da là le navi per l'Europa e l'America. Sono sempre piccoli proprietari a coltivare i frutteti dello Shandong, neanche mezzo ettaro a testa, ma i contadini trattano quei minuscoli appezzamenti come se ci crescessero perle. Grazie alle mele Fuji – l'80 per cento del reddito locale – un po' di benessere è arrivato anche qui: non c'è casa senza l'antenna Tv, la stufa a gas, e appaiono anche i primi computer.

Da Yantai parte un quarto di tutte le esportazioni di mele cinesi verso il resto del mondo, è un altro *made in China* che ha invaso le tavole degli italiani. Ottantotto miliardi di mele: l'anno scorso il raccolto cinese ha polverizzato ogni record, di che fornire più di una dozzina di pomi per ogni abitante della terra.

Ancora all'inizio degli anni Novanta, gli Stati Uniti erano il primo produttore mondiale di mele, oggi la Cina ne raccoglie il quadruplo degli statunitensi. Con salari da 2 euro a giornata, i contadini vendono le Fuji sotto i 15 centesimi di euro al chilo: impossibile competere con quei prezzi. Perciò i frutteti sono dilagati su 2 milioni di ettari, si estendono dalle rive del Mar Giallo fino alle colline del Gansu. È rimasta un'agricoltura all'antica, senza macchinari, tutta segnata dalla fatica umana. Per sfruttare al massimo quei campicelli in miniatura, si piantano gli alberi vicinissimi, incollati uno all'altro. In certi punti la vegetazione è così fitta che la luce non arriva ai rami bassi, perciò i contadini stendono per terra la carta argentata per riflettere qualche raggio di sole. Quando i frutti sono ancora giovani, vengono avvolti ciascuno in un sacchetto di carta. Più avanti nella stagione, tolta la carta, si appiccicano nastri adesivi per proteggere la pelle delicata delle Fuji. Prima di portarle al mercato vengono incellofanate una per una. La quantità di lavoro consacrata a ogni mela è spaventosa. Per lo stesso raccolto a cui un agricoltore statunitense dedica 200 ore del suo tempo, il cinese fatica 1400 ore.

Le delicate attenzioni dei coltivatori dello Shandong hanno un costo invisibile. Da quel frutto dipende tutta la loro vita, è troppo prezioso per correre rischi con le malattie delle piante, le bestiole e i parassiti. Con la tanica sulle spalle e lo spruzzatore in mano, i contadini annaffiano le Fuji di veleni, spesso ignorando i regolamenti locali. «Ogni mela viene toccata 17 volte prima di arrivare al mercato» è il detto cinese: anticamente alludeva a cure amorevoli, oggi semmai è un sintomo di pericolosa manipolazione. Ne è convinto Peter Johnston, responsabile qualità per la catena di supermercati ParknShop di Hong Kong. Nel viaggio delle mele Fuji dalla Cina verso il resto del mondo, lui presidia la prima frontiera strategica, l'ex colonia britannica dove i consumatori sono più avvertiti e guardinghi che nel resto della Cina. Quando a notte fonda arrivano i camion dalla Cina continentale per le consegne ai suoi magazzini frigoriferi, Johnston non li lascia scaricare una sola cassetta finché i suoi esperti non hanno analizzato campioni della merce fresca. «Nella frutta e verdura cinese» dice Johnston «i pesticidi sono un problema serio. Ogni anno dei consumatori finiscono all'ospedale per aver mangiato frutti o ortaggi contaminati.» Per i suoi 20 supermercati ha creato una task force di periti biochimici che fanno dei blitz direttamente nei campi, dai primi fornitori. «Se chiudi gli occhi e ti affidi alla catena della grande distribuzione così come funziona adesso, sei a rischio.»

Il governo di Pechino assiste trionfante all'ascesa di questa nazione come potenza agricola. Ormai un terzo di tutto il commercio mondiale di ortofrutta è *made in China*. Ma anche le autorità devono ammettere i pericoli per la salute. Un'indagine ufficiale ha rivelato che il 47 per cento della frutta e verdura contiene tracce di pesticidi superiori ai limiti massimi stabiliti per legge. Per onestà, bisogna ricordare che l'Italia non è un paradiso ecologico; l'agricoltura padana è la più grossa fonte d'inquinamento dell'Adriatico. In Cina il fenomeno raggiunge punte ineguagliate. La produzione industriale di pesticidi è triplicata in cinque anni e dilaga anche in questo settore la contraffazione: il 40 per cento degli insetticidi chimici sono venduti agli agricoltori sotto marchi falsi, aumentando il rischio di nocività. Il ministero della Sanità stima che i casi di intossicazione da pesticidi raggiungono 120.000 persone all'anno. A Pechino i ricchi ormai sono sospettosi, preferiscono fare la spesa nei supermercati stranieri, strapagando arance californiane e uva neozelandese.

I veleni somministrati dai contadini sono solo una parte del problema. Molte sostanze letali abbondano già nell'ambiente dove crescono le mele Fuji, i pomodori che finiscono nelle scatole di pelati in Italia, i broccoli e i cocomeri *made in China*. Le minacce si nascondono nella terra e nell'acqua. Campi e fiumi cinesi sono fra i più inquinati del pianeta. Chen Junshi, che per molti anni ha diretto l'Accademia cinese per la medicina preventiva, sostiene che viene individuato solo il 10 per cento delle malattie dovute ad agenti tossici nel cibo contaminato: «Non abbiamo un'idea della vera ampiezza delle patologie». Una delle eredità dei tempi di Mao Zedong è l'eccezionale densità di Ddt depositato nel suolo, per l'uso massiccio che fu fatto del micidiale insetticida. «La concentrazione di Ddt resta elevata ancora oggi» dice Wu Yongning dell'Istituto di igiene alimentare «nonostante che sia stato messo fuorilegge a metà degli anni Ottanta.» Per Wu, una minaccia altrettanto seria per la salute sono i pesticidi a base di fosfato che hanno sostituito il Ddt, insieme con i fertilizzanti al nitrogeno che sono cancerogeni. L'acqua è l'altra maledizione. Per irrigare, bisogna attingere a fiumi e laghi circostanti. Liu Hongzhi, direttore dell'Agenzia per la protezione dell'ambiente, rivela che «i sette grandi fiumi, e 25 dei 27 laghi principali, sono contaminati da scariche industriali tossiche e fognature urbane». Mercurio e piombo, scorie metalliche e colibatteri possono passare dall'acqua ai raccolti, dalle piante fino allo stomaco del consumatore.

Ad aggravare i rischi c'è la promiscuità forzata tra industria e agricoltura, spesso vicine di casa. Uno dei paradossi della Cina è che questo immenso paese-continente è ricoperto di deserti, catene montuose e zone aride quasi disabitate, dal Tibet al Xinjiang alla Mongolia interiore. La stragrande maggioranza della popolazione si addensa in aree ridotte: quelle dove ci sono le terre fertili sono le stesse dove c'è manodopera per le fabbriche. Lo Shandong, il regno della mela Fuji, è anche una regione ricca di giacimenti petroliferi, industria chimica, miniere e centrali a carbone. Lo Shaanxi, seconda regione produttrice di mele, è pieno di impianti petrolchimici e di industria militare. I campi dei contadini lambiscono le periferie delle grandi città, nonostante l'avanzare del cemento e dei grattacieli. Chi arriva in aereo a Shanghai, dall'alto vede uno scintillio che può scambiare per il riflesso del mare: sono chilometri quadrati di campi di verdure protette da miriadi di sacchetti di plastica che brillano al sole, un raccolto indispensabile per sfamare i 20 milioni di cittadini della megalopoli. La cappa di smog che opprime il cielo di Shanghai deposita le sue polveri anche sui broccoli e gli spinaci, le fragole e i pomodorini.

Ma gli allarmi sull'inquinamento non rallentano la lunga marcia della mela Fuji, dal villaggio di Er Jia alla cittadina di Yantai, da lì alla conquista del pianeta. I Tir la travasano sulla flotta mercantile, una parte finisce sulle bancarelle in Italia. La nuova «catena alimentare» parte dai frutteti dello Shandong e arriva sulle tavole degli italiani, nello zainetto dei vostri figli, nei bar e nei ristoranti, nelle macedonie e nei succhi di frutta. Se nel viaggio intercontinentale la mela Fuji si trascina dietro veleni, la cosa non riguarda i grossisti che muovono miliardi sui conti in banca dai loro grattacieli di Pechino e Shanghai. Anche il governo cinese ha altre priorità. Con 800 milioni di abitanti rurali che campano di agricoltura, non si può essere troppo pignoli. La Fuji arriva sulle tavole degli italiani con tanta compagnia, insieme ai gamberetti asiatici imbottiti di antibiotici, insieme ai polli dalla salute incerta. Giorno dopo giorno, i problemi della Cina ci penetrano lentamente nelle vene.

La madre di tutte le pollerie

Il vassoio in mezzo a noi trabocca di pezzi di pollo con la pelle gialla spessa e grassa. Testa, zampe, viscere: non si butta niente. Per il caldo umido soffocante che opprime questa regione per gran parte dell'anno, nonostante il ventilatore, in pochi minuti il pollo brulica di mosche. Impossibile sottrarsi al banchetto, dopo il privilegio che mi è stato concesso di penetrare in questo luogo. Al padrone di casa gli occhi luccicano golosi mentre afferra cosce, ali e zampe con le sue manone unte e mi riempie il piatto per cortesia. Mastica rumorosamente, sputa ossicini in mezzo al tavolo e intanto descrive la sua ricetta favorita: questo pollo è lesso ma, prima di addentarlo, ogni pezzo deve essere affogato a lungo nella scodella comune di olio denso allo zenzero che sta al centro del tavolo. «La febbre aviaria non spaventa i miei consumatori» biascica tra un morso e l'altro. «Neppure i clienti di Hong Kong, che sono i più schizzinosi. Quando le loro autorità sanitarie bloccano le importazioni di pollame dalla Cina continentale, quelli prendono il treno e vanno fino a Shenzhen a fare la spesa, tanto gli piacciono i nostri polli.» Il signor Tan Ju Tian che mi ospita nella sua mensa aziendale sa di cosa parla. Dirige la Kwangfeng, un maxiallevamento di polli a Baiyun, periferia di Canton. Trenta milioni di polli escono da qui ogni anno, vivi o morti. Venduti sulle bancarelle in Cina o esportati a Hong Kong e nel mondo.

Questa è la provincia meridionale del Guangdong, la più ricca e una delle più popolose della Cina con 83 milioni di abitanti. Secondo gli archeologi è proprio in questa zona del pianeta che

4500 anni fa l'uomo addomesticò per la prima volta un bipede pennuto, l'anatra, per allevarla. Secondo i biologi, questa culla primordiale dell'agricoltura cinese è anche il più antico brodo di coltura delle epidemie del pianeta, soprattutto influenze. Da quando la medicina moderna è stata in grado di ricostruire i percorsi dei virus, le origini di gran parte delle malattie che hanno devastato il mondo sono state individuate qui nel fertile Guangdong, sotto questa umidità quasi tropicale, nell'affollamento e nella promiscuità tra uomini e animali nelle fattorie e nei mercati, nelle metropoli e nei porti. Da qui ebbe inizio nel 1894 l'ultima grande epidemia di peste bubbonica che dall'India alla California seminò 12 milioni di morti. Forse qui nacque il primo virus della «spagnola», che fece più vittime della prima guerra mondiale. Con certezza si sa che partirono dal Guangdong le due ultime pandemie del dopoguerra, le grandi influenze del 1957 e del 1968 (tre milioni di morti). Qui sono apparse per la prima volta sia la Sars nel 2002, sia la febbre aviaria, che è dilagata nel Sudest asiatico e ha raggiunto l'Europa.

Prima che il signor Tan mi aprisse i cancelli della Kwangfeng, non immaginavo che esistessero così tanti polli ammassati in un unico luogo sulla terra. Soltanto una nazione con un miliardo e 300 milioni di esseri umani, e con addensamenti urbani come Pechino e Shanghai, poteva concepire degli allevamenti di queste dimensioni. Kwangfeng è la megalopoli delle galline: in mezzo alla campagna sorge come una città satellite con schiere di caseggiati popolari. Sono in realtà file sterminate di grandi hangar con le finestre a rete. Ogni capannone contiene lunghi corridoi di gabbie allineate con le mangiatoie. E dentro ogni gabbia sono pigiate sterminate folle di galline, galletti e pulcini, avvolti nell'insopportabile calore umido, circondati dalle mosche, immersi in un fetore onnipresente di escrementi. Il pigolio è meno assordante del previsto: per evitare che gli uccelli, resi aggressivi dalla convivenza forzata nelle gabbie, si feriscano tra loro, vengono loro tagliati becchi e creste e sono quasi muti. In mezzo ai capannoni si aggirano seminudi e in mutande 700 contadini-operai. Vivono in simbiosi con le galline, le loro casupole con la biancheria stesa fuori ad asciugare si distinguono a malapena dagli hangar degli animali. Un palazzone al centro della megafattoria contiene la catena di montaggio del macello. Appesi ai ganci che penzolano da una grande giostra meccanica, i polli sfilano davanti a file di operai che a mani nude li eviscerano delle interiora, poi con coltellacci e punteruoli tagliano e incidono. Le interiora rotolano nell'acqua di un fiumiciattolo artificiale che le convoglia lungo la catena di montaggio.

Ventimila polli al giorno escono cellofanati e impacchettati. «Questi, domani sono già nei supermercati a Hong Kong» gongola il signor Tan. Ma è solo una parte del pollame a uscire da qui defunto. «Noi cantonesi siamo degli intenditori, la gallina preferiamo comprarla viva al mercato, portarcela a casa e ucciderla con le nostre mani solo all'ultimo momento, prima di metterla in pentola. Il sapore si conserva meglio.» Dall'allevamento di Kwangfeng è un viavai di camion che caricano il pollame vivo. Schiacciate alla rinfusa dentro gabbie metalliche o compresse a forza in ceste di plastica, le galline riescono a stento a muoversi e a respirare. I Tir stracarichi partono verso l'autostrada e i mercati generali di Canton e Shenzhen.

La produttività è alta, i profitti pure: questa marea di galline frutta 60 milioni di euro all'anno, per ispezionare la proprietà Tan Ju Tian gira su un fuoristrada Mercedes. I medici considerano con sospetto questi allevamenti intensivi, potenziali fabbriche di infezioni: la densità di animali facilita la trasmissione delle malattie, l'aggiunta di antibiotici nei mangimi industriali crea assuefazione e fa nascere nuovi virus più resistenti. Eppure la Kwangfeng è un'azienda modello. Le condizioni igieniche sono molto migliori che nelle piccole fattorie contadine. Non a caso è alla Kwangfeng che sono stato «ammesso» dopo settimane di trattative con le autorità del Guangdong. Il governo cinese, sotto accusa nel 2003 perché censurò le notizie sulla Sars per almeno sei mesi, non ama che i giornalisti stranieri vengano a curiosare sulla situazione sanitaria.

Malgrado le loro precauzioni, basta lasciarsi alle spalle i cancelli della Kwangfeng e imboccare l'autostrada Canton-Qingyuan per vedere un altro tipo di allevamenti. Proprio in parallelo all'autostrada stessa, a pochi metri dal traffico dei Tir, tra fabbriche, officine e cantieri si alternano campicelli di contadini con dei bacini artificiali pieni di anatre e oche imprigionate da reti. Certe casupole contadine poggiano su palafitte nell'acqua. Altri piccoli allevatori hanno casa su fazzoletti di terra dove razzolano galline e maiali. Inquinamento delle fabbriche, detriti e discariche di immondizia, fumi tossici: il Guangdong è la fabbrica del pianeta, ma la sua nuova industrializzazione convive con la vecchia agricoltura dove uomini e uccelli, cani e maiali si contendono una terra sempre più stretta. Non c'è più un pezzo di suolo libero da queste parti, sicché durante le grandi migrazioni che sorvolano il Guangdong, fra la Siberia e l'Indonesia, gli uccelli selvatici sono costretti a posarsi negli allevamenti, a contatto con galline e anatre, a scambiarsi malattie da trasportare lontano.

Seguo in autostrada per cinque ore il viaggio dei polli sui Tir fino alla frontiera. L'ultima tappa in territorio cinese è Shenzhen, il grande porto rivale di Hong Kong sul Delta delle Perle, da dove partono le navi portacontainer. Vent'anni fa Shenzhen era un villaggio di pescatori, non esisteva sulle carte geografiche. Adesso è una città più grande di Roma, Milano e Napoli messe insieme, con selve di grattacieli, un aeroporto internazionale e un traffico portuale superiore a Los Angeles. Una bolgia infernale di Tir paralizza la sua tangenziale a tutte le ore del giorno e della notte. Ma nelle viscere di Shenzhen i mercati generali offrono ancora lo spettacolo di una Cina antica. Sono un'altra città sotterranea, estesa per qualche ettaro nei seminterrati dei grattacieli, che palpita di una vita febbrile, eccitata, tra sporcizie organiche e odori fortissimi, come se lì sotto si stesse agitando e fermentando tutto ciò che di commestibile si produce in Cina: pesci, carni macellate e sangue rappreso, frutta e verdure tropicali, spezie ed erbe medicinali.

Nella zona degli animali vivi, ritrovo a migliaia i polli, spremuti nelle loro gabbie, sbattuti assieme a oche e anatre starnazzanti. Il pollo incellofanato al supermercato costa 14 yuan (1,4 euro) al chilo, ma la gente si accalca qui e paga fino a 26 yuan al chilo per portarsi a casa il pennuto vivo. Lunghe file di clienti si soffermano a guardarli uno per uno, li tastano da tutte le parti prima di scegliere. I venditori afferrano le bestie dalle gabbie, stringono le zampe e le passano agli acquirenti a gran velocità. Uomini, polli e banconote s'incrociano in una chiassosa confusione. Per un cinese questa è un'immagine di benessere. «Si ricordi» mi ha detto il signor Tan «che vent'anni fa i miei contadini guadagnavano 300 yuan al mese (30 euro) e il pollo se lo sognavano. Oggi mangiano pollo anche tutte le sere. Per i cinesi il fast food preferito, prima ancora di McDonald's, è Kentucky Fried Chicken, la catena del pollo fritto all'americana. Il mio allevamento le sembra grande coi suoi 30 milioni di polli all'anno? In tutto il Guangdong tra galline, anatre e oche il consumo è di un miliardo all'anno.»

Se questa zona da tempi immemorabili è il laboratorio d'incubazione delle grandi epidemie planetarie, oggi il boom economico ha ingigantito il pericolo. Per sfamare una popolazione sempre più numerosa, accorsa a lavorare nelle metropoli, si è creata una concentrazione senza precedenti di masse umane e animali, un ambiente ideale per lo scambio di malattie fra «noi» e «loro». Nella storia dell'umanità non era mai accaduto che così tante persone e così tanti animali vivessero assieme in così poco spazio. All'epoca dell'ultima pandemia d'influenza che partì dal Guangdong, nel 1968, la Cina aveva 800 milioni di abitanti. Oggi ne ha mezzo miliardo in più. Allora aveva 5 milioni di maiali, oggi 508 milioni. I polli allevati nel 1968 erano 12,3 milioni, oggi sono 13 miliardi. Aumenta in misura esponenziale la probabilità statistica che in questi grandi numeri nasca il prossimo flagello epidemico, e che dall'animale passi all'uomo.

Considerati i veri gourmet della Cina, i cantonesi non si accontentano di divorare anatre e galletti in ogni salsa e condimento. Da buongustai amano le carni rare. In tutto il Sudest asiatico fiorisce il bracconaggio per rifornire i mercati alimentari di Canton di porcospini e armadilli, zibetti e procioni. Bestiole selvatiche e animali domestici nel Guangdong finiscono sulle stesse bancarelle dei mercati, nelle cucine dei ristoranti o nei pranzi familiari delle feste. E i virus viaggiano. La Sars – è stato scoperto di recente – prima di contagiare l'uomo nacque nel pipistrello, un'altra prelibatezza nei menu cantonesi. I contadini di qui, quando gli ispettori sanitari decretano distruzioni di bestiame infetto, protestano con un vecchio detto: «Quando il maiale è malato, è il momento di mangiarlo».

Il mio viaggio con i polli del Guangdong si ferma di fronte al porto di Shenzhen, dove le maestose navi portacontainer salpano verso l'Europa e l'America. «L'anno scorso» mi ha detto raggiante il signor Tan «ne abbiamo esportati 2 milioni, ed è solo un inizio. I nostri polli sono i più buoni del mondo. Lei può confermarlo, dopo quello che ha mangiato.»

Ospedali come Wall Street

Si avvista da lontano l'insegna rossa sul tetto del grande palazzo: Istituto di Pechino per le malattie respiratorie e cardiovascolari. Se mai un giorno la febbre aviaria dovesse diventare un'epidemia umana, o se qualunque altra pandemia planetaria dovesse iniziare qui in Cina, come è spesso accaduto in passato, questa sarà una delle trincee strategiche nella reazione del sistema sanitario cinese, e quindi mondiale. Appena varcato il portone, la sorpresa per il visitatore straniero è garantita. In uno dei più avanzati ospedali pubblici della capitale, il salone d'ingresso accoglie la folla dei pazienti con dei tabelloni elettronici luminosi che sembrano le quotazioni di Borsa di Wall Street. Ed è proprio così, sono quotazioni quelle che sfilano senza sosta sui grandi schermi. Sono i prezzi di ogni visita specialistica. Delle analisi del sangue, degli interventi chirurgici. A fianco, su un'altra parete, s'illuminano i prezzi dei medicinali, che scorrono su e giù come fossero la parità euro-dollaro o il valore delle azioni Microsoft. Perfino sul muro dove sono elencati i nomi dei medici, accanto a ogni professore e alla relativa specializzazione c'è in bella evidenza una cifra in yuan, il costo della visita. Nella sanità pubblica cinese tutto si paga e – in proporzione ai salari locali – si paga caro. Drappelli di malati e dei loro familiari si accalcano all'ingresso dell'ospedale, scrutando attentamente i vari listini: le operazioni, le medicine, le visite. Bisogna farsi i conti in tasca prima di prendere appuntamento, e in certi casi ci si rassegna e si torna a casa. Prendo appunti mentre il tabellone lampeggia veloce. Un intervento di pronto soccorso per la rianimazione: 120 yuan (12 euro). Una lastra di raggi X: 30 euro. Una diagnosi sul sistema immunitario: 40 euro. Le analisi del sangue: 20 euro.

Queste tariffe non sarebbero esose in un paese occidentale,

ma a Pechino i salari di molti lavori manuali si aggirano ancora sui 100 euro al mese. Per operai e muratori, fattorini e commesse, autisti e donne delle pulizie, i grandi schermi luminosi all'ingresso dell'ospedale pubblico sono il simbolo di una barriera quasi invalicabile. Perfino il costo dell'assistenza infermieristica è alto per le tasche dei ceti popolari – 10 euro al giorno i ricoveri postoperatori – eppure la qualità del servizio sembra modesta a giudicare dai pazienti posteggiati sui letti nei corridoi o nello stesso salone d'ingresso, accuditi dai familiari. Non si salvano le medicine: 9 euro una sola confezione per diabetici, 3 euro il Kan Rui Tan antiallergico, 2 euro una scatoletta di banali pastiglie contro il raffreddore. Per chi ne guadagna 100 al mese, anche un'influenza comporta un abbassamento del tenore di vita. Gli ospedali si difendono spiegando che da quando lo Stato ha tagliato loro drasticamente i sussidi, guadagnare sui farmaci è essenziale perché dalla vendita dei medicinali ricavano il 40 per cento del loro autofinanziamento. Ma intorno alle prescrizioni – lo denuncia apertamente la stampa governativa – si è creato anche un racket di tangenti tra le cause farmaceutiche e i dottori, un business reso più lucroso dal fatto che le farmacie ospedaliere redistribuiscono i profitti tra i medici.

La Repubblica popolare cinese, governata da un partito che non ha mai smesso di definirsi comunista, è passata in un ventennio dallo statalismo egualitario alla scomparsa di ogni Welfare State. Tutto si paga, anche nei servizi pubblici. Per la sanità, la quota dei costi che ogni cinese deve pagarsi di tasca propria è passata dal 28 per cento nel 1978 al 60 per cento oggi. Zhang Jian, quarantatreenne impiegato di una televisione di Pechino, fa parte del ceto medio. Guadagna 2000 euro lordi al mese, cioè 20 volte il salario di un manovale. È quindi un benestante a pieno titolo, eppure anche lui sente il morso finanziario di una sanità che pubblica è solo di nome. Lui, col contributo aziendale, ha accesso all'assicurazione sanitaria di Stato pagando di tasca sua la modesta cifra di 15 euro mensili. «Ma fino a 2000 yuan [200 euro] di spesa» dice Zhang «lo Stato non mi rimborsa niente, devo pagarmi tutto, anche il pronto soccorso. Per le operazioni più importanti, poi, il rimborso è decrescente. Dai 2000 ai 5000 yuan lo Stato si fa carico del 90 per cento, poi dell'85 per cento, poi dell'80 per cento via via che il costo sale.» Questi rimborsi hanno un altro limite, valgono solo per le cure ricevute in pochi ospedali pubblici convenzionati. Chi va a farsi curare altrove non è coperto. E le cliniche private per nuovi ricchi dilagano a macchia d'olio. Zhang, per una banale operazione di emorroidi, è dovuto andare nel privato e ha speso 3500 yuan: due mesi di salario operaio. «China Daily», organo ufficiale del governo, rivela che nelle grandi città il 60 per cento degli abitanti sono sprovvisti di assicurazioni e devono pagarsi tutte le cure.

Se il cittadino di Pechino subisce lo shock dei tabelloni luminosi con le «quotazioni» della sua salute ogni volta che va all'ospedale, è nelle campagne che la situazione è più drammatica. «China Daily» ammette che tra gli abitanti delle zone rurali – 800 milioni di cinesi – la quota di quelli che non hanno nessun rimborso sanitario balza al 90 per cento. Il risultato è che molti contadini non vedono mai un medico né mettono piede in un ospedale, salvo in punto di morte. C'è una battuta amara che circola tra i contadini: «Un'operazione di appendicite vale il raccolto di un anno». Ai tempi di Mao Zedong, nelle campagne giravano i mitici «medici scalzi», che dovevano portare le cure elementari alla popolazione più povera. Anche se la propaganda maoista li esaltava, la loro competenza era modesta e i metodi arcaici. Almeno, però, riuscirono a far scendere i livelli di mortalità, in un'epoca in cui la Cina era un gigante povero che stentava a sfamare i suoi abitanti. Ora il paese è una potenza economica, ma è diventata una versione estremista dell'economia di mercato.

Il dissesto del sistema sanitario non preoccupa solo i cinesi. L'Organizzazione mondiale della sanità conferma che la Cina resta il «laboratorio» ideale per la prossima pandemia. È anche un anello debole nelle difese d'emergenza che dovrebbero scattare. Nel caso dell'epidemia della Sars si persero sei mesi, perché il riflesso autoritario del regime censurò le notizie sulla malattia. Da allora, Pechino ha promesso di praticare la trasparenza. Ma se nasce una pandemia umana, i primi focolai saranno nelle regioni rurali più sprovviste di strutture sanitarie. Mentre ospedali e medici si specializzano nel vendere cure alla nuova middle class agiata delle grandi metropoli, il resto della Cina deve sperare nella buona sorte.

Dietro le quinte di Arcadia

Una delegazione di costruttori edili americani in visita da Chicago è stordita dall'ammirazione: «Nel tempo in cui noi costruiamo un grattacielo, qui costruiscono da zero una città intera». È l'exploit estremo mai realizzato dalla Cina, che pure di grandi opere ha un'esperienza unica al mondo. In una zona dove fino a pochi mesi fa c'erano solo campi, in un anno sorgerà dal nulla una città di 100.000 abitanti: Nuova Zhengzhou. In meno di dieci anni sarà diventata una metropoli da un milione e mezzo di persone. È un record assoluto, una specie di Dubai innalzata di colpo come un miraggio sulle rive del Fiume Giallo. E non avrà nulla in comune con altri tour de force della scatenata urbanistica cinese. Stop al gigantismo mostruoso e volgare che ha devastato Pechino, Shanghai e Canton, megalopoli-piovre di ipergrattacieli e autostrade urbane, metastasi impazzite della globalizzazione. Nuova Zhengzhou è la prima Utopia postcomunista della Repubblica popolare, la Venezia del terzo millennio, un'Arcadia ambientalista, oasi d'acqua e di giardini, di università tecnologiche e aria pulita.

Trentamila operai con centinaia di gru e scavatrici stanno già costruendo questo sogno meraviglioso a tappe forzate di giorno e di notte, senza pause né domeniche né vacanze. Il potere ha scelto un luogo simbolico, il cuore primordiale dell'Impero di Mezzo. La vecchia Zhengzhou è capitale di una provincia (Henan) che ha gli abitanti di Francia e Italia messe assieme. Ha 3500 anni di storia. È un centro nevralgico all'incrocio esatto fra la ferrovia nord-sud Pechino-Canton e quella est-ovest che dal Mar Giallo arriva in Tibet. Tra quei due assi intasati di traffico, la vecchia Zhengzhou e i suoi 2,5 milioni di abitanti stavano soffocando. Così, tre anni fa, il governo locale ha partorito un progetto senza precedenti. Creare un'altra città più in là, molto più là, in mezzo alla vasta campagna semivuota. Costruirla da zero, in tutti i sensi. Non farsi vincolare dagli errori del passato, non sovrapporre cemento nuovo sul cemento vecchio. Su una pagina bianca disegnare la città modello, l'ambiente ideale del nostro tempo. Hanno tradotto in mandarino dei concetti – qualità della vita, sviluppo sostenibile – che sembravano un lusso per la Cina. Con un miliardo e 300 milioni di abitanti, tra cui 800 milioni di contadini in parte ancora fermi a livelli di vita da Terzo Mondo, la crescita del Pil a ogni costo ha avuto la precedenza. Finora.

Zhengzhou ha visto Chongqing, Pechino e Shanghai lanciate verso il collasso, proiettate oltre i 20, i 30 milioni di abitanti, strangolate negli ingorghi e nelle nebbie tossiche da inquinamento. Zhengzhou si è ribellata all'ineluttabilità di quel destino. I suoi amministratori hanno organizzato una gara internazionale tra architetti sfidandoli a progettare la città-simbiosi: con la natura, con la cultura e la tradizione cinese. Hanno fatto vincere un architetto-filosofo, artista e idealista, per di più giapponese: Kisho Kurokawa, l'autore del Museo di arte contemporanea di Hiroshima e del Museo Van Gogh di Amsterdam. Kurokawa non li ha delusi.

La sua Nuova Zhengzhou è una sapiente e raffinata alternativa alle brutture che sfigurano le megalopoli cinesi. Restaura la civiltà urbana di questo paese: il tessuto dell'antica convivenza sociale favorito dagli *hutong*, vicoli stretti e nemici delle auto; dai *siheyuan*, le case familiari a un solo piano, armoniosi quadrilateri col cortile e il giardino interno. Nuova Zhengzhou è una città carosello, immersa in un reticolo di canali, ecocorridoi che si collegano a 34 fiumi. Ha un lago artificiale di 800 ettari, il più grande della Cina. Si circonda di vasti parchi e giardini fino a raggiungere le foreste delle vicine montagne per proteggere la biodiversità della regione. Ha anche i suoi bei grattacieli, disposti lungo due girotondi e un arco sinuoso che, visto dal cielo, e illuminato di notte, riproduce il carattere cinese *riyu*, simbolo di appagamento dei sensi. Ha un sistema di trasporti fondato sui vaporetti nei canali, i tram leggeri in superficie, un treno ad alta velocità verso l'aeroporto. Ha un parco tecnologico e tre campus universitari con dieci facoltà, inclusa l'Accademia della medicina tradizionale cinese e un Istituto per la conservazione dell'acqua.

È l'anti-Shenzhen. Anche Shenzhen è una città nata dal nulla, un gigante edificato dove c'era un villaggio di pescatori, a una velocità che fa rabbrividire. Ma Shenzhen è una metropoli Frankenstein. Laboratorio dell'esperimento di ingegneria sociale lanciato dal leader comunista Deng Xiaoping nel 1979, Shenzhen fu la prima creatura dell'economia di mercato in Cina. Nata, non a caso, a pochi chilometri da Hong Kong, al confine di quella che fu la «cortina di ferro» per la Cina. Tre ore solo per entrarci in automobile, per bucare l'ingorgo permanente dei Tir che stringono d'assedio giorno e notte Shenzhen, fabbrica del pianeta.

In confronto, la Nuova Zhengzhou è figlia di un'altra epoca, in cui almeno un pezzo di leadership cinese illuminata vede che il paese sta andando dritto verso un disastro ambientale. È il Giardino dell'Eden. La potenza industriosa della Cina lo sta creando sotto i nostri occhi alla velocità della luce. Il pedaggio d'ingresso nel paradiso terrestre, però, è elevato: più di 300.000 euro per un appartamento di 80 metri quadrati. I contadini a cui il governo ha espropriato le terre fanno la fila all'ufficio di collocamento per essere assunti come manovali nell'esercito proletario che innalza l'Utopia metropolitana. Nella Nuova Zhengzhou la legge del mercato ha già escluso che ci sia posto per loro. La vecchia Zhengzhou, intanto, è la città pilota per un altro esperimento di ingegneria sociale. È la prima municipalità ad avere reclutato i nuovi corpi speciali della polizia cinese, le teste di cuoio antisommossa. L'Arcadia cinese nascerà sotto il segno dell'apartheid?

Collasso urbano

La voglia di segregazione – ambientale e sociale – si propaga insieme con i traumi dell'urbanizzazione, un fenomeno che in Cina ha assunto dimensioni e velocità inaudite. Nei venticinque anni trascorsi da quando Deng Xiaoping lanciò le riforme di mercato, la popolazione cinese è cresciuta di 320 milioni di abitanti (sarebbe ancora superiore senza la politica del figlio unico). Per effetto dell'esodo di massa dalle campagne, tutto quell'aumento demografico si è rovesciato sulle città, e anche di più: nello stesso periodo, infatti, la popolazione urbana è aumentata di 340 milioni. È come dire che dagli anni Ottanta a oggi le metropoli cinesi hanno dovuto sopportare l'arrivo dell'intera popolazione degli Stati Uniti più quella dell'Italia. È un esodo biblico che non ha precedenti nella storia umana. E non c'è alcun segnale che questa trasmigrazione di contadini verso le zone industrializzate stia rallentando. Al contrario. Il governo di Pechino e tutti gli esperti concordano nel prevedere che altri 300 milioni di persone si riverseranno dalle zone rurali alle metropoli nel prossimo ventennio. La pressione a cui sono sottoposte le città incute sgomento. Chongqing è già la megalopoli più mostruosa del pianeta con i suoi 30 milioni di abitanti e un paesaggio da Inferno dantesco, o da *Blade Runner*, in cui spesso il giorno non si distingue dalla notte, tanto il cielo e il Fiume Azzurro sono neri di inquinamento. Pechino, Shanghai, Canton e Shenzhen si avviano tutte a raggiungere e superare la soglia dei 20 milioni di abitanti, un livello oltre il quale molti urbanisti ritengono che sia semplicemente impossibile governare una città. Superato un certo grado di concentrazione, tutto il sistema dei servizi rischia il collasso: dalle reti elettriche all'approvvigionamento idrico, dalle fognature allo smaltimento dei rifiuti, dal traffico alla criminalità, dalle scuole agli ospedali.

Nel ceto medio urbano montano l'intolleranza, la diffidenza, o la paura, verso le orde degli immigranti rozzi che vengono da regioni lontane, parlano a stento la lingua nazionale (il mandarino), sono associati con la diffusione di malattie, droga, prostituzione. A loro volta, gli immigrati si sentono trattati come cittadini di serie B, sfruttati e ricattati dai datori di lavoro che li impiegano nei cantieri edili, nei lavori stradali, come spazzini o come camerieri, manovali e donne delle pulizie.

La discriminazione verso questo sottoproletariato è rafforzata da una crudele disparità giuridica: il sistema dello *hukou*, o permesso di residenza, scava un solco profondo tra le due categorie della popolazione. La differenza nei diritti è sostanziale. Un immigrato non ha le stesse prestazioni sanitarie e, se vuol mandare i suoi figli a scuola, gli viene imposta una sovrattassa che è il doppio di quella che paga il cittadino residente. Gli immigrati sono «stranieri in patria». La loro debolezza contrattuale è fonte di soprusi continui: ogni anno a fine gennaio, quando la Cina si ferma per una settimana per la vacanza nazionale del suo Capodanno, gli immigranti che affrontano lunghi viaggi per ricongiungersi con le famiglie in campagna non hanno la certezza di ritrovare il posto di lavoro al loro rientro in città: alla fine della vacanza il 30 per cento viene licenziato. A molti di questi precari i padroni non pagano neppure i salari arretrati. Da alcuni anni, regolarmente, il governo di Pechino annuncia l'abrogazione imminente del regime dello *hukou*, poi ogni volta la riforma viene rinviata. Le resistenze sono forti. La popolazione urbana è gelosa dei suoi grandi o piccoli privilegi. La classe dirigente teme che con l'abolizione dello *hukou* possa crollare l'ultimo fragile argine contro il caos, e che l'immigrazione diventi ancora più massiccia e incontrollata. In realtà, non c'è alcuna prova che lo *hukou* abbia effetti dissuasivi e rallenti tale fenomeno – anche i più umili lavori in città rendono meglio di quanto guadagna la maggior parte dei contadini, e nonostante i salari miseri, gli immigrati riescono a mandare delle rimesse alle loro famiglie – in compenso questa discriminazione sta sicuramente alimentando un rancore profondo e durevole, che un giorno potrebbe esplodere in maniera violenta.

In questo clima di diffidenza fra le due Cine che convivono nelle stesse megalopoli, i grattacieli residenziali edificati a Pechino e Shanghai per ospitare condomini benestanti sono circondati da alte griglie di sicurezza, hanno cancelli sorvegliati giorno e notte dai vigilantes armati. Le autorità cinesi e la middle class agiata hanno lo stesso incubo: vedono i sintomi incipienti della nascita di *favelas* di immigranti poveri alle periferie delle grandi città, focolai di malattie, delinquenza, instabilità sociale. Per evitare di ritrovarsi entro pochi anni con città precipitate nel degrado, con tante Rio de Janeiro o Città del Messico, le autorità cinesi pianificano la nascita di miriadi di New Towns sull'esempio della Nuova Zhengzhou. Ci sono almeno venti progetti di città da costruire da zero, per decongestionare le metropoli esistenti e distribuire meglio la pressione demografica. Alcune sono concepite con la specializzazione universitaria, perché uno dei problemi impellenti della Cina è formare forza lavoro qualificata, adatta alla rapida evoluzione dell'economia. Solo nella regione del Guangdong sono in cantiere dieci grandi campus universitari. Queste University Towns, nuove fiammanti, proliferano soprattutto nelle zone più ricche, ma non senza problemi. Per liberare i terreni necessari al Guangzhou Higher Education Mega Center, uno dei più grossi complessi d'istruzione superiore in corso di completamento a Xiaoguwei, sono stati espropriati 2700 ettari e cacciati a viva forza 10.000 contadini.

La Cina esporta i suoi problemi ambientali in tanti modi. Un flagello viaggia nei fiumi. Nel novembre 2005 una gigantesca chiazza tossica di benzene sul fiume Songhua ha contaminato per settimane l'acqua dei rubinetti in una città di 5 milioni di abitanti nel Nord del paese, Harbin, e subito dopo ha esteso l'inquinamento alla Russia, dove il Songhua prosegue il suo corso. Quasi la metà della popolazione mondiale abita in regioni asiatiche bagnate dai grandi fiumi che nascono sulle catene montuose della Cina, dal Mekong all'Indus, e vengono rapidamente avvelenati o prosciugati dal boom industriale.

Un'altra conseguenza dell'urbanizzazione cinese è la penuria di energia. L'impatto della migrazione sui consumi energetici è poderoso. Per la differenza che li separa nel potere d'acquisto, nello stile di vita e nelle necessità di trasporto, in media ogni cinese che abita in un centro urbano brucia il 250 per cento di energia in più di un contadino. Con 15 milioni di cinesi che emigrano dalle campagne in città ogni anno, l'effetto moltiplicatore sulla domanda di energia è drammatico, in un mondo dove le riserve petrolifere facilmente sfruttabili – secondo le stime della compagnia petrolifera Bp – sono garantite solo per 40 anni. L'ex *chief economist* del Fondo monetario internazionale, Kenneth Rogoff, di fronte al boom dei consumi cinesi confessa «non mi stupirei di vedere il petrolio schizzare un giorno fino a 100 dollari il barile». Mentre il Vecchio Continente ha avuto i brividi quando è scoppiata la crisi del gas tra la Russia e l'Ucraina, Daniel Yergin, del Cambridge Energy Research, ricorda che «per la prima volta nella storia, l'Asia nel 2005 ha consumato più energia del Nordamerica e dell'Europa». L'emergenza riguarda tutto il pianeta: la Cina sta per raggiungere gli Stati Uniti come quantità di emissioni carboniche diffuse nell'atmosfera, e di questo passo sarà in Asia che si vince o si perde la sfida contro l'effetto serra e il surriscaldamento dell'ambiente. Già adesso i danni dello smog sulla Cina hanno superato i livelli di guardia. Raccogliendo dati dalle 500 stazioni meteorologiche del paese, astrofisici e studiosi dell'ambiente hanno misurato con precisione il fenomeno dell'«oscuramento» del cielo cinese. Negli ultimi cinquant'anni, mentre le emissioni carboniche si decuplicavano, la quantità di luce solare che arriva al suolo si è abbassata di 3,7 watt per metro quadrato ogni decennio. Visto dalla Cina, il sole è una lampadina sempre più fioca, sempre più sporca e lontana. Il governo cinese reagisce come può, con i mezzi che ha. L'unica fonte energetica di cui dispone in abbondanza – il carbone – è la più inquinante del mondo e, per estrarlo, muoiono ogni anno 6000 minatori. Una risposta è il rilancio del nucleare. Pechino ha in programma la costruzione di ben 30 centrali atomiche, più di tutti gli altri paesi del mondo messi assieme.

X
Nazionalismo postcomunista

A chi serve Confucio

Il vialetto che porta alla scuola Yidan è stretto e accidentato, si cammina in fila indiana tra la biancheria stesa ad asciugare. Nel quartiere, vicino all'ingresso occidentale dell'Università di Pechino, pochi ne hanno sentito parlare. Solo un poliziotto di guardia ai giardini pubblici Chengze sa indicare come arrivarci. Da fuori, la scuola sembra una casupola popolare come ce ne sono tante nei vicoli della città vecchia, con davanti qualche aiuola polverosa e trascurata. Dentro, lo spazio è modesto, tre stanze su un solo piano. I libri sugli scaffali sono regali di docenti della vicina università. Gli insegnanti sono tutti volontari. Questa povertà di mezzi non deve ingannare. La scuola Yidan, come indica la riproduzione di un ritratto di Confucio che accoglie il visitatore fin dall'ingresso, è uno dei centri della riscoperta del filosofo vissuto nel VI secolo avanti Cristo, il pensatore, che da oltre due millenni, imprime la sua influenza sulla civiltà e la politica della Cina. Il revival del confucianesimo è un fenomeno che ha molte facce. È una reazione contro l'omologazione culturale all'Occidente, una riscoperta delle radici e dell'identità nazionale, ma anche un'operazione incoraggiata dall'alto per teorizzare un «modello asiatico» dal significato controverso. Per capirlo bisogna partire da Yidan.

Pang Fei, 33 anni, professore di Filosofia, ha fondato la Scuola di studi classici Yidan nel 2001. Con i suoi capelli ben rasati, gli occhiali dalla montatura ultraleggera di titanio e l'abbigliamento casual, potrebbe essere un giovane manager lanciato alla conquista dei mercati mondiali e verso un futuro da miliardario. Invece spiega che «quando una nazione attraversa una trasformazione sociale profonda, la gente si sente sperduta nella cosiddetta cultura moderna, i giovani non sanno chi sono e cosa vogliono dalla vita; in queste fasi difficili bisogna cercare aiuto nella saggezza degli autori antichi; ogni generazione dovrebbe farlo, ora è il nostro turno». La sua idea ha avuto un successo ben più vasto di quanto appaia visitando la casetta dietro i giardini pubblici Chengze. Yidan funge solo da centro di formazione iniziale per i docenti confuciani, destinati a sciamare e diffondere i precetti dell'antico maestro nelle scuole di tutta la Cina. I seminari tenuti qui hanno già sfornato 10.000 volontari – studenti universitari o neolaureati – che a loro volta hanno impartito lezioni e conferenze a 100.000 ragazzi delle scuole medie e dei licei di Pechino. Con il beneplacito delle famiglie, delle autorità scolastiche e del governo. Seguendo l'esempio della capitale, altre 30 città hanno invitato i docenti di Yidan.

Uno di questi volontari è Li Tianqing: a 28 anni ha ottenuto un ambito dottorato di ricerca in Informatica presso la Harvard cinese, l'Università Qinghua. Lavora come esperto di software in una grande impresa di Pechino. Il suo tempo libero, però, lo dedica a insegnare la saggezza degli antenati a scolaresche tra gli 8 e i 15 anni. I ragazzi, già carichi di compiti di matematica e di mandarino (l'istruzione cinese è tra le più esigenti del mondo), dopo le ore di scuola dell'obbligo imparano, sotto la guida di Li, a leggere poesie in calligrafia dell'era Tang (618-907 d.C.), gli *Analecta* di Confucio e le opere del discepolo Mencio. «I giovani cinesi di oggi» dice Li «hanno più familiarità con la cultura occidentale che con la nostra. Questa è un'anomalia, non si concilia con uno sviluppo sano del paese. Spero che le generazioni future crescano come dei cinesi autentici, non come degli stranieri.» È sulla stessa lunghezza d'onda un luminare delle scienze esatte, il professor Yang Dongping dell'Istituto di tecnologia di Pechino: «Sotto l'influenza della globalizzazione e del materialismo i giovani perdono l'identità culturale cinese, rischiano di smarrire tradizioni preziose, dalla calligrafia alla musica antica. Se non arrestiamo questo processo, l'esito sarà una crisi morale profonda».

La classe dirigente incoraggia la riscoperta del confucianesimo. I primi licei a invitare i docenti di Yidan sono stati quelli frequentati dai figli della nomenklatura comunista. Il 28 settembre 2005, il sindaco di Qufu, la città natale di Confucio nella regione dello Shandong, ha celebrato con la massima solennità il 2556° anniversario della nascita del filosofo, alla presenza di alcuni (presunti) discendenti. Il governo finanzia un progetto ambizioso: 300 studiosi di 25 università lavoreranno per 16 anni alla creazione della prima biblioteca completa di tutti gli scritti sul confucianesimo.

Un altro gesto simbolico è rivolto all'estero. Di fronte al boom dell'apprendimento della lingua cinese nel mondo (in Francia, Chirac ha lanciato una campagna perché i giovani lo studino), il ministero dell'Istruzione di Pechino ha deciso, per la prima volta, di creare una rete di istituti culturali all'estero per insegnare il mandarino. Questi centri – così come la Germania ha gli Istituti Goethe, la Spagna gli Istituti Cervantes – si chiameranno Istituti Confucio. Il primo è stato inaugurato a Seul, in Corea del Sud, nel 2004, seguito a ruota da altri in America, Europa e Asia. La scelta di quel nome, però, era tutt'altro che scontata. Negli anni del maoismo, Confucio era stato messo al bando come un pensatore reazionario, un simbolo dell'epoca imperiale. Durante la Rivoluzione culturale (1965-75) le Guardie rosse avevano cercato di cancellare ogni eredità del «pensiero di destra», distruggendo intere biblioteche di opere antiche. L'odio per Confucio non era del resto una prerogativa dei soli comunisti, univa le élite progressiste nella Cina del Novecento. Il Movimento del 4 maggio 1919, di tendenze democratiche e ispirato a idee occidentali, si era scagliato contro il confucianesimo, accusato di mantenere il paese nell'arretratezza e sotto il giogo dei despoti.

Ma chi era davvero Kung Fu Tzu, cioè il Maestro Kung che noi occidentali conosciamo sotto il nome latinizzato di Confucio? Di certo fu un filosofo laico e razionalista, fiducioso nella possibilità del progresso umano, poco interessato alla religione, molto più appassionato alle scienze sociali e politiche, alla ricerca di un buon governo, di una società prospera e stabile, di una pace durevole.

Per due millenni la sua influenza ha dovuto misurarsi, fondersi o combattere con quelle del taoismo e del buddismo. Come tutti i pensatori più grandi, Confucio è stato riletto, interpretato, aggiornato, strumentalizzato, fino a fargli dire cose molto diverse. C'è un Confucio democratico, in nome del quale molti discepoli morirono ribellandosi ai tiranni: perché il Maestro Kung rifiutava il carattere divino dell'imperatore, insisteva sulle responsabilità del sovrano verso i cittadini, fu all'origine della prima meritocrazia nella storia dell'umanità (gli esami d'ammissione nei ranghi della burocrazia imperiale). C'è un neoconfucianesimo autoritario, codificato soprattutto durante la dinastia Song (960-1279 d.C.), che impone all'uomo di vivere in armonia con la società, nel rispetto degli anziani e dei capi.

Durante il Novecento la dottrina del Maestro Kung fu spesso usata dalle forze della conservazione: dalla moribonda dinastia Qing contro i repubblicani; dai Signori della guerra; perfino dagli invasori giapponesi che, tra il 1931 e il 1945, cercarono di rilanciare il culto di Confucio nei territori cinesi occupati, come terreno d'intesa fra le classi dominanti dei due paesi. In tempi più recenti, a fare un uso «di destra» del confucianesimo è stato il padre-padrone di Singapore, l'ex premier Lee Kuan Yew, ispiratore del miracolo economico dei dragoni del Sudest asiatico. Per giustificare la sua ricetta di governo, un misto di mercato capitalista, paternalismo e controllo sociale, Lee Kuan Yew sostiene che la democrazia, fondata su elezioni pluraliste e sulla libertà di stampa, è adatta all'iperindividualismo delle società atomizzate in America o in Europa. In Asia le nazioni funzionano meglio se si comportano come famiglie gerarchiche e disciplinate, dove i singoli membri antepongono il senso del dovere all'interesse individuale. Autentico o abusivo che sia, il Confucio di Lee Kuan Yew è lo stesso che appare oggi in un'opera in voga tra i dirigenti del Partito comunista cinese. È una monumentale trilogia scritta dal trentacinquenne Yue Housheng, elogiato come uno dei massimi esperti contemporanei di «teoria strategica». I tre saggi, recensiti con venerazione dalla stampa ufficiale di Pechino, sono raccolti sotto il titolo *Strategia di uno sviluppo pacifico dello Stato*. Attingendo con talento eclettico a Confucio e al taoismo, Yue esalta le «tradizioni orientali» contro un Occidente «dominato da una filosofia di lotta per la sopravvivenza, di individualismo».

La riscoperta di Confucio da parte del nuovo gruppo dirigente cinese, attorno al presidente Hu Jintao, avviene sullo sfondo delle convulsioni sociali che agitano il paese. L'economia di mercato scava disuguaglianze estreme. La nomenklatura comunista ha un accesso facile alle ricchezze e si è convertita alla difesa del capitalismo. Di fronte a una società civile irrequieta non c'è più Marx né Mao per giustificare la repressione del dissenso. Solo il Maestro Kung, dall'alto dei suoi 2556 anni, forse può riuscire a compiere il miracolo: traghettare l'oligarchia verso una nuova forma di legittimità, giustificare l'ordine e la stabilità non più in nome del socialismo, ma come il rispetto dell'autorità paterna del nuovo imperatore, cioè il partito unico. Nei discorsi ufficiali del presidente, Hu ricorre all'obiettivo confuciano di «promuovere una società armoniosa». Qualcuno grida alla mistificazione, denuncia la vera natura dell'operazione ordita ai vertici del potere: il pensatore democratico Qiu Feng ha pubblicato una lettera aperta sul giornale cantonese «Nanfang», con un titolo che non lascia dubbi: *L'oscurantismo travestito da modernizzazione*.

Ma il revival neoconfuciano avanza implacabile. Viene esteso alla politica estera. Sul «Quotidiano del Popolo» il filosofo Tang Yijie offre questa versione, utile a Hu Jintao nei suoi rapporti diplomatici con l'Occidente: «Confucio disse che i veri gentiluomini sono armoniosi ma diversi. Questa visione dell'armonia nella differenza si applica oggi anche ai leader dei paesi sviluppati, in particolare l'America». È quasi superfluo precisare qual è la diversità che va armoniosamente rispettata fra i gentiluomini dei nostri tempi. Ogni predica sui diritti umani, sulle libertà politiche, sui dissidenti o sui giornalisti sbattuti in carcere, alla luce di questa dottrina, sarebbe un tentativo maldestro di imporre valori occidentali che non corrispondono all'identità profonda della Cina.

Questa identità neoconfuciana, la nomenklatura cinese ritiene di condividerla con alcuni paesi vicini. Non solo con la città-

Stato di Singapore, ammirata già 25 anni fa da Deng Xiaoping quando decise di avviare la Cina verso il capitalismo. Via via che Pechino, insieme con la sua potenza economica, accresce l'influenza politico-militare in Asia, i dirigenti cinesi cominciano a immaginare anche un nuovo tipo di espansionismo culturale. È passata l'epoca in cui Mao voleva esportare il *Libretto rosso* e la rivoluzione. Ora, insieme al *made in China*, si esporta lo studio del mandarino, dalla Corea alla Cambogia. Oggi, certo, gli Istituti Confucio non possono competere, nella battaglia dei valori di massa sul mercato globale, con Hollywood e la Cnn. In futuro, chissà. Le vie del Maestro Kung sono infinite, come le reincarnazioni del suo pensiero.

In piazza contro Tokyo

L'ultima febbre di crisi sino-giapponese inizia quasi in sordina, con una raccolta di firme su Internet, il 21 marzo 2005. A fine marzo, ne sono state raccolte già 22 milioni. Ai primi di aprile, si tocca quota 30 milioni, un bel numero anche in Cina. L'oggetto della petizione: un appello perché il Giappone non diventi membro permanente del Consiglio di sicurezza dell'Onu. Anche se i leader di Pechino la pensano esattamente come quei milioni di firmatari, l'iniziativa non sembra partita dall'alto. Non è cominciata neppure in Cina, per la precisione. È un'associazione con sede a Los Angeles, formata da cinesi residenti negli Stati Uniti e denominata Alliance for Preserving the Truth of the Sino-Japanese War (alleanza per preservare la verità sulla guerra sino-giapponese) a lanciare la petizione. Subito si sono unite altre associazioni cinesi negli Stati Uniti, come la Alliance to Preserve the History of World War II in Asia, di San Francisco. Solo dopo qualche giorno, mentre già la raccolta di firme dilaga via Internet dall'altra sponda del Pacifico, i tre grandi portali Internet cinesi Sina.com, Sohu.com e Netease.com le danno spazio. Quell'ospitalità sui principali siti Internet nazionali è un segnale implicito che l'iniziativa non dispiace al regime.

La scintilla iniziale si è prodotta non appena al Palazzo di Vetro di New York è stato presentato un progetto che, in teoria, può spianare al Giappone la strada verso il Consiglio di sicurezza. Il 21 marzo il segretario generale delle Nazioni Unite, Kofi Annan, presentava pubblicamente le sue proposte per riformare l'organizzazione multilaterale. In un passaggio del suo discorso, Kofi Annan ha detto che il Consiglio di sicurezza dovrebbe «aumentare il coinvolgimento decisionale di coloro che contribuiscono di più alle Nazioni Unite finanziariamente, militarmente e diplomaticamente». Il riferimento al Giappone era evidente, Tokyo è uno dei principali tesorieri dell'Onu. È a quel punto che scattano le associazioni impegnate a denunciare i crimini di guerra nipponici e il «revisionismo storico» di Tokyo. Non è noto se queste associazioni abbiano agito su imbeccata delle autorità di Pechino, decise a impedire l'allargamento del Consiglio di sicurezza. Non è impossibile, perché anche nella diaspora cinese all'estero esiste ormai un forte «partito» filogovernativo collegato a Pechino. Ma le adesioni di massa che la petizione raccoglie in Cina non sono manipolate dall'alto: nessuno può costringe la gente a firmare. Il fatto che la raccolta di firme abbia successo soprattutto via Internet conferma che il patriottismo e il rancore antigiapponese è ben radicato anche nel ceto medio-alto urbano, fra i giovani universitari e fra i trentenni benestanti delle professioni emergenti.

In quell'ambiente è nato un movimento politico antigiapponese, l'Alleanza patriottica guidata dal ventinovenne Lu Yunfei, che spesso organizza proteste davanti all'ambasciata giapponese a Pechino. Yunfei ha orchestrato la mini-invasione di un isolotto nell'arcipelago Diaoyu – la cui sovranità è contesa fra i due paesi – dove i suoi seguaci sono stati arrestati ed espulsi dalla polizia giapponese. L'Alleanza patriottica è tollerata con benevolenza dal Partito comunista, in un paese dove normalmente chi si azzarda a creare un movimento politico finisce in carcere per attentato alla sicurezza dello Stato. Il nazionalismo cinese è il frutto di un indottrinamento di massa voluto dai vertici del partito, una propaganda che comincia sui banchi di scuola. È però anche un fenomeno che acquista una sua dinamica autonoma, si fa autentico e spontaneo, non sempre è controllabile dalle autorità. Lo si è visto nel 2004, durante la finalissima Cina-Giappone nell'Asian Cup di calcio turbata dalla violenza della tifoseria di casa. D'altronde, non mancano le giustificazioni di tanto rancore. Il bilancio dell'occupazione giapponese superò le atrocità commesse dai nazisti in Europa (35 milioni di vittime solo in Cina).

Nel clima già incandescente per la questione Onu, manca solo qualche provocazione giapponese per accelerare l'escalation del rancore. È quello che succede il 6 aprile. Quel giorno, la tensione diplomatica sale alle stelle, con vigorose proteste ufficiali del governo di Pechino, quando il ministero dell'Istruzione del governo Koizumi autorizza la pubblicazione di nuovi manuali scolastici che «assolvono» l'imperialismo nipponico degli anni Trenta e minimizzano i danni dell'occupazione di Cina e Corea da parte delle truppe del Sol Levante. Il via libera ai testi di storia revisionisti non poteva giungere in un momento peggiore. A Pechino il ministro degli Esteri cinese convoca l'ambasciatore del Giappone per consegnargli una protesta ufficiale «contro l'approvazione di manuali di insegnamento che negano la verità storica». In serata la notizia apre i telegiornali cinesi. I notiziari raccontano nei dettagli la nuova versione di un manuale pubblicato dalla casa editrice giapponese Fuso e proposto alle scuole per l'insegnamento della storia ai ragazzi dai 13 ai 15 anni. Tra i passaggi incriminati, c'è quello sullo stupro di Nanchino, invasa nel 1937 dalle truppe nipponiche, che vi fecero 300.000 morti. Nel testo scolastico viene definito «incidente di Nanchino» senza alcun riferimento al numero delle vittime. In altri passaggi del libro, la politica imperialista di Tokyo viene presentata sotto una luce favorevole, come una difesa dell'Asia contro la colonizzazione occidentale. Il nullaosta concesso dal ministero dell'Istruzione è una conseguenza della pressione di associazioni nazionaliste giapponesi. Lo stesso primo ministro Koizumi, ogni anno, visita un tempio scintoista di Tokyo, Yasukuni, dove sono sepolti alcuni generali condannati per crimini di guerra.

La «querelle dei manuali» fa esplodere un boicottaggio spontaneo di prodotti di consumo giapponesi assai diffusi in Cina, come la birra Asahi. Dilagano violente manifestazioni di piazza contro rappresentanze giapponesi, per tre weekend consecutivi a Shenzhen, Chengdu, Canton. A Pechino una folla di giovani tenta di dare l'assalto all'ambasciata del Giappone. A Shanghai c'è il corteo più numeroso (20.000 persone), che saccheggia le vetrine di negozi con prodotti *made in Japan*. È chiaro a tutti i testimoni – e perfino nelle riprese televisive – che la polizia locale è più impegnata a «guidare» i dimostranti che a frenarli. Nelle pause, i poliziotti antisommossa di Shanghai si fermano a bere insieme ai giovani manifestanti. Alcune grandi multinazionali di Tokyo, come Mazda, Suzuki e Toshiba, congelano i viaggi dei loro manager in Cina. Le catene di grandi magazzini e supermercati nipponici – Aeon, Jusco, Ito-Yokado – sono costrette a chiudere i battenti in tutte le città cinesi. A quel punto il ministro degli Esteri giapponese si precipita a Pechino. I leader dei due paesi misurano i danni che rischiano di infliggersi reciprocamente. Con 170 miliardi di dollari di commercio bilaterale, 20.000 imprese giapponesi insediate in Cina che hanno investito 32 miliardi di dollari, una guerra economica sarebbe insensata. Per il capitalismo nipponico, la Cina è una locomotiva che rilancia la crescita di Tokyo dopo quindici anni di stagnazione.

I leader di Pechino, dal canto loro, non possono sacrificare l'immagine di una Cina accogliente per gli investitori stranieri. Inoltre, ai vertici del Partito comunista affiora una preoccupazione di ordine interno. Una volta lanciati i giovani per le strade non si sa dove vanno a finire. Il carattere in parte spontaneo che vanno assumendo le manifestazioni antinipponiche impensierisce i leader che conoscono la storia. Dal Movimento del 4 maggio 1919 fino alle proteste degli anni Ottanta, spesso in Cina gli studenti hanno cominciato a scendere in piazza contro qualche potenza straniera e poi si sono rivoltati contro i propri governi. Il 22 aprile 2005, a un mese esatto dall'inizio della crisi, è in programma a Giacarta un summit di paesi asiatici, l'occasione per un incontro fra il presidente cinese Hu Jintao e il premier giapponese Koizumi. Prima di partire, Hu tiene ai suoi un discorso centrato sul valore della «stabilità». La traduzione non si fa attendere. Improvvisamente la polizia cinese diffonde avvertimenti contro la partecipazione a «proteste non autorizzate», minaccia sanzioni contro chi organizza manifestazioni attraverso Internet e gli sms. La febbre scende, la piazza si placa. È solo la fine della ricreazione, non del gelo tra le due nazioni.

Con Putin alle grandi manovre

1689 – Trattato di Nerchinsk, firmato tra la Russia zarista e la dinastia mancese dei Qing per porre fine ai conflitti sulle frontiere dei due imperi.

1858-60 – La dinastia Qing, indebolita, deve firmare un nuovo trattato in cui cede alla Russia il nordest della Manciuria.

8 agosto 1945 – L'Armata rossa sovietica invade la Manciuria occupata dai giapponesi, si ricongiunge ai combattenti di Mao Zedong a cui fornisce l'aiuto militare decisivo nella guerra civile contro Chiang Kai-shek fino alla vittoria della rivoluzione comunista nel 1949.

1964 – Rottura definitiva Mao-Krusciov.

1969 – Aspri combattimenti tra russi e cinesi lungo la frontiera sul fiume Ussuri.

1989 – La visita di Michail Gorbaciov a Pechino è il primo segnale di disgelo, ma, al tempo stesso, eccita gli animi degli studenti le cui proteste sfoceranno nel massacro di piazza Tienanmen.

A turni di 10.000 per volta, 100.000 soldati si sono avvicendati vicino a Vladivostok, il porto della Siberia che presidia il Mar del Giappone e il Pacifico. Da ovest e da sud li hanno raggiunti squadroni di caccia e bombardieri strategici capaci di trasportare testate nucleari, portaerei, incrociatori e sottomarini atomici. Sono le forze mobilitate nell'estate 2005 dalle più grandi manovre militari congiunte mai organizzate da Cina e Russia, che si sono allargate fino al Mar Giallo, alla penisola di Jiaodong e alla provincia costiera cinese dello Shandong. Sono state la conferma – volutamente spettacolare – del riavvicinamento fra due potenze asiatiche che hanno alternato alleanze di ferro (all'epoca di Stalin e Mao, dagli anni Trenta agli anni Cinquanta) e lunghi periodi di ostilità sfociati perfino in incidenti armati lungo la frontiera negli anni Settanta. Il «gelo» seguito alla destalinizzazione di Krusciov cinquant'anni fa, poi aggravato dall'intesa fra Mao e il presidente americano Richard Nixon di trent'anni fa, fu tale che per mezzo secolo (dal 1949 al 1999) non si svolsero più esercitazioni congiunte tra l'Armata rossa e l'Esercito popolare di liberazione. La loro ripresa, nel 1999, fu poco più che simbolica, rispetto alla dimensione del dispositivo che è sceso in campo nell'estate 2005. Seguite con attenzione da satelliti, aerei-spia e da tutte le navi statunitensi del Pacifico, queste manovre hanno avuto il sapore di una sfida agli Stati Uniti, alla loro supremazia «unipolare», alla loro influenza in Asia.

L'ultimo «flirt» tra Pechino e Mosca sboccia in un contesto completamente diverso dagli anni Sessanta, quando i cinesi riuscirono a costruirsi la bomba atomica grazie all'assistenza tecnica sovietica, il fronte comunista si arricchì di una seconda superpotenza e contribuì alla psicosi da «accerchiamento» degli Stati Uniti. Oggi il gap tecnologico fra gli statunitensi e il resto del mondo si è allargato molto rispetto alla guerra fredda. I rapporti di forze tra i due colossi nucleari asiatici hanno subìto un ribaltamento: all'inizio del XXI secolo la Cina è una vera superpotenza economica, mentre la Russia, dopo anni di declino, è un paese in via di sviluppo che ha bisogno della rendita petrolifera per poter importare prodotti industriali. In un solo campo Mosca conserva il vantaggio, ed è proprio la tecnologia militare. Noncurante delle crisi periodiche nei rapporti politici bilaterali, l'industria bellica russa è sempre rimasta il principale fornitore di armi all'Esercito popolare di liberazione della Cina. Le manovre del 2005, fra i tanti significati, fungono anche da operazione di marketing: i cinesi, da ricchi clienti, hanno il privilegio di provare sul campo i nuovi armamenti prima di aprire il libretto degli assegni per acquistarli. Per esempio, i bombardieri di lunga portata Tupolev 22M3 e Tupolev 95S, capaci di trasportare in teatri bellici lontani missili di crociera con testate nucleari.

Per gli Stati Uniti le esercitazioni suonano un campanello di allarme in un clima già teso per l'ascesa cinese. Un rapporto del Pentagono presentato al Congresso di Washington ha sottolineato la preoccupazione per la corsa al riarmo della Cina, definita una «minaccia credibile» per gli interessi vitali degli Stati Uniti nell'area asiatica e nel Pacifico, cioè nella regione che sta diventando il nuovo baricentro del potere economico mondiale. I militari statunitensi considerano la Cina come l'unico rivale strategico degli Stati Uniti, in grado di alterare gli equilibri planetari. A rasserenare gli animi non ha contribuito un'uscita del generale Zhu Chenghu: nel luglio 2005 ha avvertito Washington che, se dovesse scoppiare un conflitto tra le due nazioni a causa di Taiwan, i cinesi userebbero armi atomiche e «centinaia di città americane sarebbero distrutte».

Il riavvicinamento diplomatico tra Pechino e Mosca non è avvenuto di colpo. Le crisi internazionali degli ultimi anni hanno contribuito a creare nelle due classi dirigenti il senso di un comune interesse a equilibrare l'egemonia americana. Il primo test fu la guerra del Kosovo nel 1999: la Russia vide la Nato inserirsi in un'area balcanica che era stata a lungo sotto la sua influenza; i cinesi subirono il bombardamento della loro ambasciata a Belgrado, che diede il via a manifestazioni antiamericane nelle vie di Pechino (un episodio mai del tutto chiarito, che gli americani definirono un errore, mentre per i cinesi fu un atto deliberato di ostilità). Quando Bush e Tony Blair decisero di invadere l'Iraq nel 2003, russi e cinesi si trovarono uniti (con i francesi e i tedeschi) nel fronte del no alle Nazioni Unite.

Il 1° luglio 2005 un incontro a Mosca tra i presidenti Vladimir Putin e Hu Jintao è stato l'occasione per un successo cruciale. I due hanno preparato con cura il vertice della Shanghai Cooperation Organization (Sco), al fine di bloccare la penetrazione americana nell'Asia centrale. La Sco è un'organizzazione poco nota che, oltre a Russia e Cina, unisce tutte le repubbliche ex sovietiche confinanti: Kazakistan, Kirghizistan, Tagikistan e Uzbekistan. Sono zone ricche di petrolio e gas naturale, dove Bush è riuscito, dopo l'11 settembre 2001, a ottenere appoggi e la concessione di basi per operazioni in Afghanistan. Poi gli Stati Uniti hanno sostenuto delle rivoluzioni democratiche in quell'area. Hu e Putin, al contrario, offrono il loro sostegno ai dittatori locali, chiedendo in cambio che recidano i legami con gli Stati Uniti. L'operazione è riuscita in Uzbekistan, dove agli statunitensi è stato dato il benservito con la decisione del presidente Islam Karimov di chiudere la loro base militare. È ricominciata in quest'area del mondo una battaglia d'influenze che ricorda il «Grande Gioco» che oppose la Russia zarista e l'Inghilterra vittoriana più di centocinquant'anni fa, ma questa volta con il nuovo protagonista cinese che può mettere sul piatto la ricchezza dei suoi mercati.

Washington corre ai ripari su altri fronti. La decisione di liberalizzare le forniture militari all'India (cancellando le sanzioni varate dopo i test nucleari di New Delhi) è un tentativo di controbilanciare l'ascesa della potenza cinese in Asia. Il controverso appoggio al Pakistan, le *avances* calorose di Washington al Vietnam, il rafforzamento dei legami con gli alleati tradizionali come l'Australia, la Thailandia e le Filippine, e soprattutto l'incoraggiamento al riarmo del Giappone, sono tutti segnali che l'amministrazione Bush si sente in pericolo nell'area dove si concentrano i due terzi della popolazione mondiale, e ben presto una quota dominante della ricchezza e del potere tecnologico. Vista da Pechino, la prospettiva si rovescia. I leader cinesi vedono la diplomazia statunitense in Asia come una politica di accerchiamento nei loro confronti, tesa a isolarli e contenere la loro ascesa.

A noi la luna

«Abbiamo messo in orbita *Shenzhou 6* con scopi pacifici» annuncia raggiante alla Cina e al mondo il presidente Hu Jintao l'11 ottobre 2005, ripreso dalle Tv con tutto il vertice della nomenklatura comunista riunito nella base di controllo. Gli *anchormen* dei telegiornali aggiungono: la prossima tappa è la stazione orbitale, poi un cinese sulla luna. La copertura televisiva è massiccia, su tutti i canali minuto per minuto, un fatto senza precedenti per la Cina, dove i lanci in passato erano circondati dal segreto militare. L'atmosfera è da tifo olimpico, il patriottismo è alle stelle, il clima eccitato e ottimista è quello dell'America anni Sessanta e, del resto, il riferimento all'altra superpotenza è costante: i cinesi vivono la loro impresa spaziale come una gara simbolica per agganciare il numero uno mondiale.

La coreografia dell'evento prende in prestito i toni dei tempi gloriosi della Nasa, quando i lanci di Apollo e la conquista della luna tenevano il mondo intero col fiato sospeso. Quando *Shenzhou 6* mette in orbita a 350 chilometri dalla terra i due astronauti cinesi per una missione di cinque giorni, il direttore del centro spaziale davanti alle telecamere ha il senso dello spettacolo di un divo hollywoodiano, scandisce bene il suo annuncio: «Signore e signori, dichiariamo il secondo lancio spaziale della Cina un successo completo». L'agenzia di stampa ufficiale Xinhua (Nuova Cina) aggiunge: «In mezzo all'attenzione del mondo, la Cina ha coronato la sua prima missione spaziale con più uomini a bordo». A terra, le Tv inquadrano anche il pioniere Yang Liwei, il primo astronauta che da solo inaugurò la serie con il lancio di un giorno di *Shenzhou 5* nel 2004: trasformato in eroe nazionale, popolare più delle star del cinema e dello sport, anche lui è nel centro di controllo insieme al presidente Hu e al premier Wen Jiabao. Dallo spazio arrivano le immagini dei suoi due colleghi, i colonnelli Fei Junlong e Nie Haisheng, già disinvolti nel recitare la loro parte: leggono, si tolgono il casco, sorridono e salutano un miliardo di connazionali. Per la gioia della audience record, le troupe televisive invadono anche i loro due villaggi natali, nelle province del Jiangsu e dello Hubei, dove le case dei genitori sono assediate da folle di vicini festosi, mentre mamme e sorelle piangono dalla commozione. Al ritorno dei due colonnelli sulla terra, il circo dei talk show e del varietà è pronto a cooptarli.

Il nazionalismo cinese trionfa, sembra un assaggio delle Olimpiadi del 2008 a Pechino. Shenzhou significa «Lunga Marcia», un riferimento alla leggendaria impresa militare (in realtà una ritirata) di Mao Zedong con le sue truppe comuniste nel 1935, uno dei miti fondatori della Repubblica popolare. I messaggi sono diretti all'opinione pubblica e al resto del mondo. La missione spaziale è una conferma che la Cina non è solo la nuova «fabbrica planetaria», il produttore a buon mercato che invade l'economia globale, ma è anche una superpotenza scientifica e tecnologica a cui nessun traguardo è proibito. Sia il presidente Hu sia il premier Wen sottolineano il carattere pacifico dell'impresa, l'importanza delle ricadute per la ricerca scientifica e per l'innovazione tecnologica a scopi industriali e civili, soprattutto nel seguito del programma spaziale con la stazione orbitale e le missioni sulla luna. Di risvolti militari non si parla, ma è ovvio che vi siano, a cominciare dai perfezionamenti nella balistica e nelle tecniche di lancio: la Cina ha missili puntati su Taiwan, dove gli scenari catastrofisti vedono la possibile scintilla di un conflitto che coinvolgerebbe gli Stati Uniti. Lo stesso fatto che il *Shenzhou 6* sia stato ripreso in diretta televisiva è un segnale di maggiore fiducia: in passato l'esito dei lanci veniva annunciato solo a posteriori, per evitare imbarazzi in casi di insuccesso.

Insieme ai costanti riferimenti agli Stati Uniti, i cinesi ci tengono a marcare le differenze. «Il nostro programma spaziale» dice Pan Houren dell'Accademia delle scienze di Pechino «ci costa solo 20 miliardi di yuan [2 miliardi di euro], cioè meno di un decimo del bilancio della Nasa.» I leader di Pechino non vogliono dare l'impressione di un'impresa troppo ambiziosa: il Plenum del Partito comunista ha varato un piano quinquennale all'insegna della lotta contro le ingiustizie sociali, per ridurre le distanze tra città e campagna. Il programma spaziale va presentato come «austero», al tempo stesso è la conferma che la Cina di oggi può riuscire in tutti i campi, il futuro le appartiene.

L'ultima riabilitazione, Gengis Khan

Fu il conquistatore più grande, innovando nella strategia e nella tecnologia militare, costruì un impero che univa «Cindia», più il mondo islamico, la Russia, la Polonia e l'Ungheria. Fino ai nostri giorni, lo ha perseguitato la fama del guerriero sanguinario, dello sterminatore analfabeta. Adesso una rivelazione impone di rendergli giustizia: per la prima volta si ha la prova che il condottiero mongolo Gengis Khan sapeva leggere e scrivere, era attratto dalla religione e studiava la storia. Lo ha scoperto uno studioso di fama internazionale, Tengus Bayaryn, un cinese della minoranza etnica mongola. Bayaryn ha dedicato la vita allo studio di Gengis Khan, è rimasto sempre vicino alle origini più remote di quell'impero leggendario, poiché fa ricerca all'Università di Hohhot nella Mongolia inferiore. Ma la vera novità è che lo studio di Bayaryn viene esaltato dai mass media ufficiali di Pechino, è grazie alla loro cassa di risonanza che la sua recente scoperta fa il giro del mondo.

L'agenzia di stampa Xinhua segnala per prima il suo ritrovamento di un «editto autografo» scritto da Gengis Khan nel 1219, dentro un libro di meditazione dedicato a un religioso taoista. «Ho ordinato ai miei ministri di compilare un manuale tratto dalle tue lezioni, e lo leggerò personalmente» dice il messaggio. L'autore è proprio lui: il capo delle orde barbare che terrorizzarono il continente eurasiatico. La data è sorprendente, perché le prime tracce di una scrittura in lingua mongola risalgono appunto all'inizio del XIII secolo quando Gengis Khan (nato nel 1167) aveva ormai più di 40 anni. Finora gli storici escludevano che lui avesse potuto imparare l'alfabeto così tardi. «Al contrario» conferma Bayaryn «le tracce autografe che ho ritrovato sono scritte in uno stile e in un tono assolutamente inconfondibili. Le prove che ho accumulato hanno ormai superato il vaglio dei miei colleghi. Ora è dimostrato senza alcun dubbio che Gengis Khan scriveva; e la sua capacità di lettura era analoga ai pochi letterati mongoli suoi contemporanei. Poteva leggere la versione mongola di un sermone taoista tutt'altro che facile.»

L'attrazione verso il taoismo e l'interesse per la storia aggiungono una dimensione inedita a un personaggio già poco banale, che sprigiona un fascino proporzionale al mistero della sua impresa: capo di un piccolo popolo, fatto di tribù di cacciatori sparpagliate per le steppe, riuscì a terrorizzare e sconfiggere militarmente Stati più popolosi, ricchi e organizzati; fulmineo e irresistibile quanto Alessandro Magno ma ancora più fortunato nelle conquiste; per di più, capace di tramandare il suo impero a due generazioni di eredi. Nato nel 1167 nella regione del fiume Onon da una famiglia di guerrieri, è solo nel 1206 che Temujin, poi detto il Gengis Khan (un titolo che letteralmente significa «il signore dell'universo»), riesce a unire le varie tribù mongole di pastori nomadi che vagavano all'estremità orientale delle steppe asiatiche, a nord del deserto di Gobi. Sotto la sua guida, in pochi anni, le orde guerriere dilagano verso la Cina, travolgono ogni resistenza, soggiogano civiltà ben più antiche e strutturate nell'Asia islamica e occidentale. Nel 1215 cade Pechino, poi i cinesi Han, vengono sgominati a turno gli Jurchen e i Dangxiang, i persiani, i russi e i turchi. La potenza di espansione non si smorza neppure dopo la sua morte, che avviene durante una spedizione in Occidente nel 1227.

Nel 1279 i suoi eredi continuano l'avanzata verso Sud espugnando Hangzhou, la capitale cinese meridionale della dinastia dei Song: diventerà una delle città favorite dal Kublai Khan (1215-1294), e ai tempi di Marco Polo è probabilmente la metropoli più popolosa, ricca e raffinata del mondo intero. Giunta al suo apogeo, e sia pure divisa tra dinastie diverse, la civiltà mongola e moghul irradia la sua influenza in India – sotto il regno illuminato e religiosamente ecumenico di Akhbar – e in Asia Minore, si insedia nella pianura del Volga e fino all'Europa centro-orientale. Per la sua estensione geografica fu uno dei più grandi imperi di tutti i tempi. Ma la specificità del contributo originario dei mongoli alle nazioni sottomesse è sempre stata discussa. Nel caso di Akhbar, per esempio, la grandezza del suo regno è stata attribuita soprattutto alla capacità di lasciarsi permeare dalle culture altrui, fino a fondere armoniosamente l'influenza indiana, persiana, araba.

Il pregiudizio antimongolo si concentra proprio sul fondatore dell'impero Gengis Khan: un nome che rimane sinonimo di potenza, ma anche di barbarie e arretratezza. L'unica superiorità riconosciuta da sempre al condottiero è la padronanza di una «tecnologia» militare avanzata rispetto ai suoi tempi: la forza d'urto di una cavalleria leggera molto rapida, in perenne movimento, con cavalieri addestrati all'uso di tutte le armi durante le loro veloci cariche. Incluse le armi da fuoco, che si affermano sotto la dinastia Yuan del nipote Kublai Khan. A questo si aggiunge, per il fondatore Gengis Khan, la mitica ferocia di un guerriero che non esitava davanti a nessun massacro. Una caratteristica che, secondo gli storici, ha le sue vere radici in un contesto demografico ed economico: i mongoli erano popolazioni minacciate nelle loro regioni originarie dalla carenza d'acqua e da un grave processo di desertificazione (problemi che si stanno riproducendo in quella stessa area proprio oggi, otto secoli dopo), quindi la loro spietata determinazione nella conquista territoriale scaturiva da una drammatica logica di sopravvivenza.

La visione unidimensionale di Gengis Khan resiste nei secoli e se ne trova una traccia nella poesia *Neve* del fondatore della Cina comunista, Mao Zedong. È un passaggio che colpì Alberto Moravia durante i suoi viaggi in Cina. Mao vi descrive il leader mongolo con il rispetto dovuto a un grande guerriero, sprovvisto però di cultura: «Gengis Khan / amato figlio del cielo per un solo giorno / non sapeva che tendere il proprio arco / di contro all'aquila dorata».

«Ora possiamo ristabilire la verità» dice Bayaryn «e cioè che Gengis Khan era un avido lettore di storia. Studiava i paesi conquistati. Cercava di imparare le lezioni degli imperi che lo avevano preceduto, non solo nell'arte della guerra ma anche in quella del governo.» L'incomprensione del suo personaggio sarebbe dovuta in parte all'atteggiamento che egli adottò verso l'élite letterata degli Han, i cinesi sottomessi. A differenza di altri conquistatori stranieri, i mongoli non si lasciarono mai «sinizzare» fino in fondo. Diffidavano degli intellettuali cinesi per timore che la loro influenza potesse minare dall'interno la solidità dell'impero. Gengis Khan e alcuni dei suoi discendenti adottarono perciò una discriminazione razziale, un apartheid etnico che regolava l'accesso ai ranghi alti delle loro gerarchie. Una scelta probabilmente sbagliata, non solo per la reputazione postuma che ha afflitto Gengis Khan (l'emarginazione degli intellettuali Han fu interpretata come un generale disprezzo verso la cultura), ma soprattutto perché la mancanza di canali di comunicazione con la popolazione cinese provocò la caduta delle dinastie mongole travolte da furiose ribellioni contadine.

Oggi sono i mongoli dell'interno a ritrovarsi nella posizione di un'etnia debole e marginale, bisognosa di protezione contro la «sinizzazione» galoppante che opprime tutte le minoranze etniche. Il rovesciamento delle parti e dei rapporti di forza rende facile per Pechino un giudizio magnanimo su Temujin. Il nuovo Impero Celeste può cooptare anche lui, nel Pantheon delle glorie passate. I suoi trofei di colpo non sono più solo mongoli, ma danno lustro all'intera nazione. In coincidenza con il revisionismo storico favorito dall'alto, il mito di Gengis Khan conosce un rilancio popolare: una megaproduzione televisiva a puntate che narra la sua vita in 28 episodi viene plebiscitata dai telespettatori della Repubblica popolare. Quei cinesi che lo subirono come un tiranno straniero, otto secoli dopo si appropriano il fascino delle sue gesta.

Parte terza
Le periferie dell'Impero celeste

XI
Cronache della repressione

Il villaggio ribelle

Per tre mesi un borgo di 2000 contadini, Taishi, nella provincia meridionale del Guangdong, tiene testa al Partito comunista cinese chiedendo che licenzi il suo sindaco corrotto. La protesta di Taishi diventa il simbolo delle nuove lotte democratiche in Cina, ma la reazione è dura: arresti e violenze contro i contadini e gli attivisti che cercano di aiutarli. Tra le vittime ci sono i giornalisti locali bersagliati di sanzioni. Nella regione più ricca del miracolo economico cinese, tra Canton e Hong Kong, politici e mafia si alleano creando un clima di illegalità da Chicago anni Trenta.

L'episodio finale dell'«assedio» di Taishi accade il 29 settembre 2005, quando un giornalista inglese del «Guardian» tenta di avvicinarsi al villaggio, guidato dal militante democratico Lu Banglie, un leader contadino di 34 anni. Prima che arrivino al paese, li ferma un gruppo di poliziotti e picchiatori in borghese che si accaniscono contro Lu. Lo pestano a sangue, sopravvive per miracolo. Dopo quell'incidente cala il sipario, Taishi viene isolata dal mondo esterno. Una delle ultime giornaliste a esservi entrata, Ai Xiaoming, del «Quotidiano della Gioventù», ha visto le sue cronache censurate ed è stata ridotta al silenzio.

È l'ultimo atto di una rivolta iniziata esattamente due mesi prima, il 29 luglio, quando i 2075 abitanti del paese hanno cominciato a raccogliere le firme da presentare alle autorità regionali, seguendo scrupolosamente la legge cinese sulla Mozione per la destituzione di un amministratore locale. La ragione della protesta: il capo del villaggio, Chen Jinsheng, li ha espropriati di 100 ettari che ha venduto a caro prezzo (l'ultimo lotto a una fabbrica di gioielli), ma a loro ha versato indennità misere. Non ha costruito il generatore elettrico e la scuola elementare che aveva promesso. I contadini sono certi che Chen li abbia derubati. Quando mandano una delegazione al capoluogo, Panyu, per consegnare la petizione, il 29 agosto, i loro leader vengono arrestati e gettati in carcere. Il pretesto: le autorità provinciali contestano l'autenticità delle firme. I contadini si armano di pazienza. Codice civile e carte d'identità alla mano, esigono che la polizia li controlli uno per uno, rilevando anche le impronte digitali: 584 firme risultano valide, più della soglia del 20 per cento necessaria per far scattare l'esame dell'impeachment. Il 12 settembre la protesta finisce sulla prima pagina del quotidiano «Nanfang», il più importante della Cina meridionale, e i contadini si illudono di aver vinto.

Proprio quella mattina, invece, Taishi viene circondata all'improvviso da una colonna di 60 mezzi della polizia, compresi i furgoni dei famigerati reparti speciali. Mille agenti stendono un cordone attorno al villaggio per impedire che gli uomini tornino dai campi: a quell'ora sono rimaste le donne anziane e i bambini. Gli idranti antisommossa prendono di mira le vecchie che picchettano l'ufficio del sindaco, la polizia dà la carica, arresta dozzine di anziani. Appena quattro giorni dopo, il 16 settembre, si svolgono le elezioni per il rinnovo del Consiglio municipale. Indomabile, la gente del villaggio alle urne boccia tutti i sette candidati del Partito comunista. Il massimo dei voti va a un veterano dell'esercito, Wu Zhixiong, che dopo gli scontri con la polizia è stato sbattuto in carcere. La cronista Ai Xiaoming testimonia quel che accade dopo: «A fine settembre, più di 100 persone sono state arrestate a Taishi. Alla fine i contadini mi dicevano: non possiamo parlarti più, chiunque parli ai giornalisti viene arrestato, oggi mi hai visto ma domani potresti non vedermi. Alla sera si spengono tutte le luci, il villaggio piomba nell'oscurità completa, un coprifuoco spontaneo per paura delle retate. Anche i giovani che all'inizio mi davano indicazioni per trovare la strada, ora mi sfuggono. Le foglie delle canne da zucchero stanno salendo fino al cielo, perché la gente per paura lavora meno nei campi». Le testimonianze di Ai vengono cancellate dal sito online del suo giornale. Un altro sito Internet che ha dato notizie su Taishi, il Forum di Yannan, è chiuso su ingiunzione del governo.

Quando vado a Canton per incontrare una reporter del «Nanfang», dopo numerose telefonate e conferme, il giorno fissato per il nostro appuntamento la giornalista è scomparsa e il suo telefonino è disattivato. Attraverso contatti indiretti, senza usare i miei numeri di telefono, riesco a sapere che la giornalista è libera ma il giorno in cui stava per incontrarmi qualcuno l'ha dissuasa al punto di terrorizzarla. Il direttore del suo quotidiano è finito in carcere, accusato di irregolarità contabili. Tutti sanno che il motivo per cui è stato arrestato è un altro.

Questo clima non è riuscito a zittire Lu Banglie. Telefonando da casa sua, dopo essere sopravvissuto al pestaggio, Lu ha detto: «Ho visto la faccia violenta del potere, ma non possono cancellare la verità. Le autorità controllano il villaggio rigidamente, cercano di impedire che le notizie escano. In questo modo non nuocciono solo alla democratizzazione di Taishi, fanno del male a tutto il paese». Lu è un personaggio singolare, simbolo di una nuova generazione di attivisti. Non è uno studente come quelli che animarono il movimento di piazza Tienanmen nel 1989, è un contadino come 800 milioni di cinesi. All'età di 30 anni si è ribellato alla corruzione nel suo villaggio nella provincia dello Hubei, ha sfruttato le possibilità offerte dalla novità politica delle elezioni municipali con candidati multipli (un esperimento che il governo di Pechino ha varato a livello locale), ha vinto spodestando il capo del partito. È un militante nonviolento, studia le leggi cinesi per sfruttare quelle che, in teoria, proteggono i suoi diritti. Cavalca in modo moderno, con l'assistenza di avvocati volontari, la protesta dilagante nelle campagne: la rabbia dei poveri contro l'espropriazione delle terre vendute dalla nomenklatura comunista per soddisfare la fame dell'industria o della speculazione edilizia. In certi casi quei terreni valgono una fortuna, perché miriadi di appezzamenti contadini sopravvivono anche nelle regioni più sviluppate del paese, residui di campi coltivati assediati dall'avanzata delle metropoli e dall'industrializzazione. Taishi, trovandosi fra Canton e Hong Kong, è soprannominato «il villaggio da 100 milioni di yuan» per la sua posizione appetibile. Ma gli agricoltori non hanno il diritto di comprare e vendere la terra. Nelle campagne vige ancora un regime di proprietà collettiva o semipubblica, anche se di fatto sono i contadini a lavorare quei campi da decenni. Nel limbo giuridico vince la privatizzazione selvaggia e sono i politici a intascare il guadagno, gli amministratori locali firmano in nome della collettività i contratti di cessione. «A noi» ha rivelato una vecchia contadina di Taishi «hanno dato 600 yuan (60 euro) a testa. Come facciamo a sopravvivere? Ci avessero lasciato un fazzoletto di terra, potremmo coltivare qualcosa da vendere al mercato.»

Le ricchezze improvvise che si creano con le speculazioni fondiarie stanno stravolgendo il Guangdong. Canton è una delle città più opulente della Cina. Vent'anni fa Shenzhen era un villaggio di pescatori e non esisteva sulle carte geografiche, oggi è una metropoli più grande di Roma, Milano e Napoli insieme. I capi del partito che hanno messo le mani sui terreni gestiscono patrimoni tali da ingaggiare milizie private, gang di sicari per zittire gli avversari. Tornano a operare le Triadi, antiche organizzazioni della mafia cinese. È nata un'industria dei sequestri di persona, in una zona attraversata dai businessmen di Hong Kong che sono facili prede per i rapitori in cerca di riscatto. La polizia è impotente, o peggio. Non è chiaro se il Guangdong stia sfuggendo di mano al controllo di Pechino, oppure se il governo centrale protegga i funzionari locali corrotti per non creare un precedente pericoloso: una vittoria della protesta di Taishi potrebbe contagiare migliaia di villaggi, in una reazione a catena contro la nomenklatura. Sta di fatto che, quando Pechino interviene nelle diatribe locali, i suoi bersagli prediletti sono i giornalisti che hanno sbattuto le tangenti in prima pagina. Quando, a fine settembre, scatta il cordone sanitario che isola il villaggio ribelle, l'ultima parola spetta al quotidiano governativo «China Daily». La sua ricostruzione ufficiale della vicenda conclude: a Taishi ora regna l'ordine. Da là qualcuno riesce a far filtrare una versione diversa. Stretti d'assedio, minacciati, arrestati o picchiati, i contadini subiscono, eppure continuano a dire una cosa sola: il sindaco deve andarsene. Se una petizione è stata bocciata, preparano la prossima. Consultano i legali e vanno avanti. «Taishi» dice la giornalista Ai Xiaoming «è un test per la Cina. Qui si capisce se c'è qualche speranza per la nostra democrazia.»

Strage di Stato

La chiamano Polizia del Popolo. A Dongzhou, un villaggio sulla costa del Guangdong, il 6 dicembre 2005 ha aperto il fuoco contro una manifestazione di protesta e ha fatto una strage. Venti morti secondo gli abitanti del paesino sotto assedio. È il più feroce attacco di polizia che si conosce in Cina dai tempi di piazza Tienanmen (1989). Perfino in una nazione abituata alla violenza delle forze dell'ordine, sparare contro un corteo di protesta per uccidere non è frequente. A Dongzhou, quel giorno, l'escalation della repressione supera una soglia che mette in imbarazzo anche Pechino. Il commissario che ha dato il via alla carneficina viene messo agli arresti, una misura rarissima.

Tutto è cominciato anche qui con un esproprio di terre abusivo. A Dongzhou un'impresa energetica ha ottenuto dai dirigenti locali del Partito comunista il permesso di costruire una centrale elettrica sulle terre coltivate dai contadini. Anche le zone di pesca sono state cedute all'azienda, con il permesso di «occupare il mare» per creare vasti terrapieni artificiali. Le indennità offerte agli abitanti sono irrisorie. Come sempre, i profitti di queste operazioni vengono spartiti tra i padroni delle imprese e i dirigenti comunisti. A Dongzhou cominciano a ribellarsi nel luglio 2005, mandando dei delegati al capoluogo di provincia: tutti arrestati. Contadini e pescatori, però, non demordono, la rivolta continua a oltranza. Dopo cinque mesi di tensione e di proteste, il 6 dicembre la polizia arriva nel villaggio per effettuare una nuova retata. La gente scende per le strade, comincia un sit-in di resistenza passiva. I poliziotti sparano in aria, senza riuscire a disperdere i manifestanti. Poi, nella versione ufficiale, si sentono delle esplosioni e la polizia si spaventa. Secondo le testimonianze locali, qualcuno ha sparato dei fuochi d'artificio, le uniche munizioni di cui le case cinesi sono piene all'avvicinarsi del Capodanno. Al tramonto arrivano dalla città i rinforzi dei reparti paramilitari antisommossa. Le teste di cuoio mirano ad altezza d'uomo. Nel fuggi fuggi generale la sparatoria dura dodici ore, una caccia all'uomo fino alle luci dell'alba. È una strage che le autorità cercano di minimizzare, ufficialmente ammettono «solo» tre morti. Ma gli abitanti di Dongzhou riescono a parlare con una televisione di Hong Kong prima che scatti l'oscuramento delle notizie, rivelano che gli uccisi sono almeno 20 e altre 50 persone sono scomparse. Il «South China Morning Post» di Hong Kong pubblica la foto di una giovane vittima, Lin Yutui, con il foro di una pallottola ben visibile in mezzo al petto, centrato come in un'esecuzione. I parenti di un altro contadino deceduto, il trentunenne Wei Jin, raccontano come la polizia fa scomparire i cadaveri. «Sono venuti a offrirci 2000 yuan (200 euro) perché consegnassimo la salma. Setacciano il villaggio casa per casa per impadronirsi dei morti e cancellare le prove.» Un'altra foto giunta a Hong Kong mostra delle donne che si inginocchiano davanti ai poliziotti per chiedere la restituzione dei morti e dei feriti.

Per tre giorni la censura è totale, neanche una riga di notizia sui mass media cinesi. Poi l'agenzia ufficiale Xinhua pubblica un comunicato delle autorità locali intitolato *La verità sull'incidente del 6 dicembre nella Baia di Shanwei*. Il comunicato parlava di «gravi violenze scatenate contro la Polizia del Popolo da centinaia di contadini aizzati da un piccolo numero di persone». Quella versione viene parzialmente rettificata dopo qualche giorno da un nuovo comunicato che ammette gli «errori» del comandante della polizia. Ma anche dopo l'arresto del capo locale delle forze dell'ordine, da Dongzhou filtrano notizie di nuove retate tra gli abitanti, minacce, intimidazioni, ricompense offerte a chi testimonierà in tribunale che le vittime furono uccise dalle «bombe» dei contadini. Poi anche quelle indiscrezioni cessano. Il villaggio viene isolato da un cordone poliziesco impenetrabile. I siti Internet che ne parlavano vengono oscurati. Sulla stampa nazionale cala il silenzio. La strage di Dongzhou torna a essere una non-notizia.

Per poco tempo il muro della censura era stato bucato. I due villaggi ribelli di Taishi e Dongzhou, non è un caso, hanno in comune lo stesso «privilegio» geografico: sono vicini a Hong Kong, oasi di libertà di stampa dove le autorità cinesi non osano mettere la museruola ai giornali. Tutto quello che accade nel Guangdong ha più visibilità che altrove. Gli abitanti della regione hanno imparato a reagire ai soprusi mandando Sms alle associazioni umanitarie di Hong Kong, o chiamando i giornali e le Tv con i telefonini. Di quello che succede nel resto della Cina si sa meno.

Sciopero in redazione

Sfidando il governo cinese, il 29 dicembre 2005 scioperano 100 giornalisti del quotidiano «Notizie di Pechino», un tabloid noto per i suoi scoop sulla corruzione e altre inchieste politicamente scottanti. Protestano per il licenziamento disciplinare di un caporedattore e due reporter «d'assalto» sgraditi al regime. È un conflitto clamoroso nella storia della Repubblica popolare, dove lo sciopero è vietato e i mass media restano sottoposti al controllo del Partito comunista. Lo scontro fa esplodere alla luce del sole una tensione che cova da tempo: certi giornalisti cinesi hanno cominciato a praticare un'informazione più libera, cercando di allargare i confini di ciò che viene tollerato dalle autorità, ma il regime guidato dal presidente Hu Jintao reagisce con la repressione. Sullo sciopero della redazione di «Notizie di Pechino» cala subito la censura. Un blogger indipendente, An Ti, dà per primo l'annuncio della protesta, ma il suo blog è oscurato dopo poche ore. Le chat room e i siti Internet dove si era aperto un dibattito sull'episodio vengono bloccati. Per i grandi giornali, le Tv e le radio, lo sciopero non esiste. Solo ai lettori abituali del tabloid è impossibile nascondere il fatto: «Notizie di Pechino» esce in edicola con appena 32 pagine invece delle solite 80, e al posto degli articoli firmati dai giornalisti ci sono notiziari ripresi dall'agenzia Xinhua.

Il *casus belli* è stato la rimozione dal suo incarico del caporedattore, Yang Bin, e di due inviati, tutti trasferiti in un giornale di provincia e sostituiti da giornalisti più «affidabili». Un vicedirettore, Li Duoyu, si è dimesso per solidarietà, e la redazione ha deciso di sospendere il lavoro. Il presidente della casa editrice che ha la maggioranza del giornale, Dai Zigeng, ha tentato di convocare un'assemblea di redazione per mettere fine alla protesta, ma i giornalisti hanno disertato la riunione. È una svolta cruciale per un quotidiano-simbolo che in soli due anni di vita ha già accumulato polemiche, segnando un cambiamento nel mondo dell'informazione cinese. Tra le numerose inchieste su scandali e argomenti tabù, nel giugno 2005 fu «Notizie di Pechino» a rivelare che nella cittadina settentrionale di Dingzhou delle milizie armate avevano aggredito i contadini che protestavano contro l'esproprio delle terre, uccidendo sei manifestanti. In seguito a quello scoop, il governo fu costretto a mettere sotto inchiesta due dirigenti locali del Partito comunista responsabili della sanguinosa repressione. L'avvocato Pu Zhiqiang, un legale di Pechino specializzato nella difesa dei giornalisti, non ha dubbi sulle cause del licenziamento. «Lo stile spregiudicato del giornale» dice «lo ha messo nei guai. Il Dipartimento centrale della Propaganda non poteva tollerarlo più a lungo, perché continuavano a uscire inchieste su temi politicamente esplosivi come gli scontri di Dingzhou.» Che «Notizie di Pechino» sia uscito per ben due anni prima di incorrere nei fulmini della censura, può sembrare già un miracolo.

È il risultato di due tendenze contraddittorie della Cina di oggi: lo sviluppo dell'economia di mercato da una parte, dall'altra il perdurante monopolio del potere in mano al Partito comunista. Il governo ha avviato da tempo una liberalizzazione economica dei mass media, consentendo la proprietà privata dei giornali e la concorrenza fra testate per conquistarsi i lettori. Lo ha fatto anche con l'obiettivo di disimpegnarsi gradualmente dalla proprietà dei giornali e ridurre i sussidi alla stampa. Questa evoluzione ha scatenato un'inevitabile ricerca di libertà da parte dei giornalisti e degli editori, via via più spregiudicati nella scelta degli argomenti che possono far salire le tirature. Al tempo stesso, però, il governo mantiene l'ultima parola nell'informazione, con un diritto di censura anche preventiva. La parabola di «Notizie di Pechino», dal successo fino allo scontro con il governo, è emblematica di queste contraddizioni.

«Non c'è modo di tornare indietro, quindi noi non batteremo in ritirata. Il coltello del macellaio è già pronto a sferrare il colpo.

Moriremo, e allora che sia almeno una bella morte.» È il messaggio che un giornalista di «Notizie di Pechino», Wang Xiaoshan, ha pubblicato sul proprio blog dopo l'allontanamento dei due colleghi. «Ce l'aspettavamo» ha dichiarato uno dei reporter in sciopero «perché sapevamo che un giornale di qualità come il nostro poteva essere ucciso in qualsiasi momento, ma non pensavamo che sarebbe successo così presto e in modo così brutale. Volevamo solo raccontare la verità.» Quanto al protagonista del clamoroso conflitto, prima di scomparire dalla sede del giornale, ha voluto congedarsi dai suoi colleghi con un messaggio di speranza per il futuro della libertà di stampa nel suo paese: «Ognuno di noi» ha detto Yang Bin agli amici «è capace di pensare in maniera autonoma, e i risultati li vedrete alla fine».

Morte di Wu, giornalista

Aveva 42 anni, dirigeva un giornale di provincia in una delle zone più ricche e moderne della Cina. È morto nel 2006, perché il suo quotidiano aveva osato troppo, denunciando la corruzione della polizia locale. Cinquanta poliziotti hanno dato l'assalto agli uffici della sua redazione, lo hanno pestato a sangue, lo hanno sbattuto privo di sensi su una volante. Sua moglie lo ha rivisto all'ospedale, ormai in fin di vita per una fatale lesione al fegato. Un suo collega del «Taizhou Wanbao» (cioè «Il Giornale della Sera di Taizhou») ha dato la notizia così: «Wu è deceduto il 2 febbraio dopo due mesi in coma all'ospedale. Lo hanno ammazzato con le loro botte. Siamo esasperati». L'aggressione risale al 20 ottobre 2005 ed era perfino trapelata sull'agenzia ufficiale Xinhua, con tanto di fotografie dell'operazione di polizia pubblicate sul sito Internet dell'organo ufficiale. Il notiziario Xinhua aveva precisato che a Wu era stato trapiantato il fegato due anni prima, e che nel blitz delle forze dell'ordine era rimasto ferito proprio al fegato.

Il quotidiano di Taizhou, una città costiera a 200 chilometri a sud di Shanghai, il giorno prima del tragico pestaggio aveva pubblicato un'inchiesta esplosiva su un vero e proprio racket della polizia: agli abitanti della provincia dello Zhejiang vengono imposti dei balzelli esosi per immatricolare le motociclette.

Non sono tasse autorizzate dal governo ma tributi locali estorti nell'arbitrio più assoluto. Piccole tangenti contro cui non si può far nulla, visto che finiscono nelle tasche dell'onnipotente polizia. Il «Taizhou Wanbao» a ribellarsi ci ha provato, ha esposto lo scandalo in prima pagina, e la vendetta è stata implacabile.

Il fatto che la prima notizia dell'aggressione a Wu fosse uscita sulla Xinhua, insieme con l'annuncio che il capo della polizia di Taizhou era stato licenziato, a prima vista sembra dimostrare che si è di fronte a un caso «locale» di abuso di potere, una tragedia che non coinvolge responsabilità più alte. In realtà, il clima a Pechino non è molto più favorevole alla libertà di stampa.

Il 2006 si è aperto con un altro attacco all'informazione. Nella capitale il governo ha fatto chiudere un importante supplemento del «Giornale della Gioventù» dedicato ai reportage di attualità. L'inserto si intitolava «Bing Dian» (cioè «Punto di ghiaccio») e in dieci anni di esistenza si era conquistato prestigio e autorevolezza per la qualità delle sue inchieste. Fra i temi scottanti che «Bing Dian» aveva affrontato c'erano lo sciovinismo dei manuali scolastici sulla storia della Cina, la questione di Taiwan, e la stessa repressione politica contro i mass media. «Ci hanno chiuso per sottoporci a una correzione» ha annunciato il direttore dell'inserto, Lu Yuegang. L'oscuramento deciso ai danni di «Bing Dian» dà la misura del clima che regna ai vertici del paese.

«Il Giornale della Gioventù», di cui è stato abolito l'inserto, appartiene all'organizzazione giovanile del Partito comunista. Questo significa che all'interno dello stesso Partito comunista continua a esserci un'ala riformatrice che vuole un cambiamento democratico. E tuttavia la reazione dimostra anche quanto siano potenti e altolocate le resistenze: una simile sanzione contro quel giornale non può che essere stata approvata da Hu Jintao in persona, presidente della Repubblica e segretario generale del partito. Notoriamente, Hu Jintao ha fatto una parte della sua carriera politica come dirigente della gioventù comunista, e ha sempre voluto conservare un controllo su quello che è un suo feudo di potere. L'attacco ai giornalisti cinesi che cercano di fornire un'informazione più trasparente non è quindi il frutto di «incidenti locali».

Nonostante questo clima oppressivo, continuano a esserci reporter che non piegano la testa. Li Datong, fondatore di «Bing Dian», ha reagito alla chiusura del suo inserto rilasciando dichiarazioni di fuoco alla stampa libera di Hong Kong. La chiusura di quella pubblicazione, ha detto Li, è parte di un progetto sistematico «per zittire un giornale che perseguiva i valori della democrazia, della libertà, dello Stato di diritto». Ha anche scritto una lettera aperta ai dirigenti del partito, condannando «i metodi dittatoriali con cui si impongono dei controlli per uccidere un dibattito politico che meriterebbe di essere vivace».

L'associazione Reporter senza frontiere ha eletto giornalista dell'anno per il 2005 Zhao Yan, collaboratore dell'ufficio di corrispondenza del «New York Times» a Pechino, in carcere dall'ottobre 2004. Stando ai dati ufficiali del 2005, la Cina detiene nelle sue prigioni 32 giornalisti. È un record mondiale.

Auguri di buon anno

L'orrore dei minatori mandati a morire per estrarre il carbone. I condannati alla pena capitale che non hanno diritto alla difesa. I contadini cacciati dalle loro terre. Scuole e ospedali riservati ai ricchi. Gli abusi contro i diritti umani. I lavoratori che non hanno un sindacato per proteggerli. I disastri ambientali nascosti dalla censura. Sembra il volto deteriore della Cina quale possiamo descriverlo soltanto noi corrispondenti occidentali, o un rapporto di Amnesty International. Invece è contenuto nell'editoriale di fine 2005, apparso sul settimanale ufficiale «Notizie della Cina», pubblicato dall'agenzia di stampa Xinhua di proprietà del governo. Sfruttando l'occasione rituale degli auguri per l'anno nuovo (quello del nostro calendario occidentale) il magazine ha trasmesso ai suoi lettori un elenco implacabile, lucido e coraggioso, di tutti i mali che affliggono il paese. Lo ha fatto senza accuse dirette, senza toni polemici, evitando lo scontro frontale con il potere politico. Ma il lettore cinese non ha bisogno di aiuto per capire le colpe e le responsabilità.

È un testo che parla da solo: «Per il 2006» si leggeva su «Notizie della Cina» il 31 dicembre «ci auguriamo che non ci siano più tanti minatori costretti a morire sotto terra e che le loro famiglie non siano più angosciate quando vanno al lavoro. Ci auguriamo che ogni condanna a morte sia riesaminata con rigore dai giudici più esperti, che si possa escludere ogni possibile dubbio sulla colpevolezza, anche se questo può comportare ritardi e costi per il sistema giudiziario. Ci auguriamo che ogni lavoratore immigrato dalle campagne riceva il salario che gli è dovuto dopo un anno di duro lavoro, e se non viene pagato, che egli possa rivolgersi a qualcuno per ottenere ragione. Ci auguriamo che i diritti dei contadini sulle terre possano essere più protetti, che gli espropri da parte del governo siano trasparenti, e che i contadini ricevano indennizzi equi. Ci auguriamo che i salari dei lavoratori riescano a tenere dietro alla crescita e all'inflazione. Per questa ragione, ci auguriamo che siano rispettati i diritti dei lavoratori, incluso il diritto di iscriversi a un sindacato, in modo da poter negoziare con i padroni in una posizione meno debole. Ci auguriamo che la spesa pubblica garantisca a ogni bambino i nove anni della scuola dell'obbligo gratuita, e che egli non sia costretto ad abbandonare l'istruzione solo perché la sua famiglia è troppo povera. Ci auguriamo che le centinaia di milioni di nuovi abitanti che affluiscono nelle nostre città possano avere un Welfare e un'assistenza sociale. Ci auguriamo che nessun malato venga escluso dagli ospedali solo perché non ha i soldi per pagarsi le cure, e che il costo della sanità non superi i mezzi della gente comune. Ci auguriamo che le autorità locali amministrino le città secondo principi di umanità e che i mendicanti non vengano espulsi arbitrariamente solo perché danneggiano l'immagine delle municipalità. Ci auguriamo che, quando l'ambiente soffre – per un grave inquinamento, oppure per un'epidemia pericolosa –, i cittadini possano ottenere informazioni adeguate e tempestive. Ci auguriamo che un maggior numero di governanti riconoscano le loro responsabilità morali e se ne assumano le conseguenze quando commettono seri errori e accadono dei disastri sotto la loro autorità. Abbiamo ancora molti altri auguri. Soprattutto, ci auguriamo che nella nostra società ogni essere umano senza distinzioni abbia dei diritti costituzionali rispettati».

Alcune piaghe denunciate in questo testo vengono ammesse pubblicamente dallo stesso governo. Per esempio, il livello di pericolosità delle miniere di carbone (in media 6000 morti all'anno) viene denunciato anche dalle autorità, che hanno decretato la chiusura di centinaia di impianti insicuri. Le discriminazioni subite dai lavoratori immigrati dalle campagne in città sono riconosciute, e non mancano le critiche alla legge sulla residenza, la normativa che ai tempi di Mao limitava la mobilità geografica dei cinesi, e, di recente, è diventata un'arma di ricatto nelle mani dei datori di lavoro per sfruttare gli immigrati clandestini. Fin qui, dunque, l'editoriale non affronta temi tabù. Diverso è il caso per il diritto di organizzazione sindacale: in Cina l'unico sindacato è quello ufficiale, diretto dagli stessi capi delle imprese. L'appello finale ai diritti costituzionali potrebbe essere sottoscritto dagli studenti che nella primavera democratica del 1989 costruirono la «statua della libertà» in piazza Tienanmen.

«Ognuno di noi è capace di pensare in maniera autonoma e i risultati li vedrete alla fine» aveva scritto il caporedattore licenziato dal tabloid «Notizie di Pechino». Gli auguri su «Notizie della Cina» sono la migliore risposta che potesse ricevere.

Incubo arancione

I siti Internet «devono servire il popolo e il socialismo, guidare correttamente l'opinione pubblica nell'interesse nazionale». È il testo della legge varata nel settembre 2005 a Pechino per stringere meglio la museruola attorno all'informazione online. La stretta su Internet ne nasconde un'altra, meno visibile ma altrettanto significativa, dei timori che agitano i leader di Pechino: finiscono sotto assedio anche le organizzazioni non governative (Ong), umanitarie o ambientaliste, che sono proliferate negli ultimi anni in Cina. Il presidente Hu Jintao ha ordinato di sorvegliarle. Teme che stiano preparando una «rivoluzione arancione» come i movimenti democratici dell'Europa dell'Est e di certe repubbliche ex sovietiche. Internet con 111 milioni di navigatori nel 2005, le Ong con il loro seguito di volontari, sono due facce di una società civile, vivace e irrequieta che preoccupa il potere centrale. Il comunicato diffuso dall'agenzia ufficiale Xinhua è volutamente vago, come tutte le leggi sulla censura, che lasciano al governo e alla polizia un arbitrio notevole nell'interpretarle:

«Sui siti Internet saranno permesse solo notizie sane e civili, e informazioni utili al progresso della nazione, benefiche per il suo sviluppo economico e sociale». Come corollario, prosegue l'annuncio diramato dal governo, «ai siti è proibito diffondere notizie che vanno contro la sicurezza dello Stato e l'interesse pubblico». La stretta può deludere chi sperava che Internet sfociasse automaticamente verso la libertà di espressione.

Le resistenze della nomenklatura rivelano le sue contraddizioni. Questa leadership ha lanciato la Cina in uno sviluppo economico accelerato, ha favorito la diffusione delle nuove tecnologie di comunicazione (dai telefonini a Internet), ha aperto le frontiere al turismo, ai prodotti stranieri e alle multinazionali. Ha incoraggiato i cinesi a visitare la loro provincia autonoma di Hong Kong, dove possono leggere giornali liberi che criticano il governo. Ma la stessa classe dirigente che ha indubbiamente ampliato i confini di ciò che è lecito fare, vuole impedire che l'avanzata delle libertà individuali si tramuti in dissenso politico, in rivendicazione democratica. I computer sono in tutte le case, e nelle grandi città come Pechino, Shanghai e Canton c'è la banda larga per i collegamenti online superveloci. Eppure, nel 2005 la polizia ha chiuso migliaia di cybercafé; le autorità di Shanghai hanno installato telecamere nei bar provvisti di computer per mandare le e-mail, e registrano i documenti di chi entra.

L'allarme sulle Ong è stato lanciato dallo stesso Hu Jintao. Il presidente ha ordinato all'Accademia delle scienze sociali di studiare le rivoluzioni democratiche dell'Europa dell'Est e dell'Asia centrale, e il ruolo che vi avrebbero avuto alcune Ong finanziate dagli Stati Uniti. Squadre di osservatori cinesi sono state mandate in Ucraina, Bielorussia, Georgia, Uzbekistan e Kirghizistan. Hu avrebbe chiesto informazioni al presidente russo Vladimir Putin, sulle origini dei movimenti democratici nelle repubbliche ex sovietiche. Sul sito Internet del Partito comunista cinese, Guangming, è apparsa un'analisi firmata da Song Tianshui: prevede che America ed Europa intensificheranno le manovre per il controllo strategico del Caucaso e dell'Asia centrale, e finiranno con l'usare le stesse tattiche contro la Cina. Di quali tattiche si tratti, lo rivela il settimanale «Xinmin» di Shanghai: Washington userebbe come un cavallo di Troia alcune istituzioni internazionali legate al Partito repubblicano, agli ambienti neoconservatori e perfino al Peace Corps, per infiltrare la democrazia in Cina. Sul «Quotidiano di Pechino», Fang Zhouzi accusa gli ambientalisti cinesi di prendere soldi dagli stranieri. Il più duro è il «China Economic Times», portavoce del Consiglio di Stato: «Bisogna impedire ai paesi occidentali di infiltrarci e sabotarci».

Le Ong, nella Cina comunista, hanno una storia recente. A lungo furono bandite dal paese, perché il partito unico non poteva ammettere organizzazioni che non fossero delle sue emanazioni dirette. Alla fine degli anni Novanta si sono aperti degli spazi di tolleranza di cui hanno potuto approfittare anzitutto sigle internazionali antiche e accreditate come la Croce rossa o il Wwf. Dietro di loro sono riuscite a entrare Ong più «militanti», impegnate nella lotta contro la povertà come Oxfam, Action Aid, Save the Children, o nella difesa dell'ambiente come Greenpeace. L'esempio delle associazioni venute dall'estero ha fatto emuli dentro la Cina. Alcuni cittadini hanno scoperto così un modo per unirsi e difendere i loro diritti, o impegnarsi in battaglie per il progresso del paese, senza incorrere nei fulmini della repressione. Anche se il seguito di queste organizzazioni locali è ancora minoritario, la loro esistenza è un campanello d'allarme per il partito unico, timoroso di veder nascere movimenti che non controlla. Lo shock più grave è accaduto quando alcune Ong sono riuscite a influenzare le elezioni locali nei villaggi dove si vota per il sindaco con più candidati, e i loro leader hanno sconfitto quelli del Partito comunista. A quel punto, è scattato il contrordine da Pechino. In almeno un caso, l'altolà è stato brutale. Dei volontari dell'Istituto dei diritti (un'associazione della capitale) viaggiavano nel Guangdong per prestare consulenza a un gruppo di contadini in rivolta contro i dirigenti locali, quando sono stati arrestati, imprigionati e torturati.

A eccitare i sospetti dei leader cinesi contribuisce la decisione del finanziere-mecenate statunitense (di origine ungherese) George Soros di aprire a Pechino una sede della sua Fondazione per la democrazia, che ha avuto un ruolo attivo in diversi paesi dell'Europa dell'Est. Per Hu Jintao è la prova che l'Occidente trama per destabilizzare il suo paese. Il fatto che Soros, durante le elezioni presidenziali americane del 2004, sia stato un generoso sostenitore di John Kerry e dei pacifisti, contro George Bush, non lo rende meno sospetto per i dirigenti cinesi.

L'onore perduto di Yahoo (e Microsoft e Google)

Yahoo punta un miliardo di dollari sul boom di Internet in Cina, il nuovo terreno di gara per la leadership mondiale tra giganti online. Sfida Google e eBay per conquistare il primato degli accessi a Internet grazie all'esercito degli utenti cinesi. L'operazione che Yahoo conclude nell'agosto 2005 a Pechino è l'acquisto del 35 per cento di Alibaba.com, il principale sito cinese per il commercio elettronico, da cui transita una quota delle esportazioni di *made in China* verso il resto del mondo. È il più grosso investimento mai realizzato da un'impresa straniera nel mercato tecnologico cinese.

Alibaba.com è la creatura di Ma Yun (detto Jack Ma), self-made man di 40 anni, che è già uno degli imprenditori più ricchi della Cina. Figlio di un operaio semianalfabeta, Ma iniziò a lavorare come professore di inglese con uno stipendio di 11 euro al mese. La sua vita ebbe una svolta dieci anni fa con il suo primo viaggio in America, la scoperta del web e della New Economy. Nel 1999 Ma Yun fondò il sito Alibaba.com, concepito per creare un mercato virtuale di incontro fra l'universo delle piccole imprese cinesi e i loro potenziali clienti. Basato nell'antica città di Hanghzhou, dove visse Marco Polo, Alibaba ha raggiunto i 10 milioni di abbonati. È un crocevia del nuovo commercio globale: se le grandi multinazionali hanno i mezzi per gestire direttamente l'import-export con la Cina, Alibaba è il luogo dove un commerciante europeo o americano può trovare la sua anima gemella nella piccola industria cinese e approvvigionarsi a basso costo di vestiti o scarpe, saltando gli intermediari. Ma Yun è diventato una celebrità e un guru mondiale, a Hanghzhou organizza ogni anno un China Internet Summit che attira i leader delle multinazionali tecnologiche e un parterre di politici stranieri che va da Tony Blair a Bill Clinton.

Da anni eBay investe capitali in Cina nel tentativo di scalzare il dominio di Alibaba nel commercio elettronico sul mercato più grande del mondo, finora senza successo. Yahoo ha adottato una strategia diversa, alleandosi con i cinesi. Dall'operazione nasce un nuovo gigante che combina il commercio online di Alibaba con il motore di ricerca di Yahoo, e punta al sorpasso anche di Google.

Il colpo preparato da Yahoo è solo l'ultimo dei segnali di una nuova «febbre dell'oro» che attira le grandi imprese straniere verso il mercato Internet cinese. L'eccitazione per le opportunità della New Economy – che sul finire degli anni Novanta ebbe il suo epicentro in California – si è spostata a Hanghzhou, Shanghai e Pechino. EBay ha investito 180 milioni di dollari per comprare la dot.com di Shanghai Eachnet. Amazon, il primo «libraio elettronico» del mondo, ha comprato il suo gemello-rivale cinese Joyo per 75 milioni di dollari. L'agenzia viaggi online Expedia ha comprato la maggioranza della cinese Elong per 168 milioni. Google apre il suo ultimo centro di ricerca e sviluppo in Cina anziché negli Stati Uniti.

Ma il prezzo da pagare per il biglietto d'ingresso sul mercato cinese è pesante. La concessione fatale che Yahoo ha accettato di fare diventa di dominio pubblico solo un mese dopo la sua maxiacquisizione cinese. È uno scandalo così grave che, in altri tempi e contesti politici, avrebbe scatenato manifestazioni ostili e boicottaggi dei consumatori. È difficile trovare precedenti simili all'epoca dell'Unione Sovietica o del Cile di Pinochet, del Sudafrica o della Spagna franchista: una multinazionale occidentale «consegna» un presunto dissidente alla polizia di un regime autoritario, ammette il fatto senza un'ombra di pentimento, e la delazione lascia indifferente l'opinione pubblica dei paesi democratici. È ai primi di settembre che la verità viene a galla e il «New York Times» scrive: «A tutti gli utenti di Yahoo nel mondo intero dovrebbero tremare le dita sulla tastiera del computer».

Cos'ha fatto dunque Yahoo per ingraziarsi il governo di Pechino nei mesi precedenti il suo investimento? È il 1° maggio 2005, solenne Festa del Lavoro anche in Cina, quando l'agenzia di stampa ufficiale Xinhuanet dà l'annuncio del processo a un giornalista. Shi Tao, 37 anni, caporedattore centrale del giornale «Notizie economiche contemporanee» nella città di Changsha, viene condannato a 10 anni di carcere. Il Tribunale del popolo ha preso atto dell'accusa formulata da un ramo speciale della polizia, l'agenzia per la protezione dei segreti di Stato: Shi Tao è colpevole di aver divulgato via e-mail delle notizie riservate di cui era venuto a conoscenza durante la riunione di redazione del suo giornale. La corte non ha neppure ascoltato un avvocato difensore. Passano due settimane e si viene a sapere qual è il «segreto di Stato» che raggiunge la redazione di un modesto giornale di provincia: è la circolare che ogni anno le autorità di Pechino diramano a tutti i mass media per vietare rievocazioni del massacro di piazza Tienanmen (4 giugno 1989), all'avvicinarsi dell'anniversario. Shi Tao si è guadagnato sul campo la definizione di dissidente solo per aver mandato il testo della circolare via e-mail a un amico cinese in America, che lo ha pubblicato su Internet. Passano quattro mesi e solo a settembre, finalmente, la pubblicazione del testo della sentenza rivela il dettaglio più scabroso che coinvolge la multinazionale americana. Shi Tao usava la posta elettronica di Yahoo. È Yahoo ad aver passato la sua e-mail alla polizia. L'azienda, che ha sede a Sunnyvale nella Silicon Valley californiana, quando esce la notizia non tenta neppure di smentire. Al contrario, la sua autodifesa, più che avere a cuore i diritti umani, sembra quasi voler rassicurare le autorità cinesi sulla propria obbedienza e sottomissione. Dal quartier generale americano dell'azienda spiegano, infatti, di essere tenuti ad applicare le leggi in vigore in Cina. La giustificazione è un forzatura. In realtà, la filiale cinese di Yahoo ha la sua sede sociale a Hong Kong, città che ha conservato uno statuto autonomo e leggi liberali sull'informazione. Ma Yahoo ha spontaneamente sottoscritto una «promessa di autodisciplina», impegnandosi ad applicare tutte le normative sulla censura in vigore a Pechino.

Lo scandalo Yahoo è il più grave, ma non l'unico episodio di collaborazionismo tra le multinazionali occidentali e la censura cinese. Al contrario, la collusione con il regime autoritario è la regola in questo business. Quando Microsoft lancia un nuovo portale in Cina con il servizio Msn Spaces, che consente agli utenti di crearsi dei blog, l'azienda di Bill Gates mette al bando parole come «democrazia» e «libertà», onde prevenire ogni possibile conflitto con le autorità locali. Chi cerchi di inserire nei titoli dei blog la parola «democrazia», o anche «manifestazione», vede apparire un messaggio di errore: «Questo contiene linguaggio proibito. Cancellare il linguaggio proibito». Quando Google lancia nel 2006 la sua nuova versione in mandarino, applica le stesse forme di autocensura. I blogger cinesi ribattezzano il nuovo servizio: Google-eunuco.

Wikipedia, enciclopedia vaporizzata

I giovani cinesi che la usavano per preparare i compiti in classe, gli esami e le tesi di laurea, hanno perso la loro finestra sul mondo. Il governo ha oscurato Wikipedia, bloccando l'accesso alla più celebre enciclopedia universale su Internet. Tra i 225 milioni di vocaboli che contiene ci sono troppe definizioni scomode: «Tienanmen 1989» e «democrazia», «Tibet» e «repressione». Il regime cinese ha paura delle parole, e su Wikipedia la parola non si può controllare. A cinque anni dalla sua creazione, tradotto in 100 lingue, il dizionario enciclopedico, consultato in ogni istante da milioni di persone su tutto il pianeta, è un prodotto della libertà. Nasce come un testo «aperto», le sue definizioni vengono assemblate, corrette, aggiornate continuamente dal contributo spontaneo e gratuito della collettività dei lettori. Non è un sito politico, non vuole fare opinione, non è nulla di più che un giacimento di vocaboli e di spiegazioni, accessibili con un clic sulla tastiera del computer. Ma, per Pechino, proprio questo era diventato una minaccia. Dal 2005, a ogni ricerca di un termine su Wikipedia, fosse anche il più banale, per chi sta in Cina il sito non risponde più: schermo vuoto, «non disponibile per ragioni tecniche».

Il blackout di Wikipedia è l'estremo diktat che la censura infligge a Internet. Per sorvegliare l'informazione che circola in rete, il governo impiega un esercito di 30.000 tecnici a tempo pieno, assistiti da raffinati programmi di software che filtrano le parole, cancellano, censurano, bloccano messaggi o mettono fuori uso interi siti. Si è scoperto come uno di questi filtri si introduca di soppiatto, all'insaputa degli utenti: il software Qq è il più diffuso per la messaggeria istantanea via Internet; la società cinese che produce Qq, la Tencent, su disposizione delle autorità, ha incollato a quel software un programma (nome in codice ComToolKit.dll) che automaticamente blocca tutte le parole proibite. Il Center for Internet and Society dell'Università di Harvard lo ha definito «il più sofisticato sforzo in atto nel mondo» per controllare il cyberspazio. Un dissidente cinese che si è dedicato allo studio di questa macchina della censura, Xiao Qiang, è riuscito a «estrarre» il programma di software: contiene 1041 parole sospette. Nella lista nera, solo il 15 per cento sono termini che hanno a che vedere con la pornografia, la pedofilia. Il resto riguarda invece le libertà politiche e religiose, i diritti umani. Tra le 1041 parole pericolose ci sono «democrazia», «libertà» e tutti i suoi composti e derivati (Free-China, Free-Net), «corruzione», «manifestazione», «sciopero», «Tibet indipendente», «Falun Gong». C'è anche la locuzione «figli di dirigenti del partito», forse per individuare tentativi di ricerca online sui patrimoni familiari, sulle aziende che possiedono, sui consigli d'amministrazione di cui sono membri. Le 1041 parole sospette non vengono necessariamente censurate. Sono i campanelli d'allarme che fanno scattare i filtri della sorveglianza: la «Grande Muraglia di Fuoco», come l'hanno definita i navigatori online cinesi. Se uno clicca troppe volte «Tibet libero», vede misteriosamente interrotta la connessione. Oppure si trova istradato per forza verso il sito ufficiale del governo che esalta «la pacifica liberazione del Tibet» da parte dell'esercito cinese nel 1950.

L'offensiva contro Wikipedia ottiene questo risultato. Alla voce «Tienanmen 1989» l'enciclopedia online in tutto il resto del mondo inizia con la spiegazione: «La protesta di piazza Tienanmen a Pechino nella primavera del 1989, seguita dal massacro del 4 giugno...». Ma questo testo non è più accessibile dalla Cina. Provo a effettuare una ricerca analoga usando il sito ufficiale del governo: http://service.china.org. Digito «Tienanmen 1989». Risposta: risultati zero, documenti zero, schermo bianco. Se ancora esistesse Wikipedia per i cinesi, alla voce «Tibet» potrebbero leggere la storia delle rivolte, la fuga in esilio del Dalai Lama, le condanne dell'Onu per l'uso della tortura contro i monaci buddisti. Ma Wikipedia è scomparsa dietro la Grande Muraglia di Fuoco. Internet mi dirige invece verso il China Tibet Information Center http://en.tibet.cn, che vanta le bellezze turistiche della regione. Alla voce «Taiwan», su Wikipedia potrei sapere che nell'isola c'è una democrazia parlamentare, libere elezioni e l'alternanza dei partiti al governo, un privilegio negato sul continente a un miliardo di cittadini. Finisco invece su www.chinataiwan.org, che definisce l'isola come «la provincia della Cina ... occupata dalla Settima Flotta degli Stati Uniti».

Nel romanzo *1984* di George Orwell, il protagonista Winston è impiegato al Ministero della Verità. Ogni giorno il suo lavoro consiste nel ritagliare dai giornali le notizie politicamente sgradite, che inserisce in piccole capsule nella posta pneumatica destinata alla distruzione. A fianco a lui un'impiegata ha il compito di cancellare i nomi delle persone che sono state «vaporizzate». La Cina ha realizzato l'incubo di Orwell, «vaporizzando» il Dalai Lama, migliaia di nomi di dissidenti, milioni di vittime della Rivoluzione culturale, dei gulag, di piazza Tienanmen. All'inizio del 2006, è stato «vaporizzato» il celebre blog tenuto da un giornalista cinese sotto lo pseudonimo di An Ti, quello che aveva dato per primo la notizia dello sciopero della redazione di «Notizie di Pechino». Non soltanto hanno oscurato il suo blog, ma hanno eliminato dal web ogni traccia di quello che vi era stato pubblicato prima. Come sostiene l'organizzazione Human Rights, «in Cina perfino Internet non ha memoria».

Oltre alle tecnologie avanzate, la censura cinese usa anche metodi più tradizionali. Una volta al mese, la direttrice dell'Ufficio di Informazione, la signora Wang Hui, convoca nella sua sala riunioni i dirigenti dei maggiori siti Internet a cui espone le direttive del governo, precisando quali notizie si possono dare e quali no. Alla riunione partecipano anche i rappresentanti dei siti stranieri che operano in Cina. È stata la Microsoft a chiudere il blog di An Ti per compiacere il governo di Pechino, nonostante che quel blog dipendesse tecnicamente da San Francisco. Credevamo che Internet potesse esportare le nostre libertà a Pechino e Shanghai. A giudicare dal caso della Microsoft, che ha applicato la giurisdizione cinese in America, sembra quasi che possa succedere il contrario.

Il silenziatore a Bush

La velleità di George Bush di promuovere la libertà in Cina si riduce a un'avventura del celebre uomo invisibile. Mai un presidente degli Stati Uniti in visita ufficiale a Pechino era stato vittima di un simile blackout informativo, una vera e propria beffa. L'incidente succede domenica 20 novembre 2005, nel giorno finale della visita del leader statunitense, proprio quando la Casa Bianca vuole dare una valenza libertaria a quel terzo viaggio in terra cinese di George W. Nel suo programma – concordato con i padroni di casa – c'è una messa in chiesa la mattina, per sostenere la libertà di religione, e poi un discorso pubblico sui diritti umani.

Lo staff di Bush avrebbe dovuto capire per tempo la trappola che stava per scattare. Il primo segnale era arrivato una settimana prima del summit, con la decisione del governo cinese di ridurre drasticamente i giornalisti accreditati per la conferenza stampa di Hu e Bush, al termine del loro colloquio. Alla vigilia dell'atterraggio dell'Air Force One all'aeroporto di Pechino, nei dettagli del cerimoniale spunta un'ulteriore novità: la conferenza stampa deve svolgersi, in realtà, senza domande. Cioè con i giornalisti costretti nel ruolo di spettatori muti, e i due presidenti liberi di leggere ciascuno la propria dichiarazione. La beffa finale arriva nella fatidica domenica delle libertà: anche nel formato così «ingessato», senza scomode domande dei giornalisti, la dichiarazione di Bush e quella di Hu non vengono neppure ritrasmesse dalle televisioni nazionali. Il lavoro del povero interprete che traduce diligentemente in mandarino le frasi di Bush sulla democrazia e i diritti umani è inutile: il suo perfetto cinese va in onda solo sulla Cnn. Per i telegiornali delle oltre venti reti di Stato cinesi, quel Mr Bush a Pechino è un non-evento. I notiziari locali riprendono brevemente l'immagine di George e Laura che scendono dalla passerella dell'Air Force One, poi li mostrano quando si rimpinzano di cibo al banchetto ufficiale. Fine della visita. In sostanza, un'abbuffata e una stretta di mano con Hu, molto sorridente.

Che i leader cinesi siano fatti così, non è mai stato un mistero. Il padre di Bush, che è stato il primo rappresentante statunitense a Pechino all'epoca in cui si riallacciavano le relazioni tra i due paesi, avrebbe potuto dare a George W. qualche consiglio. Non a caso, in passato, le regole del gioco della comunicazione erano oggetto di lunghi e puntigliosi negoziati fra statunitensi e cinesi prima di ogni vertice bilaterale. Si cercava di ottenere l'impegno che almeno qualche discorso del presidente degli Stati Uniti – per esempio, una conferenza all'Università di Pechino – avvenisse in un contesto non troppo formale, e ripreso da qualche Tv locale. Mai era successo che il leader della più grande potenza mondiale «sprecasse» un intero viaggio in Cina senza riuscire a far arrivare una sillaba del suo pensiero ai cittadini di questo paese. In un'analisi dedicata ai rapporti Stati Uniti-Cina il magazine «Time» ricorda con nostalgia (e un po' di esagerazione) i bei tempi andati, «quando la visita di un presidente degli Stati Uniti aveva il potere di cambiare la Cina». Per essere più realistici, aveva il potere di segnalare una svolta in Cina. Per esempio, lo storico vertice tra Nixon e Mao nel 1972, primo segnale dell'apertura dopo un decennio di isolamento. O la visita di Reagan nel 1984, che coincise con un consolidamento delle riforme di Deng Xiaoping verso l'economia di mercato. O quella di Clinton nel 1998 – la prima dopo il massacro di Tienanmen –, che suscitò qualche speranza democratica, tanto che un gruppo di dissidenti reagì subito tentando di formare un partito d'opposizione. Oggi Pechino può permettersi di ignorare un presidente degli Stati Uniti. Che sia per la debolezza di Bush, o perché la Cina è consapevole della sua nuova potenza, o per tutt'e due le ragioni assieme, il cambiamento è comunque notevole.

La nuova grinta sfoderata di fronte agli Stati Uniti sul tema dei diritti umani era già affiorata in un curioso precedente, otto mesi prima della visita di Bush. Nel marzo 2005, stufa di essere bacchettata ogni anno dal rapporto del dipartimento di Stato americano sui diritti umani, la Cina decide di restituire la cortesia. Il governo di Pechino pubblica una pagella sul rispetto dei diritti umani nell'unico paese assente dal rapporto americano: gli Stati Uniti. Il «New York Times» reagisce seccato. In un articolo intitolato *La Cina dà l'insufficienza all'America*, sostiene che «invece del sobrio studio del dipartimento di Stato, questo è un atto di accusa e dipinge una caricatura dell'America».

Ma chi va a leggersi il rapporto cinese in versione integrale (sul sito http://english.people.com.cn/200503/03/eng200503 03_175406.html) in realtà rimane sorpreso per il motivo opposto: la sua attendibilità. Lungi dall'essere infarcito di slogan di propaganda antiamericana, è costruito attingendo a fonti ufficiali, spesso la stessa amministrazione di Washington. Elenca una serie di dati incontestabili – dal boom della popolazione carceraria alle ingiustizie razziali, dalla violenza privata alla piaga della povertà minorile – che potrebbero fornire la sceneggiatura di un film di Michael Moore.

Il rapporto, intitolato Human Rights Record of the United States 2004, è suddiviso in sei capitoli: diritto alla vita, alla libertà e alla sicurezza personale; libertà politiche; diritti economici, sociali e culturali; discriminazioni razziali; diritti della donna e del bambino; diritti umani dei cittadini stranieri.

Nel primo capitolo viene ricordato, per esempio, che ogni anno 31.000 americani sono uccisi (in media 80 al giorno) e 75.000 sono feriti da armi da fuoco. Sono per lo più vittime innocenti di una società armata fino ai denti, dove il 41,7 per cento degli uomini e il 28,5 per cento delle donne hanno un'arma da fuoco in casa. Le statistiche del dipartimento di Giustizia americano dipingono anche una polizia dal grilletto facile, e non solo con fucili e pistole. L'ultimo trend che preoccupa la magistratura americana è l'uso indiscriminato da parte dei poliziotti dei Taser, pistole a scarica elettrica che, dalla loro introduzione come armi d'ordinanza nel 1999, hanno fatto 80 morti. È sempre il dipartimento di Giustizia americano a confermare che gli Stati Uniti hanno in proporzione la più alta popolazione carceraria del mondo: si è sestuplicata in vent'anni, da 320.000 a 2 milioni di prigionieri. La frequenza di errori giudiziari è elevata. La costruzione di nuove carceri procede implacabile: la California, negli ultimi vent'anni, ha inaugurato una sola nuova università e 21 istituti di pena. Le prigioni sono il secondo datore di lavoro dopo la General Motors.

Il capitolo sulle libertà democratiche si apre con un'analisi (sempre riportata da fonti statunitensi) del ruolo corruttore del denaro nelle campagne elettorali: 4 miliardi di dollari quella del novembre 2004. Una citazione va perfino al problema – molto sentito dalla stampa statunitense – dei giornalisti perseguiti giu-

dall'annuncio ufficiale del Vaticano, e il giorno stesso ha convocato in segreto 300 fedeli per una messa. Nel capoluogo dello Hebei, Shijiazhuang, i cattolici sono così numerosi che hanno perfino il loro centro di assistenza sociale, un giornale e un sito online, che ha seguito di ora in ora le notizie dal conclave di Roma. Ma nella città più settentrionale dello Hebei, Baoding, la polizia ha stretto i controlli. I cattolici hanno dovuto aumentare la segretezza delle loro messe, moltiplicare le precauzioni.

In apparenza, c'è una contraddizione misteriosa. Da una parte, a Pechino il governo centrale ha lanciato dei segnali di apertura al dialogo col Vaticano. In occasione della morte di Giovanni Paolo II il ministro degli Esteri della Repubblica popolare ha espresso le condoglianze ufficiali del governo, per la prima volta dopo 54 anni di rottura delle relazioni diplomatiche con la Santa Sede. Nelle messe celebrate dai preti filogovernativi, nelle Chiese ufficiali riconosciute dallo Stato, si sono tenute delle commemorazioni del pontefice scomparso, con il beneplacito del governo. Al tempo stesso, proprio nelle province dove i cattolici sono più numerosi, c'è stato un giro di vite e perfino nuovi arresti e persecuzioni.

La contraddizione è solo apparente. Pechino è la capitale di una superpotenza, si orienta in base alla ragion di Stato. Il regime comunista ha interesse a normalizzare i rapporti con un'altra superpotenza, sia pure spirituale, come la Chiesa romana. Tanto più se questo significa costringere il nuovo papa Benedetto XVI a rompere le relazioni con Taiwan accentuando l'isolamento diplomatico dell'isola «secessionista». Ma questi ragionamenti strategici non interessano granché i dirigenti del Partito comunista nelle province. Là dove i cattolici sono più numerosi, scatta il riflesso totalitario: qualunque movimento ideologico va schiacciato, perché rappresenta un pericolo per il controllo del partito sull'opinione pubblica, sul flusso delle informazioni e delle idee. Perciò, a Pechino, nelle messe tenute dalla «Chiesa patriottica» si è potuto celebrare il papa, mentre i contadini cattolici dello Hebei erano costretti a montare la guardia durante le messe clandestine per non essere arrestati dalla polizia.

Cos'ha significato essere cattolici in Cina dopo il 1951, l'anno in cui Mao Zedong espulse l'ultimo nunzio apostolico del Vaticano? Erano passati solo due anni dalla rivoluzione comunista che aveva instaurato la Repubblica popolare. Dopo un periodo iniziale di tolleranza e di relativo pluralismo, Mao stava cominciando a stringere la Cina sotto l'autorità sempre più esclusiva del partito unico. La Chiesa, anzi le Chiese – protestanti, buddisti e musulmani non furono trattati meglio – erano pericolose rivali per il controllo ideologico e l'operazione di indottrinamento di massa che stava iniziando. Naturalmente i comunisti avevano anche degli argomenti validi da usare contro il clero. Nelle campagne povere, la religione non di rado era davvero «l'oppio del popolo», un cumulo di superstizioni che aveva contribuito a mantenere i proletari nell'ignoranza e nella sottomissione. I missionari cristiani a volte erano stati il «braccio spirituale» dell'imperialismo occidentale, avevano accompagnato le potenze europee che erano penetrate nella Cina approfittando della dissoluzione della dinastia Qing e poi del caos degli anni Venti e Trenta.

La svolta di Mao negli anni Cinquanta, autoritaria e ateista al tempo stesso, ha trasformato la vita di molti cristiani (e buddisti e musulmani) in un calvario. Una figura emblematica di quel periodo è il celebre cardinale in pectore, cioè il «cardinale segreto» di Shanghai. Nella sua biografia tragica è condensato mezzo secolo di sofferenze di un popolo di fedeli. Si chiamava Kung Pin-mei, ma da sacerdote si aggiunse il nome latino di Ignatius. Nasce nel 1901, quando in Cina c'è ancora l'imperatore, e muore all'alba del Terzo millennio, il 12 marzo 2000. Ordinato prete nel 1930, diventa vescovo di Shanghai il 7 ottobre 1949: una settimana dopo l'avvento al potere di Mao. Nel 1952, mentre già si stringe la repressione del regime, il vescovo Kung proclama a Shanghai l'«anno mariano», dirige quotidianamente processioni che attraversano la città portando una statua della Madonna di Fatima e recitando rosari: scene che sembrano riprese dai film di Fellini sull'Italia degli anni Cinquanta. Salvo che attorno alle processioni di monsignor Kung, oltre ai fedeli, cresceva di giorno in giorno la presenza della polizia. L'8 settembre 1955 Kung viene arrestato in una retata insieme a 200 sacerdoti cattolici. Lo portano allo stadio di Shanghai, perché faccia autocritica in pubblico. In pigiama da detenuto, con le braccia legate dietro la schiena, lui si avvicina al microfono e invece della resa urla: «Lunga vita a Cristo Re, lunga vita al papa!». Viene condannato all'ergastolo, per 30 anni rimane dietro le sbarre, spesso in cella d'isolamento. Per riconoscere il suo ruolo, e al tempo stesso non esporlo e non compromettere le chances di una riduzione della pena, nel 1979 Karol Wojtyła – che è papa solo da un anno – lo fa «cardinale in pectore». Cioè il cardinale segreto, la cui nomina è conosciuta solo dallo stesso pontefice (neppure dal nominato). È solo dopo la sua liberazione dal carcere, il 28 giugno 1991, che Ignatius apprende di essere il cardinale Kung, l'unico cardinale della Cina comunista. Nel 1998, in occasione di una sua visita all'estero, il governo di Pechino gli toglie il passaporto, costringendolo a morire in esilio.

Altri cattolici cinesi rivivono il calvario di Kung Pin-mei. Di tre anziani vescovi si sono perse le notizie: Zhao Zhendong di 84 anni, Shi Enxiang di 83 anni e Su Zhimin di 72 anni. Un vescovo vecchio e malato, l'ottantottenne Jia Zhiguo di Zhengding, viene arrestato ripetutamente e sottoposto a settimane di «rieducazione», l'indottrinamento forzato sulla politica del governo. Decine di sacerdoti sono stati arrestati anche negli ultimi anni.

Se vanno in porto le trattative tra la Cina e il Vaticano, se i cattolici cinesi della clandestinità verranno fuori dalle catacombe e dalle cerimonie segrete a cui sono stati costretti per mezzo secolo, la loro fede, le loro processioni, i loro santi, ci ricorderanno ancora un film di Fellini sull'Italia contadina degli anni Cinquanta.

Olimpiadi 2008

Le Olimpiadi fanno già miracoli. Tale è l'importanza politica che i dirigenti cinesi attribuiscono a questo evento – la cancellazione del ricordo di piazza Tienanmen, la legittimazione definitiva della Cina come superpotenza «normale» – che non vogliono correre rischi. Sono disposti perfino a mandare alti dirigenti governativi nelle università statunitensi perché imparino come si parla ai giornali nei paesi dove la stampa è libera.

Nel 2008, di giornalisti a Pechino ne arriveranno tanti, da tutto il mondo, e non solo per seguire le gare sportive. Già adesso la nomenklatura comunista è in affanno di fronte al crescente afflusso di reporter occidentali, attirati dall'ascesa economica e politica della Cina. Abituati a girare senza scorta, a fare domande indiscrete, spesso i giornalisti si scontrano con un muro di gomma, con una leadership che non deve rendere conto a nessuno e parla ancora un linguaggio opaco. Nel 2008 questo scontro culturale sarà amplificato dalla moltiplicazione degli inviati, dalla sovraesposizione della Cina, dall'attenzione del mondo intero. Ai dirigenti di Pechino capiterà di dover far fronte a domande imbarazzanti di ogni genere: forse su scandali di doping dei loro atleti, ma anche sullo sfruttamento del lavoro minorile nelle fabbriche della Nike, sulla repressione dei seguaci di Falun Gong, o sul Dalai Lama.

Come comportarsi di fronte a un simile bombardamento di curiosità? La leadership cinese ha scelto una soluzione originale: manda alti dirigenti governativi a studiare nelle università di élite degli Stati Uniti, in appositi corsi fatti su misura per chi deve interagire con la stampa in situazioni di tensione e di emergenza. La prima pattuglia della nomenklatura comunista è finita alla prestigiosa Goldman School of Public Policy di Berkeley, in California, per un'immersione totale nelle tecniche di comunicazione usate dai governanti statunitensi nei rapporti con i mass media. Altri dirigenti cinesi seguono un corso alla scuola di giornalismo presso la Nieman Foundation dell'Università di Harvard. Tra i temi del loro programma di studio: «Come si comporta una stampa libera», «Cosa vorranno sapere i giornalisti inviati a Pechino nel 2008», più un seminario dedicato al Primo emendamento, l'articolo della Costituzione americana che garantisce la libertà di espressione. A Harvard è scoppiato lo scandalo. Studenti e giornalisti americani hanno accusato la superuniversità di vendere i propri servizi ai cinesi per addestrarli a dribblare le domande più scomode, a eludere i problemi scottanti. Il direttore della Nieman Foundation si è difeso dichiarando che «non si tratta di insegnare ai cinesi come manipolare le notizie, ma di fargli capire i nostri valori e il funzionamento di una libera stampa».

Un altro approccio alla gestione delle Olimpiadi è quello di Zhao Yongchen, direttore dell'antiterrorismo di Pechino. Per preparare i Giochi, il capo della sicurezza ha rivelato per la prima volta che in Cina esiste il terrorismo su vasta scala. Ha divulgato un bilancio di attentati che non erano mai stati resi noti: «Attacchi contro scuole e asili nido, uffici del governo e caserme militari: in tutto abbiamo subìto 260 atti di terrorismo in dieci anni, che hanno fatto 160 morti e 440 feriti». Un attentato particolarmente tragico – il dirottamento nel 2003 di un autobus di linea nello Xinjiang e l'uccisione dei 21 passeggeri a bordo – all'epoca era stato presentato dalla stampa come un'azione di banditismo compiuta da rapinatori di banca. All'avvicinarsi dei Giochi, il governo ha deciso che fu terrorismo. «Un pugno di pericolosi attentatori sono ancora in libertà, stanno riorganizzandosi per una nuova serie di attacchi» ha detto Feng Xiguang dell'ufficio di pubblica sicurezza dello Xinjiang.

Quanta verità c'è in questa improvvisa operazione-trasparenza? L'allarme segue la creazione di reparti speciali di teste di cuoio e polizia antiterrorismo nelle 36 maggiori città cinesi. Sono squadre di 600 professionisti, dotate di elicotteri militari e mezzi blindati, uomini e donne selezionati dai ranghi della Polizia popolare armata, già essa un corpo paramilitare di élite. Il ministro degli Interni, Zhou Yongkang, ha spiegato che il nuovo corpo «deve migliorare la capacità delle forze dell'ordine di reagire ai crimini terroristici». Il governo sostiene che sta crescendo il rischio di un'offensiva in grande stile da parte di gruppi legati ad al-Qaeda. Nella descrizione completa dei compiti affidati alle nuove milizie speciali, risalta un termine: antisommossa.

XII
Figli di un dio minore

Nella terra dei Miao

La strada dondola piacevolmente in mezzo alle colline carsiche dai profili bizzarri come funghi. I prati di colza in fiore sono una gioia per gli occhi, ogni tanto la testa di una donna spunta in mezzo a una distesa di alti fiori gialli. Sui pendii, secoli di fatica hanno scolpito il paesaggio elegante delle risaie a terrazza con le loro forme sinuose. Nessuna macchina agricola è arrivata fin quassù, nei campi ci sono solo contadini curvi nell'acqua delle risaie inondate, come ai tempi dei loro nonni, l'unico aiuto è il bufalo nero che arranca con la pancia nel fango. Per strada si incrociano gruppi che scendono a valle con grandi ceste vuote sulle spalle. Camminano fino a Kaili dove sosteranno sui marciapiedi in attesa che qualcuno li affitti. Vendono la nuda forza delle loro schiene, se saranno fortunati, si guadagneranno la giornata trasportando pesi immensi. In città li usano al posto dei camion, su e giù con quelle ceste sgombrano montagne di detriti dei cantieri edili. È lontana Pechino, con i suoi problemi da capitale imperiale, le sue manovre strategiche verso Taiwan o il Giappone. Sono lontane Shanghai e Canton, le loro preoccupazioni di inflazione immobiliare, le bolle speculative, il «denaro caldo» che arriva a miliardi dall'estero. Kaili, capoluogo di contea, appartiene a quella Cina immensa dove non è ancora arrivato un McDonald's, un Kentucky Fried Chicken, un caffè Starbucks, né gli ingorghi di Audi e Bmw.

In auto da Kaili, dopo due ore si arriva in vista dei villaggi di Shiqiao e Qingman, poche casette di pietra e legno scuro che da lontano sembrano chalet, con i tetti appuntiti di tegole nere. È su questi monti l'ultimo rifugio del popolo Miao. Li chiamano gli aborigeni, perché furono i primi ad abitare la Cina. Loro preferiscono considerarsi una nazione. Se 4000 anni fa la storia avesse avuto un corso diverso, avrebbero potuto dominare la Cina; ora la loro cultura sta scomparendo in silenzio. La storia di questa etnia è piena di misteri perché hanno solo linguaggi orali, quelli in cui si tramandano 15.000 versi di canzoni. Praticavano culti totemici, nelle loro leggende compaiono creature metà uomini e metà bufali, nella notte dei tempi furono probabilmente i veri inventori della tecnica dei *batik*, le stoffe immerse nei colori vegetali e disegnate con la cera calda. Formavano una società agricola egualitaria in cui gli antropologi hanno intravisto una sorta di comunismo primordiale. Ai tempi del leggendario capo Chiyou, erano i padroni delle grandi pianure tra il Fiume Giallo e il Fiume Azzurro, la pancia fertile della Cina. Poi arrivarono le invasioni degli Han – i cinesi attuali – e, di sconfitta in sconfitta, ripiegarono sulle montagne; siccome la storia la scrivono i vincitori, furono battezzati Miao, che voleva dire «barbari». Ne rimangono 8 milioni, la maggior parte attorno a Guiyang e Kaili, nella provincia del Guizhou (sudovest della Cina). Altri, a furia di fuggire, finirono in Indocina, dove li chiamano Hmong. Spesso perseguitati in Vietnam e Laos, alla fine della guerra negli anni Settanta furono i primi boat-people: 200.000 rifugiati vivono in America.

La più enigmatica delle loro tradizioni è un lungo «canto della creazione» in lingua Miao – composto, a quanto pare, prima di ogni contatto con l'Occidente – che contiene un'allegoria della separazione originaria tra loro e i cinesi, ma ha anche strane analogie con la Genesi biblica, perché descrive una sorta di diluvio universale e una torre di Babele. Nei versi iniziali recita:

> In quel giorno Dio creò i cieli e la terra.
> In quel giorno aprì i cancelli della luce.
> Sulla terra fece montagne di pietra.
> In cielo fece le stelle, il sole e la luna.
> In terra creò il falco e l'aquilone.

> In acqua il pesce e l'aragosta.
> Nei boschi mise la tigre e l'orso,
> fece le piante per coprire le montagne,
> le foreste invasero l'orizzonte,
> fece la canna verde e leggera
> fece il bambù robusto.
> Sulla terra creò l'uomo dal fango.
> Dall'uomo formò la donna.
> Quindi il Patriarca Fango fece una bilancia di pietre.
> Misurò il peso di tutta la terra.
> Misurò la grandezza delle stelle.
> La terra si riempì di tribù e di famiglie.
> La creazione fu condivisa dai clan e dai popoli.
> Si combatterono tra loro sfidando la volontà del creatore.
> Allora la terra fu scossa fino alla profondità di tre strati.

Per salire fino al villaggio Shiqiao bisogna lasciare l'automobile e proseguire a piedi su un sentiero. Presto arriverà fin qui una vera strada, finanziata dallo Stato. La stanno costruendo con le loro braccia, vanghe e picconi, una ventina di donne Miao. Yuan Qizhi, 31 anni, sorride felice nel dirmi quanto la pagano: 20 yuan, cioè 2 euro al giorno. Una fortuna per queste contadine, finché dura. Dall'alba al tramonto a picconare: «Non è un lavoro pesante in confronto a quello che facciamo di solito nelle risaie, e qui guadagniamo molto di più» assicura Yuan. Scava e parla con le sue amiche, scherzano divertite dal raro passaggio di un bianco. Lavorano ridendo e sembra davvero che la fatica sia lieve per queste donne, visto che invitano la mia interprete a raggiungerle la sera al villaggio per ballare insieme. Più avanti, lungo il sentiero, ci sono i loro uomini che per 12 ore al giorno spaccano pietre. Poi, come fantasmi, un gruppo di minatori dalle facce nere emerge dal cratere di una piccola cava di carbone a cielo aperto, a poche centinaia di metri dal villaggio.

A Shiqiao ci accoglie Long Rongcheng, il più ricco fra i contadini. Ha 47 anni, guadagna 6000 yuan (600 euro) all'anno, la metà li spende per mandare due figli a scuola in città. Long ci invita in casa sua. Al pianoterra, la stanza più spaziosa è quella dove vivono i maiali. Ha a fianco la cucina e l'unico forno-stufa, che deve bastare per cuocere il cibo e anche per riscaldare tutta la casa. Al piano di sopra sono ammucchiati riso, pannocchie di mais essiccate, pezzi di lardo, strutto e carne di maiale cruda, che attirano le mosche. I Miao non sanno cosa sia un frigo, ma sul tetto Long esibisce un'antenna satellitare, l'unico modo per captare la Tv da queste parti. In un angolo, vicino alle scorte alimentari, c'è un largo giaciglio ingombro di coperte spiegazzate: è il letto di tutta la famiglia, nonni inclusi. I vestiti sono appesi a un fil di ferro che traversa il soffitto da un angolo all'altro. «Chi sta bene qui ha appena di che mangiare e vestirsi. I più poveri non guadagnano 2000 yuan all'anno, non possono permettersi neppure il sale per cucinare.» Long Rongcheng brontola solo per la tassa che il governo gli impone ogni volta che macella un maiale: 50 o 60 yuan a seconda del peso. Non protesta invece per i 1500 yuan che ogni figlio gli costa di retta scolastica. È il prezzo perché possano fuggire da questo mondo.

Il suo vicino, Pan Qingyue, 70 anni, vive in una casa di una sola stanza, con i vestiti gettati per terra in un angolo accanto a un mucchietto di patate dolci. Per proteggersi dal vento gelido che soffia la sera dalle montagne, al soffitto ha incollato pezzi di polistirolo, avanzi di imballaggi raccolti nelle discariche in città. A una parete c'è un calendario dove, fra tanti ideogrammi, si stacca la figura di una croce. Il vecchio Pan sa poche frasi di mandarino, con fatica spiega che un secolo addietro da queste parti passarono un missionario inglese e uno francese, e da allora un terzo dei Miao sono protestanti. Ci accompagna fino alla minuscola chiesetta, ricostruita vent'anni fa sulle macerie di quella rasa al suolo durante la Rivoluzione culturale. Si lascia fotografare davanti al simbolo della croce, ma di fronte alla curiosità sul passato, il suo sguardo si perde nel vuoto e la risposta è laconica: «Abbiamo avuto le nostre punizioni».

Nella povertà, i Miao hanno conservato tradizioni magnifiche. I costumi antichi delle contadine sono tra i più belli della Cina: giacche e gonne di seta decorate con sofisticati motivi geometrici, grembiuli dai ricami colorati, con i bordi di maglia disegnati all'uncinetto, sfavillanti cinture di cotone. In testa portano turbanti neri o si fasciano i capelli in tessuti a strisce bianche e celesti avvolti a foggia di colbacco. I copricapi più maestosi li tirano fuori per le feste: ogni donna ha la sua corona argentata, un capolavoro di stelle e fiori lavorati nel metallo, con contorno di orecchini, collari, anelli e pendagli che ciondolano tintinnando come miriadi di campanelli. Alla Festa del Bufalo, che è il Capodanno dei Miao, ballano al suono dei *lusheng*, i grossi flauti verticali di bambù. Alla Festa del Riso delle Sorelle si organizzano le future unioni: le ragazze in età da matrimonio invitano i giovani maschi, offrono acquavite e paste di glutine di riso. Alla fine delle danze e delle libagioni, i giovanotti ricevono in regalo la pasta di riso da portare a casa. Se in mezzo al cibo trovano nascosta una spina, è una proposta di matrimonio; se ci sono pistilli rossi, la ragazza ha fretta di convolare a nozze; il peperoncino o l'aglio sono un rifiuto.

Un opuscolo raccolto negli uffici governativi di Kaili vanta tutto il bene che la Cina ha fatto ai Miao: «Prima del 1949 [l'anno della rivoluzione comunista] il 95 per cento della popolazione era affetto da malaria, da allora è stata sradicata. Ventitremila insegnanti hanno portato l'istruzione nei villaggi di montagna dove regnava l'analfabetismo». Nel piccolo mondo medievale di Shiqiao l'improvviso apparire di manifesti di una campagna contro l'Aids tradisce un'altra faccia della modernizzazione: facendo leva sulla miseria di questa gente, società private senza scrupoli sono venute anni fa a comprar sangue. Usavano vecchie siringhe già infettate e interi villaggi sono stati contaminati.

Lo Stato centrale esibisce con orgoglio i privilegi demografici che ha concesso alle minoranze etniche come i Miao. A differenza dei cinesi Han, per il popolo di queste montagne non vale la legge sul figlio unico. Ai Miao è permesso avere famiglie numerose, per impedire che scompaiano. Otto milioni contro 1 miliardo e 300: la partita è persa comunque. Nelle scuole si insegna il mandarino, lingua nazionale. «I nonni parlano soltanto dialetti Miao» dice Long Rongcheng «con i nipoti non si capiscono più.»

Anche le migliori intenzioni nascondono insidie. Per strapparli alla miseria, il governo incita i Miao a scoprire il business del turismo. Sono arrivati fin qui i primi pulmini di viaggiatori, per ora soprattutto cinesi incuriositi dalla storia delle loro minoranze etniche. Si avvicina il giorno in cui la cultura e le tradizioni affascinanti dei Miao si snatureranno in «folclore», i meravigliosi vestiti e le feste danzanti del villaggio a poco a poco subiranno una metamorfosi, diventeranno una recita per le videocamere digitali dei turisti. E poi l'antenna satellitare di Long ha già portato fin qui le immagini dell'altra Cina, le sue luccicanti promesse di benessere. I cortei dei Miao, che ogni mattina all'alba scendono a valle con le ceste vuote sulle spalle, al ritorno hanno gli occhi che brillano come le vetrine illuminate dei supermercati in città. A Shiqiao le mamme, che puzzano di sudore e di bufalo, alla sera si sono messe lo splendido costume delle antenate e le corone d'argento, mi hanno offerto la grappa di riso e hanno ballato sulla piazza del paese. Ma in un angolo le loro figlie adolescenti immusonite indossavano jeans e finte Nike, e sognavano una discoteca.

Non uno di meno

Nel corridoio che porta alla classe rimbomba vivace l'eco di un'allegra cantilena ritmata a squarciagola: 50 bambine ripetono gridando ogni frase della maestra, scandiscono bene le parole per imparare tutto a memoria. Apriamo la porta e appaiono tante macchie di rosso: rossi i grembiuli delle scolare, rosse-violacee le loro guance, rossa la bandiera alla parete a fianco dei ritratti di Ma Ke-si (Marx), En Ge-si (Engels), Lie Ning (Lenin) e Mao. L'abbondanza di colore non riesce a nascondere i muri scrostati, i vetri rotti alle finestre, un soffitto pieno di buchi, i miseri banchi di legno ammuffito, due sole lampadine che penzolano da un filo elettrico forse senza corrente. Il tiepido sole primaverile non basta a scaldare l'aula umida, e non c'è una stufa neanche per i geli dell'inverno. La maestra Li Yaping, 27 anni e 700 yuan di stipendio al mese (70 euro), di fronte allo straniero ammutolisce e abbassa gli occhi come una bambina. Timida e impaurita, sembra la protagonista del film *Non uno di meno* di Zhang Yimou, quella maestra-contadinella ossessionata dalla promessa di non perdere neanche uno scolaro durante l'anno.

Ma questo non è un film. È la scuola elementare del villaggio di Shang Luo nella regione dello Shaanxi. È a tre ore di viaggio (strada non asfaltata, tutta fango e pietre) da Xian, metropoli moderna invasa dai turisti occidentali che visitano il più celebre tesoro archeologico della Cina: l'armata dei guerrieri di terracotta. Tre ore sul camioncino che arranca nella polvere e salta sulle buche sono una distanza infinita, il fossato incolmabile che divide due mondi. «A Xian, a Pechino» dice Wang Hong del sindacato delle donne «i bambini dei ricchi hanno il computer già alla scuola materna. Qui siamo fortunati se ce ne regalano uno vecchio, uno solo per tutta la scuola.»

Per la verità, il computer è l'ultimo dei problemi per queste bambine. Prima, alla scuola elementare di Shang Luo, bisogna arrivarci. Molte di loro fanno 20 chilometri al giorno dalle loro casupole sperdute: a piedi, se non hanno la fortuna di un passaggio su un carro di fieno tirato dal bue. Per resistere fino a sera, si portano dietro una pagnotta bollita e un pugno di verdura (la scuola non ha i mezzi per una mensa). Alcune, a pranzo, vanno a casa di contadini di Shang Luo, ma devono portarsi il grano da cuocere, perché qui nessuno può regalare niente. Chi viene da villaggi ancora più lontani, dal lunedì al venerdì alloggia nel dormitorio scolastico: un corridoio dove si ammassano giacigli sporchi e consunti, gettati sul pavimento freddo, con il fetore della fogna a cielo aperto che emana da un rigagnolo poco distante. Eppure, anche queste bambine sono delle privilegiate. Certe loro coetanee in classe non si vedono mai. «La scuola» dice la preside signora Tang «costa 300 yuan, è proibitivo per famiglie che ne guadagnano 700 all'anno. E poi i genitori hanno bisogno dei figli nei campi, se li mandano a studiare, restano senza aiuto.» Dalle finestre dell'aula si intravedono in lontananza alcuni contadini curvi a lavorare, inerpicati su pendii ripidi per strappare qualcosa alla terra avara, in queste valli anguste dove ogni lembo coltivabile è conteso dalle rocce, dove la gente vive in casupole di fango e paglia, dove la Birmania (oggi Myanmar) sembra più vicina di Shanghai. Solo in questa provincia, secondo la preside, 50.000 bambini ogni anno abbandonano la scuola dell'obbligo. «Poi ci sono i pluriripetenti, che vengono qui ogni tanto ma non imparano niente, perché dopo la scuola devono comunque lavorare nei campi con i genitori, e in classe, distrutti dalla fatica, si addormentano.»

Un paese che ancora si dice comunista, una superpotenza lanciata alla conquista dell'economia globale, ma dove i poveri non hanno il diritto all'istruzione gratuita neanche alle elementari: è una vergogna che ormai affiora, sia pure con qualche reticenza, anche nell'informazione di regime. Il governo di Wen Jiabao ha assegnato alle 12 regioni più povere l'obiettivo di alzare entro il 2007 dal 75 per cento all'85 per cento il numero di scolari che riescono a frequentare le elementari e le medie. Quindi, riconosce che oggi un quarto dei bambini in quelle regioni non vanno neppure alla scuola dell'obbligo. Un altro obiettivo proclamato dal governo, sempre per il 2007, è di garantire l'istruzione gratuita ai figli dei contadini, a conferma che oggi se la devono pagare loro. Un salasso per le famiglie, e in cambio di cosa? Perfino il quotidiano ufficiale del ministero dell'Istruzione rivela che nelle zone rurali «la metà delle scuole non ha i soldi per le spese essenziali, compresa la bolletta della luce». Wang Hong, pur essendo la vicepresidente di quel sindacato delle donne che è un'organizzazione del collateralismo comunista, non esita a confessare la sua amarezza: «Com'è possibile che il governo non riesca a spendere di più per la scuola?».

Non tutti sono poveri qui intorno. Il corteo dei dirigenti locali del partito venuti a salutarci è fatto di tre Volkswagen Jetta nere: ognuna vale il reddito annuo di 100 famiglie contadine. I pezzi grossi si sono scomodati per Matilda Young, la ricca cinese-americana che io seguo, la vera protagonista di questo viaggio a Shang Luo. Sono accorsi i contadini da tutto il villaggio, e anche dalle valli vicine, per vedere la «zia d'America» in visita. La benefattrice che con i suoi soldi privati supplisce come può alla latitanza della Repubblica popolare. Il cortile della scuola si affolla di paesani che spalancano le bocche sdentate. Hanno la pelle scura e indurita dal sole, le espadrille di tela sdrucite, sono infagottati nelle giacche di Mao troppo strette (quelle che a Pechino si trovano ormai solo nelle bancarelle per i turisti), ricordano la Cina dei documentari di trent'anni fa. Una contadina curva e rattrappita mi si avvinghia per obbligarmi ad accettare in dono uova, frutta e verdure, estende al forestiero la gratitudine per Matilda che paga la scuola a sua figlia.

La storia di Matilda Young è un altro paradosso di questa Cina. Suo padre era un importante broker della Borsa di Shanghai, suo zio un banchiere, all'apice del benessere negli anni Venti e Trenta. Era l'epoca in cui Shanghai aveva il soprannome di Parigi d'Oriente ed era una delle grandi capitali del commercio mondiale durante la prima globalizzazione (anche se allora il termine non esisteva). Come quasi tutta l'alta borghesia shanghainese, il padre di Matilda fuggì dalla rivoluzione comunista: riuscì a prendere per miracolo l'ultimo bastimento americano che salpò da Shanghai nel 1949. La bambina Matilda, la mamma e la sorella, lo raggiunsero più tardi a Hong Kong dopo un viaggio non meno avventuroso sul treno via Shenzhen. Da Hong Kong agli Stati Uniti. Là Matilda si laureò, prese la cittadinanza americana, si sposò, ebbe due figli, si stabilì a San Francisco dove vive tuttora. È stata educata fin dalla nascita in una famiglia anticomunista, naturalmente: «Mio padre aveva molti risentimenti. Finché era vivo lui, non mi avrebbe mai permesso di tornare in Cina. A noi familiari lui proibiva addirittura di comprare prodotti cinesi». Invece su Matilda il suo paese non ha mai smesso di esercitare un'attrazione fatale. Come per milioni di cinesi della diaspora, la politica viene dopo l'attaccamento alla madrepatria. Matilda non ha simpatia per il regime, ma neanche la ripulsa che sentiva suo padre. Nella sua Cina è tornata per la prima volta nel 1986 («Vent'anni fa trovai Shanghai poco diversa da quella del 1949, tutto il boom economico doveva ancora cominciare»). È andata nell'elegante quartiere francese della città a visitare quella che era stata la sua sontuosa casa natale, per scoprirla occupata da 20 famiglie («Hanno perfino costruito una casa aggiuntiva, su quello che era il nostro campo da tennis»). Quattro anni dopo ha creato, insieme ad altri sinoamericani, il 1990 Institute, una fondazione filantropica il cui obiettivo principale è aiutare i figli dei contadini poveri a finire gli studi.

Almeno tre volte all'anno Matilda vola dalla California per portare i fondi raccolti tra la diaspora cinese in America, e controlla che quei soldi siano spesi bene. A volte bastano 40 dollari all'anno per uno scolaro, per compensare i genitori del «danno» economico della sua assenza dal lavoro dei campi. In questo momento, solo nella provincia dello Shaanxi, 1000 bambine stanno finendo la scuola dell'obbligo grazie al 1990 Institute. È un'operazione volutamente al femminile, come è femminile tutta la classe della maestrina Li Yaping. Nelle campagne cinesi, la nascita di una figlia è ancora considerata una disgrazia, tra i contadini indigenti l'infanticidio delle bambine non è ancora scomparso del tutto. I meno poveri ricorrono all'ecografia e all'aborto selettivo. Le chances che i genitori facciano duri sacrifici per pagare l'istruzione alle ragazze sono minime. Per questo, Matilda e i suoi amici americani concentrano gli sforzi sulle bambine.

Liu Huan, 13 anni, sta finendo la scuola dell'obbligo grazie all'aiuto venuto dagli Stati Uniti. Lei vive proprio dentro il villaggio di Shang Luo. Per sua fortuna, ché se abitava più lontano avrebbe già lasciato gli studi: cammina con le stampelle dopo essere stata investita da un furgone mentre portava sulle spalle il grano da vendere al mercato. È orfana di genitori, vive coi nonni settantenni che, senza di lei, non potrebbero più coltivare niente. Prima e dopo la scuola, lei passa sei ore al giorno a spigolare il grano, ad allevare i maiali, lavare e cucinare per i due anziani. La casa in cui vivono loro tre è una stanza sola, con il pavimento e i muri di terra. Non hanno neanche la cucina individuale, un lusso da queste parti: ne condividono una con altre famiglie. La giovane maestra Li Yaping la interroga davanti alla benefattrice cinese-americana: «Liu, lo sai quanto costa la scuola?». Lei ha gli occhi pieni di paura: «Lo so, maestra Li, costa tanto. Studierò duramente e i risultati li dedico a voi». Cosa vorresti fare da grande? La domanda più banale, quella che tutti i bambini del mondo si sono sentiti rivolgere mille volte, sprofonda Liu Huan nell'angoscia. Resta muta a lungo, lo sguardo smarrito nel vuoto, come di fronte a un quesito impossibile. Poi ha un'illuminazione: «Il mio sogno è diventare maestra e aiutare gli scolari più poveri». Forse dice la verità, o forse è l'unico mestiere desiderabile che ha mai visto in vita sua, diverso dal destino contadino della sua gente.

La maestrina Li, in classe, ha attaccato alle pareti le lettere di qualcuna che non ce l'ha fatta. «Era una calda estate di tre anni fa» le ha scritto una sua ex allieva «troppo calda. Di colpo sono arrivate grosse nuvole nere, i lampi e i fulmini. L'acqua cadeva violenta, spinta da un vento forte. L'acqua era dappertutto, la nostra casa dondolava come se stesse per crollare. Papà ci ha trascinate fuori, io e la mamma gli siamo corse dietro. Ma poi lui si è ricordato che in casa era rimasto lo zenzero, che avevamo raccolto per mesi sulle montagne. Era lo zenzero che mi avrebbe pagato la scuola l'anno dopo. Quando papà è corso indietro, la casa gli è crollata addosso. Un'onda di fango li ha portati via, lui la casa e lo zenzero. Settembre è il mese in cui gli studenti tornano a scuola. Quando è arrivato settembre, ho guardato le mie amiche, le loro facce contente, i loro libri nuovi, e ho pianto.»

La maestrina Li saluta Matilda con un filo di voce: «Per favore, racconti ai suoi amici in America quello che ha visto qui».

La dannazione degli Uiguri

Il profumo aspro del montone alla griglia si mescola con quello dei *nan* (focacce alla cipolla), dei datteri e croccanti dolci di nocciole. Nella ressa del bazar si aggirano maestosi anziani col caftano, lunghe barbe a punta da califfo e il fez in testa. Qualche donna è completamente velata con il burqa che le copre il viso. Sulle bancarelle, a fianco ai tappeti di preghiera, ai drappi sgargianti di *pashmina* e ai pugnali d'argento intarsiato, è in vendita il Corano. Le orchestre di strada con mandolini e tamburelli diffondono melodie arabesche. I pati con le tende e le verande colorate delle case, i minareti, le facce mediorientali e mediterranee: questa potrebbe essere Istanbul o Marrakech. Invece è Kashi, nello Xinjiang, la più vasta regione della Repubblica popolare cinese, cinque volte la dimensione dell'Italia, e il centro di una tenace resistenza islamica contro Pechino. Magnificata da Marco Polo nel 1271, città-oasi in mezzo al deserto del Taklamakan, tappa obbligata lungo la via della seta che per 2000 anni ha visto scorrere con le carovane di cammelli il commercio fra Oriente e Occidente, Kashi è molto più vicina a Kabul e Islamabad che a Pechino, e non solo in senso figurato: anche in chilometri. Per arrivarci dalla capitale ci vogliono otto ore di volo verso ovest, con scalo nel capoluogo dello Xinjiang, Urumqi. A differenza di Urumqi, demograficamente più «sinizzata» e invasa da grattacieli che la rendono un po' simile ad altre città della Cina, la fisionomia di Kashi resiste inconfondibile.

Il 70 per cento degli abitanti sono Uiguri, orgogliosa etnia turcomanna e musulmana. Neppure sui nomi vogliono piegarsi, per loro Kashi resta Kashgar, lo Xinjiang è Turkestan orientale. Visti da Pechino, sono un piccolo popolo, ormai in minoranza perfino a casa loro: appena 8 milioni di Uiguri su 20 milioni di abitanti della regione, e circondati da 1,3 miliardi di cinesi. Ma a differenza dei tibetani, oltre i confini della Repubblica popolare, questi sono attorniati da «fratelli». Lungo i 5600 chilometri di frontiera esterna lo Xinjiang confina con otto nazioni, di cui cinque di religione musulmana (Pakistan, Afghanistan, Tagikistan, Kirghizistan, Kazakistan) e popolate a loro volta da minoranze turco-uigure. La titanica statua in granito di Mao Zedong, che domina la piazza centrale di Kashi – uno dei pochi monumenti di queste dimensioni in tutta la Cina –, ricorda la partita che si gioca qui, al confine tra la nuova superpotenza asiatica e l'Islam.

Il 1° ottobre 2005 arrivo nello Xinjiang mentre tutti i cinesi celebrano l'anniversario della rivoluzione comunista. A Urumqi il governo ha organizzato una manifestazione ancora più solenne. La festa nazionale coincide con i 50 anni dalla fondazione della Regione autonoma, l'atto definitivo che rese lo Xinjiang parte della Cina. Allo stadio di Urumqi, 50 salve di cannone e 5000 colombe in volo aprono lo spettacolo ripreso dalle Tv nazionali. Si esibiscono gruppi folcloristici, ballerine e acrobati, mentre dal palco le autorità esaltano la «regione-vetrina, modello dell'eguaglianza dei diritti fra gruppi etnici». Ma Pechino non incoraggia i giornalisti stranieri a curiosare in questa vetrina. Le rare visite autorizzate avvengono sotto la scorta asfissiante di funzionari di governo. Un evento sportivo organizzato dalla Ferrari – due «612» attraversano la Cina, inclusa la via della seta – mi consente un giro a Kashi un po' meno sorvegliato del solito.

La propaganda sull'autonomia regionale e la felice convivenza con le minoranze non regge neppure un minuto dallo sbarco all'aeroporto. Basta la prova dell'orologio: il centralismo di Pechino impone all'intera Cina lo stesso fuso orario della capitale; per lo Xinjiang significa subire tutto l'anno un'ora legale assurda, come se a Los Angeles dovessero andare a scuola alle cinque del mattino per sintonizzarsi su Washington.

La visita a una scuola elementare rivela un rigido apartheid. I bambini sono divisi scrupolosamente in due settori: da un lato del cortile sono tutti Han, dall'altro le facce turche. Non ce n'è uno che si mescoli per sbaglio, neppure tra i maestri. Gli uni studiano in mandarino, gli altri in uiguro. L'interprete venuta da Shanghai fatica a trovare un tassista che parli quattro frasi della sua lingua.

Al gran bazar trovi mercanti pronti a parlare cinese pur di vendere. Ma anche nella confusione levantina e nel frastuono gioioso del mercato, tra le bancarelle di spezie piccanti, gli sguardi diventano torvi in un attimo. Basta che appaia una comitiva di turisti cinesi: eccitati e maldestri, fotografano bambini e donne velate, indossano caftani ridendo come fossero maschere di carnevale. Appena seduti in un ristorante islamico, l'interprete cinese confessa di sentirsi a disagio. I suoi simili in quel locale sono pochi, guardati in cagnesco da altri avventori, trattati rudemente dai camerieri. Passeggiando per Kashi non si incontra mai una coppia mista, Han e musulmani si sposano solo all'interno delle proprie comunità. All'ingresso della moschea di Idkah è affissa la foto di un ricercato uiguro. Dentro la moschea, come in quasi tutte quelle della regione, ci sono telecamere nascoste. Corre voce che, pochi giorni prima, sia scoppiata una bomba su un autobus. Per i poliziotti Han, la città vecchia sembra accogliente come doveva esserlo la casbah di Algeri per i francesi.

Il governo di Pechino nega che il separatismo abbia un fondamento storico. A Kashi, ricordano i cinesi, l'imperatore Wudi mandò il suo braccio destro Zhang Qian, già nel II secolo avanti Cristo, per le prime spedizioni lungo la via della seta verso i regni di Samarcanda e Bukhara, l'India e la Persia, e la mitica Li Kun (probabilmente Roma). In realtà, la storia dà argomenti all'una e all'altra tesi. Questa regione ha alternato secoli di indipendenza sotto khanati, buddisti o islamici, e periodi di sottomissione ai mongoli o al Tibet, all'impero ottomano o alla Cina. L'ultima indipendenza, goduta a sprazzi negli anni Trenta e Quaranta, fu conquistata da un movimento panturco. Dopo l'annessione alla Cina, le turbolenze non sono mai finite. Nel 1986 lo Xinjiang fu il teatro della prima e unica protesta antinucleare della Cina, una manifestazione contro i test delle bombe atomiche nel deserto di Lop Nor.

Pechino ne contesta la legittimità, però parla sempre più

apertamente della minaccia separatista. Il 1° ottobre, per la celebrazione a Urumqi, il governo centrale ha mandato il numero uno della polizia, Luo Gan: nel suo discorso ha ordinato alle forze dell'ordine la massima vigilanza contro atti terroristici, ha parlato di una «situazione di pericolo». L'allerta attentati – rarissima in Cina – è stata presa sul serio dall'ambasciata degli Stati Uniti, che ha sconsigliato ai suoi connazionali di visitare lo Xinjiang. Il ministero degli Interni sostiene che negli ultimi vent'anni sarebbero stati compiuti dai separatisti uiguri più di 260 atti terroristici, con 160 morti. Pechino evoca esplicitamente legami con i talebani, con al-Qaeda. Per un regime ossessionato dal controllo dell'ordine pubblico, questa inedita trasparenza tradisce una paura reale, o è il pretesto per schiacciare i pacifici movimenti autonomisti? I dati ufficiali del governo, pubblicati sul «Quotidiano dello Xinjiang», indicano che nel 2005 sono stati arrestati 18.227 Uiguri per «minacce alla sicurezza nazionale». Dietro quel termine può esserci di tutto: dagli attentati terroristici fino al semplice «reato» di avere contatti con un giornalista straniero. «Gli Uiguri vivono nella paura» dice Dilxat Raxit, che è fuggito oltre la frontiera. «Per finire in prigione basta dire una frase sbagliata.» Il giro di vite nell'agosto 2005 ha colpito Aminan Momixi, una maestra di 56 anni: arrestata insieme ai suoi 37 scolari mentre studiavano il Corano. Tutti accusati di «possesso illegale di materiale religioso e informazioni storiche sovversive». La polizia ha fissato cauzioni da 1000 dollari, una cifra enorme da queste parti. Per riavere i figli, alcuni genitori hanno dovuto vendere il bestiame.

È solo dopo sei anni di carcere, invece, che nel marzo 2005 è stata liberata la cinquantottenne Rebiya Kadeer, nota imprenditrice locale ed eroina degli Uiguri. È finita dalla gloria alla galera in poco tempo e la sua è una storia esemplare. Di origini umili, da ragazza la Kadeer si mantiene facendo la lavandaia. Appena la Cina comincia a trasformarsi in un'economia capitalista, lei eccelle subito nella vocazione ancestrale di tanti Uiguri: il commercio. Crea una società di trading con l'estero e diventa la prima donna milionaria di tutto lo Xinjiang. Usa la sua ricchezza per diventare una paladina dei diritti delle musulmane. All'inizio, il Partito comunista la coopta come una beniamina, la stampa ufficiale la presenta come un modello di donna avanzata, che ha capito le nuove regole dell'economia di mercato. È un buon esempio di emancipazione femminile che, tra l'altro, serve a esaltare la modernità cinese in contrasto con l'oscurantismo dei vicini Stati islamici in materia di diritti delle donne. All'inizio degli anni Novanta, il governo centrale la seleziona come deputata degli Uiguri al Parlamento di Pechino. Nel 1995 la manda nella delegazione cinese alla conferenza dell'Onu sulla condizione femminile. Nella seconda metà degli anni Novanta, però, lo Xinjiang registra una nuova escalation di proteste, la repressione poliziesca è feroce: migliaia di arresti, decine di condanne a morte. Il marito di Rebiya chiede asilo politico negli Stati Uniti. Lei viene condannata a otto anni di carcere per spionaggio, per avergli spedito dei ritagli di giornale negli Stati Uniti. La Kadeer non ha mai pronunciato la parola secessione: «Tutto quello che chiedo per il mio popolo sono i diritti umani più elementari. Mi accontenterei che avessero gli stessi diritti dei cinesi». La metà dei detenuti nei campi di lavoro dello Xinjiang, denuncia la Kadeer, sono stati condannati per le loro pratiche religiose. Tra le migliaia di persone che affollano il gran bazar di Kashi, ho visto un solo commerciante, in un vicolo appartato, che all'ora della preghiera si inginocchiava sul suo tappeto. Ma per quanto la polizia li cancelli, i graffitari continuano a scrivere il nome di Rebiya Kadeer sui muri della città vecchia.

Il governo centrale cerca di applicare qui la stessa cura che nel Tibet: diluire l'identità locale portando sviluppo, ricchezze e tecnologie, dimostrando concretamente che nella Repubblica popolare si vive meglio che nei paesi islamici oltre il confine. Lo sviluppo nello Xinjiang è ben visibile, i suoi frutti però arrivano solo in parte ai musulmani. «Per gli Uiguri mancano le abitazioni» dice la Kadeer «mentre continuano ad arrivare immigranti dal resto della Cina.» Gli Uiguri che ancora si sentono a casa propria a Kashi, a Urumqi sono già diventati minoranza. Il potere è in mano agli Han. I lavori più qualificati finiscono ai giovani tecnici e neolaureati affluiti dal resto della Cina. È stata costruita una nuova linea ferroviaria per favorire l'immigrazione. Per i giovani Han che accettano di trasferirsi in cambio di alti salari, questa è la conquista del West, è la Nuova Frontiera del boom.

Sotto il suolo dello Xinjiang, nei bacini di Tarim e Junggar, è custodito un quarto di tutto il gas e il petrolio cinese, il 40 per cento di tutto il carbone. Di là dal confine c'è da corteggiare il Kazakistan, ricco di energia e disponibile a nuove alleanze. C'è anche l'Afghanistan, con le truppe della Nato. Ci sono le irrequiete repubbliche ex sovietiche, combattute tra l'integralismo islamico, i nuovi movimenti democratici incoraggiati dagli Stati Uniti, e la penetrazione dei capitali cinesi. Il Grande Gioco, come lo chiamava la diplomazia zarista, vide la Russia e la Gran Bretagna contendersi l'influenza su queste zone dall'inizio dell'Ottocento fino alla seconda guerra mondiale. A Kashi ci sono ancora due vestigia storiche di quell'epoca. L'ex consolato britannico, palazzo Chini Bagh, dove per 26 anni lavorò il più grande diplomatico inglese mai venuto in Cina: Lord George Macartney. E il consolato russo, oggi trasformato nell'albergo Seman, dove risiedeva alla fine dell'Ottocento il rivale di Macartney, l'inviato della Russia zarista, Nikolaj Petrovskij. Ora il Grande Gioco per controllare l'Asia centrale ha nuovi protagonisti. Sono gli Stati Uniti, la Cina e l'Islam. Non è più la seta che crea ricchezze fra le dune di questo deserto, ma gli Uiguri sono sempre in un posto troppo importante perché Pechino li lasci in pace.

Parte quarta
Giappone, le ferite aperte

XIII
Il peso della storia

I sopravvissuti di Hiroshima

«Avevo otto anni e facevo la seconda elementare a Hiroshima» ricorda Takashi Tanemori. «Il 6 agosto 1945 era cominciato come una bellissima mattina d'estate. C'era stato un solo allarme aereo alle sette ma era finito subito, alle otto ero già fuori dal rifugio e a scuola con gli amici. Giocavamo a nascondino nel cortile. Toccava a me contare, perciò ero appoggiato contro il muro con gli occhi chiusi e la mano davanti a coprire il viso. Il lampo, un bagliore bianco puro, fu così forte che ricordo di aver visto le ossa nude della mia mano, trasparente come ai raggi X. Poi il silenzio assoluto. Solo in seguito arrivò un tremore assordante, come se centinaia di carriarmati stessero correndo contro di noi. Da quel momento deve essere passato del tempo di cui non ho memoria.» La voce di Tanemori si spezza per la commozione. «Il ricordo successivo è un senso di soffocamento, l'aria mancava, attorno era buio, tutto bruciava. Sentivo la puzza di bruciato e i miei compagni che gridavano: scotta!»

Sessant'anni dopo, Tanemori non trattiene le lacrime mentre rivede quegli attimi della sua vita di bambino, nel cortile di una scuola pubblica, a soli 1000 metri di distanza dal punto dove esplose la bomba atomica. «C'erano dei soldati in un accampamento lì vicino, uno di loro è venuto a tirarmi fuori dai detriti. Ero coperto di sangue, l'urto dell'esplosione mi aveva polverizzato il muro addosso. Il soldato mi ha preso in braccio e si è messo a correre verso il fiume, dove molti cercavano la salvezza dalle fiamme e dall'ondata mortale di calore. Tutto intorno sentivo le grida di bambini che chiamavano le mamme, i lamenti degli uomini e delle donne che chiedevano acqua, acqua. Una giovane mamma portava un piccolo sulle sue spalle e cercava disperatamente l'altro figlio, ma quando le siamo passati a fianco ho visto il bambino che teneva sulla schiena: aveva la testa fracassata. Quell'immagine ritorna continuamente ad angosciarmi. Arrivati al fiume c'era un inferno, migliaia di esseri umani anneriti, nudi e bruciati come dei vermi orrendi. Tutti volevamo acqua, anche chi non riusciva più a muoversi implorava un po' dell'acqua che scorreva. Qualcuno mi chiamò per nome: era mio padre che mi aveva ritrovato, mi prese dalle braccia del soldato, per un attimo mi sentii finalmente al sicuro, protetto. Il cielo piombò nell'oscurità, grandi gocce di pioggia sporca cominciarono a caderci addosso, picchiavano sulla nostra pelle ustionata ed era un altro dolore. Il fiume si ingrossava, la corrente trascinava corpi neri e detriti. Due giorni dopo, quel fiume lo potemmo traversare a piedi, camminando su un ponte fatto di cadaveri.»

Tanemori è un uomo minuto, un metro e mezzo di statura, capelli e baffetti candidi, spessi occhiali neri. Porta una giacca celeste e una cravatta a fiori, è accompagnato da un labrador, cane-guida per non vedenti. Il 15 luglio 2005 lo incontro in America, al molo 35 del porto di San Francisco, davanti alla nave giapponese *Nippon Maru*. Tiene in mano la «fiaccola atomica», alla prima tappa di una marcia contro la guerra che arriverà fino ad Alamogordo, nel deserto del New Mexico. Là, sessant'anni prima, gli scienziati nucleari del laboratorio di Los Alamos fecero il primo test della bomba A, la prova generale per lanciare l'atomica sul Giappone. Il 6 agosto 1945 il bombardiere americano B-29, *Enola Gay*, sganciava sul cielo di Hiroshima «Little Boy», la prima arma nucleare usata contro dei bersagli umani. Era l'equivalente di 15.000 tonnellate di tritolo, creò una palla di fuoco le cui onde di calore bruciavano la carne umana fino a 3 chilometri e mezzo di distanza. A Hiroshima morirono in 140.000, di cui 60.000 nei mesi successivi all'esplosione per l'effetto delle radiazioni. Altri 75.000 furono uccisi a Nagasaki, dove la seconda bomba fu lanciata tre giorni dopo.

A 68 anni, Tanemori è uno dei pochissimi ancora in vita tra coloro che quel 6 agosto, alle 8.15, si trovavano a Hiroshima nel primo raggio della morte nucleare, entro 1000 metri dal centro dello scoppio. Lui è un *hibakusha*, termine che traduciamo con «sopravvissuto» ma che in giapponese suona più freddo: «persona affetta dall'esplosione». Il premio Nobel giapponese della letteratura, Kenzaburo Oe, ha usato altre parole per definire gli *hibakusha*: «Coloro che non si suicidarono nonostante avessero tutte le ragioni per farlo; che hanno salvato la dignità umana in mezzo alle più orrende condizioni mai sofferte dall'umanità». Gli *hibakusha* sono un gruppo unico fra noi: sono i soli esseri viventi, finora, che hanno subìto un bombardamento nucleare e possono raccontarcelo. Hanno visto in azione contro di loro l'arma più terribile mai creata, in un'epoca in cui il mondo ne ignorava l'esistenza, e gli effetti della sua radioattività erano praticamente sconosciuti. Gli stessi medici di Hiroshima – 68 dottori non morirono subito e tentarono di prodigarsi nei soccorsi – non avevano la minima idea di cosa fosse successo, come prime cure somministravano olio sui corpi ustionati (la temperatura nelle immediate vicinanze della bomba era salita a 7000 gradi) e mercurocromo sulle piaghe. Tra gli *hibakusha* c'è anche uno di quei medici che, per prestare i primi aiuti, andarono ignari incontro alle radiazioni. È il dottor Tatsuichiro Akizuki, che oggi ha 89 anni: «Non avevamo nessuna nozione della natura del pericolo, o di quali potessero essere le cure. Affrontavamo il male sconosciuto del bombardamento a mani nude, con rimedi patetici, garze e disinfettanti, gli ospedali erano macerie. Molti che all'apparenza ci sembravano incolumi, improvvisamente crollavano e morivano con crisi di diarrea e chiazze rosse sulla pelle».

Tanemori, che aiutandosi col bastone bianco si incammina insieme ai pacifisti sul lungomare di San Francisco, è la cavia di un esperimento bellico che attraverso le radiazioni ha prolungato le sofferenze per decenni: leucemie, cancro, malattie immunitarie, danni genetici, malformazioni. «A me la bomba ha portato via tutto» dice «ha annichilito la mia infanzia, ha distrutto la mia famiglia. Di mia madre e mia sorella minore si perse ogni traccia il 6 agosto, non fu mai ritrovato neanche un frammento dei loro corpi. Mio padre morì il 3 settembre per le ustioni, le ferite e le radiazioni; mia sorella maggiore il 5. Un mese dopo erano morti anche i nonni. Io solo ero sopravvissuto per miracolo, non so se per la volontà di Dio o di Budda. Ma la società, da quel giorno, prese a guardarmi con disgusto, ero un relitto dell'atomica, un orfano della disfatta. A 16 anni tentai il suicidio. Ho perso la vista. Ho avuto un cancro e hanno dovuto togliermi lo stomaco. A 40 anni avevo già sofferto due infarti. Sono stato mandato in California una prima volta nel 1956 per curarmi, e fui quasi ammazzato di nuovo, ridotto a topo da laboratorio per le prime ricerche di un certo dottor Gallop sugli effetti delle radiazioni atomiche. I 200.000 che a Hiroshima e Nagasaki morirono sul colpo non furono i più sfortunati. Loro sono andati in paradiso subito.»

Dopo l'atomica, i superstiti hanno dovuto soffrire l'isolamento e l'emarginazione. In seguito alla resa del Giappone, il generale statunitense Douglas MacArthur, che comandava le forze di occupazione, impose la censura sui danni della bomba A. Le notizie sulla sorte degli *hibakusha* e sulle loro spaventose malattie potevano mettere in ombra la legittimità morale di chi aveva lanciato le due atomiche. Terufumu Sasaki, chirurgo all'ospedale della Croce rossa a Hiroshima, un sopravvissuto che portò i primi soccorsi ai suoi concittadini, durante l'occupazione degli Stati Uniti dichiarò: «Vedo che un tribunale speciale sta giudicando i criminali di guerra a Tokyo. Dovrebbe giudicare anche gli uomini che hanno deciso di usare la bomba».

La versione dei vincitori è nota: la bomba atomica si rese necessaria per evitare carneficine senza fine sui campi di battaglia e un bilancio di vittime ancora superiore tra gli statunitensi, vista l'ostinazione dei leader giapponesi nel combattere a oltranza. (A conferma di questa tesi, perfino quando l'imperatore Hirohito dopo le due bombe atomiche accettò di arrendersi, un gruppo di alti ufficiali tentò un golpe per continuare la guerra.) La battaglia «convenzionale» di Okinawa aveva già fatto nei due campi più morti (212.000) di Hiroshima. Piegare Tokyo con i metodi classici, tentare uno sbarco di soldati come quello in Normandia, avrebbe inflitto perdite pesantissime. Ma gli statunitensi, prima del 6 agosto, avevano considerato altre opzioni. Se proprio bisognava usare l'atomica (e l'obiettivo era di impressionare l'Unione Sovietica almeno quanto i giapponesi), la si poteva mirare contro obiettivi militari invece di sterminare popolazioni civili. Oppure si poteva preavvisare la gente di Hiroshima, come voleva uno degli scienziati che costruirono l'atomica, Leo Szilard: l'inaudita efficacia della nuova arma sarebbe stata rivelata ugualmente radendo al suolo una città evacuata. E dopo lo shock di Hiroshima sui leader giapponesi – di lì a poco l'imperatore avrebbe capitolato – era davvero necessario fare il bis a Nagasaki?

Queste domande erano tanto più scomode se espresse dagli *hibakusha*. Non erano rivolte solo agli Stati Uniti. Il calvario dei sopravvissuti divenne un atto di accusa verso il loro paese. Prima dell'atomica, c'era stata una guerra espansionista scatenata dal Giappone in tutta l'Asia. C'era stato l'attacco a tradimento contro gli statunitensi a Pearl Harbor. Il ribrezzo dei giapponesi sani di fronte allo spettacolo osceno di quelle povere larve umane, orribilmente sfigurate dalle «cheloidi» – escrescenze della pelle a forma di granchio –, era la parte visibile di un altro disagio inconfessato, quello che il paese non ha superato neanche oggi. Le piaghe degli *hibakusha* inchiodano il Giappone alle sue colpe, evocano indirettamente altre atrocità, altre immagini mostruose: le stragi e le torture di innocenti commesse dalle truppe nipponiche. Un crudele ricordo di quel passato è la sorte riservata ai più sfortunati tra gli *hibakusha*, gli ultimi tra gli ultimi, due volte vittime: i prigionieri-schiavi coreani che erano stati deportati a Hiroshima e Nagasaki e furono colpiti dall'esplosione atomica non figurano nemmeno nel conteggio delle vittime, né i loro figli hanno avuto a posteriori il diritto alla cittadinanza nipponica. Perfino i superstiti giapponesi hanno vissuto a lungo come dei paria; soprattutto se membri di classi disagiate o della minoranza cristiana, sono stati emarginati nel loro stesso paese.

Il Giappone onora i suicidi, anche se criminali di guerra, più degli innocenti che sopravvivono al disonore collettivo e in qualche modo diventano portatori infetti della vergogna nazionale. «L'associazione delle vittime delle bombe» ha scritto il premio Nobel Oe «per decenni chiese invano ai governi di Tokyo il diritto alle indennità di guerra invece dell'assistenza individuale. La distinzione è cruciale. Difendendo la propria causa in quei termini, le vittime sollevavano la questione della responsabilità degli Stati Uniti per aver lanciato le bombe atomiche, e del Giappone per aver cominciato la guerra del Pacifico.» Gli *hibakusha* non si lasciarono strumentalizzare da nessuno: negli anni Sessanta presero le distanze dal pacifismo unilaterale, quando le manifestazioni per il disarmo in Giappone furono egemonizzate dal Partito comunista, che distingueva tra l'atomica buona (sovietica) e quella cattiva (statunitense). Il dolore degli *hibakusha* resta un messaggio universale, espresso dalla poesia di uno di loro, Sankichi Toge, scolpita sulla sua tomba al Memoriale della pace di Hiroshima:

> Ridatemi mio padre, ridatemi mia madre
> Ridatemi il nonno e la nonna
> Restituitemi i miei figli e le mie figlie
> Ridatemi me stesso
> Ridatemi la razza umana.

Presto saranno scomparsi anche gli ultimi *hibakusha*, le loro testimonianze diventano sempre più rare. Resta in vita Kiyomo Kouno, che aveva 14 anni e quel 6 agosto a Hiroshima vide «i corpi bruciati e rigonfi come demoni rossi con gli intestini che uscivano e avevano il colore delle uova fritte; le pupille degli occhi che schizzavano fuori; le lingue che pendevano come triangoli neri; un intero tram dove i corpi dei passeggeri erano stati soffiati via dalla vampata di calore ma le braccia penzolavano da sole, ancora attaccate ai corrimani». Resta Tsuyo Kataoka, che aveva 24 anni. Fu accecata dall'esplosione e cominciò a ritrovare la vista il 20 settembre. «Ma purtroppo quel giorno potei vedere il mio corpo, le mie dita incollate. E la mia faccia! Avrei preferito essere morta. Ogni dignità umana era perduta.» Intanto il club delle potenze atomiche continua ad accogliere nuovi membri. Dopo Stati Uniti, Russia, Cina, Gran Bretagna, Francia, India, Pakistan, Israele, arrivano la Corea del Nord, l'Iran, e aumenta il rischio che gruppi terroristici come al-Qaeda riescano a procurarsi armi nucleari. La prima bomba A era un ordigno rudimentale rispetto a quelli di oggi. Stati Uniti e Russia da sole hanno arsenali pronti a lanciare in due minuti 2000 testate, per una potenza complessiva 100.000 volte superiore a Hiroshima.

Tanemori sa che il suo tempo sta scivolando via. Ha voluto essere alla manifestazione della «fiamma atomica», il pellegrinaggio americano a Los Alamos e Alamogordo, dove ricevette il battesimo l'arma di distruzione assoluta che rimarrà il simbolo del XX secolo. I suoi coetanei sono ormai ombre sbiadite nella cronaca di una mattina di sessant'anni fa. Per conto loro, lui è tornato nel luogo da cui ebbe inizio il lungo viaggio della bomba.

«Avevo solo quattro anni» dice «quando il Giappone attaccò gli Stati Uniti a Pearl Harbor: che cos'avevo fatto, io, per meritarmi la vendetta atomica? Hiroshima rimane parte di me, il mio corpo porta tutte le ferite, la mia memoria vivrà finché vivo io. Quando non ci sarò più, non dimenticate la mia agonia di questi sessant'anni. Questa è la storia personale di Takashi Tanemori che aveva otto anni il 6 agosto 1945, questa è la storia che dovete continuare a raccontare a tutto il mondo.»

La guerra senza fine

A Tokyo, ogni 15 agosto a mezzogiorno, l'imperatore ricorda la data della capitolazione. Fa una dichiarazione alla Tv e alla radio, breve e formale, e in tutto il paese si osserva un minuto di silenzio. Da sessant'anni, osserva la storica Haruko Taya, «la cerimonia non è mai stata usata per discutere le ragioni della guerra, le sue origini, i costi, le conseguenze. A nessuno questo sembra strano. Nel Giappone di oggi c'è un potente, diffuso odio per la guerra, la convinzione che le guerre non vanno combattute, ma c'è poca comprensione delle ragioni per cui questo paese fu al centro di un conflitto globale. Per i giovani e la stragrande maggioranza dei giapponesi nati dopo il 1945, la commemorazione del 15 agosto è una sorta di fenomeno stagionale di mezza estate, come il canto delle cicale o le grida dei venditori ambulanti di pesciolini rossi».

Il 15 agosto 1945, i giapponesi, attoniti davanti alle loro radio, sentirono per la prima volta in assoluto la vera voce di un imperatore, «dio vivente», che mai in passato aveva dovuto abbassarsi a parlare al proprio popolo. Pronunciando alla radio il più grande *understatement* della storia, Hirohito disse che la guerra si era sviluppata «non necessariamente in maniera favorevole al

Giappone», e chiese ai suoi sudditi di «sopportare l'insopportabile». Cioè la resa, che fino a quel momento l'etica samurai dei capi dell'esercito aveva rifiutato. Sul fronte occidentale, la seconda guerra mondiale era finita da più di tre mesi con la caduta di Berlino. La guerra del Pacifico fu molto più lunga. Formalmente sarebbe durata fino al 2 settembre, quando l'atto di capitolazione venne firmato sulla nave statunitense *Missouri* davanti al comandante delle forze di occupazione MacArthur. La guerra più lunga è anche quella le cui conseguenze non sono mai del tutto finite: a differenza dell'Europa, l'Asia non ha saputo voltare pagina. Le ferite rimaste aperte spiegano molte tensioni che ancora oggi possono degenerare in conflitti, il rancore nazionalista mai sopito tra Cina e Giappone. In ambedue i paesi non ci sono stati un De Gaulle né un Adenauer – protagonisti della riconciliazione franco-tedesca nel dopoguerra –, è mancata una classe dirigente capace di saldare i conti con il passato e aprire una pagina nuova.

La sfasatura nel tempo e nello spazio, tra la vittoria degli Alleati contro la Germania e la resa giapponese, è ancora più grande di quanto appaia. Tanto che il termine «seconda guerra mondiale» è improprio se applicato al teatro asiatico, perché confonde eventi troppo diversi. La guerra in Oriente era cominciata molto prima che in Europa: nel 1937, con l'invasione nipponica della Cina, o addirittura nel 1931, con l'annessione della Manciuria voluta dai militari di Tokyo in funzione antisovietica. Quello che noi europei identifichiamo come il conflitto mondiale in Asia – i tre anni e nove mesi che vanno dall'attacco aereo contro gli Stati Uniti a Pearl Harbor fino a Hiroshima – è solo un capitolo di una storia molto più spessa, al cui centro ci fu una guerra di quindici anni tra Giappone e Cina. Alla fine, lasciò sul campo 3 milioni di vittime giapponesi e 35 milioni di morti cinesi, dopo essersi allargata dalle Hawaii all'Indocina, all'India, dall'Alaska all'Australia. Una guerra che non si concluse neppure con la capitolazione.

Oltre ai tanti soldati dell'imperatore che continuarono a combattere su sperduti avamposti nelle isole del Sudest asiatico, ignari della resa, drammatica fu la sorte dei 700.000 giapponesi in Manciuria deportati nei lager dell'Unione Sovietica: per loro, la guerra cominciò solo quand'era finita, visto che Stalin aprì ufficialmente le ostilità con il Giappone dopo l'atomica su Hiroshima. Erano le prove generali della guerra fredda. Il suo primo conflitto regionale doveva esplodere proprio in un ex possedimento giapponese, cioè la guerra di Corea del 1950-53.

Sempre sul fronte asiatico, la guerra non finì mai del tutto, perché ebbe tante code nelle rivolte nazionali che divamparono contro i residui degli imperi coloniali britannico, francese e olandese. Dall'India all'Indonesia, alla Malaysia, dall'insurrezione in Indocina alla guerra del Vietnam. A modo suo, il Giappone vi aveva contribuito: perché fin dalla guerra contro la Russia nel 1905 era stato il primo paese orientale a dimostrare di poter sconfiggere un impero «bianco»; e perché il suo espansionismo in Cina e in Corea, in Indocina e a Taiwan, si era ammantato di uno slogan – «l'Asia agli asiatici» – a cui inizialmente avevano creduto non solo un pezzo dell'élite giapponese, ma anche non poche classi dirigenti dei paesi soggiogati dal Sol Levante.

Uno dei rari storici giapponesi ad avere rifiutato la congiura del silenzio, Saburo Ienaga, ha dedicato la sua vita a esplorare le ambivalenze del rapporto che il suo paese ha con la Cina: per i giapponesi era la madre della loro civiltà, vederla declinante e insidiata dalle potenze occidentali era un'umiliazione; ma nelle convulsioni cinesi del primo Novecento (la nascita del capitalismo e di una classe operaia moderna, il risveglio nazionalista di intellettuali e studenti, le rivolte antifeudali dei contadini) la classe dirigente nipponica seppe vedere solo anarchia e imbarbarimento, e decise di rimediarvi colonizzando a sua volta il grande vicino. Il Giappone si condannò alla rovina, perché il suo modello di modernizzazione – attraverso una via autoritaria e militarista – gli impedì di capire la Cina. E fu per piegare una Cina molto meno arrendevole del previsto che il Giappone si vide costretto a puntare sempre più a sud, verso il petrolio del Sudest asiatico indispensabile per una lunga campagna militare, fino a urtarsi con i confini dell'impero britannico e a rendere inevitabile lo scontro con gli Stati Uniti.

La resistenza dei giapponesi a confrontarsi con il proprio passato e con le cause scatenanti della guerra, rende difficile perfino metterli d'accordo sul nome del conflitto. «Guerra del

Pacifico» è il termine preferito per circoscrivere l'attenzione allo scontro con gli Stati Uniti, dal 1941 al 1945, cancellando così gli anni dell'aggressione nipponica contro i vicini asiatici. «Guerra dei 15 anni» è il termine che usano invece gli storici di sinistra, come Ienaga, per ricordare le origini del conflitto nell'espansione imperialista in Manciuria e in Corea, lo stupro di Nanchino e le cannoniere nipponiche a Shanghai. «La guerra della grande Asia» è l'espressione favorita dalla destra revisionista: riecheggia l'obiettivo proclamato dai giapponesi negli anni Trenta di creare una «sfera di co-prosperità della grande Asia orientale», cacciando dal continente le potenze coloniali eurocentriche. Quell'obiettivo, però, era inquinato fin dall'inizio da una cultura razzista e dalla convinzione della superiorità genetica dei giapponesi. Donde i massacri e le orrende atrocità commesse dai soldati del Sol Levante nei territori occupati.

In Asia, la guerra inaugurò aberrazioni che continuano a perseguitare l'umanità. L'olocausto atomico provocato dagli Stati Uniti non è il solo esempio. Altre armi di distruzione di massa erano state sperimentate, cancellando ogni distinzione tra militari e civili: molto prima e peggio che a Coventry o a Dresda, nel 1937, durante lo stupro di Nanchino, i giapponesi avevano sterminato 260.000 civili. Cinque mesi prima di Hiroshima, nel marzo 1945, nel bombardamento di fuoco su Tokyo i B-29 statunitensi fecero una strage di civili equivalente all'atomica: 100.000 morti e 1 milione di senzatetto. E i giapponesi avevano inventato il suicidio come risorsa militare nella «guerra totale». I loro piloti kamikaze distrussero 22 navi americane e ne misero fuori combattimento 110. Ai primi sbarchi statunitensi a Saipan e Okinawa risposero i suicidi di massa degli abitanti, istruiti a morire pur di non essere catturati.

Gli orrori della guerra non sono stati oggetto di un riesame collettivo come quello che i tedeschi hanno saputo fare sull'Olocausto, anche perché il Giappone non ha mai avuto una Norimberga. Al processo di Tokyo, la responsabilità per i crimini di guerra fu circoscritta a soli 25 dirigenti politici e militari. I vincitori occidentali, per la fretta di recuperare nel Giappone un alleato contro l'Urss sul fronte asiatico della guerra fredda, scelsero di mantenere l'imperatore Hirohito al suo posto. Anche se esautorato e ridotto a una funzione cerimoniale, agli occhi dei giapponesi l'imperatore aveva una tale importanza simbolica – ed era sempre stato il capo supremo delle forze armate – che quella scelta equivalse a un'implicita assoluzione del passato. Alla memoria assente del Giappone hanno poi risposto altre manipolazioni di segno contrario. La storiografia ufficiale cinese ha creato i suoi miti e le sue menzogne. Il culto della personalità di Mao Zedong è stato edificato anzitutto sulla sua figura di eroe della vittoria contro l'occupazione giapponese, mentre Mao ebbe un ruolo marginale nella guerra e perfino sbandamenti collaborazionistici. Nella propaganda comunista è quasi scomparsa la vittoria degli Stati Uniti contro il Giappone. Nell'isola di Taiwan, per contro, si assiste addirittura a una rivalutazione dei benefici dell'occupazione giapponese e dei suoi effetti modernizzatori. Tokyo, Pechino, Taipei, Seul, Pyongyang: in tutto l'Estremo Oriente, sui banchi di scuola si continuano a insegnare tante versioni diverse della storia quanti sono i paesi che l'hanno vissuta. Da ciascuna parte, la memoria atrofizzata riesce a dividere anche le nuove generazioni.

XIV

Tokyo-Pechino, faglia sismica

Lo scandalo dei manuali scolastici

Impeccabile nel doppiopetto blu, il preside Shimokawa Mamoru mi attende sul portone della scuola. Saluta con l'inchino, mi indica dove lasciare le scarpe e calzare le immacolate e igieniche pantofole. Nel suo ufficio ha convocato la signora Satake, professoressa di storia, e otto studenti di terza media. «Lei vedrà» sorride radioso «che qui non si indottrina nessuno. Non stiamo formando un Giappone aggressivo. Noi insegnanti diamo un'istruzione equilibrata, oggettiva.»

Scuola media comunale Kojimachi, quartiere Akasaka di Tokyo: in un certo senso questo è l'epicentro della più grave tensione tra Cina e Giappone da trent'anni. Una crisi tale per cui il segretario delle Nazioni Unite, Kofi Annan, si è sentito in dovere di lanciare un «appello alla saggezza dei due paesi, per scongiurare un'escalation della tensione». Una crisi che per la Cina ha una delle sue origini a scuola, nei manuali che assolvono il Giappone dalle colpe del suo passato, quindi preparano un ritorno a politiche nazionaliste. Lo hanno urlato gli studenti cinesi quando manifestavano davanti all'ambasciata nipponica a Pechino. È anche una delle ragioni ufficiali per cui la Cina non vuole il Giappone nel Consiglio di sicurezza dell'Onu. «Solo i paesi che hanno il rispetto della storia e si conquistano la fiducia dei vicini possono aspirare a un ruolo importante negli affari internazionali» è la linea del governo cinese, che cita a esempio la Germania, «paese che ha seguito un percorso pacifico.»

Per capire il clima rovente, bisogna partire da una scuola media di Tokyo e dal suo sussidiario di storia. Non è lo scandaloso manuale revisionista stampato per volontà dell'estrema destra: quello è stato adottato solo da 17 istituti in tutto il Giappone, lo 0,03 per cento. Kojimachi è una scuola normale, rappresentativa di come si insegna la storia alla maggioranza dei giovani. La professoressa Satake sfoglia le pagine sugli anni Trenta e la seconda guerra mondiale. Si comincia con un episodio chiave: il controverso «incidente» del 18 settembre 1931 in Manciuria, quando un commando militare del Sol Levante fa esplodere una bomba sui binari di una ferrovia di proprietà nipponica e uccide le guardie. All'epoca, la propaganda di Tokyo attribuì l'attentato ai cinesi, giustificò così l'occupazione nipponica della Manciuria, dove gli invasori insediarono l'ultimo imperatore della dinastia Qing, Pu Yi, un fantoccio nelle loro mani. Nel manuale scolastico della professoressa Satake quella vicenda è spiegata correttamente: come una montatura delle truppe giapponesi per legittimare l'attacco alla Cina. Però, nello stesso capitolo, l'espansionismo nipponico in Asia viene descritto come una cacciata delle potenze imperiali europee. Il Giappone, spiega in tono neutro il manuale, era privo di risorse naturali, mancava di petrolio, era accerchiato dall'impero britannico e dal capitalismo statunitense. Fossero scritti così i testi scolastici tedeschi, riecheggerebbero le teorie di Hitler sullo «spazio vitale» indispensabile alla Germania e la necessità di espandersi in Europa centrale.

Che dire del massacro di Nanchino (1937), al centro di una letteratura «negazionista» che fa infuriare i cinesi? La signora di fronte a me ha solo 40 anni, è nata molto dopo la guerra e chiaramente non nutre nessuna nostalgia del passato. È iscritta al sindacato di sinistra degli insegnanti, che non simpatizza certo con il revisionismo. Al tempo stesso, però, in quanto impiegata pubblica lei è una dipendente del governatore di Tokyo, Shintaro Ishihara, un leader della destra ultranazionalista. Ecco quindi come si destreggia la professoressa Satake: «C'è chi dice che a Nanchino l'esercito giapponese fece quasi 300.000 morti. E c'è chi dice invece che quel massacro non c'è mai stato. Io riferisco sia l'una che l'altra versione. Lo stesso vale per l'occupazione della Cina. Ci sono storici che sostengono che il Giappone liberò la Cina dagli imperialismi occidentali. Io insegno tutti i punti di vista». È come se nelle scuole tedesche si insegnasse l'Olocausto, e a fianco, con pari dignità, la tesi di chi lo nega e lo dipinge come una montatura.

I quattordicenni riuniti dal preside offrono un caleidoscopio di opinioni diverse, probabilmente è un campione rappresentativo di tutto quello che hanno sentito dire sia a scuola che a casa dai loro genitori, in questo quartiere Akasaka abitato dalla borghesia benestante di Tokyo. Secondo Mase Masaya, «il Giappone a quei tempi era cattivo come la Germania nazista, come oggi la Corea del Nord». Per Kashiwa Yutaro, «i cinesi furono vittime e quindi non possono dimenticare; però oggi in Giappone non ci sono dirigenti aggressivi, i giovani sono pacifisti». Hirano Sachiyo obietta che «abbiamo già chiesto scusa». Kamanaka Seira ha un'altra lettura di quello che sta succedendo, secondo lui i veri motivi del contendere sono attuali: «Dietro queste liti c'è una guerra per l'energia. La Cina vuole toglierci risorse naturali. Ma il Giappone non ne ha, il petrolio è essenziale per noi. Quelle isole contese, dove di recente il governo cinese ha iniziato a trivellare, sono nostre, nelle nostre acque territoriali, i giacimenti di petrolio lì sotto ci appartengono».

Più tardi incontro il senatore dell'opposizione, Kan Suzuki, democratico, presidente della commissione Istruzione, e lui stesso docente. Delle nuove generazioni fa una diagnosi severa. «Ho insegnato alle università di Tokyo e Osaka, ne ho visti a migliaia che non sanno nulla di storia, zero. Le scuole sono ipercompetitive, ma la selezione si fa su tre materie: matematica, giapponese, inglese. Il resto non conta, quindi non interessa.» Descrive giovani carrieristi, proiettati verso il mercato del lavoro, apatici e apolitici, indifferenti verso il passato. «È un grosso problema, nei rapporti con la Cina.»

Gli esperti locali di economia, geopolitica e strategia militare descrivono quel che sta accadendo come inevitabile: la Cina sta diventando troppo potente e non è ancora «normale», cioè democratica, quindi spaventa i vicini. Ma, in realtà, la rinascita del nazionalismo giapponese è più antica, precede di almeno dieci anni l'ascesa cinese. Il revival del revisionismo storico coincide con l'inizio della lunga crisi dell'economia giapponese (1989), il tramonto del sogno di egemonia industriale, la fine di quel periodo in cui Tokyo sublimava l'orgoglio nazionale nelle vittorie commerciali e tecnologiche contro l'America.

Certo la Cina non è il più credibile dei maestri di storia, i suoi studenti sono indottrinati, impregnati di una propaganda di regime che nasconde ogni verità positiva sul Giappone: ignorano le scuse per le sofferenze della guerra offerte decine di volte dai governi di Tokyo già negli anni Settanta, quando furono ristabilite le relazioni diplomatiche, e poi ripetute ancora nel 1993 e nel 1995; ignorano mezzo secolo di pacifismo giapponese; o la generosità umanitaria di Tokyo, che da decenni è il più grande donatore ai paesi emergenti (Cina inclusa). Ma il Giappone, da parte sua, non ha mai avuto un leader dagli slanci dello scomparso cancelliere Willy Brandt in Germania, che andò a inginocchiarsi nei lager e in Polonia. Il premier Junichiro Koizumi non è andato a inchinarsi nei cimiteri cinesi; al contrario, va nel tempio Yasukuni dove sono venerati alcuni criminali di guerra giapponesi. Le scuse sono state offerte ripetutamente da Tokyo ai paesi vicini, però vengono rinnegate dal governatore Ishihara, il leader più popolare del paese: «Vergogna a quei governi che hanno svenduto il nostro passato. Quelle scuse sono un oltraggio imperdonabile verso la storia del Giappone».

Il preside Shimokawa mi mette in guardia contro la malafede di Pechino «dove esiste una sola Storia ufficiale, non un dibattito pluralista come da noi». Per lui, i dirigenti comunisti «usano il nazionalismo come sfogo al malcontento sociale che cova per le crescenti disuguaglianze in Cina». Nel salutarmi, a sorpresa mi confessa una piccola mortificazione personale subita a opera di un giornale straniero. «Qualche anno fa, venne a visitarci un reporter americano di "Time". Gli studenti s'impegnarono per fare bella figura con l'ospite: disciplinati, educati, le divise in ordine. Ne uscì un articolo perfido. Descriveva questa scuola come un'accademia militare, una caricatura del Giappone autoritario.» La cortesia dei suoi studenti a me ispira simpatia, in confronto ai teenager statunitensi con gli hamburger sui banchi, o agli italiani col telefonino che squilla durante la lezione. Ma che non capiscano le ferite riaperte dal revisionismo? Questo spaventa, non la disciplina in classe e le divise da cadetti.

La storia rivista dalle multinazionali

I deportati cinesi usati come schiavi-operai nella seconda guerra mondiale non hanno diritto a scuse o risarcimenti, perché quella del Giappone in Cina non fu un'invasione ma una «guerra di autodifesa». È la clamorosa tesi della Mitsubishi, una delle più grandi multinazionali di Tokyo, un colosso mondiale che spazia dall'automobile all'energia, dalla chimica all'edilizia, dalla finanza alle assicurazioni. Il revisionismo della Mitsubishi – che durante la guerra fu uno dei massimi produttori di armamenti del Sol Levante – è una sfida ai sopravvissuti e agli eredi dei deportati che attendono ancora giustizia, da sessant'anni.

L'uso di manodopera cinese e coreana, costretta ai lavori forzati in fabbrica, ebbe un'escalation a partire dal 1939. La grande industria giapponese era impegnata nello sforzo della produzione bellica, ma la manodopera nazionale cominciava a scarseggiare per la mobilitazione di massa nelle forze armate, che occupavano i territori conquistati in Asia.

La Mitsubishi ebbe un ruolo di punta nelle deportazioni: fu questa impresa a costruire nei suoi cantieri e poi a utilizzare le 17 «navi dell'inferno», bastimenti mercantili addetti al trasporto di prigionieri dalla Cina verso le officine e le miniere giapponesi. La Mitsubishi fu coinvolta anche nella costruzione della linea ferroviaria tra la Birmania (oggi Myanmar) e il Siam (oggi la Thailandia) in cui morirono molti lavoratori stranieri. Sempre la Mitsubishi ebbe un ruolo diretto in uno degli episodi più infami dell'occupazione giapponese in Cina: i suoi tecnici in Manciuria sperimentavano sugli esseri umani armi chimiche e batteriologiche (in quelle torture, oltre ai cinesi morirono anche dei militari statunitensi). Nelle sue miniere, tra i prigionieri cinesi il tasso di mortalità raggiunse punte del 30 per cento. In alcune fabbriche era sistematico lo sfruttamento minorile, in particolare di ragazzine coreane. Oltre all'alto numero di vittime, un abuso supplementare fu il sequestro dei miseri salari dei detenuti: la Mitsubishi, come altre aziende giapponesi, li versava su «libretti di risparmio patriottico» che non furono restituiti neppure dopo la guerra. Nonostante queste atrocità siano state ampiamente documentate dopo la resa del Giappone nel 1945, in decine di cause giudiziarie negli Stati Uniti, in Cina, in Corea e nello stesso Giappone, nel dopoguerra i grandi gruppi del capitalismo nipponico si videro addirittura versare delle indennità dal governo di Tokyo. Nel 1946, ben 35 imprese, inclusa la Mitsubishi, ottennero dalle casse dello Stato 56 milioni di yen (l'equivalente di 560 milioni di dollari di oggi) per i «danni» subiti durante il conflitto.

Dopo la fine delle ostilità una beffa crudele ebbe come vittima Liu Lianren, un cinese rapito dalla sua regione originaria dello Shandong e costretto ai lavori forzati in una miniera dell'isola giapponese di Hokkaido. Poco prima che finisse la guerra, Liu era riuscito a fuggire e si era rifugiato sulle montagne dell'isola. Ignorando che il Giappone si era arreso, Liu rimase nascosto per 13 anni. Quando emerse da una caverna nel febbraio 1958, le autorità locali lo incriminarono come immigrato clandestino. Liu Lianren è morto, ma suo figlio si è costituito parte civile insieme ad altri parenti delle vittime cinesi e coreane.

Il processo contro la Mitsubishi ha avuto le sue battute iniziali ben sessant'anni dopo la fine della guerra, presso la corte distrettuale di Fukuoka. I legali della Mitsubishi hanno presentato, nel novembre 2005, una memoria difensiva che non ha precedenti per l'audacia revisionista. Mai un'azienda aveva montato una controffensiva di questa portata. Da un lato, gli avvocati hanno esibito delle perizie di parte in base alle quali i minatori cinesi «erano nutriti meglio dei loro compagni giapponesi, non lavoravano mai più di otto ore al giorno, e venivano accompagnati fuori dal campo di lavoro per delle vacanze» (peraltro, fin dal dopoguerra, la polizia giapponese aveva provveduto a falsificare sistematicamente i certificati di decesso di molti prigionieri). D'altro lato, la Mitsubishi riscrive la storia, dipingendo l'invasione delle truppe giapponesi in Cina come una «guerra di autodifesa». «Sarebbe un errore» si legge nel lungo memoriale dei legali «giudicare il passato basandosi sui luoghi comuni di oggi. Non spetta a questa corte giudicare se fu una guerra di aggressione o no. Concedere dei risarcimenti avrebbe delle conseguenze che durerebbero per i prossimi cinquanta o cento anni. Esagerando le nostre responsabilità, si finirebbe col caricare sulle future generazioni giapponesi un peso di colpevolezza sbagliato.» L'argomentazione degli avvocati getta, inoltre, il discredito sui processi organizzati dagli Stati Uniti a Tokyo nel 1945 contro i dirigenti dell'esercito imperiale, accusati di crimini di guerra, descrivendoli come un tipico caso di prevaricazione del vincitore.

L'autodifesa della Mitsubishi conferma il ruolo di punta del grande capitalismo nipponico nel sostenere la *nouvelle vague* revisionista della classe politica. Dietro Koizumi, altri membri del suo Partito liberaldemocratico hanno posizioni ancora più oltranziste. Il ministro Morioka Masahiro, per esempio, ha contestato apertamente la legittimità del processo di Tokyo del 1945, un passo che nessun uomo di governo aveva osato prima. Gli umori revanscisti della destra politica e il nazionalismo dell'establishment finanziario sono collegati. Ben 20 delle 35 grandi imprese giapponesi che usarono schiavi durante la guerra sono tuttora protagoniste dell'economia nipponica. Alla luce del sole, i dirigenti della Mitsubishi finanziano e promuovono le associazioni dell'estrema destra che pubblicano i manuali scolastici revisionisti.

Due musei a tre ore di volo

Tokyo, a fine aprile, è in piena fioritura dei ciliegi e il parco del Yasukuni Jinja è uno spettacolo soave, un'armonia di toni dal bianco al rosa pallido, al rosa intenso. Nelle giornate primaverili i giardini pubblici sono la più squisita attrazione del Giappone, tra i visitatori si incrociano scolaresche ridenti, coppie di fidanzati, turisti stranieri e perfino una squadra di lottatori di sumo. In mezzo al tripudio degli alberi in fiore, affiora il tempio shintoista Yasukuni. È l'immagine della sobria eleganza giapponese, un'architettura leggera di legno chiaro, linee rette, tende di lino e canapa, il parallelo estetico di quel che accade al suo interno: riti discreti, essenziali, gesti lenti e semplici, cerimonie sussurrate che ispirano il raccoglimento. Si stenta a credere che questo sia «il» tempio: quello che scatena passioni furiose, provoca manifestazioni violente in Cina e in Corea, sconquassa le relazioni diplomatiche tra il Giappone e i vicini asiatici.

Da anni il premier giapponese Junichiro Koizumi viene qui a pregare in memoria dei soldati caduti. Vorrebbe che i suoi pellegrinaggi fossero rispettati, come le visite che un presidente statunitense fa al cimitero di Arlington, o gli omaggi francesi e italiani al milite ignoto. Ma a Yasukuni si onora anche il ricordo di generali condannati come criminali per gli orrori commessi nel secondo conflitto mondiale. Per le vittime, le visite di Koizumi equivalgono a un cancelliere tedesco che andasse ogni anno a pregare sulle tombe di Göring, Goebbels, Himmler e i capi delle Ss naziste. Molti giapponesi rifiutano questo paragone, e non riescono a vedere lo scandalo. Takashina Shuji, professore emerito all'Università di Tokyo, invita lo straniero a capire la religiosità nazionale: «Nel tempio Yasukuni non vi sono i resti fisici dei morti, si rende omaggio solo alla loro idea. E nella visione tradizionale giapponese i morti perdono la loro individualità, si fondono in un unico spirito collettivo degli antenati». Tra la dolcezza dei ciliegi fioriti e la serenità dei riti shintoisti, il visitatore occidentale è tentato di credere a questa visione spirituale, purificata e apolitica. Fino al momento in cui si imbatte in un altro edificio a poche decine di metri dal tempio: il museo della guerra. Qui la finzione si dissolve brutalmente.

Nell'atrio d'ingresso si è accolti da un autentico caccia Zerosen, il celebre aereo dell'attacco a Pearl Harbor, con un cartello che ne vanta le prodezze. Prima dell'offensiva contro gli statunitensi, spiega la didascalia, «ebbe il battesimo di fuoco nel settembre 1940 in Cina, sul cielo di Chongqing: tutti gli aerei cinesi furono abbattuti, nessuna perdita fra i giapponesi, una vittoria perfetta». Il museo vende bandiere imperiali, repliche di uniformi della seconda guerra mondiale. Il negozio dei souvenir offre in bella vista i libri dell'estrema destra, che esaltano l'espansionismo giapponese degli anni Trenta e Quaranta. C'è il best seller tradotto anche in inglese *The Alleged Nanking Massacre*, cioè «Il presunto massacro di Nanchino». Contesta che quella strage nella città cinese sia mai avvenuta, ignorando ampie testimonianze di osservatori anche occidentali (incluso un celebre uomo d'affari tedesco di simpatie naziste, John Rabe) che hanno documentato la carneficina compiuta dai giapponesi nell'invasione del 1937. Lo stordimento è totale. Siamo nel centro di Tokyo, nel cuore della seconda potenza economica e tecnologica mondiale, e sembra una visita alla Predappio mussoliniana, ma ben più inquietante, se si pensa che questa nazione molto più potente dell'Italia fascista soggiogò gran parte dell'Asia. La sala dedicata alla storia della Corea spiega che, alla fine dell'Ottocento, quel paese è controllato dai cinesi, quindi minaccia la sicurezza del Giappone e va neutralizzato. Cioè invaso. La guerra sino-giapponese del 1894-95 viene giustificata con le violenze commesse dai cinesi contro gli stranieri, mentre le truppe nipponiche vittoriose che occupano Pechino si guadagnano subito la stima della popolazione locale. Proseguendo la visita, si scopre che alla fine degli anni Venti si moltiplicano gli attacchi dei comunisti cinesi contro cittadini e imprese giapponesi in Manciuria, «costringendo» le truppe di Tokyo a intervenire per proteggere i connazionali. Il 1936 e il 1937 sono descritti come un susseguirsi di attentati terroristici perpetrati dai comunisti contro la presenza giapponese, finché lo stesso leader nazionalfascista cinese, Chiang Kai-shek, si convince ad allearsi con il Giappone.

Se si inaugurasse un'esposizione nel cuore di Berlino per negare l'Olocausto e giustificare l'invasione hitleriana di mezza Europa, prima ancora delle proteste israeliane, francesi, britanniche, statunitensi, russe e polacche, un simile museo sarebbe travolto dall'indignazione degli stessi tedeschi: si ribellerebbero i socialdemocratici, i verdi, i liberali, i democristiani eredi dell'antifascista Konrad Adenauer. Ma il Giappone non ha mai fatto con il proprio passato una resa dei conti paragonabile a quella della Germania. Già nel 1948, il grande intellettuale giapponese Masao Maruyama fece un paragone spietato tra l'andamento del processo di Norimberga e quello dell'analogo tribunale di Tokyo contro i crimini di guerra nipponici. La sua conclusione fu che l'élite politico-militare del suo paese si era comportata peggio dei tedeschi, rifiutando fino all'ultimo di assumersi delle responsabilità. Il Giappone visse solo la sconfitta finale come una vergogna, non rivide la guerra come una colpa. La differenza è enorme e quell'ambiguità pesa ancora. Sessant'anni dopo, il revisionismo penetra anche in ambienti colti e cosmopoliti. Un altro intellettuale giapponese, Kei Ushimura, ora è in auge per il suo saggio *Oltre il giudizio di civiltà*. È una reinterpretazione dei tribunali di guerra che ribalta le accuse contro gli americani: nel 1948, secondo lui, i dirigenti giapponesi non finirono sotto processo per le atrocità contro le nazioni occupate, ma perché avevano osato sfidare l'imperialismo occidentale, il dominio dell'uomo bianco sull'Asia.

Nell'aprile 2005 la Corte suprema di Tokyo ha respinto il ricorso dei pochi cinesi sopravvissuti a un altro orrore: i «test» della famigerata Unità 731, il reparto giapponese che nella Cina settentrionale sterminò 250.000 civili per sperimentare l'efficacia delle armi batteriologiche. Nelle versioni revisioniste scompaiono le notizie delle «prigioniere sessuali», decine di migliaia di donne asiatiche ridotte in schiavitù per soddisfare i bisogni dei soldati; oppure vengono edulcorate con una giustificazione igienica (i bordelli gestiti dalle autorità militari erano più efficaci per la protezione dalle malattie, e tutto sommato più civili, rispetto agli stupri di massa).

All'uscita del museo, passo a fianco a tre vecchi sulla sedia a rotelle, immobili davanti a un podio dove sono esibiti cannoni e mitragliatori della seconda guerra mondiale. I tre anziani non tradiscono nessuna emozione, stanno lì, con lo sguardo perso nel vuoto, in silenzio, come inebetiti. Sembrano l'immagine del loro Giappone, inchiodato davanti a un passato senza ragione.

A tre ore di volo da Tokyo, nella capitale cinese il museo di storia militare sul vialone Fuxing Lu è la più spettacolare introduzione all'«altra versione» del Novecento asiatico. A Pechino è una visita obbligata per capire come il Partito comunista ha plasmato, in mezzo secolo, l'identità di 1,3 miliardi di cinesi, con il nazionalismo come collante ideologico – ormai l'unico – di una società in preda a un frenetico cambiamento. Le colonne di pullman delle scuole medie sul piazzale, insieme con i gruppi di giovani soldati in viaggio-premio, confermano che l'aria «retrò» non deve ingannare: il museo è tuttora frequentatissimo, una tappa nel curriculum scolastico e nell'educazione del buon patriota. L'edificio è imponente e massiccio, stile Urss anni Cinquanta. Da lontano si distingue la gigantesca stella rossa sul tetto, e un'immensa statua che rappresenta un gruppo di soldati, operai e contadini in posa marziale. Nell'atrio d'ingresso, che da solo potrebbe contenere una stazione ferroviaria, c'è un grandioso Mao di marmo. Un'altra scultura ciclopica rappresenta una mano in granito che impugna un fucile, su sfondo di bandiera rossa. Tutto dentro è sovrumano, ha dimensioni eccessive: saloni più grandi che a Versailles, soffitti da hangar per Boeing, quadri e bassorilievi per cui non basterebbero le pareti del Louvre, quasi a rappresentare fisicamente una visione eroica e titanica della storia. Le spiegazioni, anche quelle tradotte in inglese a uso del turista straniero, sono fiumi straripanti di retorica. La pomposità fa sorridere solo il visitatore occidentale, mentre per i cinesi è normale: è lo stesso linguaggio con cui parlano di storia i loro manuali scolastici, la stampa e la televisione.

Un salone illustra la tragedia del 1894: «Vile e premeditata aggressione dei militaristi giapponesi. I patriottici soldati e civili cinesi s'impegnarono a resistere fino alla morte» (fu, in realtà, una tremenda sconfitta che precipitò il declino della Cina). Intere sale sono dedicate al mito fondatore della legittimità maoista, la Lunga Marcia: la disperata impresa dei 100.000 partigiani che Mao guidò dal 1934 al 1935 per le montagne verso lo Shaanxi, dove arrivarono solo 8000 sopravvissuti agli stenti e ai combattimenti. Qui viene rappresentata con un Mao alto, slanciato e bellissimo, dal sorriso angelico e sempre circondato da giovani e donne in armi; viene spiegata come una offensiva dei comunisti verso il Nord, contro le truppe giapponesi d'occupazione, mentre, di fatto, fu una fuga sotto la pressione incalzante dell'esercito nazionalista del Kuomintang (e Mao vi giocò un ruolo secondario, per non dire ambiguo, come rivelano le sue biografie più recenti).

L'intero secondo piano è intitolato *La Guerra di Resistenza contro il Giappone*, con un salone su cui campeggia la scritta SELVAGGI ATTI DI AGGRESSIONE DELLE TRUPPE GIAPPONESI IN CINA. Il massacro di Nanchino è documentato da cumuli di ossa, foto di corpi nudi maciullati, di bambini mutilati. Il lieto fine arriva nel salone dedicato alla VITTORIA FINALE DELLA GUERRA DI RESISTENZA CONTRO IL GIAPPONE, dove si spiega che nel giugno 1945 il Partito comunista chiamò il popolo a sollevarsi per cacciare le truppe di occupazione. Gigantografie del territorio nazionale, illustrate con selve di frecce rosse e blu, indicano l'avanzata implacabile dell'Esercito popolare di liberazione e la ritirata dell'invasore. Qui il misterioso collasso della formidabile macchina da guerra giapponese non trova altre spiegazioni, è un miracolo compiuto dal popolo in armi sotto la guida salvifica di Mao. Alle scolaresche in visita non è svelato che furono gli Stati Uniti a sconfiggere il Giappone, liberando così la Cina oltre alla Corea, all'Indocina e alle Filippine.

Alle accuse cinesi contro il negazionismo dei nuovi manuali di storia *made in Japan*, i giapponesi reagiscono rinfacciando la malafede di Pechino. Il regime comunista chiede prove di un «pentimento sincero» da Tokyo e tace ai suoi cittadini di aver incassato, nei decenni successivi al ristabilimento delle relazioni diplomatiche, ben 3300 miliardi di yen di aiuti giapponesi. La visita del museo gemello di Pechino serve a misurare la distanza incolmabile, la diffidenza assoluta, l'assenza di un minimo linguaggio in comune. I cinesi accusano i giapponesi di minimizzare le sofferenze che inflissero agli altri popoli dell'Asia, però in nessun angolo del museo militare di Pechino c'è traccia dell'aggressione che l'Esercito popolare scatenò contro i «compagni» del Vietnam nel 1979, facendo migliaia di vittime tra soldati e civili, per punire Hanoi di avere estromesso dalla Cambogia il sanguinario regime filocinese di Pol Pot. L'invasione del Tibet (1950) e l'attacco contro l'India (1962) scompaiono nell'amnesia, per non contraddire la retorica sulla «pacifica ascesa» della Cina. Di menzogna in omissione, il più vasto «buco nero» nella storia ufficiale della Cina sono i bilanci delle vittime del maoismo (da 40 a 70 milioni, secondo le stime): tra i gulag e le carestie di massa provocate dalla disastrosa politica del Grande Balzo in Avanti (1958-59), poi le persecuzioni della Rivoluzione culturale (1965-75), l'ecatombe supera le vittime dell'occupazione giapponese. Non ve n'è traccia nei libri di testo, nei discorsi pubblici o nei musei.

Una parziale eccezione riguarda la Rivoluzione culturale. A trent'anni dalla sua fine, nel 2005 un piccolo funzionario di provincia ha creato nella cittadina di Shantou un memoriale per le vittime, dove i visitatori possono scoprire le foto dei processi sommari, delle persecuzioni e delle torture operate dalle Guardie rosse istigate da Mao. Ma i visitatori, purtroppo, a Shantou non ci sono. Quel museo creato con modesti fondi privati è nascosto sulle colline del Guangdong come un tempio buddista dimenticato dai fedeli. Anche il fondatore si nega ai giornalisti, quasi si fosse già pentito del suo coraggio. Le petizioni degli intellettuali perché un simile museo venga creato a Pechino sono ignorate dal governo.

Perfino quando ormai esistevano la Cnn e i satelliti, la leadership cinese è riuscita a coprire con il segreto di Stato il bilancio della repressione militare contro gli studenti nel 1989. Un medico dell'esercito ha rivolto inutilmente una lettera aperta ai capi del partito perché pubblichino l'elenco dei morti (centinaia o migliaia?) di piazza Tienanmen. Eppure, le famiglie di quegli studenti sanno. Anche i figli o i nipoti delle vittime degli anni Cinquanta e Sessanta, nel loro intimo hanno custodito qualche spezzone di ricordo. La memoria negata è un male che il progresso economico della Cina di oggi non basta a curare.

Il rapporto con il Giappone è tormentato dalle ambiguità. Un'altra pagina di storia avvolta nella reticenza è quella sul collaborazionismo cinese. Non ci fu solo il «tradimento del fascista» Chiang Kai-shek, che poi venne sconfitto dai comunisti e si rifugiò a Taiwan nel 1949. In realtà, ancor più dei francesi con Pétain a Vichy, una parte importante della élite cinese era così disgustata dalla caotica decadenza del proprio paese che simpatizzò per il Giappone, moderno, efficiente e disciplinato. Lo stesso Mao, negli anni della resistenza, fu al centro di oscure trame con le forze di occupazione. L'attrazione dei comunisti verso il vicino avversario asiatico durò a lungo. Ancora alla fine degli anni Settanta, quando Deng Xiaoping avviò la Cina verso il capitalismo, il modello da emulare era il Giappone, l'unica nazione asiatica ad aver raggiunto e superato la ricchezza occidentale. Oggi i rapporti si sono invertiti: il Giappone, ridimensionato da quindici anni di declino economico, assiste con timore all'irresistibile rafforzamento della Cina. Il rapporto tra le due potenze dell'Estremo Oriente sembra maledetto: è come se l'una dovesse salire a scapito dell'altra. È un rapporto che non potrà essere normale finché i popoli dell'Asia non avranno ritrovato tutta la loro memoria, e saranno capaci di leggere finalmente gli stessi libri di storia.

XV
Nuova destra e postmoderni

La rivincita del poeta samurai

Nel 1970 lo scrittore Yukio Mishima aveva 45 anni; la mattina del 25 novembre, nella caserma Ichigaya, impugnò una preziosa spada da samurai del XVII secolo, se l'affondò nello stomaco e si sventrò secondo il rito del *seppuku* che aveva descritto minuziosamente nel magistrale racconto *Yukoku* (Patriottismo): «Il dolore si diffondeva lentamente dalle budella finché tutto lo stomaco vibrava, era come lo sbatacchiare furioso di una campana...». Dentro la caserma Ichigaya di Tokyo i capi delle forze armate sconfitte nella seconda guerra mondiale erano stati giudicati da un tribunale internazionale nel 1945. Quella mattina di novembre Mishima l'aveva espugnata a sorpresa guidando un blitz della sua milizia personale Tatenokai (la Società dello Scudo), aveva preso in ostaggio il generale Kanetoshi Mashita, aveva arringato i soldati, sperando di trascinarli con sé. Di fronte ai fischi ostili della truppa, il massimo romanziere giapponese del dopoguerra, più volte candidato al Nobel della letteratura, fece harakiri.

All'alba degli anni Settanta il Giappone stava dimenticando le ferite dell'amor proprio nazionale grazie agli exploit formidabili della sua grande industria. Perciò i concittadini di Mishima seguirono la telecronaca del fallito golpe come un tragico raptus, la fine assurda di un artista, che per la sua deriva di estrema destra era stato già emarginato da anni dalla classe dirigente e dai mass media. La coreografia macabra del suicidio impressionò il mondo intero. Fuori dal Giappone, però, pochi sanno qual era la rivendicazione di Mishima. Voleva che la Costituzione pacifista imposta dagli Stati Uniti venisse cambiata per autorizzare il Giappone ad avere un esercito, di nome e di fatto. Trentacinque anni dopo la sua morte, quel sogno è stato esaudito. La riforma costituzionale, avviata dal governo liberaldemocratico nel novembre 2005, contiene esattamente ciò che chiedeva il «folle» Mishima. In patria quella rivincita postuma non è passata inosservata. Lo scrittore gode di un revival di popolarità, gli si dedicano esposizioni e convegni, è uscita in Dvd la versione cinematografica che lui stesso realizzò della novella *Patriottismo* ritraendo morbosamente il proprio harakiri. Della riforma che lui invocava si era cominciato a parlare, in realtà, fin dal lontano 1955, visto il carattere anomalo di una Costituzione redatta dai giuristi americani agli ordini del generale MacArthur. Ma scriverne una nuova, affrontando il tabù dell'articolo 9 – quello sulla difesa –, era stato impossibile per i sentimenti antimilitaristi degli elettori. Oggi non è più così. Il testo varato dal governo di Junichiro Koizumi ha raccolto un'approvazione ampia: il 61 per cento, secondo un sondaggio del giornale «Yomiuri Shimbun». Nelle risposte al sondaggio i cittadini spiegano che «l'attuale Costituzione è fuori dalla realtà», e che occorre «introdurvi nuovi valori».

Non è un'atmosfera militarista quella che si respira nel Giappone di questi tempi. Neanche tesa o angosciata. Al contrario, la seconda potenza economica mondiale festeggia l'arrivo di una ripresa economica che si era fatta attendere per quindici anni. La folla elegante che si accalca davanti alle opulente vetrine di Ginza non teme confronti con il pubblico della Quinta Strada di Manhattan. Nelle discoteche di Roppongi Hills, o sulla nuova Carnaby Street che è Harajuku, si esibiscono adolescenti ironici e scanzonati, allergici alla politica. Nei templi shintoisti immersi nel verde dei parchi, le domeniche sono l'occasione per celebrare matrimoni in costume tradizionale, con i finissimi kimono e le sublimi acconciature delle spose. Un giornale pubblica a puntate storielle a fumetti edificanti sulla «civiltà di Edo», cioè le regole di galateo del popolo più cortese del pianeta: mezza pagina di disegni serve a illustrare il gesto con cui bisogna inclinare l'ombrello di lato, in una giornata piovosa, per non sgocciolare inavvertitamente i passanti che si incrociano sui marciapiedi. L'aria tersa di Tokyo, per chi viene dagli smog cinesi o indiani, ispira un'irresistibile ammirazione verso il paese che ha lanciato l'auto ibrida e numerose altre tecnologie ecologiche.

In mezzo a tanto benessere, a tanta pulizia e civiltà e buone intenzioni, la riscoperta del poeta maledetto Yukio Mishima non è però un evento isolato o una stonatura. Si moltiplicano vicende che hanno lo stesso segno. In vetta alla classifica dei best seller sono balzati due fumetti virulenti e razzisti contro la Cina e la Corea. Il primo, intitolato *Introduzione alla Cina*, dipinge un popolo di depravati dediti a vizi ancestrali di cannibalismo e prostituzione («il 10 per cento del Pil cinese viene dal commercio del sesso» sostengono gli autori senza specificare l'origine di questa statistica). Lo sceneggiatore del fumetto, Ko Bunyu, sostiene che lo stupro di Nanchino del 1937 è una montatura dei cinesi e difende anche la famigerata Unità 731, il reparto dell'esercito che, durante l'occupazione della Manciuria, condusse esperimenti con armi chimiche e batteriologiche. Alla sua uscita ha venduto 180.000 copie; dopo le manifestazioni antigiapponesi di Pechino e Shanghai nell'aprile 2005, le vendite del fumetto sono balzate a un milione. Il suo gemello s'intitola *Abbasso la moda coreana*. Se la prende con la popolarità di alcune pop-star e serie televisive sudcoreane tra le massaie giapponesi. Rivanga vecchi rancori, che covano dai Mondiali di calcio del 2002, quando la Nazionale di Seul fu accusata di aver superato i nipponici barando. Liquida tutta la Corea come un paese sottosviluppato, senza cultura, salvato solo dalla colonizzazione giapponese. Insieme con il boom delle vendite, colpisce il fatto che questi fumetti non suscitano condanne autorevoli, né un esame di coscienza nazionale che cerchi di spiegare il successo di messaggi così rozzi.

Nessuno si scandalizza, neanche se una nuova star dei mass media è Yuko Tojo, la sessantaseienne nipote del generale Hideki Tojo, primo ministro e comandante supremo del Sol Levante all'epoca di Pearl Harbor, condannato a morte e impiccato dagli statunitensi nel 1945. La famiglia Tojo non è mai veramente scomparsa di scena, i suoi rampolli sono tuttora ben rappresentati ai vertici dell'establishment nipponico, li si ritrova nel management della Mitsubishi e nelle forze armate. La signora Hideki, austera e impettita come un'anziana istitutrice, è corteggiata da Tv e giornali per le interviste esplosive in cui afferma che l'espansionismo del Giappone negli anni Trenta fu «una guerra di liberazione dell'Asia», che il paese oggi ha bisogno di un esercito forte e di una politica estera muscolosa.

Per i paesi vicini, da Pechino a Seul, questi segnali sono altrettanti oltraggi che suscitano indignazione, come le visite al tempio Yasukuni e i manuali di storia revisionisti. Sessant'anni dopo la fine del conflitto, in Estremo Oriente si assiste a questo paradosso che non ha eguali in Europa: per generazioni di figli, nipoti e bisnipoti, il «senso» della seconda guerra mondiale rimane oggi altrettanto controverso che per chi l'ha vissuta.

Hisahiko Okazaki, per anni il capo dell'intelligence giapponese, considera i dibattiti sulla storia come un falso problema. Secondo lui, la spiegazione di quel che sta accadendo è molto più ravvicinata e concreta. La svolta della classe dirigente di Tokyo ha una spiegazione sola, e si chiama Cina. «Da quindici anni» dice «la spesa militare cinese cresce regolarmente del 10 per cento all'anno o anche di più. È un ritmo di riarmo straordinario, ricorda l'escalation militare sovietica nel periodo peggiore della guerra fredda. Con una differenza fondamentale rispetto ad allora: la Cina ha un'economia molto più robusta della Russia, quindi, al contrario di Mosca, non rischia il collasso per eccesso di spese militari. Mentre gli Stati Uniti sono assorbiti dal problema iracheno, i cinesi stanno costruendo una forza che prima o poi andrà affrontata.»

È esattamente questo lo scenario a cui ha iniziato a prepararsi Tokyo con la nuova Costituzione che apre la strada al riarmo: prepara un'integrazione stretta tra le sue forze armate e quelle statunitensi, rafforza gli investimenti nelle tecnologie belliche e satellitari, s'impegna a combattere a fianco degli Stati Uniti per difendere Taiwan da un'invasione cinese.

La svolta storica è avvenuta il 22 novembre 2005. Quel giorno la Costituzione pacifista dettata da MacArthur dopo la resa incondizionata dell'imperatore Hirohito è diventata una reliquia della storia. Celebrando in un hotel di Tokyo mezzo secolo di vita del suo Partito liberaldemocratico, che governa il paese quasi ininterrottamente dal 1955, il premier ha presentato l'attesa e controversa riforma. «Dobbiamo raccogliere le sfide» ha detto Koizumi «e saper reagire ai conflitti che possono sorgere sulla scena internazionale nei prossimi cinquant'anni.» Con la vecchia Costituzione, il Giappone rinunciava ad avere delle forze armate predisposte per combattere e si vietava ogni coinvolgimento militare in conflitti internazionali. Dalla fine della seconda guerra mondiale, Tokyo ha avuto solo una Forza di autodifesa. Anche la sua partecipazione a operazioni *peace-keeping* è avvenuta esclusivamente con truppe non combattenti (è il caso di 500 giapponesi inviati a partecipare alla ricostruzione dell'Iraq). La nuova Carta fondamentale abolisce quelle limitazioni. Viene cancellato l'articolo 9 che recitava: «Non saranno mai in funzione forze armate terrestri, navali o aeree, o qualsiasi altro potenziale bellico». La riforma riabilita il termine di «forze militari» e le autorizza a intervenire in «operazioni di sicurezza internazionali».

La nuova atmosfera nazionalista che regna a Tokyo è stata sottolineata dal tono del discorso di Yoshiro Mori, l'ex primo ministro a cui Koizumi aveva affidato la responsabilità della riforma costituzionale. «La vecchia Carta» ha dichiarato Mori di fronte all'assemblea di partito «fu scritta in nove giorni dalle forze di occupazione, non possiamo certo dire che fu opera del popolo giapponese. Finalmente è giunto il momento in cui siamo noi a darci la nostra Costituzione.» Anche se il discorso di Yoshiro Mori conteneva accenti di «rivincita» rispetto all'umiliazione subita per i diktat statunitensi del dopoguerra, oggi Washington sostiene con vigore il nuovo corso giapponese. Si può dire anzi che le condizioni della svolta sono maturate sull'altra sponda del Pacifico. In una fase in cui il Pentagono ridefinisce le sue priorità individuando nell'ascesa cinese la nuova minaccia del XXI secolo, Tokyo ha assunto un ruolo vieppiù cruciale nelle strategie americane. Il riarmo nipponico è decisivo per gli Stati Uniti che cercano di contenere la Cina circondandola con un cordone di fedeli alleati americani.

Il Partito liberaldemocratico a Tokyo sposa in pieno la visione di Washington sul pericolo cinese. Il responsabile giapponese della Difesa, Fukushiro Nukaga, dipinge un quadro allarmato del rafforzamento di Pechino. «Siamo gravemente preoccupati» ha detto Nukaga «per la rapida crescita della spesa cinese negli armamenti.» Ricorda che navi militari di Pechino si sono avvicinate ripetutamente alle acque territoriali, contese fra i due Stati, nel Mar della Cina orientale. Quelle acque hanno un valore elevato a causa dei giacimenti petroliferi sottomarini, che ambedue i paesi vogliono sfruttare. Aggiunge che i caccia militari del Giappone sono costretti a intercettare spesso gli apparecchi cinesi che sconfinano sullo spazio aereo nipponico. Denuncia la «mancanza di trasparenza» del budget militare di Pechino, che starebbe crescendo più di quanto si sappia, sostenuto dal boom dell'economia.

A Washington non si esclude più neppure di dare un segreto via libera al Giappone perché si costruisca la sua bomba nucleare. L'unico ostacolo vero è l'opinione pubblica nipponica, all'interno della quale le correnti pacifiste restano importanti. C'è anche un filone di antiamericanismo, legato all'impopolare presenza di basi militari statunitensi come quella di Okinawa. Un vecchio saggio dello stesso Partito liberaldemocratico, l'ex premier Yasuhiro Nakasone, ammonisce il suo erede Koizumi a non isolare il Giappone: «Il risultato delle nostre scelte attuali è che la diplomazia cinese sta dilagando in tutta l'Asia». Ma, a 87 anni, Nakasone dentro il partito di governo è un superstite del passato, nostalgico del linguaggio paludato di un ceto politico in via di estinzione, di un'era in cui il suo paese si accontentava di essere un gigante economico e un nano politico, e grazie a quel profilo basso poteva arricchirsi all'ombra delle portaerei statunitensi ormeggiate a Okinawa.

Riscossa industriale e paure

Il nazionalismo si addice a un paese giovane e irrequieto, fresco di emancipazione, in cerca d'identità. Oppure è una malattia generata dall'insicurezza, un'ideologia che tenta di fugare complessi d'inferiorità. O, infine, è la manovra diversiva di un regime autoritario che vuole distogliere l'attenzione dai suoi insuccessi. Il Giappone non rientra in nessuna di queste descrizioni. È un paese in rapido invecchiamento demografico. Anche se non ha quasi mai conosciuto l'alternanza di governo, è a tutti gli effetti una democrazia libera e pluralista, uno Stato di diritto con una magistratura e una stampa indipendenti. Infine, Tokyo dovrebbe avere superato i complessi d'inferiorità antichi e recenti. Mentre la General Motors e la Ford licenziano 70.000 dipendenti, la Toyota marcia trionfalmente verso la conquista del primato mondiale nell'automobile. È un sorpasso rivelatore, perché dietro la Toyota è l'economia giapponese che ha ritrovato forza.

È una rinascita che i mercati finanziari internazionali hanno festeggiato. La Borsa di Tokyo – la seconda piazza mondiale dopo Wall Street – nel 2005 ha guadagnato il 30 per cento. Una performance così brillante è più consona ai mercati emergenti che a una potenza industriale matura. Il rialzo nasce dalla fiducia del resto del mondo. «Sono gli stranieri che stanno comprando titoli giapponesi» dice Shoji Hirakawa, che dirige le strategie di investimento della Union des Banques Suisses a Tokyo: il boom della Borsa è dovuto al generoso afflusso di capitali esteri. Si stenta quasi a crederlo. Il Giappone era diventato il grande malato dell'economia mondiale. Dopo quindici anni deprimenti, in cui alternava stagnazioni, recessioni vere e proprie, miniriprese regolarmente abortite, lo avevamo cancellato dagli schermi radar della nostra attenzione. Peggio dell'Europa, il Giappone sembrava ormai una storia del passato, tanto più per la sua collocazione geografica che rende inevitabile il confronto con il dinamismo della nuova coppia di locomotive asiatiche della crescita mondiale, Cindia. Questa volta, però, Tokyo non sembra ingannare le impressioni con un'altra falsa partenza. Il suo Pil è tornato a crescere e soprattutto, per la prima volta dal 1991, è una ripresa sana, cioè sospinta dai consumi e dagli investimenti interni, non drogata da iniezioni di spesa pubblica. I prezzi hanno smesso di scendere, e questo è forse l'unico paese al mondo dove l'inflazione è attesa come una manna dal cielo, visto che ha conosciuto il male oscuro della deflazione (i prezzi in discesa e, insieme, il ristagno dei consumi).

Jesper Koll, *chief economist* della Merrill Lynch a Tokyo, è convinto che il Giappone sia a una svolta perché ha finito di pagare il suo pedaggio alla globalizzazione: «Ormai il 45 per cento di tutta la capacità di produzione globale dell'industria esportatrice giapponese è situato fuori dai confini del paese, contro il 20 per cento di dieci anni fa». È un riassunto della cura dimagrante subita da tante imprese e dalla loro manodopera. All'inizio degli anni Novanta, sosteneva l'economista Kenichi Ohmae, l'immagine che noi avevamo del Giappone era plasmata dal 10 per cento della sua industria che era ai vertici dell'efficienza mondiale (le multinazionali dell'automobile, elettronica, ottica di precisione), ma quelle punte di eccellenza dovevano mantenere il rimanente 90 per cento dell'economia, una zavorra di imprese inefficienti, protette e poco competitive.

Per ritornare a crescere, l'industria giapponese ha dovuto sfruttare fino in fondo le opportunità di delocalizzazione nei vicini paesi a basso costo di manodopera: prima la Corea del Sud e Taiwan, poi la Cina, adesso l'India. In questa migrazione di fabbriche del *made in Japan* verso l'Asia continentale, tanti giapponesi hanno visto crollare il mito del posto di lavoro fisso a vita. Il numero di persone costrette a vivere di assistenza pubblica è aumentato del 35 per cento negli ultimi cinque anni. È nato anche qui il fenomeno dei nuovi poveri, ex operai o piccoloborghesi. La distanza tra le classi si allarga, in un paese che in passato era stato «la Svezia dell'Estremo Oriente» per la sua omogeneità sociale. La trasformazione è stata lunga e dolorosa, ma ora che il Giappone si è agganciato al boom di Cindia, la sua competitività è migliorata. Al punto che, per la prima volta da più di quindici anni, le sue grandi aziende ricominciano a costruire delle fabbriche anche in casa propria, non più solo a Shanghai o Bangalore.

Koll è convinto che perfino l'invecchiamento demografico a breve termine avrà più vantaggi che costi: i *baby-boomers* che vanno in pensione potranno finalmente godersi la vita, andare in vacanza e consumare (questo paese ha una quantità di risparmi troppo elevata), mentre il limitato afflusso di giovani sul mercato del lavoro farà scendere la disoccupazione.

Così tante buone notizie, tutte assieme, non arrivavano da tempo. Perché allora il Giappone in pieno rilancio sprigiona dalle sue viscere gli umori malsani del revisionismo storico, del razzismo, aizzando l'ostilità dei suoi vicini? Un paese così ricco e di nuovo in crescita ha bisogno di esprimere la propria identità «contro» gli altri?

Nessuno discute apertamente questi interrogativi, ma i giapponesi intuiscono che una ripresa economica non basta a curare le ragioni profonde della loro insicurezza. L'ottimismo demografico si può facilmente rovesciare nel suo opposto. Per la prima volta nella storia la mortalità ha superato la natalità e il Giappone comincia a spopolarsi. Entro il 2024 un terzo della sua popolazione avrà più di 65 anni, una percentuale record perfino tra i paesi sviluppati. Tendenze analoghe suscitano preoccupazioni anche in Italia o in Germania. Ma esse acquistano un peso particolare se accadono in un paese che ha di fronte la Cina: la nazione più popolosa del pianeta, con 1,3 miliardi di abitanti, ancora in crescita. Una Cina dove, per completare il quadro, la politica demografica del «figlio unico», insieme con la predilezione dei contadini per i figli maschi, ha provocato un deficit di donne. Con la conseguenza che, alla fine del prossimo decennio, la Cina avrà fra i 30 e i 40 milioni di maschi condannati al celibato. E molti esperti di storia della demografia sostengono che, nel passato, le società con un eccesso di maschi hanno sempre generato turbolenze interne o esterne, rivolte o guerre. Quando nell'aprile 2005 i giapponesi hanno visto sui propri schermi Tv le immagini di migliaia di giovani cinesi scesi in piazza a Shanghai e Pechino per manifestare contro Koizumi, quelle teorie hanno assunto una concretezza inquietante. Da parte sua, il Giappone è meno preparato di altri paesi a curare il deficit demografico importando manodopera. Nonostante un incremento negli ultimi anni, il numero degli immigrati resta uno dei più bassi del mondo: appena l'1,5 per cento della popolazione. La politica dell'immigrazione è uno dei grandi tabù del paese. L'omogeneità etnica non aiuta a reagire contro la diffusione di veleni razzisti, come dimostra il caso dei fumetti best seller che denigrano cinesi e coreani.

È una chiusura che si scopre anche su altri terreni e tradisce altre insicurezze inconfessabili. Il Giappone resta una fortezza protezionista, circondato da barriere invisibili. Per le aziende europee o americane è molto più difficile investire qui che in Cina (una constatazione sconcertante, tenuto conto che il Giappone è un paese capitalista e alleato dell'Occidente da oltre mezzo secolo). Lo European Business Council ha pubblicato un rapporto molto severo. Nell'era della globalizzazione, Tokyo fa «un passo avanti e due indietro»: dalle banche alle telecomunicazioni, dai supermercati alle linee aeree, il Giappone rimane un terreno di caccia riservato in gran parte all'establishment capitalistico nazionale. Concorrenza e liberalizzazione procedono a una lentezza esasperante. È l'unico paese dove non funzionano i telefonini Gsm europei o americani, dove prelevare contanti con una carta di credito Visa straniera è un'impresa ardua, dove le catene di supermercati stranieri sono boicottate, e dove stenta a decollare il fenomeno universale delle linee aeree low cost. Il riso è carissimo: un dazio del 490 per cento sul riso straniero costringe a comprare quello locale per proteggere i piccoli agricoltori, che sono un serbatoio di voti per il Partito liberaldemocratico al governo da mezzo secolo.

Anche nell'economia, il passato del Giappone è sempre in agguato, pronto a divorare il suo futuro. La parabola di Koizumi nel 2005-06 è esemplare. Ha stravinto le elezioni presentandosi come l'uomo del cambiamento, della modernizzazione, delle privatizzazioni, della deregulation. Contro i notabili del suo partito e contro il capitalismo oligopolistico ha tentato di lanciare nell'arena politica dei volti nuovi. Tra i suoi candidati alle elezioni spiccava un imprenditore giovane, spregiudicato e controcorrente: Takafumi Horie, trentatreenne, fondatore del più grande portale Internet giapponese, Livedoor.

Takafumi Horie è l'esatto contrario dello stereotipo del manager giapponese. Va alle conferenze stampa in maglietta anziché in doppiopetto grigio, ha uno stile di vita da teenager californiano. È, insomma, l'equivalente dei fondatori di Google e quanto di più lontano si possa immaginare rispetto al grigiore conformista dei businessmen del suo paese. Dalla fondazione, nel 1997, in pochi anni ha trasformato Livedoor in un colosso online. In più, ha profanato un tabù del capitalismo giapponese lanciando delle Opa ostili sulla rete televisiva Fuji e su una squadra di baseball. Un tentativo di crescere con metodi americani, sfidando le regole dell'establishment nazionale che, invece, è noto per i suoi accordi sottobanco, per le collusioni mafiose, per le solidarietà di gruppo.

Ambedue le scalate sono fallite, ma l'audacia di Horie lo ha fatto paragonare ai protagonisti dell'era Meiji nell'Ottocento, i giovani leader che lanciarono il Giappone verso la sua prima modernizzazione industriale. Le scalate ostili di Livedoor sono state osannate da molti osservatori come un tentativo benefico di scuotere un sistema immobile e sclerotizzato, di introdurre elementi di mercato in un paese ancora dominato da una cultura dirigista e protezionista.

Takafumi Horie, però, malgrado l'appoggio di Koizumi, non ce l'ha fatta a essere eletto in Parlamento. Alle legislative dell'11 settembre 2005 lo ha battuto un vecchio arnese della nomenklatura liberaldemocratica. Peggio: nel gennaio 2006 tutto il glamour del giovane imprenditore si è polverizzato quando la polizia si è presentata a casa sua con un mandato di cattura per falso in bilancio. C'è chi dice che la caduta del mito è stata accelerata – oltre che dai suoi errori – anche dalla volontà di vendetta dei poteri forti. Il crac di Livedoor ha contagiato anche Koizumi, che ha subìto uno scivolone nella sua popolarità. Non solo i vertici del capitalismo antico, ma anche una parte della società giapponese non ha digerito il flirt tra il primo ministro e la cultura capitalistica californiana di Livedoor: sinonimo di arricchimento facile e anche di rischio, instabilità, diseguaglianze sociali. La breve parabola di Livedoor, dal trionfo al tribunale, è il simbolo di un Giappone dove le distanze tra generazioni si allargano a dismisura, e il XXI secolo non è arrivato per tutti.

Alle 24.45, quando partono gli ultimi treni che portano a casa i forzati dello stacanovismo aziendale, l'ente delle Ferrovie di Stato stima che il 60 per cento dei passeggeri siano storditi dall'alcol. Quando la Glaxo ha lanciato sul mercato il suo farmaco antidepressivo, il Paxil, le vendite hanno raggiunto in soli tre anni lo stesso livello degli Stati Uniti, e le «linee verdi» delle case farmaceutiche sulla depressione sono costantemente intasate. La rinascita del gigante economico giapponese è una novità di rilievo, ma non abbastanza per placare le sue ansie più profonde.

La geisha della discordia

È tornata la geisha, il più misterioso modello di femminilità venuto dall'Estremo Oriente. Era già accaduto, un secolo fa. Prima che nascesse Hollywood, molto prima di Greta Garbo e Marilyn Monroe, in un'epoca senza Tv né star system, una geisha giapponese seppe ammaliare una generazione di europei e americani. Per capi di Stato e intellettuali, geni della pittura e della musica, scrittori e gente del popolo, divenne un oggetto del desiderio e un sogno erotico che sfidava antichi tabù. Il suo fascino ha segnato l'immaginazione dell'uomo bianco. Madame Sadayakko, la geisha che stregò l'Occidente, aveva 27 anni nel 1898 e alle spalle un «privilegio» scabroso (il primo ministro nipponico Ito Hirobumi conquistò l'onore di sverginarla al suo debutto nell'arte) quando lasciò il Giappone per una tournée sensazionale. A Washington fu ricevuta dal presidente McKinley, a Londra dal principe Edoardo; miliardari di Boston e San Francisco pagavano qualsiasi prezzo per una serata con lei. Vollero conoscerla Isadora Duncan, Claude Debussy, Gustav Klimt, Auguste Rodin e André Gide. Giacomo Puccini ne fu influenzato per la *Madama Butterfly*, Picasso la disegnò dopo averla vista all'Expo universale di Parigi. Neanche le donne occidentali si sottraevano alla sua influenza, nacque la moda dei «kimono Sadayakko», riconoscibili in certi ritratti di dame dell'alta società nel primo Novecento.

Mentre ancora il fruscio delicato delle sete preziose di Madame Sadayakko eccitava i salotti europei, il magnate americano George Morgan (nipote del banchiere J.P. Morgan), all'età di 31 anni, partì per Kyoto a vedere la *Danza delle Ciliegie* e al teatro s'innamorò perdutamente della geisha Oyuki, 21 anni. La corte fu lunga e difficile, la piccola Oyuki era un pezzo di ghiaccio di fronte al rampollo della più grande dinastia finanziaria di Wall Street. Secondo la versione cinica della storia – raccontata da Sheridan Prasso in *The Asian Mystique: Dragon Ladies, Geisha Girls and Our Fantasies of the Exotic Orient* – la geisha di Kyoto negoziò per mesi un contratto matrimoniale coi fiocchi, costringendo Morgan a umilianti andirivieni con New York per raccogliere fondi (la storia ispirò una commedia di Broadway, *Il sogno di una notte per*

40.000 yen). I due convolarono a nozze nel 1904, lo stesso anno della prima di *Madama Butterfly* alla Scala.

Un secolo dopo è stato Steven Spielberg a rivisitare il mito venuto dal Sol Levante, lanciando nel 2005 la prima superproduzione nella storia di Hollywood a essere interpretata esclusivamente da star asiatiche, dirette dal regista del musical *Chicago*, Rob Marshall. È la trasposizione cinematografica delle *Memorie di una geisha* di Arthur Golden, caso letterario del 1997: l'autore raccolse le confessioni di una vera geisha, Mineko Iwasaki, e cucendole con altre storie vere, confezionò una love story che divenne un best seller mondiale. Il cinema americano se n'è impadronito rilanciando questa figura femminile inafferrabile: leggendaria e idealizzata, maschera di un erotismo esotico eppure in larga parte sublimato, schiava votata a soddisfare i desideri maschili, ma anche algida e irraggiungibile nel suo cerimoniale di gesti rituali e stilizzati. L'universo della geisha è così astralmente lontano da noi – dai seni siliconati di Pamela Anderson, dai glutei onnipresenti di Paris Hilton, dalle gravidanze mediatiche di Britney Spears e da tutto il sesso pubblico e pacchiano della reality Tv – che il segreto del suo fascino diventa ancora più arcano.

L'origine storica della vera geisha si perde nella notte dei tempi: le sue antenate erano le Saburuko del VII secolo dopo Cristo, le prime cortigiane specializzate nell'intrattenimento della nobiltà. Un millennio più tardi, l'attività si diffonde e acquista prestigio reclutando molte figlie di samurai, che nel Seicento si insediano nei quartieri Yoshiwara e Shimabara della capitale imperiale Kyoto, accanto ad artisti e intellettuali. La rispettabilità del mestiere viene sancita con l'introduzione del *kenban*, una sorta di albo professionale con requisiti severi per l'ammissione: regole precise sull'abbigliamento, le movenze, il costume di vita. *Gei* significa «arte» e *sha*, «persona»: le geishe sono davvero maestre di tante arti. Seguono un apprendistato rigoroso per padroneggiare la danza antica, il canto, gli strumenti musicali, la composizione floreale, la cerimonia del tè, la conversazione colta, la calligrafia, il galateo del servire bevande alcoliche, la cultura del kimono.

La geisha è una creatura straordinariamente disciplinata, costruita e artefatta, proiettata verso un ideale di perfezione femminile quasi inquietante, indecifrabile dentro i canoni della nostra cultura. Una geisha esperta è capace di calembour provocanti, giochi di parole licenziosi che liberano il maschio dalle sue inibizioni senza mai scivolare nella volgarità. Cortigiana e cerebrale, custode orgogliosa di tradizioni che vanno al cuore della civiltà giapponese, la geisha deve al suo talento erotico solo una parte dell'ascendente che ha sull'uomo. Perciò, in certe cene di rappresentanza dell'establishment nipponico, ancora oggi è buona usanza ingaggiare una geisha di lusso per animare la serata (tutta maschile, ovviamente), ma le più stimate sono signore in età avanzata, che ispirano soggezione, e neanche un cliente in preda ai fumi del sakè oserebbe importunarle con avances sessuali.

L'incomprensione degli occidentali verso la complessa figura della geisha fu peggiorata dagli avvenimenti dell'immediato dopoguerra. La massiccia e prolungata presenza di militari statunitensi in Giappone costrinse le autorità locali a una vera e propria campagna di reclutamento nazionale di prostitute, per far fronte a un volume di domanda senza precedenti. Si formò così un esercito (70.000, secondo lo storico John Dower) di *panpan girls* e *geesha girls* che occupavano il tempo libero dei G.I., banalizzando l'immagine della geisha come di una professionista del sesso. Ma quell'equivoco madornale non era nato per caso. Gli americani sbarcati in Giappone sotto gli ordini del generale MacArthur (lui stesso protagonista di una lunga relazione clandestina con una giovane asiatica) si portavano già inconsciamente nella memoria antiche immagini di una donna orientale sottomessa e disponibile, fragile preda, delicata e incantatrice.

Già negli anni Cinquanta Hollywood rilancia il mito della geisha a uso e consumo del pubblico di massa. È l'inizio di un lungo filone di film americani – per lo più mediocri e presto dimenticati – da *Sayonara* con Marlon Brando (1957) a *Il barbaro e la geisha* (1958) con John Wayne (le geishe erano attrici americane vistosamente truccate: pesava ancora l'eredità delle leggi contro la promiscuità razziale). In quei film l'immagine della geisha amorevole e sottomessa, in ginocchio davanti al suo uomo per servirgli il tè, era un messaggio subliminale che le femministe americane non tardarono a decifrare. Dopo aver incarnato il sogno della liberazione dal puritanesimo vittoriano, la geisha offre l'agognata rivincita contro la donna occidentale, è la fuga ideale verso un Oriente favoloso dove il maschio è servito e adorato.

Il maschilismo della società giapponese è reale. Lo ha esibito in maniera esilarante *Stupori e tremori* di Amélie Nothomb, il romanzo autobiografico sulle tribolazioni di una giovane belga alle prese con la vita dell'impiegata d'ufficio a Tokyo (sul totale delle imprese giapponesi le donne manager sono appena il 2,7 per cento). Lo ha confermato la crisi politica che si è aperta nel 2006, quando il governo Koizumi ha tentato di riformare la legge di successione al trono imperiale (riservato ai maschi) per consentire al Giappone di avere un giorno un'imperatrice, e ha dovuto fare marcia indietro. È un paese che può solleticare l'invidia dei maschi occidentali, che da lontano vagheggiano un mondo dove le colleghe si affaccino alle riunioni solo per servire il tè. Le immagini delle teenager lolite giapponesi, con le loro divise da educande trasformate in miniabiti provocanti, si incrociano con le memorie del passato e compongono strani mosaici. L'Occidente sbanda fra le opposte visioni di una donna asiatica obbediente e lasciva, laboriosa e carnale.

Inseguendo il fantasma sexy di una geisha immaginaria, la fantasia ignorante dell'Occidente si è scontrata con una realtà molto seria, uno squarcio delle malattie che covano sotto la pelle dell'Asia contemporanea. Il film prodotto da Spielberg è stato un incidente culturale clamoroso, il bersaglio di contestazioni feroci. I giapponesi sono allibiti che Hollywood osi smerciare al mondo intero un film dove le geishe sono impersonate da attrici cinesi – Gong Li e Ziyi Zhang –, secondo loro goffe e maldestre in una parte estranea alle loro tradizioni. I più furibondi sono i cinesi. Vedere le due dive più popolari del loro cinema nazionale prostituirsi nel ruolo di geishe giapponesi è stato vissuto come un oltraggio all'onore della donna cinese. Immediatamente sono riaffiorate le reminiscenze delle schiave sessuali in tempo di guerra. Un'ondata di sdegno si è espressa su tutti i siti Internet della Cina molto prima che il film fosse pronto per uscire nelle sale. La censura di Pechino ha dovuto vietarne la diffusione sul territorio nazionale «per preoccupazioni di ordine pubblico», col timore che le sale cinematografiche diventassero il bersaglio di proteste violente. Probabilmente, per una volta, il censore ha detto la verità. A Hollywood ci sono rimasti male per via degli incassi mancati. Evidentemente credevano ancora che «tutti i gialli si assomigliano». Alla stampa americana le polemiche sul film sono parse folclore locale. In Asia è stato l'ennesimo sussulto di una sensibilità a fior di pelle, l'ultimo episodio di una crisi infinita.

Harajuku Girls

La cantante pop californiana Gwen Stefani le imita e le esalta nella sua canzone *Harajuku Girls*. Spuntarono dal nulla in una domenica d'estate del 1997 che sembra lontanissima, oggi sono un'attrazione mondiale, le teenager che hanno reso celebre il quartiere Harajuku di Tokyo. Passano i weekend lì, a passeggiare sulla Omotesando, a mangiare *crêpes* dolci e profumate, a far niente, a sorridere disinibite e a tirare la lingua ai fotografi. Sfoggiano ogni weekend cento nuove mode che elaborano loro con un'unica regola: non esistono regole, cioè gli stilisti e le grandi marche non contano più nulla, perché a comandare sono i capricci individuali e la fantasia bizzarra delle Harajuku Girls. Combinano stracci vecchi insieme a costosi capi firmati delle loro mamme; abiti da samurai o da geisha dell'antica tradizione giapponese; divise regolamentari da scolaretta-lolita provocatoriamente accorciate; accessori punk-gotico o neohippy o da clown o quant'altro suggerisce un'immaginazione maliziosa.

È nato come un gioco, è cresciuto fino a diventare un fenomeno di costume e un pezzo di antropologia contemporanea. Attira giovani emuli da tutto il Giappone. Seduce stilisti italiani, francesi e americani in pellegrinaggio a Tokyo alla ricerca d'ispirazione. Un fotografo d'arte, Shoichi Aoki, ha dedicato anni della sua carriera a collezionare i ritratti di centinaia di Harajuku Girls, ciascuna con il suo personalissimo travestimento. Poi è spuntato un trend concorrente nel vicino quartiere di Shibuya, con le Shibuya Girls dallo stile più sexy, decise a farsi notare dagli animatori di show televisivi: è nato un magazine dedicato solo a loro. Con il radicale rifiuto di farsi dettare le mode da altri, con la loro inventiva sfrenata, i teenager giapponesi hanno una lunghezza d'anticipo sui nostri, e il mondo intero se n'è accorto.

Che l'Occidente sia invaso da miti e stili venuti da Tokyo non è una novità. Il sushi è la dieta più diffusa da Soho a Brera, il regista americano Quentin Tarantino ha venerato l'estetica marziale del cinema nipponico nei cult movie *Kill Bill*, Louis Vuitton fa disegnare le borse da Murakami Takashi, e la giovane avanguardia artistica di Tokyo, cresciuta sui fumetti manga, è la vera erede di Andy Warhol. Quello che non era ancora chiaro, però, è quanto questo nuovo Giappone sia diventato «il» Giappone: quanto cioè la vena trasgressiva, individualista e anarchica è diventata un tratto forte della fisionomia nazionale.

A intuirlo è stato per una volta un leader di governo, il primo ministro Junichiro Koizumi. La sua vittoria alle elezioni dell'11 settembre 2005 è più di un evento politico. È la rivelazione di una metamorfosi nazionale. Non importa che lo stesso Partito liberaldemocratico sia al potere da mezzo secolo, né che, a 64 anni e vicino alla pensione, il premier appartenga alla generazione dei nonni delle Harajuku Girls. Il personaggio pubblico che Koizumi si è costruito in questi anni la dice lunga sulla sua scelta di campo lungo la linea di frattura generazionale. È divorziato e single in un paese dominato per secoli dal rispetto confuciano dei valori familiari. Ha lanciato una cd-compilation delle sue canzoni preferite di Elvis Presley e si lascia fotografare con le star del cinema e della pop-music nelle discoteche della Tokyo *by night*. Porta capelli lunghi e vestiti casual invece del doppiopetto grigio dei suoi colleghi. È rilassato davanti alle telecamere, non marmoreo e reticente come gli altri politici. Soprattutto, in una civiltà che era dominata dalla cultura del gruppo, dall'obbedienza alle regole dell'organizzazione (esercito o azienda, scuola o famiglia), da un conformismo disciplinato, Koizumi è un monumento vivente all'individualismo. Una sua riforma favorita – la privatizzazione delle Poste – è una rottura con decenni di assistenzialismo, è l'abiura di un dirigismo economico quasi socialista, l'inizio della fine del «capitalismo comunitario» *made in Japan*. Koizumi recita la sua parte in modo da smentire tutto quello che credevamo di sapere sul Giappone. C'era qualcosa di serio dietro gli estrosi sberleffi creativi delle Harajuku Girls.

Il cambiamento viene da lontano, il parto di un nuovo Giappone è avvenuto mentre quello dei padri si avvitava nella crisi.

Proprio quando nel 1989 la grandiosa macchina da guerra dell'economia nipponica si è fermata, alla sclerosi dell'establishment economico e dell'antico ordine sociale ha risposto una formidabile esplosione di creatività, dal design alla moda, dalla musica alla pittura d'avanguardia. Un'analogia storica è con la Gran Bretagna degli anni Sessanta: la stessa transizione dolorosa verso una società postindustriale, la decadenza di un vecchio ordine sociale moralista e conservatore, la lacerazione generazionale che là generò i Beatles e i Rolling Stones, Mary Quant e la Mini Morris, gli hooligans e *Arancia meccanica*.

Per capire quanto sia dirompente la frattura generazionale a Tokyo, basta il termine con cui i giapponesi definiscono chi ha meno di 30 anni: *shinjinrui*, letteralmente «la nuova razza». Quasi che agli occhi del vecchio Giappone fossero dei mutanti, alieni venuti da un altro pianeta. Nella sua fascia più giovane, la nuova razza non presenta sempre il volto giocondo o stralunato delle Harajuku Girls. C'è un lato oscuro, tragico e violento della ribellione. I giovani che respingono la tradizione e l'autorità degli anziani non lo fanno solo componendo simbolici caleidoscopi di vestiti colorati. Da dieci anni la polizia giapponese registra un'escalation della criminalità minorile. I teenager tra i 14 e i 19 anni, pur rappresentando solo il 7 per cento della popolazione, sono coinvolti nel 50 per cento degli arresti per crimini violenti, inclusi gli omicidi.

Di fronte a forme di severità e disciplina scolastica ancora (per noi) ottocentesche, esplodono improvvise e incontrollabili delle vere e proprie «epidemie» di insubordinazione selvaggia, spesso fin dalle classi elementari. Tra le studentesse liceali di buona famiglia dilaga la prostituzione occasionale, per procacciarsi denaro con cui comprare abiti firmati e gadget elettronici di lusso. Dietro l'apparenza gioiosa dell'individualismo trasgressivo, talvolta appare il baratro della disperazione. Un'insegnante di scuola media di Okinawa ha raccontato quel che accadde il giorno in cui diede agli studenti un tema in classe su «che tipo di persona volete diventare da grandi e quali cose volete realizzare nella vostra vita». Alcuni rimasero a lungo con gli sguardi fissi nel vuoto senza scrivere una riga, poi scoppiarono a piangere. I sociologi alla ricerca di una spiegazione razionale l'hanno chiamata «la generazione senza padri». Non tanto per via di divorzi e separazioni (pure in aumento), quanto per l'etica del lavoro che ha regolato e continua a stritolare la vita di molti maschi adulti: al servizio dell'azienda dall'alba alle 10 di sera, spesso anche il sabato e la domenica. I ragazzi sono cresciuti senza quasi mai incontrare il padre. Un'assenza resa oggi più destabilizzante dal fatto che le donne si rassegnano sempre meno alla tradizionale gerarchia nei ruoli familiari.

Crescendo, questi teenager scoprono un'altra economia giapponese che, per i loro padri, sembra una giungla misteriosa e feroce. Addio alla tranquilla prevedibilità della vita dell'uomo in doppiopetto grigio, ai binari che portavano dalla scuola all'università, all'azienda, al tran tran della carriera d'ufficio con il posto garantito fino alla pensione. Il 50 per cento dei giovani giapponesi che lascia gli studi dopo la maturità, e il 30 per cento dei laureati, cambia lavoro almeno ogni tre anni. Perché quindici anni di stagnazione economica hanno inaridito gli sbocchi; perché le multinazionali giapponesi si americanizzano e spingono per un uso flessibile della forza lavoro; infine, perché i giovani stessi aborriscono l'idea del posto fisso a vita, che dava sicurezza ai padri. «Il part-time ha avuto un'esplosione che sarebbe stata impensabile nel Giappone di una volta» osserva l'economista Takuro Morinaga, autore de *L'economia della sopravvivenza*. «Oggi più di un terzo degli occupati lavora a tempo parziale, con contratti a termine, o altre forme instabili e precarie. In questa evoluzione è l'intera società giapponese ad avere subìto una trasformazione drastica.»

È una società dura, dove il costo della vita è tra i più cari del mondo, ma il 40 per cento dei lavoratori a part-time guadagna meno di 750 euro al mese. Tuttavia, il mondo giovanile ha interiorizzato questa insicurezza fino a trasformarla in una scelta di vita, in un sistema di valori. Lo conferma il consolidarsi, nel gergo corrente, del neologismo coniato per i giovani che fanno lavoretti brevi, precari e dequalificati, con l'orgoglio o l'illusione di essere più liberi: si chiamano *freeter*, un'invenzione giapponese che unisce l'inglese *free* (libero) col tedesco *Arbeiter* (lavoratore).

La politica estera della classe dirigente non è necessariamente popolare nella nuova razza. Il trentacinquenne Takahashi Jun, ex cantante punk dei Tokyo Sex Pistols, habitué di Harajuku, oggi è lo stilista di avanguardia considerato l'erede di Miyake Issey. Quando il premier va a visitare il tempio Yasukuni, facendo infuriare Cina e Corea, secondo Takahashi «rappresenta un punto di vista della sua generazione, un vecchio atteggiamento che non corrisponde ai sentimenti di tutti i giapponesi». Con la sua decisione di mandare truppe giapponesi in Iraq, Takahashi è secco: «Non capisco come possa farla franca». Tuttavia, neanche i giovani sono impermeabili al revival del nazionalismo, come dimostra il boom dei fumetti che dipingono i giapponesi come una razza superiore, dai tratti occidentali, distinguendoli dagli altri asiatici con gli occhi a mandorla.

È arduo leggere dentro l'animo dei *shinjinrui*, gli under 30, capire cosa pensano di grandi temi come la guerra, il passato imperialista su cui si è steso per decenni un velo di ambigua reticenza. Murakami Takashi, che oltre a disegnare per Vuitton è il guru dell'arte visuale d'avanguardia, porta in giro per il mondo un'esposizione di pittori giapponesi intitolata *Little Boy*, il nomignolo che gli americani diedero alla prima bomba atomica. Le immagini dei giovani artisti mescolano con geniale disinvoltura il linguaggio della pubblicità e quello dei videogame, l'iconografia buddista e i fumetti pornografici; Godzilla, il fungo atomico e lo tsunami. L'occhio occidentale rimane turbato dal continuo accostamento di immagini di bambine e violenza, con quella venatura di pedofilia presente in tanti fumetti giapponesi divorati da milioni di lettori di ogni età e sesso. Nella pop-art nipponica appaiono altre creature infantili dai corpi minuscoli (Little Boy) e dalle teste immense, con lo sguardo incollato agli schermi dei computer, che giocano alla distruzione del mondo. Ricordano i ragazzi veri che incontri a migliaia ogni sabato sera in quei formicai luccicanti di fantascienza che sono le sterminate sale di videogiochi di Tokyo. Loro sono i gemelli delle Harajuku Girls.

Dopo la discoteca, quando l'ultimo metrò è partito e tornare a casa in taxi (data l'immensità della metropoli) costerebbe lo stipendio di una settimana, i ragazzi affittano a ore dei loculi elettronici, isolati ovattati e confortevoli come piccole capsule spaziali, dove si può passare la notte immersi nello stordimento degli effetti speciali. Si isolano nella tempesta magnetica della realtà virtuale, finché scivolano nel sonno per qualche ora. Quando sorge il sole, il giovane popolo della notte riemerge sbadigliando dalle migliaia di celle dei videogame, con gli occhi gonfi e i timpani indolenziti. È l'ora di tornare al lavoro part-time, l'alba di una nuova giornata da *freeter*.

Conclusione

Più drago o più elefante?

Identità e memoria: la Città Proibita e il sari

Spirito maligno non entrerai in casa mia. Se ci provi, vai a sbattere contro una parete di mattoni nerastri, scolpita con un carattere che esprime scaramanzia e buon augurio per gli abitanti. I fantasmi cinesi non conoscono la curva e la diagonale, non hanno l'accortezza di aggirare l'ostacolo e imboccare il corridoio laterale per introdursi in casa e portare la malasorte. Così le regole del *feng shui*, la geomanzia, dettano la forma dell'ingresso. Sotto un grande arco in muratura, il portone dipinto di rosso si apre su una muraglia color antracite che è l'insormontabile barriera contro i demoni. A zigzag si penetra nell'universo arcano della casa a forma di quadrilatero, con le stanze disposte intorno a un cortile chiuso. Le colonne di legno rosso sostengono il tetto a forma di pagoda, con le grondaie in pietra dalle eleganti estremità a forma di prua di nave. Le grosse travi portanti – fissate con l'arte sapiente dell'incastro senza chiodi né viti di metallo – sono decorate da pitture di paradisi celesti, paesaggi verdi e dorati, fiumi e monti sacri, motivi floreali, uccelli, dragoni e figure leggendarie. Al centro del cortile c'è il giardino alberato. Questo è lo *siheyuan* – letteralmente «cortile chiuso da quattro lati» –, la casa tradizionale cinese di un solo piano.

Dopo mezzo secolo di furiose demolizioni e costruzioni, che a ondate hanno stravolto la fisionomia urbana di Pechino, resta ancora nel cuore della capitale una zona segreta che nasconde

3000 *siheyuan*. È la città degli *hutong*, il labirinto impenetrabile dei vicoli dove ho scelto di abitare. I «bassi» di Pechino sorgono a ridosso del Palazzo imperiale, perché erano i quartieri nobili dove vivevano i dignitari di corte, gli alti funzionari del mandarinato, e, intorno a loro, gli artisti e gli artigiani al servizio dei potenti. Alcuni di questi tesori architettonici sono così invisibili che ci vuole un lavoro da archeologi per riscoprirli e riportarne alla luce le bellezze. I turisti che visitano la città vecchia sui risciò a pedali passano di fianco a molti capolavori senza poterli riconoscere. Le dimore tradizionali sono sepolte sotto spessi strati di storia: il crollo dell'impero, l'occupazione giapponese, la guerra civile, il comunismo maoista, la Rivoluzione culturale e, infine, il boom economico hanno sedimentato scorie e volgarità sopra quei gioielli. Lo sterminio o la fuga dell'aristocrazia e dell'alta borghesia, la povertà, la sovrappopolazione, per decenni hanno aggiunto ai *siheyuan* miriadi di costruzioni abusive: misere casupole hanno intasato i cortili signorili perché cinque o dieci famiglie potessero abitare dove prima ce n'era una sola, e poi botteghe, bettole e ristorantini, formicai brulicanti di vita e di attività si sono infilati in ogni spazio libero, occupando ogni interstizio nel dedalo dei vicoli. Ma sotto il tessuto molle e pasticciato dell'abusivismo povero, sotto la polvere della decadenza secolare, molti edifici storici sono miracolosamente intatti. La loro prima trama urbanistica risale addirittura al Duecento, la maggior parte delle costruzioni superstiti sono del Settecento.

In una di queste aree, fra il laghetto imperiale Houhai e la maestosa Torre del Tamburo, è iniziata nel 2006 un'operazione di restauro senza precedenti. Il governo cinese e le autorità municipali hanno finalmente capito che questo patrimonio ha un valore inestimabile, merita di salvarsi anziché essere raso al suolo per far posto a nuovi grattacieli (com'è accaduto invece nel resto della capitale). Hanno chiesto consulenze al Campidoglio e al comune di Parigi, alle università di Sciences Politiques e La Sapienza, alla società Risorse per Roma, specializzata nelle operazioni di recupero dei centri storici. Sono arrivati finanziamenti dall'Unesco e dall'Unione europea. In due anni di lavoro gli esperti cinesi e internazionali hanno catalogato le meraviglie nascoste in questo quartiere. C'è la villa principesca del generale Zhang Zhidong (1837-1909), che fu governatore della provincia dello Hubei nella tarda dinastia Qing, vicino a quella del generale Zhang Aiping, signore della guerra. C'è la casa dell'eunuco favorito dell'imperatrice Cixi, e c'è il *siheyuan* di En Hai, che assassinò l'ambasciatore tedesco, barone von Ketteler, durante la rivolta dei Boxer del 1900. Alcuni abitanti del quartiere conoscono bene la storia di queste pietre. La signora Zhang Shuzhen, 81 anni, sa di aver abitato per tutta la sua vita nella casa del celebre generale-governatore: «Un tempo il cortile interno era gigantesco e il viale d'ingresso arrivava fino al lago. La mia casupola è una di quelle che occupano l'antico giardino privato, dove cent'anni fa il proprietario invitava la troupe di attori-cantanti dell'Opera di Pechino per intrattenerlo nelle sue feste». In quello spazio ora sono accatastate aggiunte brutte e precarie che fungono da camere da letto, cucine, ripostigli. Non hanno riscaldamento centrale e neppure i bagni, le loro toilette sono quelle pubbliche. «Anche l'ex casa padronale è così malconcia che ogni inverno il tetto cede e qualche stanza si allaga.»

Forse solo i piccioni ammaestrati, che si alzano in volo coi primi tepori primaverili, riescono a scorgere dall'alto le ultime vestigia di topografia delle gerarchie sociali di una Cina scomparsa: i colori dei tetti erano rigidamente definiti in base al rango, tegole gialle per l'imperatore, verdi per le dimore principesche e dell'alta aristocrazia, grigie per le case dei borghesi. Costruirsi un tetto del colore sbagliato era un'arroganza imperdonabile, l'offesa valeva la pena di morte. Il quartiere a nord della Città Proibita era ricco di ville principesche per una ragione precisa: l'imperatore viveva con un esercito di concubine custodite dagli eunuchi; non appena i suoi figli maschi raggiungevano la pubertà, era indispensabile allontanarli dalle tentazioni; perciò si costruivano dimore sfarzose al di fuori delle mura del Palazzo. Queste residenze reali, riproduzioni in miniatura della Città Proibita, stabilivano il paradigma estetico dell'epoca. Attorno a loro, mandarini, generali e ricchi mercanti si facevano disegnare i loro *siheyuan* su scala più piccola ma imitando i canoni di bellezza dell'aristocrazia. Il codice degli status symbol di allora ha lasciato delle tracce per chi le sa decifrare. Quattro «lancette» di pietra ottagonale sopra il portone d'ingresso segnalano la casa di un mandarino di rango superiore (i proprietari attuali continuano la tradizione di appendervi alla Festa della Primavera i festoni di carta rossa con la calligrafia augurale: «Sentendo i fuochi d'artificio è l'anno vecchio che si conclude, vedendo sbocciare le prime gemme è l'anno nuovo che arriva»). Due marmi scolpiti a forma di tamburo, sovrastati da leoni, indicano l'ingresso del *siheyuan* di un ricco mercante. La dimensione del cortile interno è un altro segnale della posizione del proprietario nella piramide del potere imperiale. Alcuni erano veri e propri parchi «arredati» con piccole riproduzioni di catene montuose, ruscelli e cascate artificiali, ponticelli e vasche di pesci. Anche la più modesta delle case-quadrilatero custodisce piante deliziose: i melograni, simbolo di fertilità, le magnolie e i cachi, i gingko dalla radice di ginseng, le giuggiole, i grandi salici e i superbi bonsai. Pechino pullula di alberi pregiati, il decano è una sofora della dinastia Tang che ha 700 anni, in uno studio dietro il giardino Beihai. I più belli sono protetti fra le mura dei cortili dei *siheyuan*, ma la regola imperiale che imponeva case di un solo piano offre a tutti il piacere di ammirare le loro chiome, che spuntano oltre i tetti e i muri di cinta dei cortili.

Di qualunque rango sociale, gli abitanti della città vecchia si legavano di un affetto tenace a questi luoghi, chi era nato fra i vicoli voleva morirci. Qui aveva le sue radici il vero popolo di Pechino, con il suo dialetto e il suo umorismo, i proverbi e le leggende, che furono la materia prima della letteratura cinese del Novecento: nei *siheyuan* hanno vissuto i più grandi scrittori nazionali, da Lu Xun a Mei Lanfang, e lo spirito degli *hutong* è immortalato dal romanziere Lao She nella saga *Quattro generazioni sotto un tetto* degli anni Quaranta. La cultura dei vicoli è così forte che ha impregnato anche le generazioni affluite negli ultimi cinquant'anni, quelli che hanno invaso i cortili dei nobili per costruirci loculi e officine. Le vestigia del passato sono state riciclate per usi nuovi: un'antica stele di marmo con incisioni preziose, dove un tempo i domestici si sedevano ad attendere i mandarini per aiutarli a scendere dalla portantina, ora è usata come tavolo da gioco per le partite di *mah-jong*. Rivivono all'ombra delle calli le tradizioni dei mestieri di strada: arrotini e calligrafi, venditori ambulanti di patate dolci arrostite, barbieri e dentisti da marciapiede, guidatori di risciò e maestri di musica. Qualcuno di loro è un lontano erede della servitù imperiale. Pochi anni fa è morto centenario Sun Yaoting, l'ultimo eunuco della Città Proibita. Il professor Li, matematico in pensione, discendente dei cuochi di corte, in una rustica osteria con poche tavole, ricrea magicamente la tradizione della sofisticata cucina imperiale. Il vecchio calzolaio Peng, che forniva pantofole su misura per il fondatore della Cina comunista Mao Zedong e per il suo primo ministro Zhou Enlai, è l'ultimo a saper confezionare le scarpe di 12 centimetri per i «gigli dorati», come si chiamavano i piedini fasciati delle donne dell'era antica. Anche i più poveri hanno rispettato una delle regole sacre che presiedono alla vita in uno *siheyuan*: le stanze esposte a sud, più riscaldate dal sole, toccano di rigore agli anziani della famiglia. È un popolo caparbio nel difendere i suoi riti, come il nuoto nel lago Houhai in tutte le stagioni dell'anno (d'inverno vanno a bucare il ghiaccio col piccone): quando la polizia ha vietato la balneazione per motivi di igiene e salute pubblica, il club degli incalliti nuotatori ha portato una petizione fino al Parlamento. Ma la loro capacità di resistere ha un limite.

Il grande piano di recupero del quartiere riporterà alla luce le bellezze dell'architettura antica, non salverà il tessuto sociale. Alle istituzioni internazionali le autorità locali hanno fatto credere che gli abitanti avranno il diritto di rimanere. Loro sanno che non è vero. Xie Guozhong, 45 anni, è nato in uno di questi *siheyuan*, la sua infanzia l'ha trascorsa in un cortile sotto le querce e i nespoli. «È il più bel posto al mondo dove potessi vivere, ricorderò per sempre questi fiori, i giochi da bambino nei percorsi segreti dei vicoli che conosciamo solo noi. Per ricostituire questa casa com'era cent'anni fa, noi dobbiamo andarcene. Con i soldi che ci offre il comune non potremo mai più permetterci di abitare qui, dovremo trasferirci in una casa popolare, alla periferia di Pechino.» Quel che accadrà nei prossimi anni è già scritto nelle regole del mercato. Un autentico *siheyuan* d'epoca, restaurato a regola d'arte e con l'aggiunta dei comfort moderni, va a ruba tra le agenzie immobiliari. Non se ne trovano per meno di 1 milione di euro. Tra i nuovi abitanti della zona sono comparsi il magnate della televisione, Rupert Murdoch, il fondatore di Yahoo, Jerry Yang, l'ex presidente della Goldman Sachs, John Thornton. Del resto, il valore di queste case lo aveva perfettamente capito la nomenklatura comunista. Mao Zedong fece radere al suolo interi quartieri di Pechino per costruire autostrade urbane e orridi palazzoni in stile sovietico, ma abitò per tutta la sua vita in un *siheyuan*. Enigmatico Mao: autodidatta nutritosi della cultura letteraria dei classici dell'antica Cina, eppure deciso a trattare il suo paese e il suo popolo come una «pagina bianca», materia prima vergine su cui riscrivere la Storia partendo da zero.

La storia urbanistica di Pechino riassume metaforicamente il rapporto tormentato e patologico tra la Cina contemporanea e l'eredità dei suoi 5000 anni di civiltà. Se si guarda a ciò che i dirigenti comunisti hanno fatto della loro capitale – e di ogni altra città – nell'ultimo mezzo secolo, viene la tentazione di rovesciare l'uso delle parole: non è il Palazzo imperiale che bisogna chiamare la Città Proibita, ma la grande Pechino che gli è cresciuta attorno nei secoli. Città Proibita perché, dal 1949 in poi, tutto ciò che ricordava il passato è stato oggetto di assalti furibondi, di ondate distruttive guidate dall'ideologia. Negli anni Cinquanta il modernismo industrialista di Mao ha voluto che sorgessero altiforni e grandi fabbriche in mezzo alla città. Negli anni Sessanta la Rivoluzione culturale ha aggredito come un residuo reazionario e borghese le vestigia dell'arte, della cultura, della religione. E, dagli anni Ottanta in poi, la conversione al capitalismo ha consentito nuovi tipi di stupro architettonico. Palazzinari e politici corrotti, colate di cemento armato e poliziotti antisommossa hanno annientato un quartiere dopo l'altro, hanno polverizzato le tracce fisiche della memoria, hanno lacerato e disperso il tessuto sociale deportando la popolazione dei quartieri antichi in desolate periferie gremite di grattacieli anonimi. Pechino-Città Proibita, dunque, perché sulla sua pelle viva è stata compiuta un'amputazione chirurgica del passato. E ora che la Cina del XXI secolo inizia la riscoperta orgogliosa delle proprie radici, è sempre nel laboratorio urbanistico di Pechino che questa operazione rivela la propria ambiguità: il revival dell'antico è un lusso che si paga a caro prezzo, uno status symbol della classe dirigente, come le scuole confuciane per i rampolli della nomenklatura.

L'imprenditore americano James Mc Gregor, habitué della Cina e autore del saggio *One Billion of Customers* (Un miliardo di clienti), ha dato un'altra rappresentazione efficace dei traumi legati alla compressione del tempo, lo sviluppo a tappe forzate di questo paese. «Se si prende come riferimento la storia degli Stati Uniti» sostiene Mc Gregor «è come se la Cina avesse vissuto nell'arco di soli quindici anni il capitalismo selvaggio dei grandi magnati della fine dell'Ottocento, la follia speculativa degli anni Venti, l'esodo rurale degli anni Trenta, l'emergere del ceto medio consumista degli anni Cinquanta (la prima auto, la prima casa, le prime vacanze, i figli all'università), e gli sconvolgimenti sociali e di costume dei nostri anni Sessanta.»

Per mettere in difficoltà un cinese, anche un esponente dell'élite più colta e cosmopolita, è sufficiente porgli due quesiti. Sono due domande che presuppongono una visione del futuro e al tempo stesso chiamano in causa il senso di identità. La prima è: che cosa sarà la Cina fra vent'anni? La seconda: visto che è destinata a diventare la prossima superpotenza planetaria, in che modo la Cina cambierà il resto del mondo? (Non sono domande infondate se rivolte a una grande nazione. A turno, la Francia, la Gran Bretagna, gli Stati Uniti, soprattutto nelle fasi dell'ascesa imperiale o neoimperiale, hanno avuto una visione del proprio futuro, un progetto per sé e per il mondo, una missione universalista e perfino messianica.) Devo ancora incontrare un cinese che osi articolare una risposta a queste due domande. Questo non significa che la risposta non ci sarà – la daranno i fatti – ma che ancora essa non esiste nella cultura della nazione e della sua classe dirigente. Questo vuoto dell'immaginario collettivo è un altro sintomo della transizione incompiuta, un segnale che la sfrenata modernizzazione è alla ricerca dei suoi valori fondanti.

Memoria storica e identità nazionale convivono in modo più sereno in India. Appena sbarcati da Pechino a New Delhi, una delle prime differenze che balzano agli occhi è nell'abbigliamento. Le donne indiane esibiscono con orgoglio il sari, l'abito lungo della tradizione. Sono tutte eleganti, dalle dame dell'alta società fino alle più umili contadine, fasciate in quei tessuti dai mille disegni, fogge e colori. Il sari è interclassista, intergenerazionale, multireligioso. Prescinde dal livello di istruzione: lo vedrete addosso a brillanti donne manager con un Ph.D. in Matematica a Harvard. È uno dei tanti simboli dell'orgoglio indiano. Più l'occasione è solenne (matrimonio o cena di gala, ricevimento ufficiale, weekend con ospiti stranieri), più la donna è ricca, più la famiglia è cosmopolita e parla l'inglese con accento oxfordiano, più avrete la certezza di veder sfoggiare dei sari all'antica. Anche gli uomini indiani, quando vogliono essere veramente eleganti, lasciano nell'armadio il doppiopetto grigio occidentale e si mettono il tradizionale vestito, bianco o beige o grigio con il colletto alto, e portano il turbante: lo indossano il capo dello Stato e i leader di tutti i partiti, gli artisti d'avanguardia e i *maîtres-à-penser*. Basta questo dettaglio estetico per misurare quanto la distanza dalla Cina sia abissale. Il presidente Hu Jintao si sentirebbe probabilmente offeso e sminuito nella propria dignità se gli proponessero (ma nessuno glielo suggerisce) di indossare la tunica lunga dei mandarini del primo Novecento. Le donne shanghainesi della nuova borghesia vestono Armani: l'aggraziato *qipao* delle loro trisnonne ormai è un travestimento riservato alle cameriere nei ristoranti folcloristici.

L'India è il paese dove McDonald's è stato costretto a modificare la ricetta standard dell'hamburger globale: non solo per tener conto dei precetti religiosi (niente carne di manzo, solo agnello e pollo), ma anche per aggiungervi spezie aromi e profumi della gastronomia locale, una concessione obbligata per sedurre il palato esigente dei teenager indiani. Questo attaccamento alla memoria e all'identità nazionale, miracolosamente in India si sposa con un rapporto altrettanto felice con l'Occidente. A differenza di quanto accade nel mondo arabo, e in settori dell'Africa e dell'America latina, l'India è l'unica grande nazione che ha «digerito» definitivamente il proprio passato di colonia senza conservare residui di rancore né atteggiamenti vittimistici. Di fronte a qualunque problema di cui soffre oggi il paese, mai sentirete gli indiani recriminare sulle colpe degli inglesi. Il passato è passato, quel che l'India è oggi, nel bene e nel male, essa lo ascrive alle responsabilità delle proprie classi dirigenti, non cerca capri espiatori altrove.

Sulla differenza tra il suo paese e la Cina, Gurcharan Das ha scritto: «I nostri passati spiegano molto. Negli ultimi cento anni la Cina ha sofferto violenze devastanti, mentre l'India è stata viziata da una pace incredibile. Il XX secolo cinese si è aperto con le scorribande dei signori della guerra; poi sono venuti i nazionalisti con i loro massacri negli anni Venti. In confronto all'invasione giapponese della Manciuria negli anni Trenta, il dominio coloniale inglese sull'India appare angelico. Negli anni Quaranta, quando i comunisti presero il potere, cominciarono gli stermini di Mao. Le sue ambizioni sacrificarono almeno 35 milioni di persone durante il Grande Balzo in Avanti degli anni Cinquanta, e portarono ulteriori sofferenze con la Rivoluzione culturale. È solo dopo il 1978 che i cinesi hanno cominciato a respirare, e a quel punto si sono affrettati a creare il più stupefacente spettacolo di crescita economica mondiale. Dall'altra parte, come disse André Malraux, furono dei santi a creare l'India, e questo accadde all'ombra di Hitler, Stalin e Mao. Non solo ci siamo risparmiati le due guerre mondiali, ma siamo diventati liberi senza versare una goccia di sangue, grazie al Mahatma Gandhi. Certo, mezzo milione di persone morirono durante gli scontri della Partizione [la secessione del Pakistan], ma non era una violenza di Stato. È perché eravamo assuefatti alla pace, io credo, che abbiamo creato la più grande democrazia del mondo».

Rivolgete a un indiano le stesse due domande che mettono in difficoltà i cinesi e vi potrà rispondere con sicurezza. Che cosa sarà l'India fra vent'anni? Sarà sempre e soltanto l'India, perché questa nazione non è stata trasformata in una pagina bianca nelle mani di un tiranno, non ha subìto amputazioni della memoria, né gli effetti della globalizzazione-americanizzazione vi sono stati così rapidi e travolgenti come in Cina. In quale direzione l'emergere dell'India-superpotenza può cambiare il mondo? La risposta, anche in questo caso, si impone da sé. L'India non cambia il mondo, l'India «è» il mondo. Nella sua ricchezza, nella sua accattivante diversità, nel groviglio delle identità culturali sedimentate dalla storia, nella coesistenza di tutti gli estremi socioeconomici e di tutte le contraddizioni, perfino nei conflitti politici latenti o esplosi tra le comunità etniche e religiose, l'India contiene già tutto il nostro passato, il nostro presente e il nostro futuro.

Scene da un matrimonio

Se la loro ascesa contemporanea è destinata a segnare la nostra epoca, Cina e India sono separate da differenze così nette da rappresentare per certi aspetti due poli opposti. Per pronosticare il risultato di questa partita a due, è essenziale capire quali siano le diversità più rilevanti, quali i punti di forza e quali gli handicap di ciascuno.

Negli ultimi due decenni, Pechino ha rapidamente surclassato New Delhi nello sviluppo economico, su questo non c'è dubbio. Ancora all'inizio degli anni Ottanta il reddito pro capite degli indiani era superiore, oggi invece è solo la metà di quello dei cinesi. Quasi tutti gli indicatori economici vedono la Cina in notevole vantaggio. Dagli anni Ottanta l'India ha messo a segno in media un tasso di crescita del Pil del 6 per cento all'anno, un risultato ragguardevole, che però non fa una gran figura rispetto al più 10 per cento di media annua della Cina. La popolazione sotto la soglia della povertà assoluta è scesa al 5 per cento in Cina, resta del 26 per cento in India. Il commercio estero è cresciuto in ambedue i paesi, ma, ancora una volta, a velocità ineguali, visto che la Cina già nel 2003 rappresentava il 6 per cento del commercio mondiale mentre l'India non arrivava all'1 per cento. Gli investimenti stranieri in India sono un decimo dei capitali affluiti in Cina. Secondo l'economista indiano Arvind Panagariya, «il singolo fattore più importante per spiegare queste differenze è la performance relativamente modesta dell'industria indiana. Mentre la quota dell'industria nel Pil cinese è salita da un livello (già elevato) del 42 per cento nel 1990 fino al 51 per cento nel 2000, in India è rimasta stagnante. Per contro, è cresciuto rapidamente il settore dei servizi in India, passando dal 41 al 48 per cento». Panagariya bolla come un'illusione il sogno che l'India possa saltare dall'agricoltura a un'economia fondata sui servizi, senza passare dall'industrializzazione, ovvero «diventare l'America senza prima essere passata dallo stadio di sviluppo della Corea del Sud».

In effetti, il settore terziario avanzato dell'India verso cui affluiscono le nostre delocalizzazioni rappresenta ancora una quota troppo piccola per mantenere una nazione di quelle dimensioni. Il software e i servizi informatici, per quanto competitivi, ancora producono solo il 2 per cento del Pil indiano. Settanta milioni di indiani sono disoccupati e 25 milioni di senza lavoro non hanno neppure il diploma di maturità: non possono certo mandare i loro curriculum vitae alla Microsoft. Il grosso dei posti di lavoro creati nei servizi si concentra nel piccolo commercio, nella burocrazia statale, nei trasporti e nelle banche, settori in prevalenza arretrati e poco efficienti. Il 60 per cento della manodopera rimane legata all'agricoltura. Mentre è possibile trasformare rapidamente i contadini in operai, come avviene in Cina, perché le mansioni industriali si imparano direttamente in fabbrica, solo per i figli degli operai (quindi con uno scarto temporale di una generazione) si può sperare che il futuro sia nei servizi avanzati, che richiedono una formazione universitaria.

Un ingrediente del boom cinese è stato lo sforzo ammirevole di modernizzazione delle infrastrutture (autostrade, aeroporti, porti, telecomunicazioni, Internet), che invece in molte zone dell'India rimangono sottosviluppate. Tra le zavorre che hanno causato questo divario e che hanno reso meno rapido il boom indiano, gli osservatori locali tendono a enfatizzare la macchia della corruzione. Abraham George, imprenditore tecnologico e filantropo nato in India, ha raccontato le traversie subite dopo aver finanziato la costruzione di una scuola per bambini della casta degli intoccabili nel Tamil Nadu. All'inaugurazione della scuola, il governatore dello Stato si presentò con 250 poliziotti pretendendo che venissero tutti invitati a un banchetto. Una nave con 40 tonnellate di cibo destinato alla scuola rimase bloccata alle dogane, perché i funzionari portuali pretendevano tangenti, finché George rinunciò e distrusse l'intero carico alimentare. A New Delhi perfino i miseri «tassisti» che trasportano passeggeri sui risciò a pedali devono versare bustarelle ai burocrati pubblici. Gurcharan Das ha detto: «Nulla colpisce l'immaginazione quanto questi paragoni: mentre i tre quarti del Politburo del Partito comunista cinese sono dei tecnici, un quarto dei membri del Parlamento indiano ha la fedina penale sporca. E mentre le nostre migliori aziende formano delle nuove generazioni di manager professionali e separano la direzione d'impresa dalle famiglie fondatrici, i nostri partiti politici si convertono in dinastie ereditarie, a cominciare dalla famiglia

Nehru-Gandhi». La corruzione indiana è sicuramente a livelli spaventosi, tuttavia è impossibile avere prove che quella cinese sia meno grave: sotto il regime autoritario e sotto la censura di Pechino, l'informazione sulle tangenti circola meno liberamente.

Ci sono invece altre differenze oggettive, create proprio dalla distanza abissale tra i due sistemi politici. Il vincolo elettorale nella democrazia indiana ha spinto i governi a usare la spesa pubblica come strumento di consenso popolare e questo ha scavato un notevole deficit pubblico (il doppio di quello cinese) che rallenta la crescita. Come esempio di clientelismo che grava sulle finanze pubbliche, il governo di New Delhi ha annunciato nel 2005 un faraonico programma di grandi opere che garantisce 100 giorni all'anno di impiego statale a un membro di ogni famiglia in 200 province indiane, e ha l'intenzione di estenderlo a tutte le province (sono 600) nell'arco di un quinquennio. Un altro prezzo pagato alla democrazia è una legislazione del lavoro molto più favorevole ai dipendenti in India: lo Industrial Disputes Act del 1982 rende quasi impossibile il licenziamento dei lavoratori nelle imprese indiane sotto i 100 addetti. Questa rigidità del mercato del lavoro, insieme con un maggiore protezionismo indiano sul mercato interno – due ingredienti che non hanno equivalenti nell'economia cinese –, spiegano il minore afflusso di investimenti stranieri. Non a caso, i settori dove le multinazionali straniere delocalizzano in India sono quelli che impiegano colletti bianchi e personale qualificato (dall'informatica al farmaceutico), cioè le categorie a cui non si applica la tutela contro il licenziamento. In controtendenza, però, l'India ha battuto a lungo la Cina nella performance della Borsa. Su questo terreno lo Stato di diritto indiano sembra offrire un quadro di garanzie più rassicurante: le regole societarie, la trasparenza nella *governance* e la tutela degli azionisti minori in Cina sono più indietro.

Se nell'ultimo ventennio la dittatura cinese si è rivelata più efficiente della democrazia indiana, in un periodo più lungo il bilancio della gara può cambiare. Il pluralismo di New Delhi, insieme con un sistema istituzionale più liberale e garantista, potrà rivelarsi flessibile nel gestire le crisi sociali che inevitabilmente accompagnano lo sviluppo. L'emergere di un fanatico nazionalismo indù e le tensioni con la grossa minoranza islamica non sono riuscite a mettere in crisi la democrazia di New Delhi, che ha cambiato maggioranze di governo e ha dimostrato di saper praticare una pacifica alternanza. Perfino quello che oggi viene considerato un fallimento della classe dirigente indiana – la mancanza di un controllo delle nascite – cambierà di segno con il tempo. In Cina la politica del figlio unico è stata applicata con tale successo che entro vent'anni Pechino dovrà già affrontare i problemi dell'invecchiamento che noi conosciamo in Occidente – l'esplosione della spesa previdenziale e sanitaria – ma su una scala ben più gigantesca della nostra. L'India, invece, potrà contare a lungo su una popolazione giovane per alimentare di energie nuove il suo mercato del lavoro.

La sfida tra modelli non esclude le convergenze, volontarie o semplicemente ineluttabili. La loro stessa diversità rende questi due giganti complementari fra loro. Visto che la Cina è concentrata nell'industria mentre l'India eccelle nel software, nella consulenza, nei servizi, molte multinazionali hanno imparato a esaltare le forze rispettive: delocalizzano in India i lavori di assistenza tecnica e professionale a distanza, e il design, in Cina creano nuove fabbriche e in tutt'e due i paesi aprono laboratori di ricerca. In India vanno di preferenza quei mestieri dove la comunicazione in tempo reale è indispensabile, quindi la diffusione universale della lingua inglese è un potente vantaggio competitivo; la Cina, per contro, fa progressi veloci nella qualità del prodotto, che in molti settori industriali soddisfa gli standard perfezionistici dei giapponesi.

Se cinesi e indiani collaborano e imparano gli uni dagli altri, l'ascesa di Cindia sarà irresistibile: in particolare, se Pechino accetterà delle iniezioni di democrazia e tolleranza indiane come ricette per la transizione verso una compiuta modernità. Se, viceversa, sarà la classe dirigente indiana a subire il fascino muscoloso del boom economico cinese fondato sulla repressione, l'Asia intera – e forse altre parti del mondo – scivoleranno verso dosi crescenti di autoritarismo politico-sociale. Se, infine, la rivalità dovesse prevalere sulla complementarità fino a sfociare in un conflitto armato tra i due paesi, che già ebbe luogo nel 1962 e non si può escludere a priori per il futuro, gli scenari sarebbero apocalittici.

Su questi temi una riflessione europea, per non dire italiana, è latitante. Non lo è invece negli Stati Uniti, che s'interrogano nervosamente sul da farsi. Per l'America è talmente evidente quale sia il nuovo centro del pianeta che nel 2006 il dipartimento di Stato ha spostato definitivamente centinaia di diplomatici, ridimensionando gli organici delle sue ambasciate europee per rafforzare quelle asiatiche.

Nell'estate del 2005 un campanello d'allarme per gli Stati Uniti è stato il tentativo fallito da parte dell'ente energetico cinese Cnooc di comprarsi una compagnia petrolifera californiana, la Unocal. L'amministrazione Bush ha avuto varie oscillazioni nel suo atteggiamento verso la scalata, e se fosse stata libera di scegliere, avrebbe forse optato per il *laissez-faire*. Ma la vicenda Cnooc-Unocal ha messo in scena un campione più vasto della classe dirigente: Senato e Camera a Washington hanno lungamente discusso sull'opportunità di accogliere i cinesi. Alla fine Unocal è rimasta americana. Per gli Stati Uniti, oggi la Cina è l'unico paese da temere, l'unica potenza che in futuro può scalzare la leadership statunitense, l'unico che può sviluppare mire espansionistiche e imperiali su scala intercontinentale.

L'affondo cinese su Unocal ha avuto un valore simbolico, perché toccava gli Stati Uniti nel punto più sensibile. Si è rivisto lo spettro di una potenza straniera capace di infiltrarsi in gangli vitali del sistema americano – come l'Unione Sovietica nell'intellighenzia delle università negli anni Cinquanta oppure, sul terreno finanziario, il Giappone dei primi anni Ottanta – con la regia monolitica di uno Stato totalitario (come l'Urss, ma a differenza del Giappone), con un peso demografico e una «quinta colonna» (l'emigrazione e la diaspora sinoamericana) che nessun altro rivale aveva mai avuto, e infine in una fase di indebolimento politico, tecnologico e militare degli Stati Uniti (l'Iraq, il terrorismo). Ci sono gli ingredienti per alimentare previsioni pessimistiche sul confronto Usa-Cina. Per il Pentagono, com'è scritto nel rapporto del gennaio 2006 allegato al budget della difesa, «la Cina avrà il massimo potenziale per competere militarmente con gli Stati Uniti». Molti neoconservatori sono convinti che stiamo vivendo le prove generali di una nuova guerra fredda, con un rivale dalle risorse ben più ricche dell'Urss.

Di qui, la scelta di Washington di organizzare una strategia di contenimento della Cina, nella quale un ruolo decisivo spetta al Giappone e all'India. È stata netta la svolta di George Bush nel suo viaggio a New Delhi del marzo 2006: la decisione di togliere le limitazioni alla fornitura di tecnologia nucleare a New Delhi. Quelle sanzioni erano la conseguenza dello «strappo» di Indira Gandhi, che si era dotata della bomba atomica entrando di prepotenza nel club dei grandi, e poi dei test atomici che l'India ha compiuto nel 1998, rifiutandosi di aderire al trattato di non proliferazione. Con il gesto fatto da Bush a New Delhi, è tornata a riaffacciarsi quell'opzione indiana che era stata presente nella diplomazia statunitense quarant'anni prima, ma poi era stata accantonata.

È interessante che, poco prima del disgelo nucleare tra i due paesi, siano trapelate per la prima volta dagli archivi storici di Washington le discussioni top secret del 1963 fra il presidente John Kennedy e i suoi collaboratori sull'opportunità di un bombardamento atomico contro Pechino per difendere l'India (nel 1962 l'Esercito popolare di liberazione aveva attraversato il confine per un'invasione-lampo dell'India; nel 1964 la Cina costruì la sua prima atomica). Però l'adesione dell'India di Nehru al movimento dei non-allineati, poi le simpatie di sua figlia Indira per l'Unione Sovietica, avevano precipitato il rapporto con gli Stati Uniti in una lunga crisi. C'è voluto l'emergere dello scenario «Cindia» per rimettere in movimento tutta la dottrina strategica degli Stati Uniti.

Sintomatico è anche l'improvviso e forte aumento degli investimenti nipponici in India, paese divenuto più appetibile per le multinazionali di Tokyo dopo le crescenti tensioni politiche nei rapporti tra il Giappone e la Cina. Anche nell'approccio all'India, il Giappone segue da vicino la nuova dottrina statunitense: la priorità assoluta diventa quella di inserire un cuneo fra i due giganti di Cindia, per impedire che si saldi un'alleanza da cui il mondo filoamericano risulterebbe rimpicciolito e sminuito nella sua influenza.

Pechino non sta a guardare. Non è disposta ad abbandonare l'India agli americani perché la usino per costruire un «cordone sanitario» di alleati filo-occidentali attorno ai suoi confini. Come di consueto, la Cina usa con abilità la sua leva economica per rafforzare l'influenza diplomatica: dal 1998 a oggi il commercio bilaterale sino-indiano è esploso del 700 per cento. In quanto all'India, a differenza del Giappone, non si rassegna al ruolo di satellite subalterno degli Stati Uniti in chiave anticinese. L'India ha una visione di sé come di una vera potenza, autonoma e fiera. Non dimentica di essere stata a lungo trascurata dai presidenti degli Stati Uniti, che le hanno preferito Pechino (Nixon dal 1972) o il Pakistan (Bush dopo l'11 settembre 2001). Come ha scritto Vikram Sood sull'«Hindustan Times», «decenni di democrazia non ci hanno risparmiato le sanzioni americane, mentre i dittatori venivano premiati e rafforzati dagli Stati Uniti». New Delhi accetta le recenti avances statunitensi, incassa il successo ottenuto sul terreno nucleare, ma non per questo si lascia dettare la sua politica estera. Il rapporto con la Cina l'attira e la interessa. I dirigenti indiani hanno una visione lucida e lungimirante del futuro: prevedono un mondo in cui inevitabilmente la vecchia superpotenza dominante (gli Stati Uniti) e la nuova superpotenza emergente (la Cina) si contenderanno l'egemonia. È uno scenario classico che si ripete. Nella storia, gli equilibri mondiali sono sempre ruotati intorno alla sfida tra la nazione che ha la supremazia e il numero due che emerge per contendere la leadership. In quello scenario, all'India converrà giocare il ruolo che ebbe la Cina nella guerra fredda Usa-Urss dagli anni Settanta agli anni Novanta: è la posizione del terzo attore, che lucra la sua rendita mettendo «all'asta» di volta in volta l'appoggio all'uno o all'altro.

C'è un terreno cruciale su cui Cindia è già una realtà di fatto e fa venire i brividi all'Occidente. È la corsa all'accaparramento della risorsa mondiale più scarsa e più strategica: l'energia. All'inizio del 2006 se ne ha una conferma quando Cina e India insieme rompono l'isolamento dell'Iran e sfidano le ire degli Stati Uniti proprio mentre il regime degli ayatollah accelera i suoi progetti di armamento nucleare. Un maxicontratto da 100 miliardi di dollari ha come protagonista Sinopec, l'ente petrolifero di Stato della Cina, che svilupperà uno dei più grandi impianti di estrazione petrolifera iraniani a Yadavaran. Al termine dei lavori realizzati dai cinesi, da quel giacimento verranno estratti fino a 300.000 barili di petrolio al giorno. È un aiuto importante per il regime islamico, che ha bisogno di tecnologie e know how per ammodernare le sue infrastrutture di estrazione petrolifera disertate dagli investitori statunitensi. In contropartita, i cinesi otterranno a partire dal 2009 un accesso privilegiato al gas naturale iraniano per un quarto di secolo. In questo accordo la Sinopec diventa azionista del centro di Yadavaran al 51 per cento, seguita dalla India Oil and Natural Gas Corporation con una quota del 29 per cento. Il contratto garantisce nuove fonti di approvvigionamento vitali per sostenere la crescita industriale della Cina e dell'India. D'altra parte, è un salvagente politico prezioso per il regime di Teheran, che, grazie al rapporto con i due giganti asiatici, è meno isolato. Se Washington si illudeva di arruolare l'India tra i suoi vassalli, un altro risveglio brutale è stato il via libera di New Delhi per la costruzione di un oleodotto tra l'Iran e l'India, attraverso il Pakistan. Mentre le economie occidentali soffrono per il caro-petrolio, e l'Europa è vulnerabile alle riduzioni di forniture di gas russo, l'attivismo di Cindia per conquistare energia si dispiega in tutti i continenti. Nel 2005 l'Asia è già diventata l'acquirente del 66 per cento del petrolio del Golfo Persico. Entro il 2010 ne comprerà il 75 per cento.

Democrazia-dittatura, il confine mobile

Per il corrispondente di un giornale occidentale a Pechino, ogni viaggio a New Delhi offre emozioni gradevoli e rilassanti quanto un massaggio ayurvedico: appena arrivato all'aeroporto, ti compri cinque quotidiani indiani, in lingua inglese, e scorrendoli sai subito tutto quello che sta accadendo, il peggio e il meglio. Dalle prime pagine agli editoriali, ogni pecca del sistema è esposta alla luce del sole, denunciata, gridata. Gli scandali politici e le inefficienze, gli scontri sociali, le tensioni tra ricchi e poveri, fra gli interessi delle campagne e delle zone più sviluppate, i contrasti di mentalità e cultura fra le generazioni, nulla è taciuto. L'India è una casa di vetro, le sue cento anime si confrontano costantemente in una gioiosa cacofonia, lo spettacolo del pluralismo e della libertà di espressione ti avvolge e dà le vertigini. Vai a cena con un gruppo di amici indiani e subito ti senti «a casa»: stigmatizzano le coalizioni multipartitiche rissose e turbolente, lamentano gli intrighi e le mediazioni fra le lobby, la defatigante ricerca del consenso dei sindacati, le tortuosità e i costi del federalismo. Intervisti dei ministri o dei leader di partito e ti accorgi che parlano con disinvoltura il tuo linguaggio. Analizzano la politica interna ed estera con la stessa logica trasparente che si usa a Washington e a Londra, a Parigi e a Berlino.

Per chi la frequenta a intervalli regolari, lo spettacolo della democrazia indiana garantisce anche una robusta dose di sensazioni irritanti. Come l'arrivo all'aeroporto di Calcutta o Bombay periodicamente paralizzato da uno sciopero a oltranza di tutte le maestranze, con i passeggeri che bivaccano nelle sale d'aspetto, le toilette intasate, l'aria condizionata e le scale mobili guaste, l'acqua potabile introvabile, montagne di rifiuti che si accumulano e imputridiscono all'aria aperta per giornate intere. La ripetitività della corruzione può darti la nausea. Arrivi nel 2001 e il telegiornale si apre con lo scandalo di uno dei più noti politici indiani filmato da una telecamera nascosta mentre riceve mazzette in contanti per un contratto di forniture di armamenti. Ti ritrovi di nuovo in India nel 2005 la sera in cui il telegiornale si apre con l'infamia di un intero gruppo di parlamentari ripresi dalle telecamere mentre intascano banconote. Sul clan dei Gandhi incombe per anni il tormentone di una tangentopoli, l'affaire-Bofors, in cui è coinvolto anche un faccendiere italiano. Ancora una volta senti un'atmosfera familiare. In questo caso ne faresti volentieri a meno.

Nel novembre 2005 il Parlamento di New Delhi ha dato il via libera al cantiere della più grande diga mai costruita in India, per alimentare una centrale idroelettrica da 1500 megawatt. Il bacino d'acqua da 15 miliardi di metri cubi a Tipaimukh, sul fiume Barak, minaccia un cataclisma ecologico i cui danni si estenderebbero al vicino Bangladesh: riduzione di un terzo della portata dei fiumi, invasione di acqua salata dalla Baia del Bengala, distruzione della fertilità delle terre e dei raccolti. Bisogna arrendersi all'evidenza: la democrazia indiana non è più rispettosa dell'ambiente di quanto lo sia l'autocrazia cinese. A New Delhi, Calcutta e Bombay gli occhi ti bruciano ogni sera come a Shanghai e Pechino. Lo stesso cielo plumbeo, la stessa puzza di zolfo in mezzo agli ingorghi del traffico, lo stesso smog si incolla in gola e ti intasa i polmoni come fossi un fumatore incallito.

La vergogna delle caste. La terribile condizione delle donne nelle campagne. Gli stupri punitivi decisi dai clan applicando barbare leggi del taglione. I casi, in diminuzione ma non scomparsi, di «roghi» delle vedove immolate alla morte dei mariti. Sono le sconfitte più gravi per la democrazia indiana. Il comunismo livellatore della Cina ha lasciato in fondo ai cuori almeno un'eredità positiva, l'idea di uno zoccolo minimo di dignità eguale per tutti, donne comprese.

Non ho ancora trovato un dirigente del Partito comunista cinese che sembri disposto a considerare l'India come un modello ispiratore per una riforma politica. Sulla democrazia in Giappone, a Taiwan o in Corea del Sud le autorità cinesi sono malignamente loquaci, pronte a spargere ironie sprezzanti. La Tv di Stato a Pechino non perde mai l'occasione di ritrasmettere al telegiornale una «scazzottatura» fra deputati di opposte fazioni al Parlamento di Taipei o Seul, nonché di illustrare nei minimi dettagli l'ultimo scandalo di bustarelle a Tokyo. Della democrazia indiana, invece, si parla il meno possibile. Mentre tanti leader indiani sono pronti ad ammettere che il decisionismo di Pechino ha i suoi vantaggi e il suo fascino, nel senso inverso vige una regola non scritta del silenzio. È come se l'immensità del fenomeno democratico indiano fosse un pianeta non identificato, un oggetto misterioso che la Cina non desidera sondare. Finora.

Eppure, dietro la facciata apparentemente immobile, il granitico regime cinese è percorso da fremiti di cambiamento. Non sempre sono facili da decifrare, ma ci sono. Sotto la superficie si nascondono cose sorprendenti. Per esempio, si scopre che negli ultimi anni molti sindaci e dirigenti del Partito comunista sono stati «sfiduciati» dai cinesi, con indici di gradimento inferiori al 50 per cento. Non è lo spoglio di un risultato elettorale, è una rivelazione dai sondaggi d'opinione, che la stessa nomenklatura comunista divora avidamente.

In un paese dove non ci sono libere elezioni, dove i mass media sono censurati e il dissenso viene represso, l'idea di fare indagini sulla popolarità dei leader sembra sovversiva. Invece, qualcuno l'ha trasformata in un business fiorente: Victor Yuan, presidente della società Horizon di Pechino, è il re dei sondaggi in Cina. Al suo servizio lavorano 300 esperti e 30.000 intervistatori che setacciano il paese più grande del mondo per interrogare la popolazione. Il quarantenne Yuan ha un dottorato a Harvard, parla un inglese perfetto ed è un esperto stimato in America. È anche un imprenditore abile. Per anni si è fatto un nome nelle ricerche di marketing, offrendo i suoi servizi alle multinazionali che vogliono capire i gusti di un miliardo di consumatori cinesi. Poi ha intuito l'esistenza di un altro mercato, quello politico. Sotto il partito unico, visto che i governanti non rischiano di essere mandati a casa da un'opinione pubblica scontenta, può stupire che i sondaggi politici abbiano un mercato. Invece i vertici ne fanno un uso crescente.

Dopo la rivolta di piazza Tienanmen nel 1989, i dirigenti cinesi sono ossessionati dal timore di non cogliere in tempo i segnali del malcontento popolare. La loro forza apparente non li inganna. A modo loro, si pongono il problema del consenso. «Il governo» confessa Yuan «cerca di usarci come un surrogato della democrazia. E anche come uno strumento per controllare la periferia, perché Pechino non si fida di quel che dicono i dirigenti delle province.» Cinese Doc ma diplomato alla prestigiosa Kennedy School of Public Administration, Yuan ha importato nel suo paese le tecniche demoscopiche più moderne. All'inizio, le ha applicate solo alle indagini di mercato e in pochi anni la sua agenzia è diventata uno dei colossi del settore, capace di competere in Cina con i leader del mestiere come Gallup e Ipsos. Poi, però, ha voluto esplorare un terreno esplosivo, che agli stranieri è tassativamente vietato. Yuan non nasconde che la sua è un'audacia calcolata, il frutto di amicizie altolocate, e anche di molti compromessi. «Anni fa ho lavorato nel settore pubblico, ho una buona rete di relazioni, so come trattare con loro e so quali limiti non devo superare. Per esempio, nei miei sondaggi non affronto mai soggetti tabù come la setta Falun Gong o Taiwan. Un'altra regola d'oro: non faccio sondaggi politici per committenti stranieri, come i giornali occidentali, altrimenti sarei accusato di spionaggio.»

Nonostante queste cautele, l'esordio di Yuan nelle inchieste d'opinione è stato conflittuale. Il suo primo tentativo, a metà degli anni Novanta, fu bloccato dalla polizia, convinta che i risultati dei suoi sondaggi andavano trattati come «segreti di Stato». Una conferenza stampa, convocata per presentare il suo lavoro ai giornalisti stranieri, venne cancellata d'autorità. Nel 1997 avvenne la prima svolta. Jiang Zemin, allora presidente della Repubblica e segretario generale del partito, partendo per gli Stati Uniti ordinò un sondaggio sulla propria immagine all'estero. Era un fatto senza precedenti, il tentativo di usare moderni strumenti d'indagine demoscopica per calibrare i messaggi che il numero uno cinese avrebbe mandato nel suo viaggio in America. Così Jiang Zemin fece scoprire alla nomenklatura di Pechino l'utilità delle indagini d'opinione. «Però i sondaggi all'interno della Cina» spiega Yuan «all'inizio li facevano fare da una struttura dello stesso Partito comunista, la commissione di controllo. C'è voluto qualche anno perché capissero che quei risultati erano inaffidabili.» Quando la Horizon ha avuto via libera per esplorare gli umori della popolazione, i suoi intervistatori avevano un vantaggio: erano già noti tra la gente per le indagini di marketing sui prodotti di consumo, dai dentifrici alle merendine, quindi il pubblico non li scambiava per informatori della polizia. «La diffidenza non è scomparsa del tutto. Alcuni si chiedono: se do un giudizio negativo sul sindaco della mia città, che cosa mi succederà? Inoltre, a volte i cinesi non hanno un'opinione precisa sui dirigenti, semplicemente perché nessuno gliel'ha mai chiesta e quindi non sono abituati a formarsi un giudizio critico sul personale di governo.»

Ma via via che queste inchieste entrano nel costume sociale, gli intervistati diventano meno timidi. Negli ultimi anni la Horizon è riuscita a portare a termine dei sondaggi rivelatori. Le pagelle sui sindaci sono istruttive. Si scopre che il primo cittadino di Pechino ha avuto un calo sensibile di consensi tra il 2003 e il 2004, forse per aver gestito male la crisi della Sars o per le polemiche sugli espropri di case popolari rase al suolo dai cantieri delle Olimpiadi. Alcuni sindaci di grandi città come Canton e Wuhan in tre anni sono crollati a livelli pericolosamente vicini alla soglia del 50 per cento degli scontenti, una «crepa» vistosa nell'apparenza monolitica del regime. Se alle grandi città si aggiungono le centinaia di centri minori della Cina profonda, la quota di approvazione dei sindaci, in media, scende sotto la metà della popolazione. Le risposte sono ancora più significative quando, anziché chiedere un voto di gradimento generico, si entra nel merito dell'azione di governo. Nel giudizio sugli amministratori locali, basato sul livello di corruzione, il consenso precipita sotto un terzo degli intervistati nelle grandi città, e sotto un quinto nelle campagne.

Se Yuan realizzi anche dei sondaggi sulla popolarità dei dirigenti centrali – il presidente Hu Jintao, il premier Wen Jiabao – non è possibile saperlo: lui non ce lo dirà. Ufficialmente le indagini sull'opinione pubblica non sono arrivate a mettere sotto i riflettori anche i massimi livelli del potere cinese. Ma i risultati degli amministratori locali sono già un campanello d'allarme importante. «Dopotutto» osserva Yuan «in questo sistema politico i dirigenti periferici sono tenuti a eseguire le direttive di Pechino. Se il loro indice di soddisfazione va a picco, non è un fatto marginale, il governo ne è coinvolto.» I risultati dei sondaggi sono così controversi che spesso Pechino, dopo averli autorizzati, ne ha proibito la divulgazione al pubblico. «La prima inchiesta demoscopica sui sindaci nel 2002» dice Yuan «fu oscurata da un silenzio stampa totale. L'anno seguente alcuni media pubblicarono i risultati, poi intervenne la censura. Nel 2004 i giornali locali ci diedero spazio, ma solo nelle città dove i sindaci avevano avuto il gradimento più alto. È già un progresso: anche così si diffonde comunque l'idea che la gente ha il diritto di esprimere un gradimento. Quindi che i governanti possono essere giudicati.»

Per i vertici della nomenklatura, i grafici e le percentuali della Horizon non sono l'unica fonte di informazioni. Nel marzo di ogni anno si tiene a Pechino una sessione legislativa del Congresso del Popolo: è il Parlamento cinese, composto per la quasi totalità di membri del partito, e la sua funzione, per lo più, consiste nell'approvare disciplinatamente le leggi proposte dal governo. Nel febbraio 2006, alla vigilia della consueta assemblea legislativa, l'agenzia di stampa ufficiale Xinhua ha organizzato un sondaggio sul suo sito Internet. La domanda era una sola: «Se io fossi un rappresentante del popolo al Congresso, proporrei di...». I cittadini, protetti dall'anonimato, potevano completare quella frase esprimendo così desideri e rivendicazioni. Il forum online ha fornito risposte tutt'altro che banali. Ecco alcuni degli auspici apparsi sul sito ufficiale, e non censurati: «Assicurare che i cittadini possano esercitare i loro diritti politici», «Combattere la corruzione dei dirigenti», «Togliere le auto blu ai quadri di partito», «Cambiare lo statuto dei contadini in modo che siano dei cittadini con tutti i diritti», «Visto che l'imperatore controlla le acque, ma ha fallito nella politica delle dighe, bisogna dare al popolo un potere di supervisione».

Un risultato perfino più eclatante è emerso da un sondaggio compiuto nel 2004 fra 500 quadri locali (amministratori, sindaci, funzionari di partito nelle province), che hanno seguito corsi di formazione presso la scuola ideologica del Partito comunista. Il 60 per cento dei dirigenti interrogati si sono dichiarati «insoddisfatti riguardo al progresso della democrazia». L'85 per cento ha espresso il desiderio che vengano accelerate le riforme politiche. Il 49 per cento ha detto che la fiducia popolare verso il partito si è indebolita. Questi sono pareri non della gente comune, ma di membri della nomenklatura. Sullo sfondo ci sono fenomeni di massa e punte di esasperazione ben più gravi: le proteste violente che si moltiplicano nelle campagne; gli episodi di guerriglia urbana contro le demolizioni di quartieri popolari destinati alla speculazione; gli scioperi spontanei nelle fabbriche, dove gli operai rivendicano salari più alti.

Come reagiscono i massimi dirigenti di Pechino? Anche fra loro si aprono improvvisi squarci di verità. «Gli espropri forzati e illegali dei contadini senza adeguate compensazioni sono la causa delle rivolte.» Questa frase non la pronuncia un'associazione di difesa dei diritti umani. È un allarme lanciato a Pechino il 20 gennaio 2006 dal premier Wen Jiabao e ripreso dai mass media nazionali. È la prima volta che i vertici del regime riconoscono una responsabilità politica dietro l'ondata di proteste. Alla vigilia del discorso di Wen Jiabao, il ministro dell'Interno ha reso noti i dati ufficiali sull'ampiezza dei conflitti: nel 2005 gli episodi di «disordini pubblici» sono saliti a 87.000, in aumento del 6,6 per cento rispetto all'anno prima, coinvolgendo circa 4 milioni di persone. Per un regime autoritario, che idolatra l'ordine e la stabilità, è un'ammissione pesante. Il governo non nasconde che all'origine di queste rivolte c'è il crescente divario tra le «due Cine»: da una parte, le metropoli della fascia orientale del paese dove si è concentrato lo sviluppo industriale e il nuovo benessere, Pechino, Tienjin, Shanghai, Nanchino, Hangzhou, Canton e Shenzen; dall'altra, le vaste zone rurali del centro-ovest, rimaste indietro nei redditi e anche nei servizi sociali più elementari, dalla sanità all'istruzione.

Nonostante sia in atto da anni una massiccia emigrazione dei contadini verso le città, sono ancora 800 milioni i cinesi che abitano nelle zone rurali. Il loro reddito pro capite in media è meno di un quarto di quello della popolazione urbana. Alla diseguaglianza economica si aggiunge un'inferiorità nei diritti: mentre i cittadini sono liberi di comprare e vendere le loro case, i terreni agricoli sono ancora soggetti al potere pubblico e la decisione di venderli viene presa dalle autorità locali. Qui sta la radice dei soprusi denunciati dal premier. Via via che avanza l'industrializzazione e le imprese hanno bisogno di nuove terre, la nomenklatura comunista si arricchisce in collusione con i capitalisti. Le autorità locali vendono la terra per costruirvi fabbriche, palazzi o centrali elettriche. I contadini vengono cacciati, perdono i campi che coltivavano, ricevono indennizzi irrisori. Sempre più spesso, però, le vittime si ribellano. E sempre più spesso, grazie alla diffusione dei telefonini e di Internet, le notizie delle proteste vengono trasmesse alla stampa libera di Hong Kong o alle organizzazioni umanitarie, quindi rimbalzano all'estero. Di qui la clamorosa autocritica del primo ministro, con l'ammissione che «la stabilità del paese è minacciata».

Non è chiaro quanto il governo centrale sia deciso a stroncare gli abusi degli espropri forzosi, o se sia in grado di farlo. A livello locale i comportamenti non cambiano. L'arricchimento personale dei quadri di partito prosegue indisturbato, salvo le periodiche campagne di epurazione e le condanne esemplari di alcune «mele marce» che vengono date in pasto all'opinione pubblica. Perfino una misura storica in favore dei contadini decisa alla fine del 2005 da Pechino – l'abolizione della tassa sul grano antica di 2500 anni – viene vanificata in alcune province, perché le amministrazioni municipali hanno il potere di imporre arbitrariamente altri balzelli. Chi vuol credere nella buona fede dei dirigenti centrali deve trarne una conclusione allarmante: Pechino ha un controllo limitato del territorio, i potentati delle province fanno il buono e il cattivo tempo; le nuove mafie, nate dalla collusione fra capitalisti, sindaci, capipartito, possono permettersi di ignorare gli editti dell'imperatore lontano. In parte questo è vero, ci sono le prove che i boss locali possono sfidare la capitale.

Lo dimostra un infortunio politico in cui incappa Wen Jiabao nel settembre 2005. Il primo ministro va in visita ufficiale nella ricca metropoli industriale di Shenzhen, nella Cina meridionale, annuncia che quella città sarà il laboratorio di un esperimento politico importante: l'elezione «libera» degli amministratori municipali con un sistema a più candidati. È una riforma già avvenuta in alcune zone del paese, ma solo su scala ridotta, in alcuni villaggi, mai in un grande centro. È un progresso limitato, non rappresenta una forma di democrazia compiuta: ai candidati plurimi non corrisponde una pluralità di partiti. Però è un passo avanti per dare ai cittadini un peso nella scelta degli amministratori. A Shenzhen quel passo annunciato non è avvenuto. Una volta che la visita ufficiale è finita e Wen è tornato a Pechino, i dirigenti di Shenzhen hanno fatto finta di niente. Di fatto hanno trattato il premier come se non contasse nulla. L'episodio sconcertante fa pensare che c'è una leadership buona e illuminata a Pechino, e una dirigenza cattiva in periferia che si abbarbica al suo potere.

Questa rappresentazione è un po' troppo manichea e pecca di ingenuità. Ogni volta che dei militanti dei diritti civili o dei giornalisti coraggiosi hanno denunciato gli abusi a livello locale, Pechino ha ordinato o avallato la loro repressione. Il presidente Hu Jintao – con la sua teoria della «società armoniosa» – ha in mente un'evoluzione politica graduale e rigidamente guidata dall'alto, ispirata al paternalismo confuciano, non una società aperta dove i contropoteri sorvegliano e correggono i governanti. La bonifica del malaffare deve calare dall'autorità dei dirigenti, non può essere conquistata da outsider che sfidano il monopolio del Partito comunista. La denuncia delle piaghe che affliggono la Cina di oggi – dall'inquinamento alla corruzione – spetta ai capi, e le campagne che essi lanciano attraverso i mass media prevedono sempre un «lieto fine» che conforta la legittimità del regime.

Un esempio dell'approccio controllato che piace a Hu Jintao è uno scoop giornalistico che va in onda nelle case dei cinesi la sera del 9 febbraio 2006 all'ora di cena. Una telecamera segue il cronista al primo piano di un caseggiato, dentro uno stanzone pieno di ragazzini che stanno assemblando dei giocattoli. «A sorpresa» commenta la voce del giornalista «appena cerchiamo di parlargli, è scattato un fuggi fuggi generale. Alla fine, riusciamo a bloccarne qualcuno al piano di sopra, sono bambini che dimostrano 11 o 12 anni.» Il cronista ne interroga uno: di dove sei, quanti anni hai? «Vengo dalla provincia del Guangxi ... ho 15 anni.» Che classe fai? «La quinta elementare.» È difficile credergli, commenta la voce fuori campo, dalla statura e dall'aspetto ne dimostra molti meno. «Tutti i ragazzi» prosegue il reporter televisivo «riflettono a lungo prima di rispondere alle nostre domande. Dal primo giorno in cui hanno cominciato a lavorare in fabbrica, li hanno istruiti a rispondere sempre che hanno l'età minima legale per lavorare. Ci sono 50 bambini impiegati in questa fabbrica. Come gli adulti, lavorano più di 10 ore al giorno. Abbiamo anche notato un regolamento appeso al muro che proibisce agli operai di lasciare il posto di lavoro per più di 10 minuti.»

Questo scoop sullo sfruttamento dei minori in una fabbrica di giocattoli a Dongguan, nella regione cinese del Guangdong, va in onda sulla Cctv, la rete di Stato cinese. Un magazine di attualità dalla audience elevata rompe così il tabù dello sfruttamento minorile nelle fabbriche cinesi. Il reportage rivela che alcuni di questi ragazzi hanno passato le «vacanze scolastiche» del Capodanno cinese curvi alla catena di montaggio, con turni di lavoro fino a 12 ore e anche rotazioni di notte, salari di 600 yuan al mese (60 euro), cioè meno della metà del minimo legale, mansioni pericolose, che li espongono a sostanze tossiche come colle e vernici dalle esalazioni nauseabonde. Molti di questi ragazzi hanno abbandonato la scuola dell'obbligo, perché le famiglie non potevano mantenerli.

La vera notizia non è l'esistenza del lavoro minorile in Cina. Quei giornalisti cinesi, che già se ne sono occupati in passato, hanno subìto la censura, alcuni hanno perso il posto di lavoro, altri sono stati minacciati o arrestati dalla polizia. La novità è che sia scesa in campo la televisione di Stato per spezzare l'omertà. È un segnale che il governo di Pechino vuole finalmente combattere questa piaga? Lo scoop della Cctv è ortodosso, perché prevede un ruolo positivo per le autorità. «Durante il nostro reportage nel Guangdong» commenta il cronista «il governo locale ha scoperto più di duecento bambini sfruttati nelle fabbriche di Dongguan. La polizia è stata allertata. Abbiamo incontrato alcuni di questi ragazzi mentre sporgevano denuncia, accolti nel commissariato di polizia.» Il finale positivo è d'obbligo, ma durante i 20 minuti della trasmissione, i telespettatori hanno avuto diritto a un'informazione precisa, accurata, drammatica.

Fino a quando può reggere questo gioco di equilibrismo, di cui lo scoop della Cctv è un esempio tipico? Hu Jintao vuole riformare la Cina così, a dosi omeopatiche, distillando l'informazione sugli scandali col contagocce, presentando l'autorità dello Stato come il buon padre di famiglia, che punisce i mariuoli e raddrizza i torti. Guai a insinuare che è il sistema a essere marcio, che le ingiustizie non si curano finché i cittadini non conquistano il potere sovrano di licenziare i governanti e sceglierne altri.

Quanto può durare il modello «confuciano» in una società esposta comunque a flussi crescenti di informazione, dove centinaia di migliaia di giovani vanno a studiare nelle università occidentali, dove decine di milioni di turisti viaggiano all'estero ogni anno, dove il telefono e le e-mail consentono di conversare quotidianamente con i cugini che abitano a San Francisco e New York, dove, malgrado la censura massiccia di Internet dei nuovi blog, continuano a spuntarne dei nuovi dietro quelli che vengono chiusi? Il paternalismo sta già stretto a molti cinesi, che scelgono il mestiere di avvocato per tutelare in tribunale i diritti calpestati dei loro concittadini, a tanti cinesi che già oggi danno vita a una fioritura di associazioni ambientaliste.

L'economista e sociologo He Fan dell'Accademia delle scienze di Pechino osserva che la percezione dell'eguaglianza e della giustizia nei paesi emergenti è stata rivoluzionata dalla «società in tempo reale». Ancora una generazione fa, la maggior parte del territorio della Cina o dell'India era popolato di contadini che nascevano e morivano in un villaggio; ognuno di loro conosceva al massimo 300 persone, più o meno povere quanto lui. Oggi i figli di quei contadini hanno in casa una Tv che mette in scena spettacoli di varietà, film e pubblicità invasi dallo stile di vita, dalla ricchezza e dai valori dominanti della middle class urbana di Shanghai e di Bombay. Per la generazione dei padri le aspettative erano commisurate al passato. Se il sistema politico riusciva a fornire un tenore di vita un po' migliore rispetto al passato, il consenso era assicurato. Oggi le aspettative si creano nel confronto con il presente degli altri: il punto di riferimento per i giovani delle campagne sono i coetanei di Shanghai e Bombay, i loro vestiti e le loro auto, i loro telefonini e le loro discoteche. Se si ferma per una crisi la gioiosa macchina da guerra che ha garantito tassi di crescita del 9 o del 10 per cento annuo alla Cina, che cosa può nascere dall'implosione delle aspettative deluse di centinaia di milioni di cinesi?

Gli indiani hanno esattamente lo stesso problema: come governare una società dove le aspettative viaggiano in tempo reale dalla Silicon Valley di Bangalore fino alla miseria arcaica dei sikh nel Bihar. Loro hanno però delle valvole di sfogo. L'alternanza di governo, il voto di protesta per l'opposizione, la libertà di manifestare e di scioperare, di associarsi, di avere voce sulla stampa.

Almeno una volta, all'origine dei tempi, la Cina accettò di importare dall'India un potente sistema di valori destinato a cambiare il corso della storia, impregnando per secoli la propria civiltà. La leggenda vuole che sia stato l'imperatore Ming della dinastia degli Han orientali, nell'anno 64 dopo Cristo, a vedere in sogno l'apparizione di una divinità dorata, sospesa nel cielo, con la testa calva. Il mito del sogno di Ming segnala l'avvio della penetrazione dall'India del buddismo, quella che sarebbe diventata la religione più diffusa tra i cinesi. Due millenni dopo, è improbabile che il cambiamento avvenga solo per il sogno di un imperatore.

Il mistero del funerale cinese

«Lei lo sa che non si è mai visto in questo paese il funerale di un cinese?» È la prima domanda che mi attende al varco e mi perseguita ogni volta che viaggio in Italia. Non appena rivelo a un connazionale che io abito a Pechino, il quesito scatta inesorabile. Me lo sono sentito rivolgere da tassisti milanesi, albergatori veneziani, commercianti romani. «Con tutti i cinesi immigrati qui in Italia, lei come se lo spiega che all'apparenza non muore mai nessuno di loro?» La domanda è retorica. I miei interlocutori hanno già la loro risposta pronta. I cinesi non celebrano funerali in Italia perché fanno sparire le salme dei defunti, nascondono i decessi per riciclare i documenti, trasferiscono l'identità del caro estinto a un giovane parente in arrivo, alimentando così il flusso dell'immigrazione clandestina.

Dietro la Stazione Termini di Roma, in piazza Vittorio e nel popolare quartiere Esquilino, che è diventato la più grossa Chinatown d'Italia, ho visto dei manifesti dell'associazione commercianti che invitano la popolazione a ribellarsi contro «l'invasione dei grossisti cinesi». Ci sono esercenti e abitanti della zona che lamentano di essere «sfrattati dai cinesi» perché «quelli» sono pronti a pagare prezzi esorbitanti per comprare appartamenti e negozi. In contanti e in nero (anche il «nero» è un'invenzione cinese, a quanto pare). Tensioni nella convivenza tra gli italiani e gli immigrati orientali si segnalano anche nella Chinatown più antica del paese, il quartiere di via Paolo Sarpi a Milano.

A Prato gli industriali toscani del tessile-abbigliamento, dopo avere sfruttato per anni la manodopera cinese immigrata nel loro distretto, oggi denunciano il fatto che quei cinesi si sono radicati in Italia, si sono messi in proprio, hanno creato le loro imprese, e, anziché lavorare in subappalto per conto degli ex padroni italiani, sono diventati dei temibili concorrenti, capaci di controllare l'intero ciclo del prodotto, dal design alla commercializzazione dei vestiti *made in Italy*.

A Padova l'Associazione commercianti ha dichiarato guerra al China Market, grande centro commerciale aperto da imprenditori cinesi alla periferia della città. «Sinceramente» ha tuonato il presidente dei commercianti padovani Alcide Tonetto «non riesco proprio a vedere i vantaggi di una presenza cinese, eccetto che per chi gli affitta i capannoni.» A Nord, al Centro e al Sud della penisola ho sentito albergatori dire che il turismo cinese non li interessa «perché spendono troppo poco».

Forse queste reazioni sono giustificate dal fatto che la Cina è troppo potente, minacciosa, troppo diversa, e per di più con un regime autoritario? Forse verso l'India non esiste il rischio di una simile reazione di rigetto? Macché. A Venezia ho avuto la sventura di finire a cena in una trattoria il cui proprietario, appena ha saputo della mia provenienza asiatica, ha sfogato con me per tutta la serata la sua indignazione: «Il nostro Comune ormai concede nuove licenze solo agli indiani che aprono dei fast food pizza&kebab; chissà quali metodi e quali entrature devono avere quelli, sta di fatto che è un'invasione, si guardi attorno, dottore: pizza&kebab, pizza&kebab, spuntano come funghi. Tra un po' a Venezia si potrà mangiare solo indiano, altro che granseola e sarde in saor».

Questo spaccato di reazioni dal mio piccolo mondo antico non è incoraggiante per il futuro dell'Italia. Avendo vissuto a lungo a San Francisco, non ricordo di aver mai sentito un cittadino californiano lamentarsi del fatto che un terzo (proprio così) delle imprese della Silicon Valley sono state fondate da immigrati indiani e cinesi: dal momento che creano ricchezza sono i benvenuti, la loro presenza è considerata come uno dei fattori chiave del dinamismo economico californiano.

Quanto ai turisti cinesi, è falso che spendano poco. Al contrario, proprio perché solo da alcuni anni è diventato facile per loro viaggiare in Europa, i cinesi sono famosi perché partono portando con sé i risparmi accumulati da familiari, amici e colleghi, decisi a fare incetta di prodotti di marche occidentali e tornare a casa carichi di regali. Se non spendono molto in Italia, la colpa non è loro. Siamo l'unico paese europeo che concede i visti turistici col contagocce dopo attese estenuanti, e la cui compagnia aerea nazionale non vola a Pechino. I principali tour operator che gestiscono il grande business del turismo cinese sono tedeschi e francesi, quindi naturalmente li portano a fare shopping al duty free dell'aeroporto di Francoforte e alle Galeries Lafayettes di Parigi.

Resta il «mistero» dei funerali. Qualche caso di cadavere occultato ci sarà, ma il più delle volte le spiegazioni sono diverse. Il boom dell'immigrazione cinese da noi è recente e la maggioranza sono giovani in età da lavoro, la percentuale di anziani è bassa. Questi ultimi, quando si sentono vicini alla fine, se possibile preferiscono tornare in Cina per morire ed essere sepolti nella terra natale. Se invece muoiono in Italia, spesso vengono cremati e le ceneri vengono rimpatriate secondo un dovere ancestrale: «Quando le foglie cadono» recita l'antico detto cinese «vanno a posarsi ai piedi dell'albero, sopra le sue radici».

Quanto alla presunta «mafia indiana del kebab», ho il forte sospetto che il sindaco di Venezia, Massimo Cacciari, sia innocente. Per convertire i turisti a una dieta di curry e tandoori bastano i listini dei prezzi dei ristoratori veneziani.

L'attenzione che l'Italia dedica a demonizzare i colossi asiatici andrebbe consacrata invece a studiare le opportunità che ci offrono. Il coraggio dovrebbe andare di pari passo con la fantasia. Vale per l'immenso mercato cinese la regola: più gravi sono i problemi, più grandi sono le opportunità. Nell'area di Rho-Pero, vicino all'autostrada Milano-Torino, laddove c'era in passato una raffineria dell'Agip, è stato costruito il nuovo polo della Fiera milanese. Per bonificare i terreni contaminati dal petrolio, un'azienda italiana ha usato una tecnica di avanguardia: microrganismi che biodegradano gli idrocarburi, in sostanza dei «batteri buoni» che distruggono in modo naturale l'inquinamento.

È incoraggiante scoprire che il *made in Italy* è fatto anche di aziende all'avanguardia mondiale in procedimenti tecnologici così sofisticati. Sarebbe bello vedere queste aziende lanciate alla conquista di Cindia. Purtroppo l'Italia ha ancora una presenza marginale nel gigantesco «business ambientalista» che si sta aprendo in Asia. La sola città di Pechino è impegnata in una gara contro il tempo per rispettare gli impegni presi in vista delle Olimpiadi del 2008: ha promesso di ridurre drasticamente lo smog, ma questo richiede investimenti enormi per la riconversione del parco auto, delle raffinerie, del riscaldamento domestico, delle centrali elettriche, e per la bonifica di aree industriali dismesse. Inaugurando la sessione legislativa del Congresso di Pechino il 5 marzo 2006, il premier Wen Jiabao ha messo al primo posto del programma di governo la lotta all'inquinamento. Nelle decine di «new town», le nuove città cinesi che saranno costruite dal nulla per assorbire 200 milioni di immigrati dalle campagne, vengono introdotti per la prima volta criteri di sviluppo sostenibile, know how ecologico. Nelle capitali dell'industria informatica indiana, Bangalore e Hyderabad, il ceto sociale dominante è una generazione di trentenni laureati in matematica e ingegneria che aspirano a una qualità della vita vicina alla cultura dello slow food e ai paesaggi del Chianti, non agli ingorghi asfissianti di Bombay. In mezzo ai ritmi travolgenti di uno sviluppo che brucia tutte le tappe, Cindia scopre già i bisogni di una società postindustriale. Ha problemi giganteschi da risolvere, e, se non li risolve, le conseguenze ricadranno sull'umanità intera. Qualche soluzione potremmo fornirla anche noi, se soltanto volessimo esplorare le nuove frontiere dello sviluppo mondiale invece di rimuginare i nostri piccoli rancori di provincia e le nostre diffidenze sui morti senza funerale.

La parabola dell'antico ammiraglio

Seicento anni fa salpava dall'allora capitale imperiale di Nanchino una flotta di 208 navi fra ammiraglie, bastimenti militari, vascelli per la ricerca scientifica, grandi giunche mercantili per il trasporto di truppe e di cavalli, di sete preziose e di acqua potabile. Era un'*invencible armada* con 28.000 uomini a bordo, che, secondo l'esperta di storia navale Louise Levathes, non fu eguagliata nei secoli successivi neppure dagli spagnoli o dagli inglesi all'apice della loro potenza. Solo nella prima guerra mondiale gli oceani avrebbero rivisto un simile dispiegamento di forze. Dal 1405 al 1433 quella «flotta dei tesori» effettuò sette memorabili spedizioni, che dalla Cina la portarono a esplorare e colonizzare economicamente i paesi affacciati sull'Oceano Indiano, l'Africa orientale, il Golfo Persico e i confini meridionali dell'Egitto. I cinesi sapevano molte cose sull'Europa ma, a causa del suo basso livello di sviluppo, non ne erano attratti; non si spinsero fino alle rive del Mediterraneo, perché sapevano di trovarvi solo lana, vino e poco altro che volessero comprare. In un'epoca in cui una parte dell'Europa doveva ancora uscire dall'arretratezza del Medioevo, e le repubbliche marinare italiane erano troppo piccole per competere con lei, la Cina era l'unica superpotenza mondiale. L'autorità del suo imperatore Zhu Di – che si faceva chiamare Yongle, cioè «gioia eterna» – si estendeva sui mari dalla Corea al Giappone, dall'India all'Indonesia, dal Kenya a Aden.

Sarebbe bastato poco perché i cinesi colonizzassero l'Europa, cambiando il corso della storia. Non lo fecero, e invece un secolo dopo i conquistadores esportarono il dominio dell'uomo bianco nel Nuovo Mondo. Ma l'epopea delle spedizioni navali cinesi – ignorata dai nostri manuali di storia eurocentrici e riscoperta solo di recente da alcuni studiosi come Louise Levathes – è piena di sorprese. Viene ribaltata l'opinione tradizionale che abbiamo avuto sulla Cina di allora. La credevamo una nazione ricca ma ripiegata su se stessa, orgogliosa e indifferente verso il resto del mondo. Tutto errato, come è falso lo stereotipo secondo cui la Cina, anche al suo apogeo, fu sempre e soltanto una potenza militare terrestre. Al contrario, l'imperatore Zhu Di volle lanciare le sue flotte alla conquista degli oceani, perché era un neoliberista ante litteram. Ripudiando la saggezza convenzionale della scuola confuciana, ancora convinta che l'unica fonte di ricchezza e di stabilità fosse l'agricoltura, Yongle incoraggiò invece i mercanti e gli scambi internazionali. Con una visione che oggi appare profetica, era convinto che la Cina aveva tutto da guadagnare dalle esportazioni. «Ora gli abitanti dei quattro mari siano una famiglia sola» decretò l'imperatore della dinastia Ming «e che fiorisca il commercio alle nostre frontiere, e dai paesi lontani gli stranieri siano benvenuti fra noi.»

Singolare fu anche il protagonista dell'apoteosi navale cinese, Zheng He: promosso grande ammiraglio all'età di 34 anni, dopo essere stato un brillante generale dell'esercito, era un eunuco, castrato da bambino per entrare al servizio dell'imperatore. Nella gerarchia del potere cinese, gli eunuchi ricoprivano funzioni cruciali. Lungi dall'essere soltanto i guardiani delle concubine, erano i consiglieri dei sovrani per il protocollo, le finanze della casa reale e la gestione del personale. Ma perfino per le consuetudini cinesi era rarissimo che un eunuco arrivasse a eccellere nell'arte della guerra come Zheng He. L'ammiraglio aveva un'altra peculiarità: era musulmano, a testimonianza di un'epoca in cui la Cina, oltre che un crogiuolo etnico-religioso, era anche un modello di tolleranza. All'inizio del XV secolo, nella sola capitale Nanchino erano censiti più di 100.000 fedeli dell'Islam.

La grande flotta che salpò nel 1405 era l'ultima erede di una straordinaria tradizione navale cinese, quasi certamente la più antica nella storia dell'umanità. Molto prima dei fenici, molto prima che gli antichi greci colonizzassero Creta, già 50.000 anni fa, gli indigeni della Cina meridionale – le popolazioni Yi – furono i primi «boat-people» di cui vi sia traccia sulla terra. Sulle loro scialuppe di bambù migrarono in tutti i mari del Sud fino a popolare Giava, la Nuova Guinea e probabilmente l'Australia. Gli archeologi considerano seriamente anche la possibilità che dei navigatori partiti dalla Cina abbiano attraversato il Pacifico influenzando le civiltà precolombiane in Messico. La scrittura, il calendario, la scultura dei Maya presentano somiglianze sconcertanti con le tradizioni dei cinesi e di altri popoli buddisti dell'Asia.

Gli exploit marittimi furono consentiti anche dall'antica superiorità cinese nella scienza e nelle sue applicazioni. Mille anni prima di Copernico e Galileo, l'astronomo Zhang Heng aveva stabilito con certezza che la terra è rotonda. Dal sestante alla polvere da sparo, tutte le tecnologie decisive per le esplorazioni e per i combattimenti navali videro la luce in Cina con diversi secoli d'anticipo sull'Europa. Quando Marco Polo arrivò alla corte del Kublai Khan nel 1275, i cinesi avevano già sottratto da tempo agli arabi la supremazia nella marina mercantile sulle rotte tra l'Africa e l'Asia. Nel porto di Quanzhou, sulla costa del Fujian, Marco Polo scoprì giunche gigantesche usate per sfidare gli oceani: avevano almeno quattro alberi, 60 cabine individuali per i passeggeri di riguardo (i mercanti), 300 membri di equipaggio e perfino dei giardini pensili a bordo. Una sola di quelle giunche cinesi avrebbe potuto contenere la *Niña*, la *Pinta* e la *Santa Maria* (le tre caravelle di Colombo) tutte insieme.

Quando nel 1403 Yongle diede l'ordine di costruire le nuove flotte imperiali, lanciò uno dei più ambiziosi programmi di opere pubbliche, quasi paragonabile all'edificazione della Grande

Muraglia. Ogni provincia dell'impero fornì il suo contributo all'assemblaggio di 1681 fra navi mercantili, militari e logistiche. Fu sfruttata ampiamente la tecnica dei «cantieri a secco» che gli inglesi avrebbero scoperto solo alla fine del secolo. La maggior parte delle navi avevano quattro ponti e un'avanzatissima stiva di stabilizzazione con terra e pietre; catapulte incendiarie e cannoni con polvere da sparo; prue rinforzate, capaci di resistere all'urto delle barriere coralline. Le ammiraglie arrivavano a 146 metri di lunghezza e 60 di larghezza: tuttora fra le più grandi navi di legno mai costruite nella storia.

Lo scrittore Lou Maotang, nel XVI secolo, ha redatto una dettagliata cronaca delle spedizioni navali dei Ming, e le sue descrizioni sono considerate una miniera di notizie dagli storici occidentali. Le grandi «navi del tesoro» – quelle riservate ai comandanti e ai carichi più pregiati di merci per l'esportazione – avevano 8 alberi, lussuosi saloni di rappresentanza, ponti coperti con eleganti balconate e ringhiere. Nei tesori caricati in stiva figuravano le porcellane Ming delle manifatture imperiali, e tappezzerie di seta *kesi* della densità di 24 fibre a centimetro (le tappezzerie francesi dei Gobelin arrivavano a un massimo di 11). A bordo delle ammiraglie viaggiavano squadre di astronomi, meteorologi, medici, farmacisti e botanici, e anche «insegnanti capaci di leggere libri stranieri», cioè traduttori e interpreti versati soprattutto nell'arabo e nel persiano, lingue franche delle rotte navali. Ogni nave militare possedeva 24 cannoni di bronzo che sparavano granate esplosive, armamenti che nessuno era in grado di eguagliare a quei tempi. Grazie all'indiscussa superiorità militare della Cina, la funzione di quelle armi era soprattutto dissuasiva. L'ammiraglio Zheng He ebbe raramente bisogno di combattere, né aveva per missione l'annessione forzata di terre straniere: non era necessario. Fece alcune operazioni di polizia internazionale, ripulendo i mari dai pirati, o scaramucce brevi con vassalli riottosi in Giappone. Erano episodi minori in una «pax cinese» che regnava incontrastata. Perché dalla Corea a Calcutta, dalla Somalia alla Tanzania, i sovrani locali esibivano rispetto e sottomissione verso la dinastia Ming.

Ancora ai nostri giorni, sulle coste del Kenya abitano famiglie di mulatti africani che si definiscono «dalla faccia rotonda» e sostengono di essere i lontani discendenti dei marinai cinesi della flotta del tesoro. L'armata navale comandata da Zheng He era così vasta che, a più riprese, nel corso delle sette grandi spedizioni, si suddivise in più flotte con destinazioni diverse. Oggi alcuni ricercatori (tra cui l'esperto navale britannico Gavin Menzies) sostengono di aver trovato le prove che una di queste missioni secondarie sfociò nella scoperta dell'America da parte degli esploratori Ming almeno settant'anni prima di Colombo. Questa tesi rimane controversa, anche se a corroborarla è giunto il recente ritrovamento di una carta geografica del mondo, disegnata dai cinesi nel 1418, in cui figura l'America.

Nel 1433, nel corso della settima e ultima spedizione da lui comandata, Zheng He si ammalò e morì in mezzo all'Oceano Indiano. Aveva 62 anni. Negli ultimi 28 aveva percorso 50.000 chilometri e visitato 37 paesi. Il rito funebre fu semplice. Secondo la tradizione islamica, il suo corpo fu lavato e avvolto in un tessuto bianco. Mentre i musulmani a bordo cantavano e pregavano «Allah è grande», la salma scivolò in mare, con la testa rivolta verso la Mecca.

Il destino volle che la morte dell'eunuco ammiraglio coincidesse con una svolta politica dalle conseguenze profonde. Minacciati dalle pericolose incursioni delle orde a cavallo di mongoli e tartari, i Ming furono costretti a una revisione strategica radicale. Spostarono la capitale da Nanchino a Pechino, situata molto più a nord e senza sbocchi sul mare. La potenza navale non era più una priorità militare. Di colpo la difesa della Cina si giocava sulla terraferma. La svolta strategica si accentuò fino al XVII e XVIII secolo sotto la dinastia Qing: l'impero lanciò campagne di conquiste terrestri che ingigantirono la sua estensione incorporando gli sconfinati territori del Tibet, Xinjiang, Mongolia, Manciuria. Quella espansione continentale allargò le frontiere a dismisura, fino a disegnare le dimensioni della Cina odierna.

La morte di Zheng He segna uno spartiacque simbolico, tra la storia che poteva essere e quella che è stata. La Cina si ritirò dai mari proprio quando le nascenti potenze europee osavano affacciarsi sempre più lontano dal Mediterraneo. Eccitati anche dai racconti di Marco Polo, i grandi navigatori dell'Europa cristiana esploravano nuove rotte. Il missionario Juan González de Mendoza, autore di una delle prime storie occidentali della Cina, nel 1585 ammoniva i sovrani europei a seguire l'esempio dei Ming: «Mentre erano occupati in conquiste straniere, i tartari e altri vicini li invasero facendo gran danno. Perciò essi impararono, per la loro quiete e per il loro profitto, a lasciare in pace i paesi più lontani». Spagnoli e portoghesi, olandesi e inglesi non seguirono i consigli di Mendoza. La ritirata della potenza cinese dai mari del Sudest asiatico aprì nuovi spazi di conquista agli europei. Un giorno i loro appetiti si sarebbero scatenati contro la stessa Cina, penetrando nei suoi territori e umiliando gli eredi di quell'imperatore che era stato a un passo dalla conquista del mondo.

La parabola dell'antico ammiraglio dice che il ripiegamento della Cina su se stessa fu la premessa di una lunga e spaventosa decadenza. Quando pensò di non avere nulla da apprendere e tutto da perdere aprendosi al mondo esterno, decretò la propria rovina. Oggi che l'Asia si riprende il suo posto al centro del mondo, com'è naturale e com'era stato per millenni, quella lezione non va dimenticata. Riguarda noi: ritraendoci di fronte a un cambiamento che ci spaventa, ci condanniamo alla deriva.

Indice dei nomi

Adenauer, Konrad, 288, 300
Aggarwal, Vinod, 86
Agnelli, famiglia, 5
Ahluwalia, Montek, 75
Ai Xiaoming, 231-232, 235
Airault, Régis, 81
Akbar, imperatore indiano, 40, 48, 226
Akizuki, Tatsuichiro, 283
Alessandro Magno, re di Macedonia, 225
Ambedkar, Bhim Rao, 84
Amicabile, Diego, 154
Aminan Momixi, 275
An Ti, 237, 251
Anand, Ahish, 20
Anderson, Pamela, 317
Ang, Lawrence, 110
Ang Lee, 113
Annan, Kofi, 216, 292
Aoki, Shoichi, 320
Armani, Giorgio, 179, 334
Ashoka, imperatore indiano, 40, 48
Avnet, Jon, 126

Babu, Kartik, 68
Badawi, Abdullah Ahmad, 116
Bai Ling, 125-127
Barrett, Craig, 21
Basu, Jyoti, 69, 72
Beckham, David, 131

Benedetto XVI (Joseph Ratzinger), papa, 257
Benjamin, Walter, 184
Besson, Luc, 126
Bhagwati, Jagdish, 190
Bhattacharjee, Buddhadeb, 67, 69-71
Bin Laden, Osama, 43
Bismarck, Otto von, 60
Blair, Tony, 219, 246
Bloomberg, Michael, 105
Bodas, Anand, 32
Bonfanti, Paolo, 169-170
Bramante (Donato di Pascuccio d'Antonio), 174
Brando, Marlon, 318
Brandt, Willy, 295
Branson, Richard, 63
Breton, Thierry, 59
Buck, Pearl, 120
Buffett, Warren, 58
Bunyo, Ko, 307
Bush, famiglia, 87
Bush, George W., 4, 9, 38, 94, 98, 100, 105, 221-222, 246, 252-253, 340-342
Bush, Laura, 252

Cacciari, Massimo, 357
Caceros Tatalovich, Nidia, 147
Calvino, Italo, 176
Caretti, Evaristo, 175

Carlos, Roberto, 182
Chamier, colonnello, 34
Chang, Richard, 169
Chávez, Hugo, 4
Chen Hengchao, 183
Chen Jinsheng, 232
Chen Junshi, 193
Chen Kaige, 113, 124
Chen Kaijun, 163-164
Chen Xiangjun, 182-183, 185
Chiang Kai-shek, 219, 300, 304
Chiyou, 263
Chong Quan, 94
Chopra, Radhika, 80
Churchill, Winston, 44, 46
Ciampi, Carlo Azeglio, 176-177
Ciano, Galeazzo, 175
Cin Liu, 156
Cixi, imperatrice cinese, 121, 329
Clinton, Bill, 4, 103, 164, 246, 253
Cohen, Stephen, 82
Colbert, Jean-Baptiste, 188
Colombo, Cristoforo, 360, 362
Confucio (Kung Fu Tzu), 7, 210-215
Copernico, Niccolò, 360
Cordero di Montezemolo, Luca, 159

Dai Zigeng, 238
Dalai Lama (Tenzin Gyatso), 25, 250-251, 260
Dalla Longa, Marco, 158
Das, Gurcharan, 53-54, 58, 334, 337
Dasgupta, Swapan, 42
Dawood, Ibrahim, 35-37
Debussy, Claude, 316
De Gaulle, Charles, 288
De Luca, Armando, 175
De Mille, Cecil B., 77-78
Deng Xiaoping, 12, 49, 54, 66-67, 69-70, 108, 122, 129, 182, 205, 215, 253, 304
De Villepin, Dominique, 105, 107
Dickens, Charles, 142
Dilax Raxit, 275
Dixit, Ajay, 82

Dollé, Guy, 59
Duncan, Isadora, 316

Ecclestone, Bernie, 62
Edoardo, principe di Galles, 316
Elliott, Missy, 131
Engels, Friedrich, 267
En Hai, 329

Falun Gong, 260
Fang Zhouzi, 245
Fei Junlong, 223
Fellini, Federico, 258-259
Feng Xiguang, 261
Ford, Henry, 60
Foster, Jodie, 126
Freud, Sigmund, 81
Friedman, Thomas, 10
Fuller, Thomas, 96

Galilei, Galileo, 360
Gandhi, famiglia, 41, 344
Gandhi, Feroze, 87
Gandhi, Indira, 38-41, 54, 87, 121, 341
Gandhi, Mohandas Karamchand, detto il Mahatma, 36, 39, 49, 53, 56, 79, 81, 335
Gandhi, Rahul, 87
Gandhi, Rajiv, 27, 41, 87
Gandhi, Sanjay, 39
Gandhi, Sonia, 24, 45, 71, 87
Gao Hualin, 186
Garbo, Greta, 113, 316
Gates, Bill, 11, 13, 20, 21, 58, 174, 248
Gautam, Matma, 79
Gengis Khan (Temujin), imperatore mongolo, 224-227
Gere, Richard, 126
Gerli, Quirino, 175
Ghosn, Carlos, 110
Giampa, Robin, 137
Gide, André, 316
Giordano, Bruno, 40
Giorgio III, re d'Inghilterra, 91-92
Giovanni Paolo II (Karol Wojtyła), papa, 256-257, 259

Giscard d'Estaing, Valéry, 59
Gobelin, famiglia, 361
Goebbels, Joseph, 299
Golden, Arthur, 317
Gong Li, 319
González de Mendoza, Juan, 363
Gorbaciov, Michail, 219
Gorge, Abraham, 337
Göring, Hermann, 299
Gregotti, Vittorio, 176
Gu Lin, 187
Gupta, Vineet, 21

Hearst, William Randolph, 77
Hefner, Hugh, 125
He Hongyu, 187
Hengtsmann, Reiner, 143-144
Hesse, Hermann, 81
Hilton, Paris, 317
Himmler, Heinrich, 299
Hirakawa, Shoji, 311
Hirobumi, Ito, 316
Hiroito, imperatore del Giappone, 284, 287, 290, 308
Hitler, Adolf, 60, 293, 335
Ho Chi Minh, 67
Hong Huang, 124
Horie, Takafumi, 314-315
Hu Jintao, 92-93, 101, 122, 129, 145, 214, 218, 221-223, 237, 240, 243-245, 252, 334, 348, 351-353
Hussain, M.A., 42

Ienaga, Saburu, 290
Ishihara, Shintaro, 293
Issey, Miyake, 324
Iverson, Allen, 131
Iwasaki, Mineko, 317

Jay-Z, 131
Jhingan, 70
Jiang Zemin, 129, 134, 347
Jia Wanyun, 146
Jia Zhiguo, vescovo, 259
Johnston, Peter, 192

Jordan, Michael, 131
Jun, Takahashi, 324
Juncker, Jean-Claude, 59

Kalam, Abdul, 25
Kalyanpur, Arjun, 22
Kamphoener, Ralph, 96
Kanshi, Govind, 21
Karimov, Islam, 221
Karina, 78
Kasky, Mark, 142-143
Kataoka, Tsuyo, 286
Kearnes, Neil, 141
Kennedy, famiglia, 87
Kennedy, John Fitzgerald, 341
Kerry, John, 246
Ketteler, Wilhelm Emmanuel von, 329
Khanna, Gaurav, 21
Khilnani, Sunil, 56-57
Khushboo, 79
Kipling, Rudyard, 59
Kissinger, Henry, 7
Klimt, Gustav, 180, 316
Koizumi, Junichiro, 217-218, 295, 298-299, 309-310, 313-315, 319, 321
Koll, Jesper, 311-312
Kong, Bill, 113
Kothandaraman, Ramkumar, 21
Kouno, Kiyomo, 286
Krupp, Friedrich, 60
Krusciov, Nikita Sergeevič, 219
Kublai Khan, imperatore mongolo, 225-226, 360
Kung Pin-mei, vescovo di Shanghai, 258-259
Kurokawa, Kisho, 204

Lal, Rollie, 42
Lao She, 320
Lapierre, Dominique, 67, 81
Lee Kuan Yew, 213
Lenin, Nikolaj (pseud. di Vladimir Il'ič Ul'janov), 267
Levathes, Louise, 358-359
Liberhan, Justice, 34

Li Datong, 241
Li Duoyu, 237
Lin Yutui, 236
Li Tanqing, 211
Liu Hongzhi, 194
Liu Huan, 271
Liu Lianren, 297
Liu Yiluan, 140
Li Xinghua, 161
Li Yaping, 267, 270-272
London, Simon, 185
Long Rongcheng, 264-267
Loren, Sophia, 182
Lou Maotang, 361
Lu Banglie, 231, 233
Lucas, George, 125-126
Lu Fangzhou, 171
Luigi XIV, re di Francia, 188
Luo Gan, 274
Lu Ping, 187
Lu Xun, 330
Lu Yuegang, 240
Lu Yunfei, 216
Lu Zheng, 140

MacArthur, Douglas, 284, 288, 306, 308, 318
Macartney, George, 91-93, 105, 277
MacCain, John, 102
Mackrell, Steve, 62
Maggioni, Giovanni, 120
Mahathir, Mohamad, 115-116
Mahindra, famiglia, 63
Mahindra, Anand, 75-76
Mallya, Vijay, 63
Malraux, André, 335
Mandelson, Peter, 94, 96
Manning, Tom, 105
Mao Zedong, 49, 69, 93, 113, 124, 129-130, 179, 181, 193, 202, 214-215, 219, 223, 226, 243, 253, 257-258, 267, 273, 291, 302-304, 331-332, 335
Maroni, Roberto, 158
Marshall, Rob, 317
Maruyama, Masao, 300
Marwari, famiglie, 86-87

Marx, Karl, 214, 267
Masahiro, Morioka, 298
Masaya, Mase, 294
Ma Xuezheng, 122
Ma Yun, 256
Mazzini, Giuseppe, 40
Mc Gregor, James, 333
McKinley, William, 316
Mehta, Suketu, 36
Meiji, dinastia, 54, 315
Mei Lanfang, 330
Meng Song Tao, 119
Menzies, Gavin, 362
Metternich, Klemens Wenzel Lothar Winneburg von, 7
Milani, Lorenzo, don, 81
Ming, dinastia, 354, 359, 361-363
Minogue, Kylie, 62
Min Zhu, 103
Mishima, Yukio, 305-306
Mishita, Kanetoshi, 305
Mishra, Pankaj, 9, 37
Mittal, famiglia, 5
Mittal, Lakshmi, 58-63
Mittal, Mohan, 61
Mittal, Vanisha, 62
Moghul, dinastia, 33
Moland, Hans Petter, 126
Monroe, Marilyn, 316
Moore, Michael, 254
Mora, Marco, 168-169
Moravia, Alberto, 226
Morgan, George, 316
Morgan, John Pierpoint, 316
Mori, Yoshiro, 309
Morinaga, Takuro, 323
Murdoch, Rupert, 331
Musharraf, Pervez, 38
Mussolini, Benito, 175, 188
Myrdal, Gunnar, 82

Naipaul, V.S., 37, 40, 81
Nakasone, Yasuhiro, 310
Nandy, Soumitra Kumar, 25-26
Nan Yang, 160

Indice dei nomi

Natuzzi, Pasquale, 161-167
Nehru, Jawaharlal, 26, 36, 38, 40, 52-53, 67, 84, 87, 341
Nehru-Gandhi, famiglia, 338
Nie Haisheng, 223
Nixon, Richard, 219, 253, 342
Nolte, Nick, 126
Nothomb, Amélie, 319
Nukaga, Fukushiro, 309-310

Oe, Kenzaburo, 283, 285
Ohmae, Kenichi, 312
Okazaki, Hisahiko, 308
Orwell, George, 251
Ovitz, Michael, 150
Oyuki, 316

Panagariya, Arvind, 336
Pang Fei, 210
Pan Houren, 224
Pan Qingyue, 265
Pasolini, Pier Paolo, 19
Patten, Chris, 30
Pétain, Philippe, 304
Petrovskij, Nikolaj, 277
Pinochet, Augusto, 247
Pistorio, Pasquale, 29, 168
Pitroda, Sam, 27
Polo, Marco, 172, 225, 246, 272, 360, 362
Porter, Michael, 164
Prada, Miuccia, 179
Prasso, Sheridan, 316
Presley, Elvis, 321
Prestowitz, Clyde, 10
Puccini, Giacomo, 316
Putin, Vladimir, 219, 221, 244
Pu Yi, 292
Pu Zhiqiang, 238

Qianlong, imperatore cinese, 91-92, 94
Qian Wenhua, 134, 136
Qiao Guanhua, 124
Qing, dinastia, 213, 219, 258, 293, 329, 362

Qiu Feng, 214
Quant, Mary, 322

Rabe, John, 299
Radici, Miro, 155-158
Rai, Aishwarya, 80
Rakesh, Maria, 37
Ramdev, Swami, 64-65
Rao, Narashima, 54
Reagan, Ronald, 253
Rebiya Kadeer, 275-276
Richter, Jürgen, 95
Righetti, Luciano 158
Rivaldo (Vito Borba Ferreira), 182
Roach, Stephen, 102
Robinson, Joan, 69
Rodin, Auguste, 316
Rogoff, Kenneth, 208
Rolland, Romain, 81
Ronaldinho (Ronaldo Gaucho De Assis Moreira), 129
Ronaldo (Luiz Lazario De Lima), 182
Roslizawati, Ali, 117
Roy, Arundhati, 44, 50
Ruan Lingyu, 113

Sachiyo, Hirano, 294
Sadayakko, Kawakami, 316
Samat, Yogesh, 82
Sasaki, Terufumu, 284
Satake, 292
Schumacher, Michael, 129
Schwarzenegger, Arnold, 105
Seira, Kamanaka, 294
Sekar, Priya, 28
Sen, Amartya, 47-50, 56
Shah, Kalpana, 27
Shanghai Tan, 178, 187
Sharma, Vivek, 29-30
Shenoy, Poornima, 31
Shi Enxiang, vescovo, 259
Shimokawa, Mamoru, 292, 295
Shi Tao, 247-248
Shuji, Takashina, 299
Signori, Martino, 156

Singh, Manmohan, 12, 23, 35, 45-46, 75
Smith, Adam, 189
Socco, Gibello, 175
Song, dinastia 213, 225
Song Tianshui, 244
Sood, Vikram, 342
Soros, George, 245
Spears, Britney, 317
Spielberg, Steven, 317, 319
Stalin, Iosif (pseud. di Iosif Visarionovič Džugašvili), 219, 289, 335
Stanca, Lucio, 170-171
Stanley, Morgan, 93
Stefani, Gwen, 320
Stern, Robert W., 38, 80
Stewart, Martha, 123
Sudarshan, K.S., 42
Summers, Larry, 4
Sun Jiangfen, 146
Sun Yaoting, 331
Su Zhimin, vescovo, 259
Suzuki, Kan, 294
Szilard, Leo, 285

Takashi, Murakami, 321, 324
Tanaka, colonnello, 176
Tanemori, Takashi, 281-283, 287
Tang Yijie, 214
Tan Ju Tian, 195-197, 199-200
Tarantino, Quentin, 111, 321
Tata, famiglia, 5, 26, 63
Taya, Haruko, 287
Tchen, Marco, 119
Tengus, Bayaryn, 224, 226
Teresa di Calcutta (Agnese Gonxha di Bojaxhiu), madre, 67-68, 81
Tharoor, Shashi, 82
Thorat, Sukhadeo, 84
Thornton, John, 332
Toge, Sankichi, 286
Tojo, famiglia, 307
Tojo, Hideki, 307-308
Tojo, Yuko, 307
Tonetto, Alcide, 354

Twain, Mark, 55
Tyson, Laura, 103

Urso, Adolfo, 135
Ushimura, Kei, 300

Vajpayee, Atal, 35, 42
Varma, Pavan, 55
Ventricelli, Antonio, 162, 165
Vijay Kumar, 115
Vuitton, Louis, 321, 324

Wang Hong, 268-269
Wang Hui, 251
Wang Xiaoshan, 239
Wang Xiaoshuai, 178
Warhol, Andy, 184, 321
Watkins, Kevin, 46
Wayne, John, 318
Wei Jin, 236
Wen Jiabao, 12, 94, 105, 107, 129, 134, 176, 223, 269, 348-349, 351, 357
Wie Gang, 159-160
Wudi, imperatore cinese, 274
Wu Xianghu, 239-240
Wu Xiaoling, 122
Wu Yongning, 193-194
Wu Zhixiong, 232

Xiao Qiang, 250
Xie Guozhong, 331
Xie Qihua, 121-122
Xue Hue (pseud. di Xinran), 124-125

Yang, Jerry, 332
Yang Bin, 237, 329
Yang Dongping, 211
Yang Hanhong, 140
Yang Liwei, 223
Yang Mianmian, 122
Yan Liang, 140
Yao Ming, 128-130, 132
Yergin, Daniel, 208
Yinghong Pan, 156
Young, Matilda, 269-272
Yu, Peggy, 123-124

Indice dei nomi

Yuan, dinastia, 226
Yuan, Victor, 345-348
Yuan Qizhi, 264
Yue Housheng, 213-214
Yuen Wooping, 111
Yue-Sai Kan, 123
Yutaro, Kashiwa, 294

Zhang Aiping, 329
Zhang Hanzhi, 124
Zhang Jian, 201-202
Zhang Li, 145
Zhang Qian, 274
Zhang Shizhao, 124

Zhang Shuzhen, 329
Zhang Yimou, 113, 267
Zhang Zhidong, 329
Zhao Yan, 241
Zhao Yongchen, 260
Zhao Zhendong, vescovo, 259
Zheng He, 359-362
Zhou Enlai, 181, 331
Zhou Yongkang, 261
Zhu Chenghu, 220
Zhu Di, imperatore cinese, 359
Zhu Linfeng, 161-164
Zhu Xianggui, 134-136
Ziyi Zhang, 319

«L'impero di Cindia»
di Federico Rampini
Piccola Biblioteca Oscar
Arnoldo Mondadori Editore

Questo volume è stato stampato
presso Mondadori Printing S.p.A.
Stabilimento NSM - Cles (TN)
Stampato in Italia - Printed in Italy

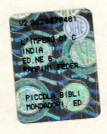